Inhaltsverzeichnis

Teil 0

Vorwort zur völlig überarbeiteten 36. Auflage 9
Aufbau dieses Buches 15
Danksagungen 19

Teil I

A wie **Anfang** 21
ANALOGRAFFITI© Oder: **KaGa**© & **KaWa**© – Was ist das? 26
1 **KaGa**© = (**K**reative **A**nalografie©, **G**rafische **A**ssoziationen) 28
2 **KaWa**© = (**K**reative **A**nalografie©, **W**ort-**A**ssoziationen) 32
Fallbeispiel: *Netz, Wissens-Netz & Wissen* 35
Sechs kleine **KaWa**©-Tips 37
FLOW© (nach CSIKSZENTMIHALYI) 39
Gedächtnis wie ein Netz? Oder: Das Wissens-Netz© 43
Kategorien-Denken© Oder: Gedächtnis wie ein Sieb? 54
Vorteil Nr. 1: Sie wissen immer, ob Sie diese Info begriffen haben! 59
Vorteil Nr. 2: Sie nehmen weit mehr wahr als früher! 59
Vorteil Nr. 3: Sie MERK-en sich weit mehr als früher! 59
Vorteil Nr. 4: Sie verbessern Ihre Intelligenz und Ihre Kreativität! 60
Technik des Denkens in (logischen) Kategorien 63
Lernen, aber was? Wissen oder Verhalten? 65
Lernkurven gefällig? Oder: Wie findet Lernen eigentlich statt? 74
Lernen wir eigentlich bewußt oder unbewußt? 75
Wissen ist nicht gleich Können 77
Exkurs: Kann ein Seminar „etwas bringen"? 79
Zurück zur Wissens-Kurve 79
Die andere Lernkurve: Verhalten (Training) 82
Paradox des Nicht-Ich 85
Probleme mit dem Lesen? 89
Lesen lernen? 89

Experiment Geheimschrift SCHREIBEN 90
Geheimschrift: Ergebnis 1 92
Experiment: Geheimschrift LESEN 92
Geheimschrift: Ergebnis 2 94
Lesen durch Schreiben 96
Konsequenzen für den Alltag 98
Wahrnehmungen von **Wiederholungen** 101

Teil II

T – Eselsbrücken-Training Oder: Wie man Hilfsfäden konstruiert 104
Praktische Aufgaben 108
Das Eselsbrücken-Spiel (Kleingruppen-Training) 109
Fallbeispiel GRAMMATIK-ESELSBRÜCKe (unter Zuhilfenahme zweier Wissens-Alphabete©) 111
T – Gehirn-gerecht-Machen von neuen (Lern-)**Infos** 115
Beispiel 1: Computersprache 119
Beispiel 2: Medizinisches Basis-Wissen 120
Beispiel 3: Juristisches Basis-Wissen 126
Beispiel 4 bis 10.000: **Jede** Art von Wissen 131
T – Inneres Archiv © Gedächtnis, Intelligenz & Kreativität verbessern 132
So gehen Sie vor 133
Stadt-Land-Fluß … 134
Trainings-Aufgabe: Legen Sie zahlreiche Wissens-Alphabete© an! 137
T – Jeder kann zeichnen! 145
Machen Sie einen Mini-Test 145
Lamron und der Künstler 148
T – Kategorien-Torten© zeichnen 162
Wissens-Kategorien 166
T – Kreativitäts-Technik: 90-Sekunden-Plus© 169
Zu 1: Sie befragen andere 170
Zu 2: Es ist niemand da …? 172
T – Memo-Listen 175
Memo-Wörter „machen“ 183
Schwerpunkt **Wörter** oder **Bilder**? 183

Überblick – Die Memo-Listen-Technik 187
T – NEUROBICS® (nach Lawrence C. KATZ) 189
NEUROBICS© in der täglichen Praxis 194
T – Parallel-Lernen 196
Übungen 201
T – Positive Formulierungen 203
Vorprogrammierte Fehler bei der Delegation 203
Motivation 204
T – Rhetorik & Prüfungen 206
Professionelle Vorbereitung: Steine im (Rede-)Fluß 206
Exkurs: Tip für Kollegen, Trainer und Redner 214
Rhetorik-Training: Sprechen oder Sprech-Denken 215
T – Sprachen lernen – gehirn-gerecht/
BIRKENBIHL-Methode 219
Die klassische Methode: Vier Schritte 219
Grundlegende Unterschiede der BIRKENBIHL-Methode©
zu traditionellen Methoden 221
Die BIRKENBIHL-Methode©: Vier Lernschritte 222
T – Superlearning Oder: Die Methode Dr. LOZANOV 231
T – Training, aber wie? Oder: Gehirn-gerechtes Training 234
Wer zu schnell reist, den bestrafen die Neuronen 236
Wer alles „echt“ macht, der tut zu viel … 238
Wer sich beeilt, der zahlt mit Zeit … 238
T – TV-Gewohnheiten 241
Mini-Quiz 241
Gefahr Nr. 1: der physische Sehvorgang 242
Gefahr Nr. 2: Prägung 246
TRAININGs-Technik: Ihr Wissens-Netz mühelos erweitern 253
T – Zeitraffer-Technik 260
Was ist die Zeitraffer-Technik? 261
T – Zum Schluß: Etwas Denk-Sport 264
Denk-Sport-Übungen 264

Anhang

Anhang I: Altes im Anhang
Analog & digital im doppelten Gehirn 269
Rational *und* kreativ! 275

Anhang II: Merkblätter
Nr. 1: **Sozio-Biologie** 277
Nr. 2: **Etwas Lernpsychologie** 278
1. Klassische Konditinierung 278
2. Operante Konditionierung 279
3. Lernen durch Einsicht 280
Nr. 3: **Die REICHEN-Methode** zum Lesen lernen 282
Nr. 4: **Mentalität: West und Ost** 283
Nr. 5: **Sprache als Instrument des Denkens** 283
1. Ich habe mich ganz klar ausgedrückt! 284
2. Was bedeutet ein Wort eigentlich? 284
3. Inwieweit beeinflußt Grammatik das Denken? 285
4. Gibt es alles, wofür wir Worte haben? 285
Nr. 6: **Ein wenig Gehirn-Forschung** 286
Hintergrund-Info 286
Spurensuche im Gehirn 287
Das Engramm 287
Erinnert sich das Seepferdchen? 291
Das Gedächtnis – ein Hologramm? 292
Der Frust-Lust-Faktor 294
Nr. 7: **Lösungen zu den Denk-Sport-Übungen** 294
Nr. 8: **Vorbereitung einer Rede** (nach Natalie H. ROGERS) 297
Nr. 9: **Drei Wege führen in Ihr Gedächtnis** 299
Weg Nr. 1: Natürliches Lernen 299
Weg Nr. 2: Schul-Lernen 301
Weg Nr. 3: Gehirn-gerechtes Lernen 306
Nr. 10: **DVD's nutzen** 308
Trick 1: Szenen suchen 308
Trick 2: Mit dialogormen Filmen beginnen 309
Nr. 11: **Vergriffene Bücher suchen:** Drei Wege führen zum Erfolg 310

Anhang III: Literaturverzeichnis 312

Anhang IV: Stichwortverzeichnis 317

Vorwort
zur völlig überarbeiteten*
36. Auflage

Immer wenn man weiß, daß ein/e Schriftsteller/in viele Titel „hat“, stellt sich die Frage, inwieweit alle vornehmlich „mehr vom Selben“ bieten. So gibt es Autoren mit einer relativ kleinen „Insel“ (ich will keine Namen nennen), die sie in immer weiteren Büchern **wieder und wieder** schildern. Und es gibt andere, wie Ken WILBER, die ein Kernthema stetig weiterentwickeln, so daß das „Selbe“ bei jedem neuen Buch auf einer höheren Stufe (bzw. auf einer tieferen Ebene des Bewußtseins) stattfindet. Oder Isaac ASIMOV (eines meiner schriftstellerischen Vorbilder): Seine über 120 Bücher sind ungefähr zur Hälfte Science-Fiction und zur anderen Hälfte Sachbücher. Übrigens erfand er sowohl die *drei Gesetze der Robotik* als auch *das positronische Gehirn für Androiden* (beide gehören inzwischen zu den *Apriori* intelligenter sf). In seinen (wie meinen) Büchern gibt es einige wenige thematische und inhaltliche Überschneidungen, **falls für das Verständnis des vorliegenden Buches nötig**. In einem Interview sagte er einmal (ich paraphrasiere):

> *Die Alternative wäre: Verweise die Leser/innen zum jeweils anderen Buch, was bei Autoren von mehr als 30 Publikationen für die betroffenen Verbraucher/innen teuer werden könnte. Da ich dies den Menschen gegenüber, die das vorliegende Produkt bezahlt haben, unfair finde, muß ich einige Überschneidungen in Kauf nehmen ...*

Dem stimme ich voll zu, außerdem sind die Darstellungen selten identisch. So konnte ich *Stroh im Kopf?* lange nicht überarbeiten. Zwischenzeitlich entwickelte ich **neue Denk-Modelle** und **gehirn-gerechte Verfahren**, wie die *ANALOGRAFIE*©, das *Innere Archiv*©, die *Kategorien-Torte*©, die Kreativitäts-Technik *90-Sekunden-Plus*© usw., die im *Brain-Management*-Seminar vorgestellt werden. Also tauchen diese in

---

* Mit dieser Auflage erreicht dieses Buch eine Auflagenhöhe von 400.000 Exemplaren (plus sechs Übersetzungen).

Artikeln/Büchern auf, die ich in der Zwischenzeit schrieb. Jetzt, da ich *Stroh im Kopf?* zum dritten Mal total überarbeite, kann ich diese neuen Gedanken nicht einfach weglassen. Außerdem enthielt dieses Buch schon vorher, wie ein Rezensent schrieb, „eine solche Fülle von Anregungen, daß man gar nicht weiß, wo man anfangen soll". Wenn Sie also die eine oder andere Idee oder Technik schon aus Vorträgen, Fernseh-Auftritten, Artikeln oder einem meiner Bücher kennen, dann können Sie sich besser **auf die anderen konzentrieren**! **Warnung:** Sollte noch **alles** neu für Sie sein, dann lassen Sie sich bitte viel Zeit! Lesen Sie immer nur ein Modul (⟿ vgl. *Aufbau dieses Buches*, S. 15 ff.) und **handeln** Sie, ehe Sie weiterlesen, z.B.:

- **Denken** Sie nach, damit Gelesenes für Sie **„real"** werden kann.
- **Sprechen** Sie mit anderen darüber (wie schon die alten Römer sagten: **durch lehren lernen** wir).
- **Suchen** Sie weitere **(Fall-)Beispiele.**
- **Führen** Sie **Experimente** durch.
- **Machen** Sie die Trainings-Aufgaben!

Dann erst wenden Sie sich dem **nächsten Modul** zu. Auf diese Weise werden Sie das, was Sie lesen, als **eigene/r Lehrer/in** aktiv erarbeiten. **Merke: Je mehr Zeit Sie sich jetzt beim aktiven Lesen (Erarbeiten!) lassen, desto mehr Zeit werden Sie den Rest Ihres Lebens sparen!** Sie sind auf einige Überlappungen im Text vorbereitet. Sie können die **Entwicklung** gut nachvollziehen, wenn Sie dieses **KaGa**© (= Denk-Bild, ⟿ vgl. *ANALOGRAFIE*©, S. 26 f.) nachvollziehen:

Es begann (Mitte der 1980er) mit drei Büchern, die rasch aufeinander folgten und deren Inhalte dem damaligen *Brain-Seminar* entsprachen:

1. **Zentral** (auf dem Sessel) die Basis des gehirn-gerechten Vorgehens: ***Stroh im Kopf?*** (1. Auflage 1983).

2. **Als zweites** erschien (links vorne): ***Stichwort Schule: Trotz Schule lernen*** (mit dessen Hilfe Eltern einen Teil der Schwächen des Schulsystems ausgleichen können). Dann (vorne rechts):
3. **Ein konkretes Fallbeispiel gehirn-gerechten Lernens**, nämlich: ***Sprachen lernen leicht gemacht – die BIRKENBIHL-Methode©.*** Hier ist Vokabel-Pauken verboten! (⟶ vgl. *T – Sprachen lernen*, S. 219 ff.). Später entstanden *Sprachkurse nach der BIRKENBIHL-Methode©* (Englisch, Französisch, Italienisch und Spanisch).

Aber die Entwicklung stand natürlich nicht still. Inzwischen reicht das Spektrum meiner Veröffentlichungen von Artikeln/Büchern über CDs und Audio-Kassetten (inkl. Sprachkurse) bis zu Video-Vorträgen, so daß die *Familie des gehirn-gerechten Vorgehens** ständig gewachsen ist, wie die folgende Abbildung zeigt:

Die neuen Video-Vorträge spiegeln einen besonders wichtigen Teil meiner Arbeit. Es sind nämlich *gehirn-gerechte Einführungen* in Themen, die als schwer (vermittelbar) oder trocken verschrien sind, z.B. gehirngerechte Einführung in die **Quanten-Physik,** die **Komplexitäts-Theorie** und die **Memetik** *(Viren des Geistes).* Diese Vorträge sind einerseits für all jene von Interesse, die eine (erste) **Ahnung** von diesen Themen

---

* Wir sprechen hier natürlich nur über das **Thema *gehirn-gerechtes Arbeiten.***

haben möchten. Sie stellen **andererseits** auch **praktische Fallbeispiele** dar, die Wissensvermittler/innen zeigen, **wie man** angeblich „schwere" oder „trockene" Informationen **gehirn-gerecht „machen"** kann (vgl. auch das Modul *T – Gehirn-gerecht Machen von neuen (Lern-)Infos, S. 115ff.*). Es geht mir dabei um zwei Schwerpunkte:

1. Mein Vater pflegte immer zu sagen: *Es gibt keine trockene Theorie, nur trockene Theoretiker, als da sind Professoren, Dozenten, Lehrer, Autoren, Chefs, Kundenberater, Eltern ...*
2. In meinen Kommunikations-Seminaren plädiere ich dafür, daß die Sender mehr *Verantwortung für ihre Botschaften übernehmen*, statt diese den „dummen" („de-motivierten") Empfängern aufzulasten.

So müssen wir leider beobachten, daß gute Lehrkräfte vom System bekämpft werden, weil man aus alter Gewohnheit immer noch die betroffenen **Schüler/innen und Student/innen für das Nicht-Verstehen verantwortlich macht**. Überlegen Sie bitte:

1. Seit über 100 Jahren zeigen uns die Angelsachsen, daß man **jedes** Thema flott, locker vom Hocker, *infotainment-mäßig* aufbereiten kann.
2. Dieser Stil wird der **Arbeitsweise des Gehirns** gerecht, deshalb habe ich ja (ca. 1973) den Begriff ***gehirn-gerecht*** erfunden! Inzwischen hat er so weite Kreise gezogen, daß viele, die ihn benutzen, dies gar nicht wissen. Man erkennt die echten Insider daran, daß sie ihn mit Bindestrich schreiben: *gehirn-gerecht*!
3. Es dauerte **Jahrzehnte**, bis *Infotainment* (und *edu-train-ment*) nicht mehr ausschließlich unverhohlenes **Miesmachen der Nichtskönner** auslöste. Das erinnert mich an VIRCHOW, der einst zu einem Kollegen sagte: „Sie müssen sich das Lachen über **Dinge, die Sie nicht begreifen** abgewöhnen, es ist dumm!"
4. Solange wir über die **wenigen** Menschen, die zu *Infotainment* fähig sind, lachen, **leiden die Opfer**, also die **Lernenden**! Aber an die Kinder, Jugendlichen und Erwachsenen als „End-Verbraucher" von Unterricht zu denken, wenn man über *Wissensvermittlung* spricht, ist fast schon Anathema – wo kämen wir denn da hin!?
5. Wenn man etwas nicht begriffen hat, kann man es **weder merken** noch **aktiv anwenden**. Deshalb gehen die Japaner seit Jahrtausenden den Weg **via Kopieren zur Verbesserung**. Man denke nur an den

Buddhismus der sich, aus Indien kommend, in China nur ein wenig wandelte, der sich aber dann in Japan zum Zen-Buddhismus entwickelte. Dieser stellt eine so eigenständige Form dar, daß er heute weltweit „exportiert" (und sogar in Indien „re-importiert") wird.

6. **Erst kopieren, dann verbessern** – so gingen Kunsthandwerker und Künstler (früher derselbe Beruf) auch bei uns vor. Zuerst kopierte man die großen Meister, dann erst entwickelte man weiter. Deshalb rufe ich allen, die sich noch heute abfällig über *infotainment* auslassen, zu: Beweisen Sie, daß Sie fähig sind, „albernes" *infotainment* anzubieten, ehe Sie es „besser" machen wollen. **Achtung:** Trockene Vorlesungen, die sich durch große Ernsthaftigkeit auszeichnen, sind **nicht** die Lösung!
7. Nur kritisieren kann jede/r. Das spricht **nicht** für die fachliche Kompetenz des Kritikers!

Und damit sind wir bereits wieder mitten im Thema. Dieses Buch möchte Ihnen zeigen, wie und warum **das alte** *(anti-infotainment)* **Lernen** Millionen von Menschen den Eindruck vermittelte, sie seien zu „blöd" (oder ihr Gedächtnis sei nicht o.k.). Es baut auf phänomenalen Ergebnissen der Gehirn- und Gedächtnisforschung auf und zeigt u.a., **warum das Pauken konktra-produktiv sein muß!**

Das ist so ähnlich, als wollten Sie mit ganz dicken Fausthandschuhen häkeln: Die Maschen werden laufend herunterfallen; Sie sind frustriert und halten (diese Art zu) Häkeln für schwierig bzw. sich selbst für leider unbegabt!

Wenn Sie hingegen alle Ihre (vorhandenen!) zehn Finger benutzen, dann stellen Sie erstaunt fest, um wieviel leichter alles wird!

Mit zehn Fingern ist unsere Metapher dafür, daß Sie *gehirn-gerecht* (mit allen Teilen Ihres Gehirns) vorgehen, so daß es Ihnen weit leichter fallen wird, als Sie früher dachten. **Allerdings muß ich Sie warnen:** Je genauer Sie zu „wissen“ glauben, Lernen sei schwer (oder Sie seien einfach unfähig, gut zu lernen), desto größer ist die Gefahr, daß Ihr Unterbewußtsein Sie vor gegenteiligen Infos schützen will. Nach dem Motto: *Lieber das bekannte Leid als neue Freud*, wenn das Neue fordert, daß man alte, liebgewonnene Meinungen über Bord werfen müßte. Der amerikanische Arzt (und Autor) Bernie SIEGEL wies in einem Interview darauf hin, **daß wir uns wie Süchtige verhalten, wenn man uns eine alte (vertraute) Meinung wegnehmen will** (⇝ vgl. sich bewußt auf Neues einlassen, das Modul *T – NEUROBICS*©, S. 189 ff.). Also stellen Sie sich jetzt zwei Fragen:

1. **Können Sie es wagen, umzudenken?** Und:
2. **Sind Sie bereit, aktiv an Ihrem Erfolg zu „häkeln“?**

Dann wird dieser kleine Hase  Ihr **Trainings-Begleiter** sein!

Er lädt Sie ein, anhand von Trainings-Aufgaben zu **entdecken, wozu Sie in Wirklichkeit fähig sind!** Überraschen Sie sich selbst! Haben Sie erst einmal verstanden, daß die Probleme der Vergangenheit zu 95 % **am System** (und **nicht** an den angeblich fehlenden Talenten) lagen, dann **sagen Sie es weiter!**

Denn je mehr Menschen begreifen, daß **gehirn-gerechtes Vorgehen** mit **Erfolgs-Gefühlen** (**= Freude** und verbessertes **Selbstwertgefühl**) einhergeht, desto besser. Dann kann aus der Drohung vom *lebenslangen Lernen* bald ein Versprechen werden.

Ein Versprechen, das uns (und unsere Kinder) **zukunftstauglich** macht! Das wünsche ich mir für Sie …

Vera F. Birkenbihl im Sommer 2000

Aufbau dieses Buches

ab der überarbeiteten 36. Auflage

Dieses *„neue“ Stroh im Kopf?* ist **modular angelegt,** während das alte noch **linear** aufgebaut war. Es erwartete von **allen** Leser/innen, am Anfang zu beginnen und systematisch nach hinten durchzulesen. Dieser Aufbau machte in den 80er Jahren des letzten Jahrhunderts Sinn, weil damals kaum jemand außerhalb des Elfenbeinturms der Wissenschaft viel über Gehirnforschung wußte. Also führte ich meine Leser/innen, ähnlich wie im Seminar, am „roten Faden“ entlang. Inzwischen hat sich die Situation maßgeblich geändert. Es macht sich bezahlt, daß der amerikanische Kongreß die 90er Jahre des letzten Jahrtausends zum ***Jahrzehnt der Gehirnforschung*** ausgerufen hat*. Dadurch bekam das Thema weltweit enormen Aufwind, der sich sowohl durch viele „trockene“ (wissenschaftliche) Publikationen bemerkbar machte als auch durch (typisch angelsächsisch) **stetig mehr gehirn-gerechte Publikationen** für Normalmenschen. So setzen sich immer mehr Leute mit dieser wichtigen Thematik auseinander.

Zum Vergleich: Als ich Ende 1969 das erste Seminar (*Brain-friendly Procedures or: How to Really Use Your Head*) in St. Louis, Missouri (USA), abhielt, mußte ich die Teilnehmer eindeutig überreden, ins Seminar zu kommen. Damals begann ich mit meiner Geld-zurück-Garantie-Politik. Hinterher sagten die Teilnehmer regelmäßig: *„Ja, wenn ich vorher gewußt hätte, was mir das bringt, dann hätte ich noch Freunde (Mitarbeiter, Kollegen etc.) mitgebracht ...“* Heute ist es ganz anders: Ein Teil der „End-Kunden/innen“, die meine Seminare besuchen, Videos sehen oder meine Artikel/Bücher lesen, wissen schon eine Menge und wollen ihrem hohen Wissensstand **heute** neueste Infos hinzufügen. Andere wissen weniger, manche noch so gut wie nichts, je nachdem, ob sie bereits das Glück hatten, diesen Informationen zu begegnen (was auch ein wenig eine **Schicksalsfrage** ist!). Deshalb unterscheidet sich der Aufbau dieses Buches total vom Aufbau der letzten (zweiten) „Rund-Erneuerung“: **Es ist modular.**

---

* Inzwischen will man auch in europäischen Ländern (inkl. Deutschland) eine vergleichbare Gehirn-Dekade einleiten.

Zwar stellt die **Reihenfolge** der Module eine **mögliche Reihenfolge** dar (so daß Sie das Buch „von vorne bis hinten" lesen **können**), aber *modular* bedeutet auch, daß man einzelne Abschnitte (Module) isoliert durcharbeiten kann. Ich sage bewußt *durcharbeiten* und nicht *lesen*, weil viele Module kleine Inventur-**Experimente** oder **Übungs-Aufgaben** anbieten, so daß Sie sich selbst überzeugen können, was Sie weit mehr überzeugen wird als meine Argumente! Natürlich nur, wenn Sie aktiv mitmachen.

Teil 0 – Einstieg (Sie befinden sich gerade darin.) Hierzu zählt das Inhaltsverzeichnis, das Vorwort sowie dieser Abschnitt *(Aufbau dieses Buches)*.

Teil I – Basis-Wissen: Hier finden Sie **alphabetisch angelegte Module**. Es geht um Ihre geistigen Fähigkeiten mit Schwerpunkt *Gedächtnis* (weil Ihr Gedächtnis die Basis für alles andere ist, wie wir noch sehen werden). Wer das alte *Stroh im Kopf?* schon kennt oder andere Bücher gelesen hat (oder ein Gedächtnis-Seminar besucht hat) und **konkret punktuell suchen** möchte, kann interessante Stichwörter entdecken und „wild draufloslesen". Suchen Sie Ideen, die schon im **alten** *Stroh im Kopf?* standen, dann finden Sie diese unter dem **passenden Stichwort im Stichwort-Verzeichnis**, z.B. **L** wie *Lamron*, **P** wie *Parallel-Lernen*, **Z** wie *Zeichnen* oder **Z** wie die *Zeitraffer-Technik*.* Für Ausbilder/innen, Lehrer/innen und Trainer/innen, die *Stroh im Kopf?* (schon lange) im Unterricht benutzen, gilt:

> **Die wichtigsten „alten" Denk-Modelle, die nach wie vor hilfreich sind, sind bei der „Runderneuerung" erhalten geblieben, allerdings mußten manche entfallen, entweder weil sie gemäß neueren Forschungs-Ergebnissen „so" nicht mehr haltbar sind oder auch, um Platz zu machen für das Neue (ohne das Buch auf 600 Seiten aufzublasen)!**

Suchen Sie **neue Textstellen**, weil Sie das alte *Stroh im Kopf?* kennen, dann werden Sie jede Menge Neues entdecken!

---

* Eine Textstelle (vgl. S. 260 ff.) ist inzwischen in den Anhang gewandert, damit vorne mehr Neues Platz findet.

<u>Teil II</u> – Praxis (der „T-Teil"):

Dieser Teil des Buches trägt ein „T", dieses steht für **Tun** und/oder **Training,** und die Tatsache, daß dieser Praxis-Teil doppelt so lang ist wie Teil I, zeigt auch die praktische Zielstellung des *neuen Stroh im Kopf?* Hier finden Sie zum Beispiel wichtige Tips, um zu vermeiden, durch die **normale** Art des Fernsehens Ihrem Gehirn zu schaden, bis hin zu Anregungen, wie Sie den Fernseher nutzen können, um (mühelos, schmerzlos und ohne eine Investition Ihrer wertvollen Zeit) zu lernen (⇝ vgl. Modul *T – TV-Gewohnheiten*, S. 241 ff.).

Am besten werfen Sie einen Blick ins Inhaltsverzeichnis und picken sich eine schöne Start-Stelle heraus, denn: Zahlreiche Querverweise „senden" Sie an wichtige andere Textstellen, die zur Einführung oder Ergänzung hilfreich sind, damit Sie sich wirklich darauf einlassen können, „kreuz und quer" durch das Buch zu zappen!

<u>Teil III</u> Anhänge

Anhang 1 – Altes im Anhang: Hier wurde ein wichtiger Text (*Analog & digital im doppelten Gehirn*, S. 269 ff.) aus dem *alten Stroh im Kopf*? „geparkt". Dieser ist vor allem für Einsteiger/innen von Interesse, kann aber weggelassen werden, wenn Sie lieber weniger, aber dafür intensiver lesen wollen. Denn die zentrale Metapher des *„alten" Stroh im Kopf?*-Buches war das „geteilte" Hirn (Mr. Links und Mrs. Rechts), während die zentrale Metapher des *„neuen" Stroh im Kopf?* das Wissens-Netz ist.

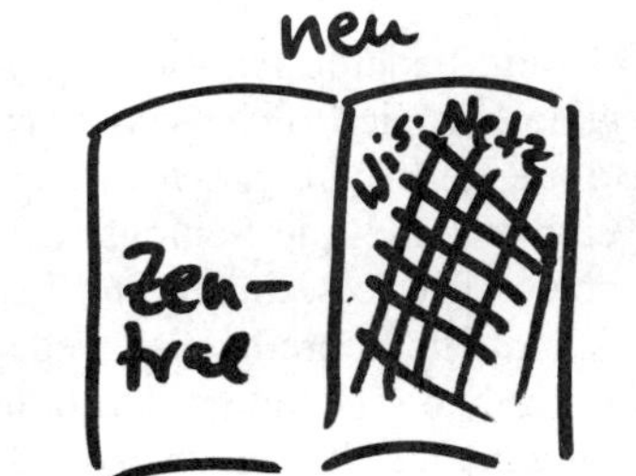

⇝ Gedächtnis wie ein Sieb, S. 43 ff.)

⇝ Analog & digital im doppelten Gehirn, S. 269 ff.)

Anhang 2 – **Merkblätter:** Hintergrund-Informationen **für alle, die es genauer wissen wollen. Übrigens hat mich** beim Vorbereiten dieser „Runderneuerung“ überrascht, wie viele Ideen der **alten** Merkblätter heute noch wichtig sind, wiewohl ich manche von ihnen bereits **1982** (in der *Enzyklopädie Technik und Wissenschaft*) publiziert hatte. Aber natürlich gibt es auch einige nagelneue Merkblätter, auf die Sie im Text hingewiesen werden, damit Sie jeweils dorthin „springen“ können, wenn Sie wollen.

Anhang 3 – **Literaturverzeichnis:** Hier finden Sie sowohl benutzte als auch weiterführende Literatur. Damit Sie die (wenigen) Titel, die ich Ihnen besonders empfehlen möchte, leicht erkennen können, sind diese **halbfett** aufgelistet; diese Bücher sind **hervorragende Ergänzungen** zu diesem Buch für alle, die gerne (mehr) lesen wollen!

Anhang 4 – **Stichwort-Verzeichnis**, damit Sie jederzeit schnell auf bestimmte Stellen zugreifen können.

Übrigens: Da ich feststellte, daß ich **weit mehr Material hatte, als in dieses *neue Stroh im Kopf?* passen würde,** plane ich einen **Folgeband** mit dem bezeichnenden Titel ***Nach Stroh im Kopf? – xxx***, wobei das *„xxx“* für den **Untertitel** stehen soll. In diesem werde ich sowohl aus der Gehirn-Forschung berichten als auch weitere Praxis-Techniken vorstellen. Aber vorher soll *Das große ANALOGRAFIE©-Buch* (Arbeits-Titel) fertig werden, mit vielen Beispielen aus der täglichen Praxis, auf das viele meiner Seminar-Teilnehmer/innen schon länger warten.

PS: Wiewohl ich kein neidischer Mensch bin, beneide ich die Angelsachsen, weil es im Englischen weit leichter ist, sich **nicht-sexistisch** auszudrücken: ein/e Leser/in (*reader*), ein/e Lehrer/in (*teacher*) usw. Zwar bemühe ich mich, immer wieder einmal durch die Schrägstrich-Schreibweise klarzustellen, daß immer beide, also Leserinnen und Leser, gemeint sind, aber ich will diese umständliche Schreibweise weder ununterbrochen lesen (als Leser!) noch schreiben (als Autor). Ich bitte um Verständnis aller **„/innen“**, als Frau spreche ich Sie selbstverständlich **immer** mit an …

Danksagungen

Großen Dank schulde ich allen meinen **Seminar-Teilnehmer/innen,** den bisherigen **Leser/innen** dieses Buches und meinen **TV-Zuschauer/innen** (ALPHA, BR 3), deren Fragen und Anregungen oft sehr fruchtbar waren. Auch ein Management-Trainer-Kollege, Mr. Paul SMITH aus London, war bei der Entwicklung einiger Ideen immens hilfreich. Er hat die seltene Gabe, „ernsthaft-albern“ und/oder „kreativ-ernst“ sein zu können! Paul: *Thanks a lot for all great associations which happened while we were thrashing ideas around, laughing our heads off and still producing results!*

Immensen Dank schulde ich meinem Vater (Autor des Standard-Werkes *Train the Trainer),* Michael BIRKENBIHL (1921–1993), weil er die besondere Fähigkeit besaß, Informationen leicht verständlich aufzubereiten. Dadurch konnte ich immer profitieren, wenn ich als Kind tausend Fragen stellte (wiewohl ich erst Jahrzehnte später begriff, *was* seine Art zu erklären so erfolgreich machte)!

Ein ganz herzliches Dankeschön möchte ich meiner Lektorin bei mvg, Frau Sybille SCHLUMPP, aussprechen: Ihre Fähigkeit, akribisch präzise zu arbeiten, gepaart mit ihrer lieben und geduldigen Art (die ab und zu notwendig ist, wenn ich gewisse Prozesse „nicht erwarten“ kann) ist mir seit dem 1.1.1999 eine große Hilfe gewesen. Denn ein/e Lektor/in ist normalerweise die Schnittstelle zwischen Verlag und Autor, ausgezeichnete Lektoren aber sind Ver-**BIND**-ungs- und **keine** Schnittstellen. Danke!

Ihnen, liebe Leser, wünsche ich viel Erfolg und Freude sowohl beim Durcharbeiten dieses Textes als auch beim Training danach. Dann werden Sie sich selbst beweisen, **wie phänomenal Ihr eigenes Gehirn arbeiten** kann, und das schafft Erfolgs- und Glücksgefühle einer ganz besonderen Art.

ACHTUNG
NEU!
Aha!
Grenzen (alte) sprengen
ANFANG
Fülle
Assoziationen
NETZ-
ER·WEIT·erung

A wie ANFANG

Warnung: Das Lesen dieses Buches könnte zu einer dramatischen Verbesserung Ihrer Gedächtnisleistung führen!

Sind Sie bereit zu einem kleinen Experiment? Dann decken Sie diese Seite jetzt (mit einem Blatt Papier) so zu, daß von oben bis hier (inklusive dieser Zeile) **alles verdeckt** wird.

Ich werde Sie gleich bitten, drei Fragen zu beantworten, aber vorher sollen Sie begreifen: Es geht **nicht so sehr** um Ihre Antworten, sondern darum, daß Sie **Ihren inneren Denk-Prozeß bewußt mitverfolgen!** Kontrollieren Sie den Inhalt Ihrer Antworten erst, nachdem Sie **alle drei** Antworten gegeben und registriert haben, was Sie dachten. Es folgen die Fragen*: 1. Erinnern Sie sich, **ob** Sie den ersten (inzwischen verdeckten!) Satz auf dieser Seite **bewußt** gelesen haben? () Ja () Nein. 2. Erinnern Sie sich an den **Inhalt** dieses ersten Satzes? () Ja () Nein. 3. Erinnern Sie sich an **Ihre eigenen ersten Assoziationen**, als Sie zu lesen begannen? () Ja () Nein. Wenn die Antwort ***Ja*** lautet, dann tragen Sie diese bitte hier ein (Stichworte genügen):

* Übrigens sind diese absichtlich in den Fließtext eingebettet, damit Sie sie nicht vorab entdecken konnten, weil dies Ihre Reaktion verändert hätte und Sie dann weniger über sich gelernt hätten.

Nun haben Sie erfahren:

☐ **ob Sie ein neugieriger Mensch sind** und

☐ **ob Sie bereit sind zu experimentieren.**

Darüber hinaus haben Sie (wenn Sie die Fragen beantwortet haben) eine **Erfahrung** gemacht, die Sie für die **nachfolgenden** Ideen über Gedächtnis **vorbereitet**.

Wenn Sie von diesem Buch „echt profitieren" wollen, dann reicht lesen nicht; Sie müssen **aktiv** mitdenken, und das bedeutet auch: Sie müssen **handeln**. Zum Beispiel, indem Sie bei einem Experiment mitmachen (schreiben, zeichnen, ankreuzen etc.)! Dazu sollten Sie drei Dinge griffbereit haben:

1. **Einen Stapel Schmierpapier** (optimal ist auf einer Seite bedrucktes Papier, z.B. alte Fotokopien, Faxe o.ä., dann fühlt man sich so richtig frei „herumzuschmieren").
2. **Ein Journal** (= ein Heft, eine Kladde, ein Spiral- oder Ringbuch, wenn Sie lieber mit losen Blättern arbeiten), in das Sie Ihre **eigenen Gedanken/Erfahrungen** eintragen. Wie Wissenschaftler/innen eigene Annahmen, Assoziationen, Gedanken, Vorgehen und Ergebnisse notieren, so auch Sie!
3. **Jede Menge** (farbiger) **Stifte**. Sowohl zum Anmalen und für eigene Randnotizen im Buch (Ja!) als auch für Ihre Arbeiten auf Schmierpapier und im Journal …

Darf ich Sie gleich zu einem zweiten Experiment einladen? Dann erheben Sie sich (falls nötig) bitte, um Schreibzeug herbeizuholen, falls Sie noch immer bequem im Liegesessel am Strand (oder wo immer) herumsitzen und von den drei eben genanten Dingen genau null griffbereit haben.

Bitte bedenken Sie, daß Sie **Ihre** Fähigkeiten verbessern wollen; meine sind bereits recht gut, weil ich die in diesem Buch beschriebenen Dinge seit Jahrzehnten aktiv tue! Von *nix kommt nix,* aber vom **Tun kommt alles!**

Also, jetzt nehmen wir an, daß alle, die wirklich profitieren wollen, etwas zum Schreiben haben. Dann beobachten Sie bitte bewußt, **welche Gedanken** der Begriff am Satzende in Ihnen „auslöst“, indem Sie die ersten zwei bis drei Ideen, die in Ihnen „auftauchen“, kurz notieren; was fällt Ihnen ein zu: *Karawane*?

Haben Sie kurz innegehalten und Ihre Gedanken verfolgt? Dann wird Ihnen folgende Aussage einleuchten:

> **Jedes Wort, das Sie hören/oder lesen, weckt immer Assoziationen in Ihnen, allerdings rasen die meisten in einem Affentempo an Ihrem Bewußtsein VORBEI. Wenn Sie zu einem Begriff viele Erfahrungen haben, dann können es Hunderte von Assoziationen sein.**

Frage: Wissen Sie noch, zu welchem Begriff Sie eben einige Gedanken notiert haben? *Wenn Sie vorhin wirklich Ihre eigenen Gedankengänge beobachtet haben*, dann können Sie jetzt voraussichtlich folgende Frage beantworten: Sind Ihnen zuerst Ihre eigenen Assoziationen eingefallen und dann der Begriff *(Karawane)*, oder war es umgekehrt?

( ) Zuerst die eigenen Gedanken (Assoziationen).
( ) Zuerst der Begriff.

Wenn Sie darüber nachdenken, **wie Sie denken**, dann betrachten Sie einen winzigen Ausschnitt Ihres gigantischen Wissens-Netzes (vgl. *Gedächtnis wie ein Netz?*, S. 43 ff.). In unserem Fallbeispiel handelt

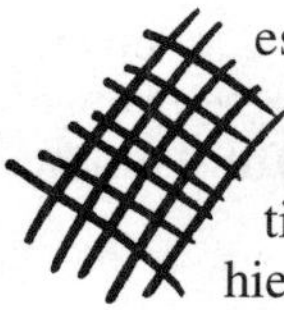

es sich um jenen Teil, in welchem die *Karawane* mit all **Ihren Assoziationen** vernetzt ist. Klar ist dabei auch: Je mehr Sie vorher über eine Sache wissen, desto REICH-haltiger sind die Assoziationen (weil es mehr Wissens-Fäden hierzu gibt!). Und umgekehrt: Wer noch nichts weiß, hat keine Fäden, um die neue Info einzuhängen! Deswegen müssen wir lernen, Hilfsfäden (Eselsbrücken) zu konstruieren, denn jeder (noch so abstruse, absonderliche) Hilfsfaden hilft uns genau durch seine MERK-würdigkeit (= wert/würdig, ge-MERKT zu werden!). Wenn Sie etwas wahrnehmen, z.B. hören oder lesen, dann gilt: Bewußt *wahrgenommen UND begriffen = gut konstruiert. Gut konstruiert* aber heißt: Diese Information kann (ohne Pauken, Büffeln etc.) später leicht wieder *neu konstruiert (= re-konstruiert)* werden! Wir können dies so formulieren:

1. **Die QUALITÄT Ihrer Konstruktion bestimmt die QUALITÄT der späteren RE-KONSTRUKTION** (d.h. der Gedächtnis-LEISTUNG).
2. **Fehler bei der KONSTRUKTION führen vollautomatisch zu Fehlern bei der RE-KONSTRUKTION** (beeinträchtigen also Ihre Gedächtnis-Leistung).
3. **Die meisten Menschen lasten die Fehler aber dem ABRUF** (also der späteren RE-KONSTRUKTION) **an, statt bei der KONSTRUKTION** (= Einspeicherung!) **an die Folgen zu denken.**
4. **Er-FOLG ist die FOLGE dessen, was wir zuvor gedacht und getan haben.**
5. **Dies gilt natürlich auch für Gedächtnis-Leistungen**, da diese, wie alle Leistungen, unserem Tun entspringen.

Nun können jedoch alle Leistungen durch Training verbessert werden. Wenn wir lernen, die **Qualität unserer Konstruktion** zu **verbessern**, dann erzeugen wir zwangsläufig bessere Ergebnisse. Wir verbessern nämlich **automatisch** unsere Gedächtnis-Leistung „hinten“, wenn wir unsere Leistungsfähigkeit „vorne“ (beim Konstruieren) verbessern!

Und wir erzeugen dieses bessere Ergebnis mit **weit weniger Aufwand als früher!** Wir brauchen nämlich keinesfalls mehr zu tun, sondern im

Gegenteil **weniger**, dies aber **bewußt** und unter Ausnutzung der Arbeitsweise des Gehirns (also *gehirn-gerecht*)!

Allerdings müssen wir die eine oder andere **neue Arbeitsweise (Technik)** erst (lernen und) trainieren, so daß wir **anfangs mehr** tun müssen – aber kaufmännisch gedacht ist dies eine Investition in Ihre Zukunft (auch wenn Sie über 70 sind!). Und es zahlt sich aus.

1. **Egal, wie alt Sie sind, Sie können Ihre geistigen Leistungen steigern.** Dabei ist Gedächtnis die Grundfähigkeit, die alle anderen (Intelligenz, Kreativität usw.) ermöglicht!
2. **Je mehr Schule/Ausbildung uns zum Gehirn-Muffel GEMACHT haben, desto mehr müssen wir UM-LERNEN.**
3. **Um-Lernen fühlt sich NUR anfangs „komisch" an** (wie die ersten Schritte auf Stelzen).
4. **Aber wenn wir das neue Verhalten erst einmal können, welche Vorteile bieten sich uns dann ...?!**
5. **Es gibt kein schlechtes Gedächtnis, nur schlechte KONSTRUKTIONs-weisen** (bedingt durch Schule/Ausbildung), die zu ebenso schlechten Ergebnissen bei der späteren REKONSTRUKTION führen müssen.
6. **Ändern Sie den Stil Ihres Info-Managements,** und das sogenannte „gute Gedächtnis" wird beiläufig (als „Nebeneffekt") entstehen!
7. **Da aber unser Gedächtnis die Grundlage von allem* ist, ist es der zentrale Punkt, an dem wir in diesem Buch ansetzen werden.**

---

* Leider beweisen Alzheimer-Patienten es uns: Mit dem Verlust der ersten Gedächtnis-Inhalte verlieren sie die Fähigkeit intelligent, kreativ etc. zu denken; später verlieren sie ihre gesamte Persönlichkeit, denn, wie SCHACTERS deutscher Buchtitel es sagt: *Wir sind Gedächtnis!*

ANALOGRAFFITI©*

Oder: **KaGa**© & **KaWa**© – Was ist das?

(nach Birkenbihl**)

Das Schöne an meinen ANALOGRAFISCHEN© Denk-Techniken ist, daß Einsteiger/innen die **Grundlagen der** ANALOGRAFIE© **in drei Minuten** verstehen. Was die Feinheiten angeht, so bringt eigenes Ausprobieren und (herum-)spielerisches Entdecken sehr schnell tiefere Einsichten. Lassen Sie sich darauf ein, damit Sie sich selbst in kürzester Zeit davon überzeugen können, wozu diese Denk-Techniken fähig sind (wozu sie *die so Denkenden* befähigen!) …

Die Erfahrungen der letzten Jahre haben immer wieder gezeigt: Wer Situationen (und Probleme) mittels **KaWa**©/**KaGa**© (Erklärung folgt) durchdenkt, erlebt immer wieder, wie schnell diese beiden methodischen Ansätze zu neuen und überraschenden Ergebnissen führen, die oft sowohl „intelligenter" als auch „kreativer" sind, als man es **sich selbst zuvor zugetraut** hätte. Um Sie zu animieren, mitzumachen, gehe ich in dieser vollständig überarbeiteten Ausgabe von *Stroh im Kopf?* zwei Wege:

1. **Es folgt Ihnen eine kurze Erklärung in diesem Modul – mehr finden Interessierte in meinem *großen* *ANALOGRAFFITI*©*-Buch* (derzeit in Arbeit)***** und:

---

* Der Name dieser Denk-Technik hat sich noch einmal geändert und heißt jetzt Analograffiti© (Dez. 2000)

** Nachdem manche heute bezweifeln, dass ich den Begriff *gehirn-gerecht* erfunden habe, neige ich nun dazu, eigene Entwicklungen (hinter denen oft ein jahrelanger Entwicklungs-Prozeß steht!) deutlicher auszuweisen. Das hilft auch Kolleg/innen ihre Quellen sauber anzugeben, was letztlich sowieso weit mehr überzeugt …

*** „Derzeit" = Winter 2000, Zeit der „Runderneuerung" dieses Buches (zur 36. Auflage). *Das große ANALOGRAFFITI©-Buch* (Arbeits-Titel) wird frühestens zum Frühjahr 2001 im Handel sein.

2. Sie finden Ihnen im ganzen Buch zahlreiche konkrete Fallbeispiele.

Fast alle Zeichnungen sind natürlich **KaGas**© und die Wortableitungen sind **KaWas**© (als konkretes An-SCHAU-ungs-Material). Viele weitere **KaWas**© finden Sie u.a. auch im neuen *Birkenbihl ALPHA-Buch.*

Betrachten wir kurz das Kunst-Wort ANALOGRAFIE©, so können Sie zwei Bestand-Teile „sehen“, nämlich:

1. **ANALOG** wie in *analoges*, bildhaftes, vernetztes, symbolisches (eher rechtshemisphärisches) **Denken.**
2. **GRAFIE, GRAFIK** (vgl. Begriffe wie *Foto-GRAFIE, GRAPHOlogie, GRAFIK, GRAFIKER/IN.* Den Wortteil *-graf/graph* übernahm ich vom griechischen γραφειν [sprich: *grafein*], wobei **grafein** ursprünglich *[in Tontäfelchen]* ***ritzen*** bedeutete, im Klartext: *schreiben* **und** *zeichnen.* Somit können wir zusammenfassen:

- **Wenn wir eher ANALOG und kreativ denken wollen und wenn wir mit dem Stift (oder Computer) unseren Gedanken nachspüren bzw. neue Ideen entwickeln wollen, dann denken wir analografisch© (wir fertigen also ANALOGRAFIEN© an).**
- **Diese können schreibend und/oder zeichnend entstehen.**

Mit dem Begriff „**Bild**" (*Zeichnung, Skizze*) meinen wir **jede** grafische Darstellungsform – vom einfachsten Stichmännchen- oder Kritzel-Bild bis zu ausgeklügelten DENK-BILDERn. Wer nicht zeichnen will, kann Bild-Elemente aus Vorlagen oder Illustrierten ausschneiden und Collagen anfertigen (oder CD-ROM Bild-Dateien) nutzen. Wichtig ist:

Wir suchen **Kreative (K)** Gedanken/Ideen und erstellen demnach jeweils eine kreative **(A) ANALOGRAFIE© (Ka-...).**

a) Nun suchen wir entweder **(W) Worte** (**K**a**W**a©**),** oder
b) wir denken **(G) Grafisch** (**K**a**G**a©).

Was uns bei dieser Art zu denken einfällt, **Wort & Bild**; es sind immer unsere **eigenen ASSOZIATIONEN** (das letzte **A**). Wir zapfen also unsere eigenen Fäden im Wissens-Netz (siehe S. 43 ff.) „an". So ergeben sich die beiden Kunstwörter **K**a**W**a© und **K**a**G**a© (wobei eine **ANALOGRAFIE©** selbstverständlich **beide** Elemente enthalten kann).
Erste Beispiele:

1 KaGa© = (Kreative Analografie©, Grafische Assoziationen)

Ich dachte über das Lesen nach: viel lesen, viel und schnell lesen, Schnell-Lesetechniken ... Dabei bewegte sich mein Stift auf dem Schmierpapier.

Später merkte ich (wieder einmal), wie gut das KaGa© meine Gedanken widerspiegelte, denn ich hatte zwar offiziell (in Worten) an Bücher gedacht, aber ich zeichnete auch einfache Linien (= flache Blätter: z.B. Briefe, Artikel, Memos usw.)!

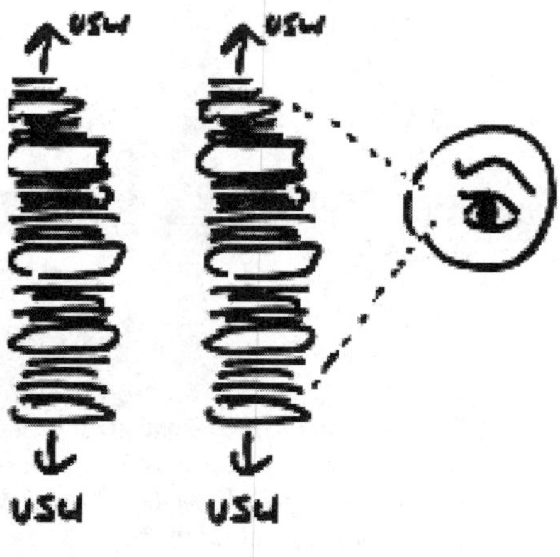

Da es darum ging, wie dieser Stapel per Auge wahrgenommen werden könnte, zeichnete ich ein Auge ...

Bitte bedenken Sie, daß einer der Gründe, warum die Chinesen schon lange wissen, daß ein Bild 1000 Worte ersetzt, der ist: Wenn Sie die Beschreibung von Handlungen (z.B. **KaWa**©/**KaGa**©) lesen, mag es Ihnen relativ kompliziert vorkommen; wenn Sie es jedoch **tun**, wird es einfach …

Noch ein **KaGa**© als Memo-Bild. Das Zeichnen eines **KaGa**s hilft zu begreifen, inwieweit wir die zu lernende Info „kapiert" haben: Ohne Verständnis gibt es keine (oder falsche) Bilder, wobei der **Prozeß einer Bild-Korrektur** später dafür sorgt, daß man sich die **Korrekturen** und damit **das neue Bild merkt**. Im Gegensatz zu herkömmlichen Wort-Korrekturen, bei denen oft später der originale Fehler im Gedächtnis verbleibt.

In folgendem **KaGa**© habe ich die wichtigsten Eigenschaften der **Topoi** (= griechisch *Orte*) für mich persönlich festgehalten. Es erinnert mich an die Regeln, wie diese memotechnischen **geistigen Orte** beschaffen sein sollen, damit das spätere „Ablegen" (Merken) von Infos Erfolg hat.

1. (Schulter): Wie viele Regeln? Antwort 8 (be-8-en Sie den Zeigefinger)

2. (Latz/Fisch): an-SCHAU-lich!

3. (hängt an Hand): Verwechslungen müssen ausgeschlossen sein: INDIVIDUEN, keine „Zwillinge"

4. (unter an-SCHAU-lich): Die FORM muß klar sein und gut vorstellbar

5. (unter Hand): Die Größe muß zu unseren menschlichen Maßen passen (HAND-lich)

6. (unter GRÖSSE): Abstände der loci voneinander – je einige Schritte

7. (unter FORM): Beleuchtung muß hell sein (nicht zu hell und keine Dämmerung)

8. (die Vase): UNBELEBTE loci

Bei diesem Originalbild hatte ich zunächst (unten links) eine Vase **mit** Blumen **gezeichnet**, wiewohl ich **schrieb** *unbelebt – die Bilder später*

„schaffen Leben“. Erst später (beim Weiterlesen) merkte ich, daß ich diese Regel nur unzureichend begriffen hatte. Also korrigierte ich Text und Bild, aber selbst wenn mir heute ein Ausdruck des **alten** Bildes in die Hände fällt, erinnere ich mich sofort **an die Korrektur**, ich ergänze sie also jedesmal automatisch …

Abb. 2: »Tertia Matthaei imago«, aus: *Rationarum evangelistarum*, Pforzheim, Thomas Anshelm 1510, fol. b 2

Das nebenstehende **KaGa**©-Beispiel ist Jahrhunderte alt und zeigt, wie normal solche Bilder früher waren. Der Kommentar muß uns darauf aufmerksam machen, daß man sie zu **lesen** pflegte! Das ist ein wichtiges Merkmal der Art von Bildern, die wir als **KaGa**© bezeichnen wollen: Wir **lesen** sie …

Das Auge beginnt Mitte/oben, wandert senkrecht nach unten, dann bewegt sich das Auge nach oben/links und beendet den LESE-Vorgang *oben/rechts. Da uns Heutigen für das LESEN solcher Bilder die Hintergrund-Informationen fehlen, müssen wir uns etwas „hineinversenken“. (Derartige) Bilder sollen helfen, gewisse „religiöse“ Inhalte zu lernen, was* früher jedem Betrachter sofort klar *war, denn er kannte die Symbole, z.B.* Adler, Engel, Löwe, Stier, *welche vollautomatisch dem jeweiligen* Evangelisten *zugeordnet wurden (so wie wir heute den Bärenmarke-Bären als Wahrzeichen „lesen“ und „verstehen“ können).* *

„Aber“, sagen Sie jetzt vielleicht, *„ich kann nicht zeichnen.“* Irrtum! Wer schreiben kann, kann zeichnen (→ vgl. *T – Jeder kann zeichnen,* S. 145 ff.). Lassen Sie uns hier nur festhalten:

* Quelle: ASSMANN/HARTH (Hrsg.): *Mnemosyne* (vgl. Literaturverzeichnis).

Einige Striche reichen vollkommen! Angenommen, Sie denken über Ideen nach, die aus dem Unbewußten „nach oben“ steigen. Dann können Sie dies „schön zeichnen“ oder als einfaches **KaGa**© ausdrücken. Die Version rechts ist genauso aussagekräftig wie die linke. **Merke: KaGas**© zeichnen wir **für uns**. Sie sollen uns später beim RE-KONSTRUIEREN unserer EinSICHT-en helfen oder als „Hilfsfäden“ fungieren, mit denen wir neue Infos in unser Wissens-Netz ein-BIND-en. Mehr nicht!

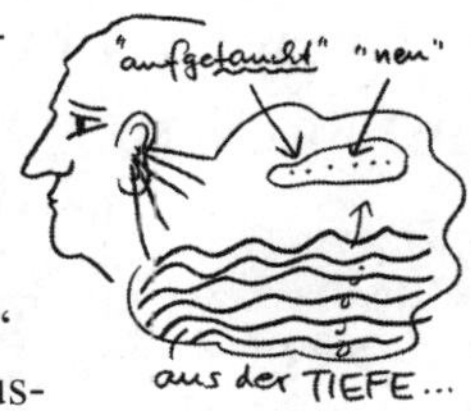

Auch meine inzwischen berühmten Insel-Bilder sind so einfach, daß sie so gut wie jeder zeichnen kann. Dies tun viele Trainer-Kollegen/innen, auch solche, die früher behaupteten, sie könnten nicht zeichnen …

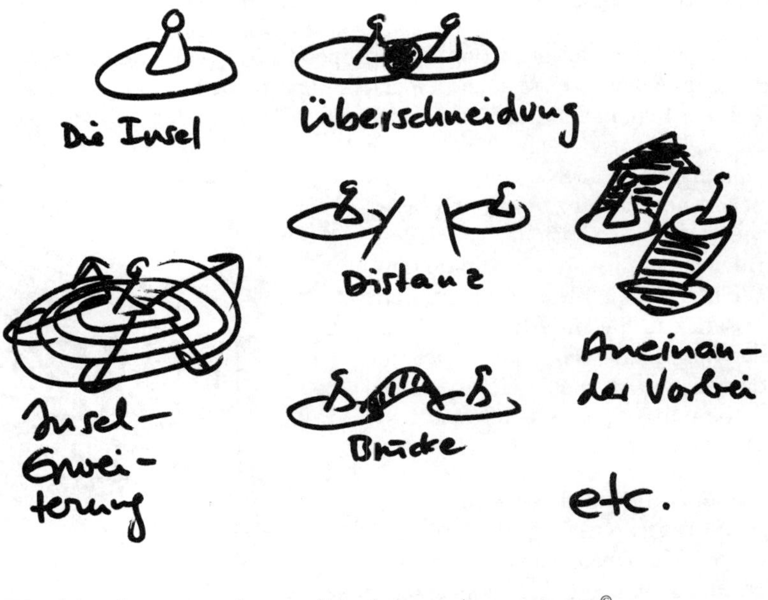

Wenden wir uns nun der **zweiten** Art von ANALOGRAFIE© zu:

2 KaWa© = (Kreative ANALOGRAFIE©, Wort-Assoziationen)

Bei KaWa© wollen wir für jeden Buchstaben des Wortes, Begriffes oder Namens mindestens eine Bedeutung finden, die mit diesem Buchstaben beginnt (ähnlich wie beim Kreuzworträtseln). Warum das so hilfreich ist, erfahren Sie am besten, indem Sie es tun.

Als erstes Beispiel könnten Sie mit dem Begriff *Wort* spielen, ehe Sie das Buch umdrehen ...

Ich habe den Leser/innen meines Birkenbihl-Beratungs-Briefes (Info unter **www.birkenbihlbrief.de**) vorgeschlagen, mit **Namens-KaWas** einzusteigen. Die sofortigen positiven Reaktionen zeigten, daß dieser Weg extrem leicht nachvollziehbar ist und daß er Spaß macht.

Einige wenige Beispiele (um Ihren Appetit anzuregen): Beginnen Sie mit dem Namens-**KaWa**© einer Person, die Sie **gut** kennen. Dies kann z.B. ein Familienmitglied sein, ein Freund (der Familie), ein Nachbar, ein Kollege usw. Schreiben Sie den Namen in großen Buchstaben (z.B. mit einem sehr dicken Filzstift), und **lassen** Sie dann Assoziationen zu jedem Buchstaben **in sich hochsteigen.** Wichtig ist, daß Sie es **geschehen lassen,** daß Sie **innerlich loslassen,** daß Sie es **zulassen,** daß Sie sich auf das geistige Abenteuer **einlassen.** Sie wollen **Ihr eigenes (unbewußtes) Wissen anzapfen**.

Vielleicht möchten Sie Ihre ersten Namens-**KaWas**© aber lieber mit Vornamen probieren? Oder beginnen Sie lieber mit Ihrem eigenen Namen?

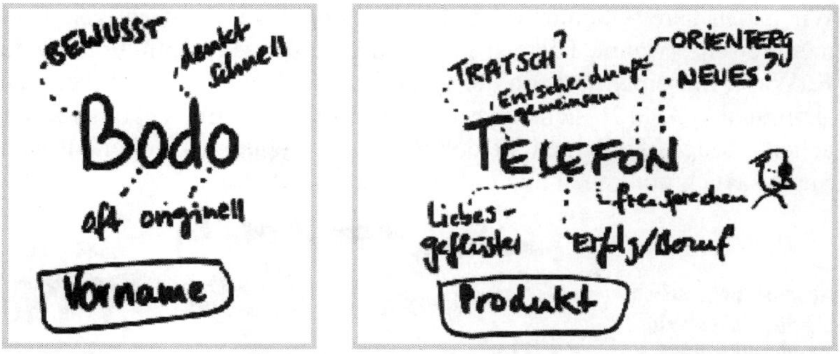

Mein KaWa© zu Herrn Bodo WARDIN, einem Geschäftsführer (von ADD! brain), und die ersten Assoziationen zum Begriff *Telefon* einer Seminar-Teilnehmerin.

Sie können genausogut ein **KaWa**© mit dem **Namen** Ihrer **Firma anlegen oder** dem **Namen** Ihrer **Straße** (**Stadt/Gemeinde**)! Oder finden Sie heraus, was Ihnen der **Name** Ihres **Lieblings-Autors** „sagt", oder der **Name eines Produktes**, das Sie regelmäßig nutzen (oder konsumieren), wobei wir hier eine interessante unscharfe Grenze überschreiten zwischen einem Eigennamen und einem Begriff. (Worte sind ja Namen für Dinge, Prozesse oder Lebewesen – deshalb heißt *Hauptwort* im Lateinischen *nomen* = Namen.) Also vollziehen wir den Übergang zu einem **Schlüsselwort**, über das Sie derzeit (bzw. regelmäßig) nachdenken wollen. Natürlich können **KaWas**© auch zu **Merk-Hilfen** werden, z.B. den Namen einer Person, über die wir etwas lernen (wie dieses **KaWa**© zu dem wichtigen britischen Gedächtnisforscher, BARTLETT).

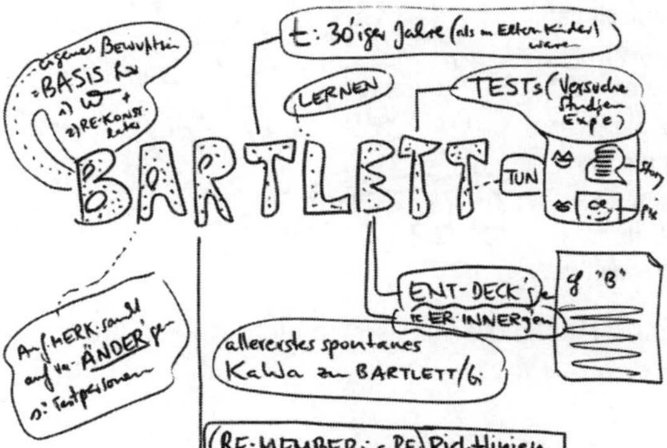

Wir haben bereits Schlüsselwörter als Möglichkeit zu wichtigen Themenkreisen erwähnt. Dies ist natürlich eine der Hauptfunktionen von **KaWas©**: mit einem Stift in der Hand nachdenken, erste Assoziationen „kommen" LASSEN, sich einlassen und auf geistige Entdeckungs-Reise gehen. Vielleicht möchten Sie den Begriff *Erfolg* kurz „bearbeiten", ehe Sie das Buch umdrehen und die beiden Beispiele lesen?

Nebenstehend sehen Sie das KaWa© einer Nachbarin (ich habe ihre Assoziationen in Normalschrift dazugeschrieben, weil die jüngeren Leser ja kein Sütterlin mehr lesen können).

Und hier sehen Sie eines meiner KaWas© zu diesem Begriff. Ich spiele gern immer wieder mit verschiedenen Schlüssel-Begriffen und finde heraus, was mir derzeit besonders wichtig ist. Sehen Sie jedes KaWa© auch als Momentaufnahme, als Schnappschuß Ihrer derzeitigen Gedanken ...

(Mehr Details, Tips und Tricks sowie viele Anwendungs-Beispiele wird mein *großes* *ANALOGRAFIE©-Buch,* derzeit in Arbeit, enthalten.)

Fallbeispiel: *Netz, Wissens-Netz & Wissen*

Erste Versuche (auf Schmierpapier!) beginnen vielleicht mit der Ableitung von NERVEN-Bahnen (**N**) oder es fallen mir bei **T** die TAUSENDEN von Verbindungen ein, die sich (**Z**) ZWISCHEN einzelnen NEURONEN des WISSENS-Netzes ergeben.

Deshalb greife ich sofort zu einem **neuen** Blatt, bei dem ich die beiden **N** zusammenlege und **wieder** von vorne anfange, weil ich so mit dem Stift in der Hand entdecken will, was sich in mir entwickelt!

Wie Sie sehen, werden **K**a**G**a©/**K**a**W**a©-Bilder **keinesfalls** als saubere, „erwachsene" End-Produkte „geboren", sondern sie stellen Ent-WICKlungs-Prozesse dar, bei denen wir das „herauswickeln", was bereits in uns schlummert. Wir machen unsere **unbewußten** Gedanken **bewußt** und entwickeln sie weiter. Somit entsprechen **analografische Denk-Prozesse** immer auch einer **geistigen Evolution**.

Die ANALOGRAFIE© ist ein Denk-Tool (Werkzeug), das uns beim Denken hilft, neue Ver-BIND-ungen zu entdecken oder neue Ein-SICHT-en zu gewinnen usw.

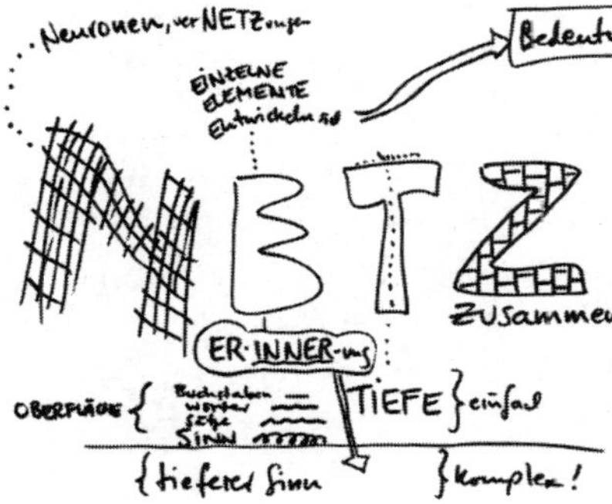

Wichtige Begriffe tauchen in meinem Denken **immer wieder** auf und werden jeweils neu ge-**K**a**W**a-t* (→ vgl. das Modul *Wahrnehmung von Wiederholungen*, S. 101 ff.). So sehe ich, was dieser Begriff mir **im heutigen Zusammenhang** „sagen“ kann. Außerdem entsteht durch mehrere ANALOGRAFIEN© im Laufe der Zeit eine viel tiefere Ebene des Verstehens.

Dies haben Menschen nicht begriffen, die z.B. sagen: *„Das* ***K****a****W****a© hab ich schon gemacht!“* Es geht nicht darum, ob wir schon einmal über einen Begriff nachgedacht haben, oder?! Wenn Sie **ohne** Stift denken, dann denken Sie über manche Themen doch **auch mehrmals** nach, oder?! Na also! Hier ein **K**a**W**a© zu *Wissen*:

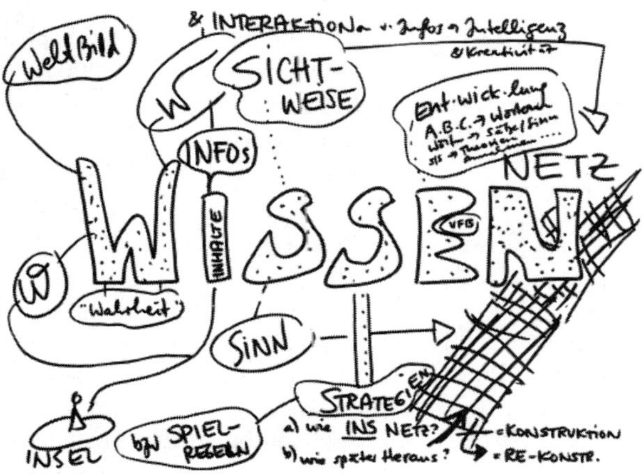

* Klingt besser als es sich liest [gekawat].

Sechs kleine **KaWa**©-Tips

1. **Taucht ein Buchstabe mehrmals auf** (z.B. **E** und **N** in *Lernen*), dann können Sie jeden Buchstaben nur **einmal** als Assoziations-Anker verwenden. Diese Variante wählen Einsteiger/innen gerne, da die Ideen ja noch nicht so schnell fließen. Es ist wieder wie bei den Kreuzworträtseln: Die ersten können durchaus noch etwas mühsam sein, aber danach tun die Leute es freiwillig! Das heißt: Später, wenn es immer leichter fällt, schreiben wir sowieso oft mehrere Assoziationen bei einem Buchstaben auf (→ vgl. die beiden **S** in *Wissen*, S. 36).

2. **Manchmal fange ich vorne oder hinten an** und bewege mich „der Reihe nach" am Wort entlang, manchmal aber springe ich „wild umher", je nachdem, welche Ideen zuerst „herausbrechen". Beim „wilden" Vorgehen hat es sich bewährt (in einer kleinen Denk-Pause), die bereits bearbeiteten Buchstaben zu markieren, z.B. gelb anmalen (was später, wenn Sie ein **KaWa**© in fotokopierter Form weitergeben wollen, unsichtbar bleibt). Wenn ich gerade keinen gelben Stift zur Hand habe, markiere ich die Buchstaben, die „dran" waren, mit kleinen Punkten (→ vgl. *Bartlett,* S. 33 und *Wissen*, S. 35 f.).

3. **Manchmal fällt mir zu einem Buchstaben absolut nichts ein**, dann greife ich zu einem Wörterbuch und fahre mit dem Auge ein wenig auf den Seiten mit dem Buchstaben „herum", dabei **fällt** mir fast immer etwas **AUF** oder es löst ein Begriff eine weitere Assoziation aus, so daß mir dann doch etwas **EIN-fällt**!

4. **Manchmal muß man „kreativ schummeln"**, wenn man kein Wörterbuch zur Hand hat oder wenn man einen (weiteren) Begriff unbedingt ins **KaWa**© einbringen möchte, für den es keinen passenden Buchstaben gibt. Angenommen Sie machen ein **Namens-KaWa**© und wollen zum Ausdruck bringen, daß Ihr Freund Peter ein **Autonarr** ist, aber *PKW* (bei **P**) gefällt Ihnen nicht, denn Peter liebt ja alle Arten von **Autos** (nicht nur PKWs!). Dann könnten Sie z.B. bei **T** eintragen: *totaler Autonarr*.

5. **Manchmal muß man auch eine Lücke stehen lassen können!** Vielleicht fällt Ihnen später etwas ein, vielleicht morgen, vielleicht **nie**! Es gibt eben keine eiserne Regel, daß bei jedem Buchstaben etwas stehen **muß.** ANALOGRAFIEN© sollen Ihr Denken nicht lähmen, sondern beflügeln! Bei manchen Buchstaben fallen uns vier oder fünf Ideen ein (zu!), bei einem anderen keine einzige. Jede **ANALOGRAFIE**©, das heißt jedes **KaWa**© oder **KaGa**© bzw. jede Mischung aus beiden (s. unten), soll sich entfalten, und wenn mal eine Lücke bleibt: *so what* (= was soll's)?

6. **Tragen Sie immer eine Kladde mit sich herum!** Wissenschaftler, Künstler, Genies u.a. können **mit einem Stift in der Hand** besser denken – warum nicht auch Sie? Aber bitte ab jetzt **analografisch**©, nicht wahr?

FLOW© (nach Mihaly CSIKSZENTMIHALYI)

Den Ausgangs-Punkt von CSIKSZENTMIHALYIS Arbeit stellte die von MASLOW (u.a.) beschriebene *PEAK-EXPERIENCE* dar. Diese wird gern mit *Gipfelerfahrung* oder *Gipfelerlebnis* übersetzt. Dabei beinhaltet „Gipfel" ein Wortspiel: Zum einen beschreibt es ein **HOCH-Gefühl**, zum anderen gehören Bergsteiger am Gipfel zu den ersten Menschengruppen, deren Gipfel-Erfahrungen dokumentiert wurden! Es handelt sich um einen **besonderen Zustand**, der schwer zu beschreiben ist. Da tauchen Formulierungen auf wie: *Man sei in solchen Augenblicken „vollkommen bei sich", ganz total im Hier und Jetzt,* man sei *vollkommen „da"*... CSIKSZENTMIHALYI begann dieses Phänomen mit Fragen wie diesen zu erforschen:

- **Wodurch zeichnet** sich dieser besondere Zustand **aus**?
- **Was passiert** (neuro-)physiologisch?
- **Welches sind die gemeinsamen Nenner** von Menschen, die derartige Gipfel-Erlebnisse haben (bzw. von solchen Augenblicken)?

CSIKSZENTMIHALYI erfand eine **geniale Methode**, um der Sache auf die Spur zu kommen: Er ließ viele **Versuchspersonen einen Timer** tragen, der zu nicht prognostizierbaren Zeitpunkten piepte. Dann mußten die Kandidaten sofort einen **Fragebogen** ausfüllen. Damit hoffte er zu Recht, auch einige Gipfel-Erlebnisse zu „erwischen" und so den gemeinsamen Nennern auf die Spur zu kommen. Nach vielen Jahren konnte er das Phänomen erklären und gab ihm den Namen *FLOW©* ...

Erleben Sie regelmäßig **FLOW©**? Kennen Sie das Gefühl (bzw. das **bahnbrechende Konzept**) **des US-Wissenschaftlers** (ungarischer Abstammung) Mihaly CSIKSZENTMIHALYI (sprich: Tschik-schent-mihai)? Der Psychologie-Professor an der University of Chicago ist einer der wichtigsten Bewußtseins-Forscher, der das **Konzept** des **FLOW©** entwickelte (vgl. Kasten).

FLOW© nannte CSIKSZENTMIHALYI den Zustand, wenn „alles fließt": **Physiologisch fließen** Hormone im Körper sowie Neuro-Transmitter im Gehirn, gleichzeitig fließt es **geistig**, wenn Assoziationen, Gedanken, Ideen, kreative Einfälle usw. nur so „strömen"...

Als gemeinsame Beschreibungen von *FLOW©* bei unterschiedlichsten Tätigkeiten fand

CSIKSZENTMIHALYI immer wieder Aussagen wie: *Ich fühle mich absolut wohl. Alles gelingt mir. Ich bin total in (die jeweilige Tätigkeit) versunken. Manchmal verliere ich dabei das Zeitgefühl …*

Des weiteren ergaben die jahrzehntelangen (Nach-)Forschungen von CSIKSZENTMIHALYI: *FLOW©* passiert so gut wie **nie**, wenn man Routine-Tätigkeiten (insbesondere „nebenbei“) ausführt. Selten kommt es „oberhalb des erworbenen Fertigkeiten-Niveaus“ zu *FLOW©*, denn *FLOW©* tritt „dazwischen“ auf. Dies habe ich in ein **Ka**Ga© gepackt (vgl. Modul *ANALOGRAFIE©*, Stichwort: ***Ka**Ga©*, S. 28 ff.):

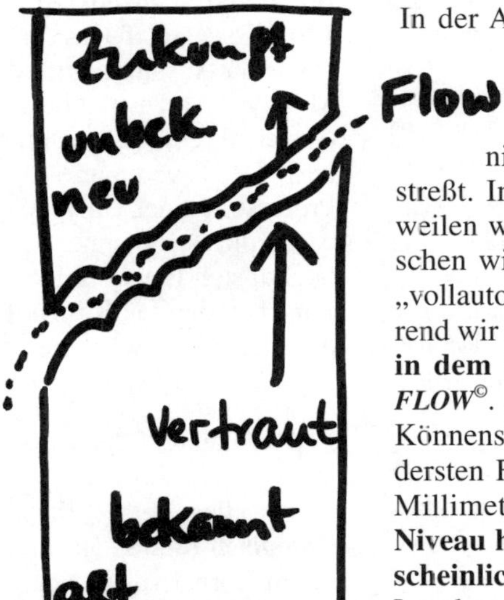

Optimal wäre es, wenn Sie den *FLOW©*-Bereich **farbig** anmalten …

In der Abbildung sehen Sie oben den Bereich, den wir **noch nicht (gut) ausführen können**. Hier fühlen wir uns (noch) nicht wohl, vielleicht sogar gestreßt. Im unteren Teil hingegen langweilen wir uns. Diesen Bereich beherrschen wir „mit links“, wir können ihn „vollautomatisch“ ausführen (z.B. während wir an andere Dinge denken!). **Nur in dem Zwischenraum** kommt es zu ***FLOW©***. „Am Ende unseres derzeitigen Könnens“, wenn wir quasi an der vordersten Front unseres Könnens 1 bis 2 Millimeter **über unser momentanes Niveau hinaustreten**, ist *FLOW©* **wahrscheinlich**. Etwas **über** dem derzeitigen Level und etwas **unterhalb** des Punktes, an dem wir uns gestreßt fühlen würden, „passiert“ ***FLOW©***.

* Der Begriff *FLOW©* wird manchmal fälschlicherweise für Entspannungs-Zustände zweck-entfremdet, aber CSIKSZENTMIHALYIS *FLOW©* beschreibt nur den Zustand, der **konkrete Handlungen begleitet!**

Nachdem CSIKSZENTMIHALYI dies erkannt hatte, wurde ihm klar: Eigentlich können wir **jede** Tätigkeit zu einer **FLOW©-Tätigkeit** machen, wenn wir wollen. In meinem Taschenbuch *Der Birkenbihl Power-Tag* beschreibe ich folgenden Zusammenhang: Wir gehen während einer Diskussion die zweite Kanne Kaffee aus der Küche holen. Dabei hören wir dem Gespräch weiterhin zu, rufen vielleicht auch einen Diskussions-Beitrag ins Wohnzimmer. Hier gilt: Wir sind in diesem Moment ein **Kaffeehol-Automat** (unser Unbewußtes steuert diesen Vorgang völlig autonom, er taucht in unserem Bewußtsein überhaupt nicht auf). Demzufolge könnten wir mit der Tätigkeit des **Gehens** kein FLOW©-Erlebnis haben, denn eigentlich **gehen wir nicht**, wir **delegieren** dies (wir „lassen gehen"). Wenn wir diese simple Tätigkeit 100%ig in unser Bewußtsein rücken wollen, dann müssen wir sie **ein wenig verändern.** Gerade genug, daß etablierte bevorzugte Nervenbahnen (Daten-Highways im Hirn) **nicht genutzt werden können**! (→ dazu auch *T – NEUROBICS©*, S. 189 ff.).

Testen Sie dies:

FLOW©-Experiment

Wählen Sie eine Tätigkeit, die Ihnen vertraut ist (z.B. Gehen), und wandeln Sie sie **leicht ab**, so daß Sie „es“ sehr **AUF-MERK**-sam tun müssen, **z.B. indem Sie rückwärts gehen**. Weitere Möglichkeiten sind, etwas mit der „falschen“ Hand zu tun oder die Reihenfolge einer Routine-Handlung zu verändern u.ä. Dabei sind Sie **total im Hier und Jetzt**. Ihr Gehirn ist extrem wach, weil es neue Nervenbahnen suchen/aufbauen muß. Hier kann *FLOW*© passieren. (→ Vgl. Modul: *T – NEUROBICS*© [nach Laurence C. KATZ], S. 189 ff., für weitere Anregungen).

Gedächtnis wie ein Netz?

Oder: Das Wissens-Netz© *

Bevor wir beginnen, möchte ich Sie einladen, ein kleines Assoziations-Experiment durchzuführen. Wenn Sie bereit sind, aktiv mitzumachen, dann legen Sie jetzt bitte Stift und Schmierpapier zurecht, ehe Sie die Aufgabenstellung lesen, damit Sie dann sofort und spontan reagieren können. Einverstanden?

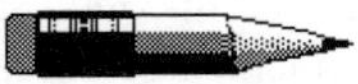

Bitte notieren Sie nach dem Lesen des Stichwortes:

1. Alle Wörter, die Ihnen **innerhalb von 60 Sekunden** einfallen.
2. Alle Wörter, die Ihnen **nach 61 Sekunden** einfallen (so lange, wie Sie weitermachen wollen). Wichtig ist nur, daß Sie die erste Gruppe von der anderen trennen (z.B. durch einen Trennstrich). Das Wort heißt *Einkaufsnetz*. Bitte beginnen Sie sofort …

Jedes Forschungsgebiet kreiert seine eigenen Denk-Bilder, Metaphern und Gleichnisse, so auch die **Gedächtnis-Forschung**. Früher sah man das Gedächtnis als eine Art Riesenbehälter, in den wir alles hineinwerfen, und man hatte panische Angst, er könnte voll werden. Dann wurde klar, wie gigantisch die Kapazität ist, also begann man mit den Vergleichen zum Telefon (wenn jeder Mensch einer Großstadt Telefon hätte und wenn alle auf einmal klingeln würden, u.ä.). Dann waren die Com-

* Auch dieser Abschnitt enthält einige Passagen aus dem *Birkenbihl ALPHA-Buch* (vgl. Erklärung, *Vorwort*, S. 10ff.), dem Buch zu der gleichnamigen TV-Reihe in Bayern III (1998–1999).

puter-Modelle vom Gehirn zeitgemäß, und heute ist der Hinweis auf das Internet modern, das manche mit dem physischen Gehirn der Welt vergleichen.

Als die **Gehirn**-Forschung begann, sich mit **Gedächtnis**-Leistungen zu befassen, durchforsteten manche Wissenschaftler die Gehirnmasse nach neurophysiologischen Beweisen für psychologische Gedächtnis-Konzepte. Zum Beispiel suchte LASHLEY jahrelang verzweifelt das **Engramm** (wörtlich = *das Ein-Gegrabene*), das heißt **die** Stelle, an der **eine spezifische Erinnerung physiologisch in der materiellen Welt des Gehirns** zu finden sein sollte. Darüber verzweifelte er dermaßen, daß er letztlich konstatierte:

> **„Man könnte … den Schluß ziehen, daß Lernen überhaupt unmöglich ist!"***

In neuerer Zeit konzentriert sich die Forschung u.a. auf zwei faszinierende Bereiche: **Erstens** geht es um diverse „Feuchtigkeiten" im Gehirn, d.h. um die vielen inzwischen entdeckten Neuropeptide (Gehirn-Hormone), die zu dem angelsächsischen Begriff des „WET BRAIN" (= nasses Gehirn) geführt haben. Wir wissen heute dank Candace PERT (u.a.), daß so gut wie alle Prozesse, die man früher für „trocken" (d.h. elektrisch) hielt, in Wirklichkeit nur über jene feuchten Prozesse laufen.

Zweitens konzentrieren sich jetzt viele Forschungs-Arbeiten aus diversen Fakultäten auf **ein** spannendes Thema, und zwar neben der Neurophysiologie und der Immun-Forschung auch Wissenschaftler, die über Komplexität, Kommunikation, künstliche Intelligenz, Computerwissenschaften, Fuzzy Logik (und mehr) arbeiten. Dieser Schwerpunkt verbindet unterschiedlichste Forschungs-Richtungen; er heißt Ver-NETZ-ung!

Man weiß, daß jedes einzelne Neuron physiologische Verbindungen zu Tausenden anderer Neurone haben kann, so daß man von **Netzwerken im Gehirn** spricht. Nun habe ich bereits mehrmals mit meinen Denk-Modellen und Metaphern Entwicklungen der Forscher vorweggenommen oder gehirn-gerecht ins Bild gesetzt.

Deshalb freut es mich, auch die Metapher vom **Wissens-Netz** (siehe S. 35) geschaffen zu haben, **ehe** ich von diesen Forschungs-Ergebnissen

---

* (→ vgl. Merkblatt Nr. 6, S. 286ff.)

wußte. Eine Variante, das **Bild** von spinnennetzartigen **Info-Bündeln,** finden Sie in meinem Buch *Sprachenlernen leichtgemacht – Die Birkenbihl-Methode.*

Das Info-Bündel war meine zeichnerische Umsetzung eines Konzepts der angelsächsischen Linguistik *(semantic net)* und sah so aus (vgl. Abbildung rechts).

Die schwächeren Stellen/Lücken in der Linienführung sind Absicht. Sie symbolisieren/repräsentieren Schwachstellen und Lücken. Denken Sie nur an den berüchtigten *Es-liegt-mir-auf-der-Zunge*-Effekt ...

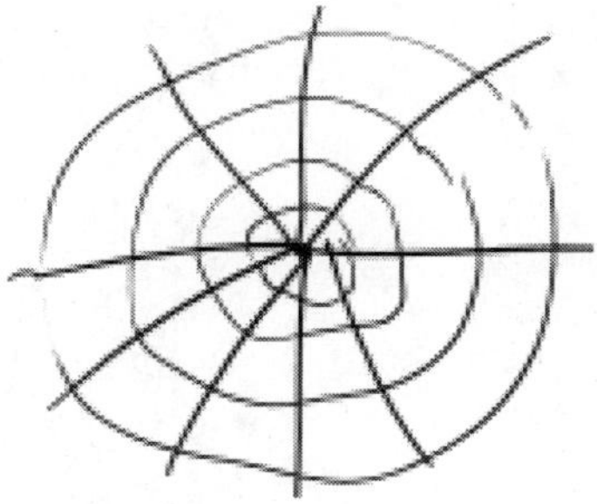

Damals stellte ich jedes Wort als ein solches Info-Bündel dar, denn jedes Wort ist **mit allen Assoziationen** verbunden, die Sie zu diesem Begriff aktivieren können. Nah am Zentrum sitzen die ersten Ideen, weiter weg die späteren und ganz am Rand Ihre **passiven Assoziationen**, das sind Wörter, die Sie zwar verstehen, aber nicht aktiv anwenden. So haben Sie vielleicht bereits registriert, daß ich *wiewohl* sage/schreibe. Diesen Begriff „besitzen" Sie (im mittleren oder Rand-Bereich Ihres Bündels), aber Ihr bevorzugter Begriff ist (wahrscheinlich) *obwohl*, (vielleicht auch) *obgleich, obschon* oder *obzwar*, und dieser sitzt **im Zentrum**!

  **Zusatz-Aufgabe**

Wenn Sie vorhin mitgemacht haben, dann könnten Sie jetzt ...

1. ... nachsehen, welche Ihrer Assoziationen zu *Einkaufsnetz* im **Zentrum** Ihres Info-Bündels liegen,
2. ... feststellen, welche zum mittleren Bereich gehören (alle nach 61 Sekunden), und, wenn Sie sehr motiviert sind,
3. ... in den nächsten Stunden (Tagen) möglichst viele Menschen befragen und deren Assoziationen in ein Info-Bündel eintragen (d.h. die ersten Wörter ins Zentrum, die späteren außerhalb der Mitte usw.),
4. ... dasselbe mit einigen **anderen** Begriffen durchführen, um zu vergleichen, **wie viele** Ideen Sie zu **jedem** Wort finden werden. Das kann von null bis Hunderte (pro Begriff) sehr stark **variieren.**

Wenn wir uns bereits das einzelne Wort als Info-Bündel vorstellen, was passiert dann, wenn wir uns ausmalen, daß absolut alles, was wir wissen (und können), in ein Netzwerk eingebunden ist? Es muß natürlich ein **gigantisches** Netz sein, und **das** bezeichne ich als ***Wissens-Netz*** (→ vgl. dazu auch *ANALOGRAFIE*©, S. 35)!

Wenn Sie bei unserer kleinen Assoziations-Aufgabe mitgemacht haben, dann haben Sie bewußt erlebt, wie ein Begriff in uns Assoziationen auslöst. Dabei „kreiert" jeder Begriff um so mehr Ideen, je mehr wir **zu diesem Thema bereits wissen**!

Gleichzeitig ist uns klar, daß unser Wissen **alles** beeinflußt, was wir **wahrnehmen**, denn die Wahrnehmung „lebt" vom Erkennen-Können. Was wir **nicht kennen**, können wir **nicht** (nicht differenziert) **wahrnehmen**. So sind Wörter in einer fremden Sprache nur Geräusche und fremde Schriftzeichen nur Linien (jeweils ohne Bedeutung) für uns. Je mehr wir aber wissen, desto mehr können wir wahrnehmen. Das erinnert an den berühmten Satz aus der Bibel; es heißt da nämlich:

> *Wer da hat, dem wird gegeben, wer aber nicht hat, dem wird auch das genommen, was er hat.*

Dieser Satz beschreibt den neurophysiologischen Vorgang sehr genau, weil alles, was wir nicht (er-)kennen, als **Hintergrund** wirkt und demzufolge **nicht bewußt** registriert werden kann. Daran sollten Wissensvermittelnde, Führungskräfte, Chefs, Kundenberater/innen, Eltern, große Brüder und Schwestern denken, wenn sie uns etwas mitteilen wollen, wofür **sie** jede Menge Fäden in ihrem Wissens-Netz haben, **wir** als Lernende (Kinder, Kunden) jedoch nicht. Dann schlägt der Satz voll zu:

> ***Wer da hat*** *(nämlich Info-Fäden, Info-Bündel, Info-Felder hierzu im Netz, die als Attraktoren, d.h. als geistige Magneten, wirken, um neue passende Infos anzuziehen),* ***dem wird gegeben****. (Sprich: Der kann neue Infos, Ideen, Gedanken, Theorien, Strategien in großer Fülle wahrnehmen, begreifen, verarbeiten, merken und später in seinen intelligenten/kreativen [Re-]Aktionen im Alltag nutzen.)*
> ***Wer aber*** *(an jenen Stellen im Wissens-Netz)* ***nicht*** *(genug)* ***hat, dem wird auch das genommen, was er hat.*** *(Im Klartext: Der kann auch das nicht wahrnehmen, was vorhanden ist, also wird es ihm von seinem eigenen Wahrnehmungs-Apparat* ***genommen****, weil solche Infos quasi* ***als Nicht-Infos im Nichts versacken.****)*

Deshalb ist es so wichtig für Sie, Ihr Wissens-Netz regelmäßig zu **erweitern**. Je größer Ihr Wissens-Netz ist, desto mehr Feinheiten nehmen Sie wahr. Es gibt eine klare Korrelation zwischen **Bildung** (jeder Art, nicht etwa nur Buchwissen!) und **Wahrnehmungs-Fähigkeit**. Früher meinte man, nur „Edle" (= Adelige) seien aufgrund ihrer „hohen Geburt" (Genetik) bildungsfähig im Gegensatz zum grobschlächtigen Normalmenschen, dessen mangelnde Wahrnehmung ihm auch vorenthielt, wie rauh und grob seine Lage (verglichen mit der Welt der feinen Leute) war. Heute wissen wir, daß **nicht die hohe Geburt die Adeligen bevorzugte, sondern Hauslehrer und das stetige Training**, dem sie ausgesetzt wurden, körperlich wie geistig. Natürlich trainierten nicht alle gleich gut, aber genug taten es, so daß der Eindruck von den *feinen Leuten* aufkommen (und viele Jahrhunderte lang erhalten bleiben) konnte. Dies gilt für alle „zivilisierten" Länder, d.h. alle Länder, in denen es eine Oberschicht von *feinen Leuten* gab, deren **Hauptvorteil** in einem **weit größeren Wissens-Netz** lag, in das an verschiedenen Stellen **sehr feine Detailfäden** hineingehäkelt worden waren (Bereiche von professioneller Kompetenz oder Expertise).

Je mehr solcher Bereiche im Wissens-Netz, desto ge-BILD-eter ist die Person, der dieses Wissens-Netz „gehört". Im Klartext: Desto mehr BILD-er hat sie in ihrem ausgedehnten Wissens-Netz!

> **Deshalb ist die beste Grundlage, möglichst viel** (schnell und leicht) **verstehen (z.B. akustisch, als *Wahrnehmung*) und begreifen sowie merken zu können, ein ausgedehntes Wissens-Netz.**

Eine kinderleichte und völlig schmerzfreie Trainings-Methode hierzu finden Sie in *Tip 5* (→ vgl. Modul *T – TV-Gewohnheiten,* S. 241 ff.), nach dem Motto: *Je mehr Privatfernsehen Sie glauben, unbedingt live gucken zu müssen, desto leichter wird es.* Neugierig? (→ Vgl. auch das Stichwort *Wissens-Kassetten*, S. 253 ff.) **Neben** der dort vorgestellten **(Video-)Kassetten-Methode** lautet mein Rat:

> **Nutzen Sie jede Möglichkeit, Ihren Horizont (Wissens-Netz) zu erweitern. So neigen wir dazu, „andere" Informationen beim Lesen sofort zu überblättern (oder aus solchen Sendungen in Radio oder Fernsehen sofort wegzuzappen) bzw. in persönlichen Gesprächen sofort abzublocken, wenn jemand etwas behauptet, was wir „anders" sehen.**

Wir erklären dann gern: *Das sehen Sie falsch!* Oder: *Das sehen Sie zu eng* und erklären unsere Sicht(weise). Dabei begreifen wir überhaupt nicht, daß wir dem anderen genau das zumunten, wozu wir nicht fähig waren, wenn wir ihn mit unseren Netz-Fäden konfrontieren, die ja für ihn genauso „anders" sein müssen wie seine für uns. Wenn der andere dann auf Kampf oder Flucht schaltet, dann schelten wir ihn *intolerant* …

Solche Situationen zeigen uns jedes Mal aufs neue, daß es auch **andere** Fäden gibt als die, die **wir** zu dieser Sache bereits in unserem Netz herumtragen. Vielleicht behauptet dieser Typ unverschämterweise, die Erde sei rund, wiewohl wir **ganz genau** wissen, daß wir auf einer flachen Scheibe leben! Oder es weist einer den Zusammenhang zwischen miesen TV-Inhalten und mieser Stimmung (bis Gesinnung) nach … Stimmt sein Faden mit dem in unserem Wissens-Netz überein, dann hören wir begeistert zu, nicken und bewundern die Intelligenz (oder Bildung) unseres Gesprächspartners. Andernfalls …? Nun, solche Gelegenheiten **könnten** wir zu einer echten „Gelegenheit" werden lassen, indem wir ihm vielleicht **120 Sekunden** (mehr schaffen wir selten) einräumen, **bevor** wir dagegenreden, abwürgen oder tun, was wir sonst so tun. Eine alte Freundin unserer Familie pflegte in solchen Momenten zu sagen: *Thema allgemein uninteressant; ich bitte das Thema zu wechseln.* Wir tauschten Blicke und seufzten. Ab diesem Zeitpunkt konnte man mit ihr (darüber) absolut nicht mehr reden.

Ein großes Wissens-Netz bedeutet neben enorm verbesserter Wahrnehmung, Begriffs- und Merkfähigkeit auch, daß wir besser mit Widersprüchen leben können, indem wir lernen, Aspekte, die einander auszuschließen scheinen, zumindest vorläufig nebeneinander stehen zu lassen. (Dieses „vorläufig" kann in wissenschaftlichen Kreisen durchaus ziemlich lange dauern, so einige Jahrhunderte vielleicht!)

Das ist die **forschende Geisteshaltung**, wie sie z.B. die Physiker brauchten, als sich zeigte: Elementar-Partikel haben **sowohl** Teilchen- (also im Wortsinn *Partikel*) **als auch** Wellencharakter! Dies veranlaßte **einen** Nobelpreisträger zu fragen, ob sie vielleicht an Sonntagen, Mittwochen und Freitagen Teilchencharakter hätten und sich den Rest der Woche wie Wellen verhielten. Ein **anderer** Nobelpreisträger stellte fest, daß die Welt immer mehr an einen großen Gedanken erinnere, was in meinem Wissens-Netz einen anderen Faden „anreißt", nämlich den:

Die australischen Aborigines gehen seit (ca. 10) Jahrtausenden von der *Traumzeit* aus, wobei sie mit *Traumzeit* die **materielle Welt** meinen, die sie von der **eigentlichen Wirklichkeit (dahinter)** abgrenzen. Aber wer einen Faden im Netz hat, demzufolge Eingeborene a priori „primitiv“ und unwissend sein müssen, der fände eine solche Gedankenverbindung absurd. Nicht, daß sie absurd wäre, sondern er hat einen **Faden** im Netz, der diesem das Etikett „absurd“ aufklebt, **weil alles, was wir wissen, immer auch unsere Wahrnehmung und Wirklichkeitsauffassung (unser Weltbild) beeinflußt.**

> **Je mehr wir also wissen, desto größer wird unser Netz, aber gleichzeitig verbreitern wir auch die Basis, auf der wir „stehen“, so daß man uns nicht mehr so leicht den Boden unter den Füßen wegziehen kann mit einer neuen Information. Somit kann eine Wissens-Netz-Erweiterung auch unser Selbstwertgefühl erhöhen!**

Nun gehen wir mit unserem Denk-Modell einen Schritt weiter. Stellen Sie sich vor, Ihr Wissens-Netz sei **grau** (die **„grauen Zellen“** ergeben ein **graues Wissens-Netz**). Nun malen wir uns folgendes aus: **Alle Assoziationen, die durch unseren Geist huschen**, **aktivieren kurzfristig** bestimmte **Stellen im Netz**! Dasselbe passiert, wenn Sie ein Wort suchen, z. B. weil Sie ein Kreuzworträtsel lösen oder in der freien Rede (Schreibe) einen bestimmten Begriff suchen. Wollen wir uns **diesen Suchprozeß** im Netz so vorstellen, daß **Ihr bewußter Geist** mit einer **Taschenlampe** in Ihrem Netz herumleuchtet. Diese Taschenlampe ist von besonderer Art, denn das Glas vorne ist **rot** und daher färbt Ihr Such-Prozess die Stellen des Netzes **rot**, die Sie gerade beleuchten, (= die Sie aktivieren).

Wenn Sie einen roten Stift zur Hand haben, wäre es optimal, wenn Sie die kleinen Kringel (= Such-Stellen) im Netz rot bemalen würden. Dies hilft, das Bild von den rot „angestrahlten“ Stellen in Ihr eigenes Wissens-Netz einzu-BIND-en.

Übrigens:
Als Kind wußten Sie intuitiv noch um die Vorteile des Anmalens, bis man es Ihnen verbot …

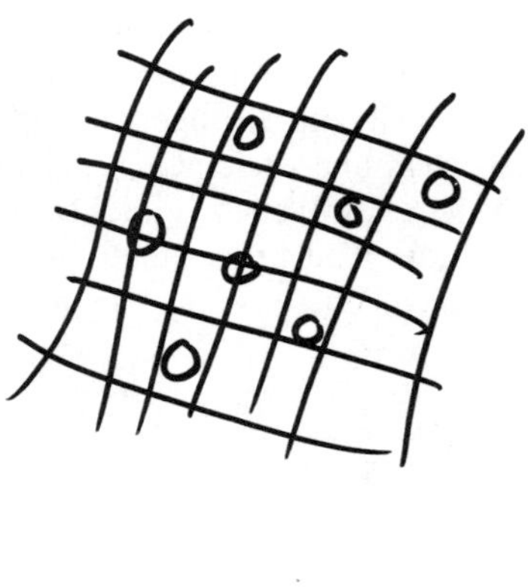

Sie sehen: Es gibt keine „schwere" oder „leichte" Information per se. „Schwer" oder „leicht" **für Sie** kann immer nur **in bezug auf Ihr spezifisches Wissens-Netz** bewertet werden. Das gleiche gilt für jeden Menschen, der etwas (noch) „schwer" findet.

So ist Chinesisch für uns sehr schwer, aber dreijährige Chinesenkinder sind fähig, damit umzugehen ...

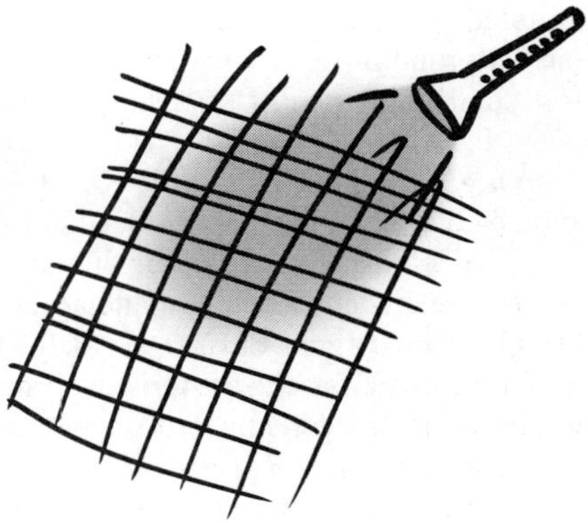

Deshalb finden wir Informationen um so leichter, je mehr passende Fäden sich bereits in unserem Netz befinden und als Magneten (Attraktoren) auf neue passende Infos wirken. Müssen wir nämlich **neue Infos ins vorhandene Wissens-Netz knüpfen** (häkeln, ein-BIND-en), kann dies extrem schnell geschehen, wenn bereits **Fäden** vorhanden sind, **an welche** wir das Neue „anhängen" können, wenn wir dieses Wissen KONSTRUIEREN (→ vgl. Modul *A wie Anfang*, S. 21 ff.). Da es nun sicher im Netz „hängt", fällt auch später die RE-KONSTRUKTION (= Gedächtnis-Leistung) leicht! Beispiel: Sie kennen *Korsika* und haben schon von *Napoleon* gehört. Wenn Sie nun aber noch nicht wußten, daß er *Korse* war, dann werden Sie diese Info nur ein einziges Mal lesen oder hören (müssen). Haben Sie die Info gleich kapiert, dann konnten Sie sofort KONSTRUIEREN und schon „sitzt" sie in Ihrem Wissens-Netz! Bei bereits **vorhandenen** „passenden" Wissens-Fäden (zum Neuen muß ja lediglich eine **neue Ver-BIND-ung** geschaffen werden), lautet die Regel:

Einmal wahrgenomen und begriffen = gemerkt!

Anders sieht es aus, wenn Sie **zunächst** keine Fäden im Netz haben. Hier gilt es, Hilfsfäden (auch als Eselsbrücken bekannt) zu „basteln", damit wir eine Info künstlich an einen vorhandenen Faden BIND-en und so eine vorläufige Ver-BIND-ung schaffen können. Das ganze Konzept des **gehirn-gerechten** Vorgehens unterstützt sämtliche Möglichkeiten, mit

Hilfsfäden zu „heften“, ehe wir nähen, denn das Merken von Infos, die uns aufgrund unseres Vorwissens (der vorhandenen Fäden im Netz) sofort „einleuchten“, das brauchen wir ja nicht zu besprechen. Aber wie man Neues ins Netz ein-BIND-et (→ vgl. u.a *T – Eselsbrücken-Training,* S. 104 ff.), das ist die Kunst. Früher, als man dies noch wußte, sprach man demzufolge von der Gedächtnis-Kunst. Später behandelte man Gedächtnis, als sei dies ein angeborenes „Etwas“, und deshalb glauben so viele Menschen, sie hätten ein eher „schlechtes“ abbekommen. Dabei ist der Vorgang des KONSTRUIERENS, wie die Schule ihn uns vermittelt, doppelt falsch: **Erstens,** weil man in der Schule (fast) nie lernt, wie man gehirn-gerecht lernt (→ vgl. auch *T – Gehirn-gerecht Machen von neuen (Lern-)Infos*, S. 115 ff.), und **zweitens**, weil der Unterricht oft zu wünschen übrig läßt, wenn Wissensvermittler/innen eine pädagogische Binsenweisheit vergessen, nämlich: **Neues muß an Altem festgebunden** (ins Netz eingehäkelt) werden.

> **Deshalb erscheint Lernen den Opfern unnötig schwierig, mühselig, anstrengend usw. Deshalb befürchten Millionen intelligenter Menschen völlig zu Unrecht, sie seien „zu blöd“ zum Lernen …**

Wenn Ihnen das einleuchtet, dann werden Sie den Sinn der zu diesem Modul gehörenden Techniken leicht nachvollziehen können. Und Sie sehen, wieviel leichter es wird, neue Details in bereits **vorhandene** Fäden „einzuhäkeln“. Dies nutzen alle Aspekte des gehirn-gerechten Vorgehens, die in diesem Buch vorgestellt werden.

Eine **Trainings-Anweisung** zum kinderleichten Ausbau Ihres Wissens-Netzes finden Sie im **fünften Tip** zu *T – TV-Gewohnheiten* (→ vgl. S. 253 ff.). **Daneben** empfehle ich Ihnen, jede Gelegenheit zum Ausbau Ihres Wissens-Netzes zu nutzen inkl. Gespräche, bei denen Sie etwas über „andere“ (neue) Wissens-Fäden erfahren könnten. **Darüber hinaus** könnte man **täglich 10 bis 15 Minuten lang bewußt etwas lernen**. Falls Sie glauben, die Zeit hätten Sie nicht, so bedenken Sie:

Erstens: Wer täglich einmal Nachrichten im Fernsehen sieht, kann leicht die Zeit zum Lesen „gewinnen“, wenn Sie Tip drei im Modul *T – TV-Gewohnheiten* (S. 249 ff.) aufgreifen! *Zweitens*: Je größer Ihr Wissens-

Netz, desto mehr Informationen können Sie später leicht und mühelos verstehen/begreifen und merken, also sparen Sie dann viel Zeit.

Die Trainings-Anweisungen zum gezielten Aufbau Ihres Wissens-Netzes – mit dem speziellen Schwerpunkt: **Vergrößerung der Bereiche, die permanent „rot eingefärbt“ (und demzufolge sofort aktivierbar)** bleiben – finden Sie im Trainings-Modul *T – Inneres Archiv*©, S. 132 ff. Was das optimale Vorgehen beim **Trainieren** (von Handlungen, die Sie verbessern wollen) angeht, so gibt es ein eigenes Modul (*T – Training, aber wie?*, ab S. 234 ff.).

Viel Spaß beim Training – Sie wissen ja, ohne Training kann ja nichts besser werden …

Kategorien-Denken©

Oder: Gedächtnis wie ein Sieb?

Denken Sie manchmal, Ihr Gedächtnis gleiche einem **Sieb**?* Das Faszinierende an dieser Metapher ist, daß sie einige neurophysiologische Tatsachen hervorragend beschreibt. Allerdings wird das Sieb nun zu einem positiven Faktor, wie Sie noch sehen werden.

Aber beginnen wir mit einem kleinen Experiment, damit Sie sich selbst überzeugen können – das ist einleuchtender als die Ideen anderer. Deshalb sollten Sie aktiv mitmachen, **ehe** Sie weiterlesen: **Es gilt, zehn Begriffe** in **drei (Wissens-)Kategorien einzusortieren**, indem Sie passende **Oberbegriffe suchen**.

1. Messer
2. Hut
3. Spazierfahrt
4. Blumenkohl
5. Baum
6. Lastwagen
7. Alkohol
8. Computer
9. Eis
10. Telefon

Sie können *Lastwagen* und *Spazierfahrt* in einer Denk-Kategorie (z.B. Fortbewegung) zusammenfassen (einordnen). Verboten wäre es jedoch, den *Lastwagen* als *Vehikel* für die *Spazierfahrt* zu benutzen. Sie müssen also drei Kategorien kreativ schaffen, in die Sie die zehn Begriffe einsortieren.

Bitte nehmen Sie sich einen Moment Zeit, die kleine Aufgabe zu lösen, damit Sie etwas später ebenfalls mitdenken können, wenn wir den nächsten Schritt gehen wollen. Bitte notieren Sie Ihre drei Kategorien (in die Sie **alle** zehn Begriffe „packen" konnten):

---

* Auch dieser Abschnitt enthält einige Überschneidungen mit dem *Birkenbihl ALPHA-Buch* (vgl. den Beitrag *Gedächtnis wie ein Sieb?,* S. 60 ff.), dem Buch zu der TV-Reihe in Bayern III (1998–1999).

Kategorie 1 ________________________________

Kategorie 2 ________________________________

Kategorie 3 ________________________________

Wechseln wir nun kurzfristig das Thema und wenden wir uns der Qualität Ihres **Gedächtnisses** zu. Die meisten Menschen sind mit ihren Gedächtnis-Leistungen **nicht zufrieden**. Sie auch? Kennen Sie die alte amerikanische Scherzfrage: *Wie kommt es, daß der Fisch im Wasser nicht ertrinkt?* Die Antwort klingt im ersten Ansatz vielleicht albern, aber sie ist sehr wichtig: *wegen der Kiemen.* Im Klartext: **Der Fisch ertrinkt so lange nicht, wie seine Kiemen funktionieren.** Ist dies (z.B. bei Krankheit) nicht der Fall, **dann ertrinkt auch der Fisch!**

Also stellen die Kiemen ein wesentliches Element des Erfolgs für den Fisch dar: Weil er dieses ausgeklügelte **Filter-System („Sieb") besitzt,** womit er **das für ihn Wesentliche** herausfiltert, ist Wasser sein Lebens-Element. Zwar sagen wir *herausfiltern,* aber wir könnten genausogut sagen: *Der Fisch filtert dank seiner Kiemen das für ihn Wesentliche „herein"*, denn er läßt das Gefilterte in sein System „hinein", während **alles andere draußen** bleibt. Wir Menschen machen es ähnlich. Allerdings sind wir mit einem weit komplexeren, intelligenteren, kreativeren Gehirn gesegnet (und wir leben nicht mehr im Wasser).

Uns umfließen Informationen. Diese aber **brauchen** wir, denn unsere Neuronen (Gehirnzellen) **benötigen** eine ständige Reiz-Flut. Somit ist die Info-Flut **unser** Lebens-Element.

> **Wenn wir lernen (trainieren), ein intelligentes Filter-System im Kopf aufzubauen, dann werden wir die vielzitierte Info-Flut nicht nur als unser Lebens-Element verstehen, sondern als unser eigentliches Lebens-Elexier!**

Kommen nämlich **zu wenige** Reize von außen, dann verschafft sich das Gehirn innerhalb weniger Minuten **eigene** (Halluzinationen bei Reiz-Entzug), wie die berühmten Stimulus-Deprivations-Experimente in den 50er Jahren des letzten Jahrhunderts bereits gezeigt haben.

Unser Gehirn braucht den ständigen Informations-Fluß (genauso wie der Fisch das Wasser)!

Unser Gehirn ist **neurophysiologisch dazu prädestiniert**, mit dem ständigen Strom von Informationen umzugehen, vorausgesetzt, wir „pfuschen“ nicht laufend „dazwischen“. Genau das unterscheidet Gehirn-**Besitzer** (die es im Kopf spazierentragen und weitgehend verstauben lassen) von Gehirn-**Benutzern**, die durch **gehirn-gerechtes Vorgehen** dafür sorgen, daß ihr Gehirn seine Aufgabe (Informations-Verarbeitung) so lösen kann, wie die Natur es vorgesehen hat (d.h. der Arbeitsweise des Gehirns entsprechend!).

> **Also ist die Informations-Flut nicht unser Risiko, sondern unsere ganz große Chance!**

Dies führt uns zu der Frage: *Warum empfinden so viele Menschen diese Chance als Gefahr?* Dafür gibt es vier Gründe:

1. **Wer in Schule und Ausbildung gelernt hat, er oder sie sei anscheinend zu „blöd“, um mit Infos umzugehen**, ist durch diese (**nicht** gehirn-gerechten) Erfahrungen so **verängstigt**, daß er/sie die Info-Flut **zunächst** als Bedrohung empfinden muß. Gottseidank können wir Verona Feldbusch frei zitieren: „Hier werden Sie geholfen“! (Sowohl im vorliegenden *„neuen“ Stroh im Kopf?* als auch in meinem Taschenbuch *Der Birkenbihl Power-Tag* finden Sie einen weiteren kompletten Übungs-Zyklus zu *Gedächtnis*, wenn Sie [noch] mehr trainieren wollen.)
2. **Wer einmal gelernt hat, Nägel einzuschlagen**, kann auch lernen, mit **Hammer und Meißel** zu arbeiten. **Ähnlich ist es mit geistigen**

Tools (Werkzeugen): Je besser Sie die Techniken beherrschen, die Ihnen (z.B. in diesem Buch) angeboten werden, desto mehr Wachstums-Chancen schaffen Sie. Chancen, von denen man im Vorfeld nicht träumen konnte, weil sie erst nach dem jeweils nächsten Entwicklungssprung entstehen. Dies erlebt sehr intensiv, wer ernsthaft beginnt, das eigene Wissens-Netz aktiv zu nutzen (→ vgl. Modul *Gedächtnis wie ein Netz?,* S. 43 ff.).

3. **Viele Menschen verunreinigen ihre Filter-Anlage** durch falsche (und gefährliche!) Fernseh-Gewohnheiten (→ vgl. Modul *T – TV-Gewohnheiten,* S. 241 ff.).
4. **Jeder Filter funktioniert gemäß gewissen Prinzipien.** Beim Küchensieb ist es die *Größe der Löcher*, beim **Info-Sieb** geht es weniger um Löcher als vielmehr um geistige Schubladen, nämlich ***Wissens-Kategorien***. Erinnert Sie das an unser kleines **Experiment**? Wie viele Begriffe fallen Ihnen **jetzt** spontan ein?

1. Messer
2. ____________________
3. ____________________
4. ____________________
5. ____________________
6. ____________________
7. ____________________
8. ____________________
9. ____________________
10. ____________________

> Fallen Ihnen auch die drei Kategorien wieder ein, die Sie vorhin selbst (kreativ) geschaffen haben?
>
> **Kategorie**
>
> **1** ____________
>
> **2** ____________
>
> **3** ____________

Meinen Seminarteilnehmern fallen in der Regel (fast) alle zehn Wörter und alle drei Kategorien wieder ein, und das, wiewohl sie **überhaupt nicht versucht hatten, sich etwas zu merken!**

Das ist es, was ich Ihnen zeigen wollte (wenn Sie mitgespielt haben): Sie können Begriffe nicht begreifen, ohne Sie (unbewußt) an irgendeiner Stelle im Wissens-Netz zu „finden", weil wir ja nur verstehen, was wir schon kennen. Bewußtes Wahrnehmen von Dingen, die wir verstehen, führt zu Begreifen, also können wir etwas (z.B. ein BILD, eine Vor-Stellung, eine Bedeutung) er-GREIF-en. Jetzt haben wir die Info „im GRIFF" und deshalb auch gemerkt. Das heißt:

> **Wenn Sie klare Wissens-Kategorien besitzen bzw. lernen, bewußt und kreativ Kategorien zu erschaffen** ***(creare = schaffen!),*** **dann muß Ihr Gedächtnis-Sieb automatisch richtig filtern. Dann ist eine bewußt wahrgenommene und „einsortierte" Info in der Regel auch eine gelernte, weil Sie diese Info entweder in Ihrem Wissens-Netz gefunden oder eine neue Info jetzt durch den bewußten Wahrnehmungs- oder Denk-Prozeß bereits in Ihr Wissens-Netz eingespeichert haben.**

Dies bedeutet bei vielen Infos, z.B. in einem Kunden-Gespräch, einer Chat-Sitzung (im Internet) oder in einer Konferenz:

> **Einmal gehört oder gelesen = gemerkt!**
> **Im Klartext: Es sind null Wiederholungen nötig!**

Vergleichen Sie dies mit den Pauk-Erfahrungen aus der Schule! Nicht die schlechten Schüler/innen waren „blöd", sondern die Methodik, mit der diese armen Opfer des Systems lernen sollten! Falls jedoch bei gehirn-gerechtem Vorgehen Wiederholungen nötig werden, so sind das **wenige intelligente (kreative!) Wiederholungen**. Des weiteren muß uns klar sein: Brandneue Infos dauern länger, weil erst neue Nervenbahnen entstehen müssen, deshalb ist ein gemütliches, gehirn-gerechtes Vorgehen (wacher Intellekt darf mitmachen) mit kleinen Pausen weit effizienter als „ewiges" Wiederholen nicht gehirn-gerechter Infos (wie Jahreszahlen- und Vokabel-Pauken bzw. das sture Büffeln von Formeln, die man nicht begriffen hat!). Eine der gehirn-gerechten Techniken ist diese: Wenn Sie **trainieren**, alle wichtigen (oder zu lernenden) Infos **sofort** einer logischen Kategorie zuzuordnen, dann haben Sie vier Vorteile:

1 Vorteil Nr. 1: Sie wissen immer sofort, ob Sie diese Info begriffen haben!

Was Sie nicht verstehen, das können Sie keiner logischen Kategorie zuordnen. Beispiel: In welche gedankliche Kategorie wollen Sie *MTRS* einsortieren, wenn Sie null Ahnung haben?

Kategorie: *Sprache* (Ist es ein Wort?). Es könnte ein mathematischer Ausdruck sein, eine chemische Formel oder sonst etwas beschreiben. **Merke:** Wir können unbekannte Kategorien **nicht** beurteilen. Ein Chemiker weiß, daß *MTRS* ihm nichts sagt, aber **Nicht-Chemiker** wissen dies **nicht**. Nächste Frage: *Wenn es ein Wort ist: in welcher Sprache?* Antwort: Es handelt sich bei *MTRS* um ein **Wort** der arabischen Sprache. *MTRS* bedeutet *Matratze*. Jetzt wissen Sie, woher wir den Begriff **und** den Gegenstand haben. Übrigens ist die Grundbedeutung die eines *Hingeworfenen-zum-Sitzen*; es entstammt der Beduinen-Tradition, dort saß man auf Kissen, aber man schlief spartanisch. (Vgl. den Begriff *Auto*, den Sie sofort einordnen können, wenn Sie *Auto* verstehen.)

2 Vorteil Nr. 2: Sie nehmen weit mehr wahr als früher!

Wir sprachen bereits im vorangegangenen Modul *Gedächtnis wie ein Netz?* darüber (→ vgl. S. 43 ff.).

3 Vorteil Nr. 3: Sie MERK-en sich weit mehr als früher!

Durch den kleinen bewußten Gedankenprozeß, **wahrgenommene Infos vollautomatisch bewußt einer *Wissens-Kategorie* zuzuordnen**, merken Sie sich weit mehr, als Sie früher je für möglich gehalten hätten, weil Sie den **Sieb-Mechanismus Ihres Gehirns** jetzt **bewußt** (aus-) **nutzen**!

4 Vorteil Nr. 4: Sie verbessern Ihre Intelligenz und Ihre Kreativität!

Frage ich im Seminar: *Was ist Intelligenz?,* so wird diese oft als *gescheite Denkprozesse* beschrieben und *Kreativität* als *neue Verbindungen schaffen.* **In diesem Sinne** wird meine Technik des **Kategorien-Denkens** Ihnen helfen, sowohl intelligenter als auch kreativer zu reagieren, ja, oft werden sich Ihnen **völlig neue Zusammenhänge** erschließen, Sie werden ganz neue Einsichten gewinnen. Als Nebeneffekt stärkt dies das Selbstbewußtsein! Aber: Das kann natürlich nur nachvollziehen, wer mit der Technik zu arbeiten beginnt, man kann es nicht erklären. (Das ist so ähnlich wie Radfahren oder Verliebtsein, wer es nicht erlebt hat, kann es nicht nachvollziehen.)

Falls es Ihnen eingangs schwer erscheinen sollte, in Kategorien zu denken, so sollten Sie wissen: **Wir denken immer in Kategorien**, nur in der Regel unbewußt.

> **Mit unbewußten Kategorien kann man jedoch nicht viel anfangen. Sie können die Vorteile nur nutzen, wenn Ihnen die Kategorien bekannt sind, von denen Sie ausgehen.**

Nun lernen leider viele Menschen in Schule und Ausbildung nie, selbständig zu denken (dazu gehört z.B. die Übung des Kategorien-Denkens). Wer immer nur Papagei spielen und den Lehrkräften „nach dem Mund" zu reden gelernt hat, mag im ersten Ansatz meinen, es sei wohl extrem schwer, in Kategorien zu denken. So fällt die Übung am Anfang dieses Moduls einigen Teilnehmer/innen sehr schwer, aber sie alle lernen es schnell. Warum? Weil wir unbewußt immer in Kategorien denken, nur nützt uns dies nichts. Wir müssen es also „nur" bewußt tun.

Kennen Sie übrigens folgende Story? *Er steht am Fenster der Stadtwohnung (im dritten Stock) und will die Weinflasche entkorken …* (Wenn nein, dann lesen Sie):

Er: **Sieh mal, da geht die Frau, die der Peter so liebt.**
Sie: **(rast zum Fenster) Wo??!**
Er: **Da, gerade beim Bäcker vorbei, die mit dem roten Schal ...**
Sie: **Aber das ist doch seine Frau, du Depp!**
Er: **Ja, eben ...**

Sehen Sie, wir haben **eine** Kategorie im Kopf, die beschreibt *verheiratete Frauen*. Dann haben wir eine **weitere** Kategorie für *Frauen, die man liebt*. Und nun fragt es sich, **wie sehr die beiden sich überlappen** (überschneiden), denn die **Schnittmenge** = *geliebte Ehefrauen*.

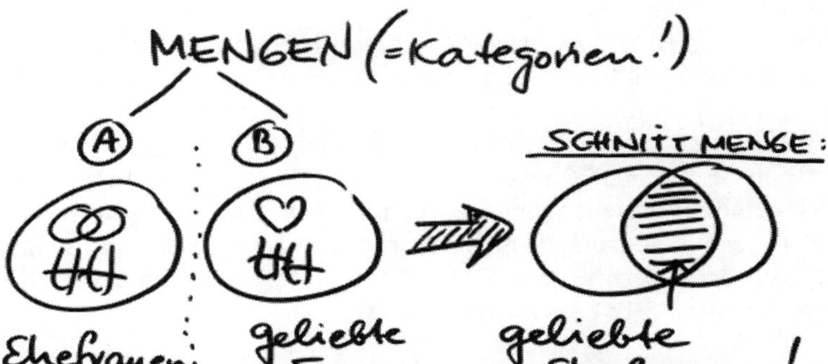

Kleine Inventur-Aufgabe

Erzählen Sie die Story einigen Leuten und passen gut auf, wie diese reagieren. Falls Sie keine Stories erzählen „können" (oder wollen), dann bitten Sie diese Leute, diese Zeilen (in Ihrem Beisein) selbst zu lesen, auch dann können Sie deren Reaktion beobachten! **Merke:** Je verblüffter jemand ist (was sich z.B. durch ein plötzlich ausgestoßenes (scharfes, kurzes) Lachen ausdrückt), desto **kleiner** ist die Schnittmenge (fast immer)! Denn: Je kleiner die Schnittmenge, desto größer die Überraschung; diese aber ist ein wesentliches Element von Humor.*

Wir sehen also: Das Wissen um das Kategorien-Denken gibt weit mehr „her", als die Seminar-Teilnehmer zunächst annehmen:

1. Das **Kategorien-Denken** zeigt uns die (logische) **Ordnung in unserem eigenen Wissens-Netz** auf, und
2. das **Kategorien-Denken** kann uns die Ordnung im **Wissens-Netz unserer Mitmenschen** aufzeigen; es hilft uns also dabei, sie besser kennenzulernen.

Im Klartext:

> **Das Kategorien-Denken hilft uns, uns und anderen „in den Kopf zu sehen", weil es das Denken transparent macht!**

Wenn wir Übung darin haben, kleinere/größere Wort-Listen in Kategorien einzuteilen, bzw. wenn wir gelernt haben, schnell und spontan eine **Kategorien-Torte© zu zeichnen** (⟿ vgl. Trainings-Modul *T – Kategorien-Torten© zeichnen*, S. 162 ff.), dann haben Sie das **unbewußte** Kategorien-Denken **bewußt gemacht!** Sie erhalten plötzlich (z.B. in Gesprächen) Zusatz-Informationen, die Sie früher **nie für möglich gehalten hätten**. Schon in der Bibel steht, daß *ihre Worte sie verraten werden.* So kann man z.B. wahrnehmen, ob ein Berater uns einen **Rat** aus der Kategorie: ICH WILL VERDIENEN! oder einen aus der Kategorie: WAS NÜTZT DEM KUNDEN? gibt.

Angenommen, jemand hätte keine Ahnung von diesen beiden Kategorien, der könnte nicht auf diese Kategorien hin-„lauschen". Genauso „höre" und „sehe" ich hunderte von Zusatz-Information, für die viele Menschen blind und taub zu sein scheinen. Das ist übrigens eine der Qualitäten, warum manche meiner Kunden mich stundenweise „mieten", um mir neue Ideen vorzutragen. Ich höre oft die „hidden Agenda"

---

* Vgl. auch den Abschnitt „Warum ist ein Witz witzig?" in meinem Taschenbuch *Kommunikationstraining,* Seite 160 ff.

(unbewußten Ziele) heraus und spreche sie daraufhin an, so daß diese Aspekte im Vorfeld einer Produkteinführung oder einer großen Werbe-Kampagne geklärt werden können.

Ähnlich höre und lese ich mit einer weit höheren Info-Ausbeute als viele Menschen bzw. „entnehme“ einer Sendung in Radio oder Fernsehen weit mehr. **Aber das können Sie auch,** denn:

> **Wer gewohnt ist, bewußt mit geistigen Kategorien zu jonglieren, der sieht, bemerkt, hört (und liest) und merkt sich (im Sinne von Gedächtnis) einfach weit mehr als andere!**

Technik des Denkens in (logischen) Kategorien

Wenn Sie etwas besonders gut begreifen/merken wollen, dann teilen Sie **die wichtigsten Schlüsselbegriffe sofort einer Denk-Kategorie zu!** Dies tun Sie z.B.:

- in wichtigen **Gesprächen** (Konferenzen, Meetings, Verhandlungen),
- wenn Sie Post, Artikel, Bücher **lesen**,
- wenn Sie **Radio** (einen Vortrag, eine Vorlesung, Unterricht) **hören**,
- beim **Fernsehen** (wobei **Talk- und Diskussions-Shows** besonders gut geeignet sind, das Kategorien-Denken zu **trainieren**).

Testen Sie, wie schwer es Ihnen (noch) fällt, eben Gesagtes praktisch umzusetzen. Falls es Ihnen (noch) schwerfällt, bedeutet dies **nicht**, daß es Ihnen an der nötigen Intelligenz mangelt (wie meine Teilnehmer vorschnell glauben), sondern lediglich, daß erst ein **Training** nötig ist. Wenn Sie noch nie mit einer tunesischen Häkelnadel gearbeitet haben, dann müssen Sie dies erst lernen. Und das Bewußt-Machen von unbewußt ständig ablaufenden Prozessen kann genauso schwer sein wie das Erlernen einer neuen Tätigkeit. Also wissen Sie: Nach anfänglichen Schwierigkeiten und einigen Lernplateaus (vgl. Modul *Lernkurven gefällig?*, S. 74 ff.) werden Sie es schaffen!

Manche Trainings-Aufgaben (wie das **Feststellen** einer Kategorie für Wörter und Begriffe, die man frei wählt) können ganz **nebenbei** geübt werden. Denken Sie nur an Zeiten, in denen Ihr Geist Kapazitäten frei hat (z.B. bei „stupiden“ Hausarbeiten, Rasenmähen, Schneeschippen, Gassigehen). Natürlich kann man solche Tätigkeiten jederzeit voll bewußt (als meditative Handlung) ausführen, das ist Ihre Entscheidung. Aber in Zeiten, in denen Sie Ihren Geist gerne bewegen wollen (z.B. weil der Wagen im Stau steht), oder bei Routine-Handlungen, die Sie (heute) langweilen, da kann man trainieren.

Es muß also keine extra Zeit kosten, sich die Fertigkeit, bewußt in Kategorien zu denken, anzugewöhnen.

Mit den folgenden drei Schritten könnte Ihr Training beginnen (wobei Ihnen im Lauf der Zeit weitere Trainings- und Anwendungs-Beispiele einfallen werden, insbesondere wenn Sie sich mit der spannenden dritten Variante befassen).

1. **Aufgaben, bei denen eine Reihe von Begriffen in wenige logische Kategorien einsortiert werden** (vgl. Anfang dieses Beitrags, S. 54 f.).
2. **Sämtliche Gehirn-Jogging-Aufgaben, bei denen mit Kategorien gespielt wird** (vgl. die Gehirn-Jogging Bücher nach LEHRL, s. Literaturverzeichnis), z.B. *Was* (gemeint ist: welche Kategorie) *verbindet die folgenden Elemente?* Oder: *Welches der folgenden Elemente paßt nicht in die Aufzählung?* und ähnliche Aufgaben.
3. **Die dritte Variante** finden Sie im Trainings-Modul: *T – Kategorien-Torten© zeichnen* (S. 162 ff.).

Lernen, aber was?

Wissen oder Verhalten?

Zum einen **lernen** wir (Buch-)**WISSEN** (= Informationen, Daten, Fakten, Theorien) und zum anderen **VERHALTEN** (**und zwar weitgehend ohne Worte**, wir kommen gleich darauf zurück) – (vgl. dazu auch *Lernkurven gefällig?*, S. 74 ff.). Der Begriff *Wissen* soll in unserem Zusammenhang alle Arten von Gelerntem einbeziehen, also irgendwelche Daten, Fakten, Infos, die wir *im Gedächtnis plaziert haben*. Hierzu gehören auch **visuelle** Informationen (Name **und** Gesicht eines neuen Kontaktes oder Kunden). Die erste Art (Wissen) zu lernen geht „über den Kopf" und kann auf gehirn-gerechte Weise dramatisch erleichtert werden, wobei im optimalen Fall **Erkennen** zu **Kennen** (= Wissen) führt. Neben dieser Art von Wissen **lernen** wir aber auch in dem Sinne, daß wir unser **Können**, unsere **Kompetenz**, unser **Repertoire** (an **Verhaltensweisen**) vergrößern. Geht es also darum, unser **Können** zu erweitern, dann heißt der Lern-Weg **Training**! Hier können wir zwischen eher **unbewußten** Trainings-Vorgängen unterscheiden, die sich durch HAND-lungen (Probieren, Spielen, Imitieren) auszeichnen, und **bewußtem** Training (wenn jemand z.B. entscheidet, Golf zu lernen, vgl. Modul *T – Training, aber wie?*, S. 234 ff.).

Beginnen wir mit eher unbewußten Trainings-Effekten, und zwar bei der nachwachsenden Generation: Kinder im Alter von sechs bis elf Jahren lernen vor allem ihre Kultur. Diese Zeitspanne beschreibt eine **Reifephase** (auch als *Lernfenster* bezeichnet), in der sich ein kleiner Papua durch das tägliche unbewußte Training so zu verhalten lernt wie die großen Papuas bzw. ein kleiner Berliner so wie die großen Berliner (außer wir bringen den Papua rechtzeitig nach Berlin!).

Nun glauben viele Eltern fälschlicherweise, daß die Kleinen sich nur deshalb „richtig" zu verhalten lernen, weil sie (die Eltern) die Kinder er-

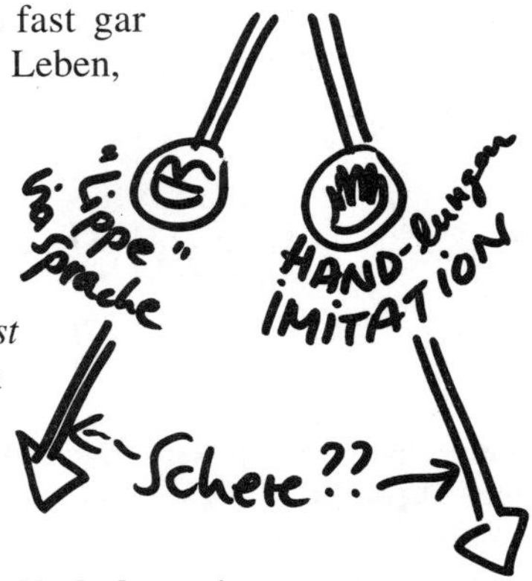

ziehen würden. Dies stimmt jedoch fast gar nicht. Was die Kinder erzieht, ist das Leben, das sie um sich herum beobachten! Dabei sind die **Lippenbekenntnisse** weniger wichtig als das vorgelebte **Verhalten**. Stellen Sie sich eine Mutter vor, die ihrem Kind immer wieder erklärt, *Lesen und Schreiben ist furchtbar wichtig*, während in diesem Elternhaus außer dem Einkaufszettel nichts geschrieben und außer der Fernsehzeitschrift nichts gelesen wird. Was wird das Kind überzeugen, das **Lippenbekenntnis** oder das **Verhalten**, das es per unbewußter Imitation laufend trainiert? Leider führt die „Schere“ zwischen dem Lippenbekenntnis und dem Verhalten der Großen dazu, daß sich das Kind mit der „Lippe“ identifiziert (es will so sein/werden!), aber trotzdem handelt das Kind unbewußt so, wie man um es herum handelt. Dies ist ein **genetisch angeborenes Lernprogramm**, das unser Überleben absichert und das seit Jahrmillionen dafür sorgt, daß **junge Menschen(affen) direkt** von den Alten lernen können.

Falls Sie denken, dies sei bei fast allen Lebewesen so, ist dies falsch. Wie Professor Susan BLAKEMORE zeigt, gibt es außer einigen Insekten, Vögeln und den Menschenaffen keine Tiere, die zu Imitations-Lernen fähig sind, denn Imitations-Lernen fordert eine immense Rechenkapazität des Gehirns (Intelligenz), zu der die meisten Lebewesen nicht fähig sind.

Trotzdem sind wir ja auch zu **Lernen via Sprache** (und Regeln) fähig, so können wir Anweisungen für Verhalten (z.B. ein Kochrezept) verstehen und praktisch umsetzen sowie (theoretisches) Wissen erwerben. Letzteres kann dermaßen „abstrakt“ (bis abstrus) sein, daß nur noch Insider Einblick haben.

Dabei müssen wir wissen, daß **angesichts** eines Modells das Vorbild im Zweifelsfall immer Vorrang hat, denn es stellt quasi ein **Bild** in unseren Geist, das unser **Verhalten erfolgreicher** managen kann **als 1000 Worte**. Der Lernprozeß kann durch Worte einfacher, glatter und schneller vonstatten gehen, **wenn Wort und Bild eine Einheit** bilden, wenn sie sich also gegenseitig unterstützen (wie die Worte in einem guten Film die Szenen stärker machen). Stehen die Lippenbekenntnisse jedoch mit dem beobachteten Vor-BILD in Konflikt, siegt (auch hier) immer das Bild! Wir sprechen im Modul *T – TV-Gewohnheiten* (S. 245) davon, daß unser Bewußtsein von dem **Bus vor der Kamera** so er-GRIFF-en wird, daß wir die Worte des Kommentators völlig überhören, weil im Zweifelsfall (bewegte) **Bilder im Gehirn immer Vorfahrt haben.**

So auch bei Lernprozessen im Alltag. Zwar hören wir die Lippenbekenntnisse und wir lernen diejenigen Aussagen, die wir immer wieder hören, im Sinne von Wissen. Wenn sie in uns „eingehen", dann als **Wunsch**: So wollen wir sein/werden (ehrlich, fleißig, erfolgreich usw.). Aber trotzdem verhalten wir uns so, wie man es uns **vorlebt**!

Denken wir noch einmal an das Kind zurück, dem die Mutter (in einer so gut wie nie lesenden/schreibenden Familie) laufend **gesagt** hat, wie **wichtig** das Lesen/Schreiben sei. Dieses Kind lernt beides: Das Lippenbekenntnis wird zu Wissen *(Lesen/Schreiben) = GUT. Menschen, die es tun, sind BESSER (z.B. intelligenter, gebildeter) ALS ANDERE.* Und mit diesem Kopfwissen identifiziert dieser Mensch sich, so daß er sich selbst mit diesem Maßstab messen (be- und verurteilen) wird. Dies führt zu einem Konflikt im Inneren, der den äußeren Konflikt seiner Jugend permanent aufrechterhält. Er wird nämlich voraussichtlich (wenn ihm nicht ein **anderes**, prägendes Vor-Bild begegnen wird) …

1. … lebenslang **ungerne** lesen/schreiben, aber er wird (aufgrund seiner Identifikation mit seiner „Erziehung") …
2. … lebenslang **Schuldgefühle** haben, weil er ungern liest/schreibt. Und er wird …
3. … seinen **Kindern** höchstwahrscheinlich dieselben Lippenbekenntnisse weitergeben, ohne die **Diskrepanz zwischen seinem Verhalten und seinen Worten** jemals zu begreifen.

Solche Konflikte werden oft von Generation zu Generation weitergegeben, solange die Betroffenen den Mechanismus **nicht durchschauen.** Wenn wir bedenken, wieviel wertvolle Energie so verschwendet wird, die nicht in kreativ-konstruktive Arbeit investiert werden kann …

Fassen wir zusammen: Da unser Verhalten in weit höherem Maß, als uns früher bewußt war, von dem Verhalten unserer Mitmenschen (Modelle!) geprägt wird, heißt das: Je weniger diese Modelle unseren Identifikationszielen entsprechen, desto weniger können wir uns selbst „leiden" (mögen, akzeptieren, respektieren), und desto mehr müssen wir „leiden" (Opfer-Rolle, Selbstwertgefühl-Probleme)! Auf der anderen Seite kann man den Spieß auch umdrehen: **Wenn wir die Zusammenhänge durchschauen,** dann können wir den dahinterliegenden Mechanismus aktiv **für** uns nutzen (statt unter ihm zu leiden). Das ist der moderne Sinn des GOETHE-Wortes: „*Sage mir, mit wem du gehst, und ich sage dir, wer du bist.*" Lassen Sie uns daraus einige Konsequenzen für die tägliche Praxis ableiten, dabei wollen wir zwischen Lehrenden und Lernenden unterscheiden:

a) Für Lehrende (Eltern, aber auch Führungskräfte)

1. **Ob es Ihnen paßt oder nicht, Sie sind immer Vor-BILD.** Lernen Sie die Konflikte zu erkennen, die Ihre „falschen" Lippenbekenntnisse auslösen (und die Sie in der Regel von den Lehrenden Ihres Lebens „geerbt" haben).
2. **Sprechen Sie mit den Betroffenen** (Kinder, Schüler oder Mitarbeiter) offen über dieses Problem. Nur so können Sie den Konflikt lösen, unter dem in der Regel **alle** leiden. Die Lernenden, weil sie anscheinend viel „falsch" machen und ständig kritisiert werden, die Lehrenden, weil sie sich „den Mund fusselig reden müssen"...

b) Für Lernende (also für jeden Menschen!)

1. **Wenn Sie den Konflikt verstehen, hören Sie auf, anzuklagen:** Das betrifft sowohl die Leute, die den Konflikt in Ihnen ausgelöst haben (z.B. Ihre Eltern, Lehrer oder Chefs), denn sie leiden ja selbst (s. oben), als auch Selbst-Anklagen. (Was bin ich blöd! Etc.)
2. **Suchen Sie sich Vor-BILDER**, die Ihnen **genau das** bieten, was Sie lernen wollen. Dabei gilt: **Aufzeichnungen**, (z.B. Tonträger bei akustischen Modellen, Sprachenlernen, Videos/DVD bei Verhalten, das man sehen muß) **sind besser als nichts,** aber **lebende Modelle** sind besser als „flache" Aufzeichnungen.

Hier wird es in der Zukunft phänomenale Möglichkeiten durch virtuelle Realität (V.R.) geben, denn Simulation ist für das Gehirn von „echt“ de facto **nicht** zu unterscheiden. Bald ist es für jeden Menschen erschwinglich, mit Simulator-Programmen zu arbeiten. Die ersten Simulatoren kosteten vor Jahrzehnten Millionen, inzwischen sind bereits „flache“ PC-Versionen für ein paar Euro zu haben, aber es gibt bereits Hardware, die eine „echtere“ Simulation ermöglicht, z.B. Pedale/Steuerrad (für Rennauto- und Flugzeug-Simulationen) oder ein besonderer Sitz, der „mitgeht“, oder eine „magic box“, mit der Gerüche produziert werden können usw. Die Zukunft wird zwei Trends aufweisen:

Zum einen wird die Entwicklung für Simulationen zu Hause rasant voranschreiten, so daß immer mehr Tätigkeiten verfügbar werden (also eine echte Demokratisierung von KÖNNEN, nachdem das Internet eine dramatische Demokratisierung von WISSEN eingeleitet hat).

Zum anderen wird es immer mehr Simulations-Stationen geben. Die ersten fanden wir in Freizeit-Parks weltweit, heute gibt es in den USA schon erste Simulations-Stellen in Shopping-Zentren. So wäre z.B. vorstellbar, daß Autofahrer in einigen Jahren im Herbst ein **Nebel-, Schnee- und Eistraining** im Nachbarschafts-Simulator durchlaufen, damit die wichtigsten Umdenk-Prozesse eben nicht auf den Straßen passieren müssen. Ebenso könnten Simulator-Trainings wichtige Gefahren-Elemente wie Wildwechsel (Unfall mit Rehbock), Zebrastreifen oder Stop-Schild an Schule u.ä. anbieten, so daß ein Teil der Unfälle im Simulator stattfindet.Virtuelle Realität (V.R.) wird erlauben, gewisse Abläufe in **Zeitlupe** zu durchlaufen, die **Schwerkraft** quasi aufzuheben oder in ganz andere **Größenordnungen** vorzustoßen.

Zeitlupe: So können wir am Rand des Schwimmbeckens stehen und die Bewegungen in Zeitlupe durchlaufen (⟿ vgl. *T – Training, aber wie?*, S. 234 ff.), was jedoch die **Disziplin** fordert, die Bewegungen gaaaanz laaaangsam ablaufen zu lassen; oder man beginnt, mit Tüchern zu jonglieren, weil diese langsamer fallen als Bälle. Mit V.R.-Simulatoren können wir quasi in Zeitlupe schwimmen und dabei den Druck des Wassers auf den Armen fühlen u.ä. Oder wir jonglieren mit Eisenkugeln, deren Schwere sich nicht ändert, wenn sie in Zeitlupe von uns gefangen werden … V.R.-Simulatoren werden es uns ermöglichen, virtuell zu probieren, was real (noch) nicht möglich ist. Astronauten trainieren derzeit viel unter Wasser, werden aber im V.R.-Mond-Simulator erleben, daß einer jener berühmten „Känguruh-Schritte" sie **viele Meter weiter** befördert, weil die simulierte Mond-Welt sich in Relation zum Menschen dementsprechend bewegen wird (solche Programme sind bereits in Entwicklung).

Größe: Vielleicht haben Sie den (nach einem sf-Roman von Isaac ASIMOV gedrehten) Film gesehen, in dem einige Wissenschaftler auf Bakteriengröße verkleinert werden und eine **faszinierende Reise in das Innere** eines Menschen antreten? (Sie wollen dort ein Blutgerinnsel entfernen und sein Leben retten). So hat der Meister-Didakt ASIMOV vor Jahrzehnten einen Weg gefunden, um Laien eine Vor-Stellung (etwas, was man vor das geistige Auge stellen kann) vom Inneren des Körpers zu vermitteln! Die **virtuelle Welt** dieses „verrückten" ASIMOV-Romans hat sowohl die derzeit gerade anlaufende Nano-Technologie **vorstellbar gemacht** als auch winzige „Helfer" **vorweggenommen**, die in einem System herumreisen und es von Störfaktoren freihalten. Heute gibt es zwei praktische Parallelen hierzu: Erstens Roboter, die Röhrennetze (z.B. für Abwasser, Chemikalien, radioaktive Stoffe etc.) durchreisen, Schäden melden bzw. vor Ort beheben, und zweitens Nano-Roboter, die dasselbe in unserem „Röhren-System" (Blut-System) machen werden.

Ebenso kann man heute mit Atomen spielen, um diese zu Molekülen zusammenzusetzen – dies schildert Howard RHEINGOLD in *Virtuelle Welten* sehr eindrucksvoll. Er weist darauf hin, um wieviel leichter das Lernen im Zeitalter guter V.R.-Systeme sein wird: Stellen Sie sich vor, ein Student bewegt virtuelle farbige, unterschiedlich große und schwere „Bälle" und testet, welche sich anziehen und welche sich abstoßen. Dabei arbeitet das System heute bereits mit Gegen-Infos, d.h., unser Student spürt den Druck bei Abweisung, aber das System reagiert auch auf den Druck, den **er** ausübt. Drückt er heftig, so werden sich Bälle, die einander abstoßen, dementsprechend hart dagegen wehren; probiert er es vorsichtig, dann spürt er nur einen leisen Gegendruck usw.

Howard RHEINGOLD schildert, wie ihn diese Simulation vor Jahren beeindruckte. Er erklärt erstens, daß ihm bis damals das ganze V.R.-Zeugs als Quatsch erschienen war. Zweitens weist er auf die immensen Möglichkeiten für **autonomes Lernen** hin. *Wenn ein Student einige Stunden* *in dieser virtuellen Ballwelt verbringt und diese Bälle (in verschiedenen Farben und Größen) bewegt und dabei nach einigen Stunden spielerisch gelernt hat, welche sich miteinander verbinden lassen und welche nicht (ohne bereits zu wissen, daß diese „Bälle" für Atome stehen), dann hat er dem Studenten von heute, der sich all das mit 600-seitigen Textbüchern aneignen muß, viel voraus! Um wieviel schneller wird der V.R.-Lernende hochkomplexe Zusammenhänge begreifen, weil man sie ihm an-SCHAU-lich präsentiert? Wenn er dann später erfährt, die blauen Bälle stünden für Wasserstoff, die orangenen für Stickstoff usw., dann hat er plötzlich ein erstes BILD, eine Synthese der gesamten Chemie.*

Wir haben (vgl. Modul *Gedächtnis wie ein Netz?*, S. 43) darauf hingewiesen, daß es sehr leicht ist, weitere Detail-Fäden in ein vorhandenes Wissens-Netz „einzuhäkeln" (weshalb wir uns mit Hilfsfäden/Eselsbrücken helfen sollen, wenn es zu der neuen Info noch keine Fäden in unserem Wissens-Netz gibt). Aber stellen Sie sich vor, einige Stunden in dieser V.R.-Ball-Landschaft erzeugen die ersten 100 Basis-Fäden zum Gebiet Chemie – allein weil die Lernenden es **erlebt, gefühlt (be-GRIFF-en) und gesehen** haben!

Dies veranlaßte Howard LEVINE* zu sagen, die Menschheit habe drei maßgebliche Lern- (und Begriffs-)Systeme entwickelt:

1. **In-Duktion:** Wir SEHEN **ein** Beispiel und **schließen** auf alle. Wir sehen, daß jemand nach dem Genuß eines Fliegenpilzes stirbt und schließen, alle Pilze mit diesem Aussehen seien giftig. (Manchmal kann allerdings ein Fehlschluß ein gigantisches Gedankengebäude nach sich ziehen, das quasi auf Treibsand gebaut ist.)
2. **De-Duktion:** Wir bauen Schritt für Schritt eine Reihe einzelner Prämissen (Hypothesen) auf, aus denen wir gewisse Schlüsse ziehen können (formale Logik). So SEHEN wir Dinge, die wir (noch) nicht sehen können, aufgrund unserer logischen Schlüsse! Die De-Duktion ist schon fast eine Art virtueller Welt: So schlossen die alten Griechen bereits, daß die Materie sich aus *Atomen* zusammensetzen müsse, wiewohl wir erst heute fähig sind, Atome zu SEHEN!

* Howard LEVINE, ehemaliger Programm-Manager der National Science Foundation, stellte fest: „Ich glaube, wir sehen die dritte Revolution in wissenschaftlichen Denk-Instrumenten."

3. **Seh-Duktion:** Beginnend mit unserer Phantasie (der angeborenen V.R.) über Simulationen aller Art bis hin zur echten V.R., wie sie uns die neue Technologie ermöglicht, können wir uns Dinge vorstellen, die es (noch) nicht gibt, und so die nötigen Prozesse des Begreifens auslösen, die für Lernen nötig sind.

In diesem Zusammenhang möchte ich erwähnen, daß *info-tainment* (oder *edu-tain-ment*) es den Lernenden enorm vereinfacht, die nötigen inneren BILDER für den Lernprozeß aufzubauen, und eben deshalb so erfolgreich ist! Deshalb werden solche Ansätze ja vor allem von jenen bekämpft, die **unfähig** sind, sie **zu erschaffen**. Dazu gehört nämlich neben einem **großen Wissens-Netz** (um Parallelen, Vergleiche, Metaphern aus unterschiedlichsten Bereichen zu „basteln“) viel **Phantasie** (= Vor-STELLUNGS-Kraft) und **Kreativität** (→ vgl. *Vorwort*, S. 12 ff.).

Und jetzt schließt sich der Kreis: Je *info-tainment*-mäßiger Unterricht aufgebaut wird, desto mehr verschwimmt die Grenze zwischen reinem KENNEN (im Sinne von Wissen) und KÖNNEN, d.h. der Fähigkeit, konkret etwas (besser) zu tun. Hier sehen wir eine gelungene Synthese zwischen Buch-Wissen (Theorie), also dem, was wir als Lippenbekenntnis bezeichnet haben, und den Modellen (Vor-BILDERN), die wir imitieren können.

Wenn ein Lerner z.B. durch das Spiel mit Bällen (Atomen) **beiläufig** lernt, welche zusammenpassen und welche nicht, und wenn ihm später im Buch dieselbe Info in Worten präsentiert wird, dann gibt es null Konflikt zwischen Worten und Realität. So lernt man am schnellsten, leichtesten und effizientesten.

Wenn Sie bedenken, daß diese neuen Wege gerade jetzt entwickelt werden, da das Wissen der Menschheit einen neuen Komplexitätsgrad erreicht, und wenn Sie bedenken, daß der V.R.-Weg gerade komplexe Zusammenhänge leicht verdaubar macht, dann ist das schon toll, oder?

Lernkurven gefällig?

Oder: Wie findet Lernen eigentlich statt?

Seit EBBINGHAUS Ende des 19. Jahrhunderts seine berühmten Lern-Experimente durchführte, zeichnen wir **Lernkurven**. Wie stellen Sie sich eine solche Kurve vor? *Die Richtung nach oben* = mehr (Wissen oder Können), während die Zeit *nach rechts* verläuft. Die Frage lautet:

Wie könnte so eine LERNKURVE aussehen?

Versuchen Sie (raten Sie ruhig!), eine Lernkurve einzuzeichnen:

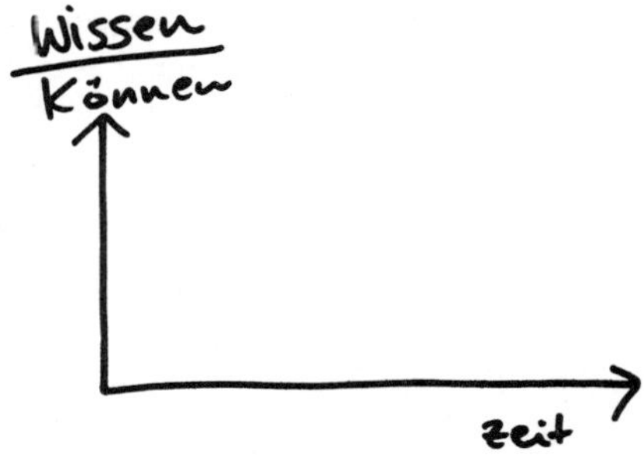

Als Prof. Hermann EBBINGHAUS mit seinen jahrelangen systematischen Lern-Versuchen begann, stellte er fest, daß Menschen mit unterschiedlichem Vorwissen auch unterschiedliche Lern-Fortschritte machten. Deshalb kam er auf die Idee, Lernen wissenschaftlich meßbar zu machen, indem er **Unsinn-Silben** verwendete. So wäre gewährleistet, meinte er in seiner professionalen Naivität, daß alle Lernenden den Lernstoff gleich schwer/leicht finden würden (z.B. *flip – kut – baq* usw.)

Leider beinhalten seine Studien (aus heutiger Sicht gesehen) einige Schwächen. Die Amerikaner drücken es wieder einmal herrlich aus: *hindsight is 20:20 vision:** Retrospektiv ist die Sicht phänomenal.

* HINDSIGHT = wörtlich RÜCK-SICHT (wenn wir zeitlich von heute in die Vergangenheit – RÜCKWÄRTS – blicken), 20:20 (twenty-twenty) = die Sehfähigkeit wird für beide Augen separat festgelegt, 20 ist die höchste Punktzahl, die man haben kann.

Also wollen wir, unter Berücksichtigung von seither über 100 Jahren neuerer Forschung, festhalten:

1. **Inzwischen wissen wir, daß keine zwei Menschen identische Gedächtnis-Inhalte haben** (nicht einmal eineiige Zwillinge). Demnach wird jede Art von Lern-Stoff auf unterschiedliche Wissens-Netze stoßen (vgl. *Gedächtnis wie ein Netz?*, S. 43 ff.) und dort entweder auf **keine Fäden** treffen oder auf schwache, starke, vielleicht sogar **viele starke Fäden** … Im letzten Fall werden durch die Lern-Info jede Menge weitere Fäden „angerissen", abhängig davon, was die Person **gedacht hatte** (gestern, kurz zuvor oder im Augenblick). Auch wir selbst reagieren sehr unterschiedlich auf dieselben Infos zu unterschiedlichen Zeiten (vgl. Modul *Wahrnehmung von Wiederholungen*, S. 101 ff.), so daß nicht einmal wir selbst identisch mit uns selbst (vor Jahrzehnten, Jahren, Monaten, Wochen, Tagen, Stunden oder übermorgen) sein können.
2. **Unser Gehirn ist ein Lern-Organ par excellence**. Da **Lernen Überlebenswert** hat, ist dieses Lern-Organ **nicht** darauf vorbereitet, Un-SINN (= etwas ohne Sinn) zu lernen (wenn das so manche Schulplaner wüßten!). SINN-loses **kann nicht ge-DEUT-et werden** und ist deshalb ohne Be-DEUT-ung für den Organismus. Das gilt selbstverständlich auch für Infos in der Schule, die man nicht begriffen hat, weil nicht Be-GRIFFE-nes nicht GREIF-bar ist und demzufolge auch nicht bewußt ins Wissens-Netz eingespeichert werden kann. Alles, was **für uns** ohne Bedeutung ist, wird in den **Riesenbereich des Unterbewußtseins** „geworfen". Die Experten streiten noch, ob es dort bis ans Lebensende gespeichert wird. Studien zeigen zwar immer wieder, daß manche Infos später, z.B. unter Hypnose, aus den Tiefen des Unterbewußtseins „auftauchen". Aber erstens tauchen eben **nicht alle** Infos wieder auf, zweitens sind viele dramatisch **verzerrt,** und drittens „tauchen" immer wieder Pseudo-Erinnerungen auf, die gar keine sind.

Lernen wir eigentlich bewußt oder unbewußt?

Inzwischen wissen wir auch: Der Bereich unseres **Wach-Bewußtseins** ist eine klitzekleine **Nußschale** in einem gigantischen **Ozean** des **Un-**

bewußten. Natürlich können wir uns hier jede Menge Metaphern ausdenken, aber die meisten Seminar-Teilnehmer/innen reagieren erschrocken, daß das, was sie für ihren Geist (= Wachbewußtsein) halten, so „läppisch klein“ (Nußschale) sein soll. Die Besorgnis ist falsch formuliert! Dieses Denk-Bild macht nicht Ihren (bewußten) Geist kleiner, sondern es zeigt Ihnen die immensen Ausdehnungen all dessen, was Sie auch sind (Ozean)!

Manche Menschen mißtrauen solchen Denk-Bildern prinzipiell, sie wollen **Zahlen**. Nun, Tor NØRRETRANDERS schildert in seinem faszinierenden Buch *Spüre die Welt,* zu welchen Ergebnissen solche Messungen geführt haben; er nennt Zahlen, gigantische Zahlen, so daß ich diese in ein Denk-Bild umgesetzt habe, bei dem die Zahlen-Relation erhalten bleibt. Allerdings handelt es sich um einen Durchschnitts-Wert, denn:

Wahrnehmungen via unterschiedlicher Sinnesorgane führen zu unterschiedlichen Werten (vgl. rechts).

nach **NØRRETRANDERS**

Sinnesorgan	**bits/Sek.**
Auge	10.000.000 (10 Mio.)
Ohr	100.000 (hunderttausend)
Haut	1.000.000 (1 Mio.)
Geschmack	1000 (eintausend)
Geruch	100.000 (hunderttausend)

Ich habe diese Durchschnitts-Werte also auf eine **Strecke** umgerechnet, und so können wir sagen: Auf **15 Millimeter Bewußtsein** (Nußschale) kommen **11 Kilometer Unbewußtes** (Ozean). NØRRETRANDERS zeigt auch, daß die **Hauptaufgabe** des Bewußtseins **nicht** (wie früher angenommen) im **Wahrnehmen** (Registrieren/Speichern) von Infos liegt, sondern im Gegenteil im **Aus-Sortieren** von (fast) allem! Daraus ergibt sich, daß **Unsinn-Silben** zu **falschen** Lern-Kurven führen **müssen**, denn sie werden aussortiert. Trotzdem bildeten die EBBINGHAUS-Kurven jahrzehntelang die **Grundlage für pädagogisches Wirken.** Kein Wunder, daß die meisten Lehrer genau dieselben Denk-Fehler wie Laien im Seminar machen, wenn sie darüber nachdenken, wie Lernen „passiert“ – und damit kommen wir zu der **von Ihnen** gezeichneten Lernkurve, S. 74. Die meisten Seminarteilnehmer zeichnen Kurven, deren Linie mehr oder weniger nach oben verläuft (Ihre auch?). **Das sieht dann in etwa so aus:**

Ergebnisse von über 20.000 Teilnehmer-Kurven:

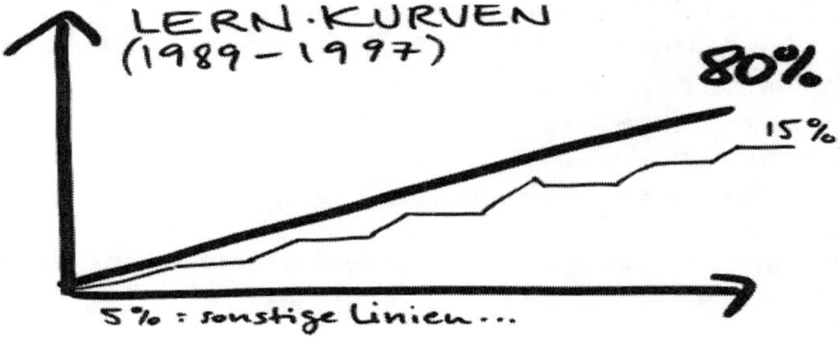

Dabei ist es unerheblich, ob Sie die „Steigung" steiler/flacher zeichnen. Nur ca. **15 %** der Kurven enthalten **Plateaus** (nach dem Motto: *Manchmal scheint absolut nichts weiterzugehen*). Die restlichen 5 % der gezeichneten Kurven entfallen auf diverse andere Möglichkeiten (darunter einige wenige, die WISSEN und KÖNNEN trennen, was richtig und wichtig ist, wie wir gleich sehen werden).

Wissen ist nicht gleich Können

Als erstes müssen wir die beiden Lern-Kurven voneinander trennen, denn eine **Wissens-Kurve** „benimmt" sich völlig anders als eine Lern-Kurve für **Handlungen** (vgl. auch Modul *Lernen, aber was?*, S. 65 ff.). Die Wissens-Kurve beschreibt Daten, Fakten, Infos und umfaßt neben einem Großteil des Schulwissens sämtliche Kenntnisse von Zusammenhängen, wichtigen Ein-SICHTEN unseres Lebens, Theorien über die Welt usw., also inklusive (aber nicht nur) **Buch-Wissen**. Auch der Begriff *„Buchwissen"* wird sich trotz Internet und Multi-Media noch eine Weile erhalten, denn er beschreibt, was der Mensch seit Beginn der Schrift von anderen lernen konnte, die **nicht** anwesend waren. Ob das „Buch" eine Tontafel ist, eine Sammlung von Papyrus-Blättern, eine Schriftenrolle oder ein elektronisches „Buch", ist dabei unerheblich. Ebenso spielt es keine Rolle, ob dieses „Buch" (z.B. als DVD) auch (bewegte) BILD-er anbietet – wir erwerben in jedem Fall, was wir BILD-ung nennen, und zwar via „Buch-Wissen"!

Die Entwicklung der **Wissens-Kurve** leuchtet ein, wenn uns klar ist, daß **jeder** vorhandene Faden zu einem Stichwort (Thema) wie ein Magnet (*Attraktor*) wirkt und neue Infos hierzu wie magisch anzieht (→ vgl. Modul *Gedächtnis wie ein Netz?,* S. 43 ff.). Deshalb sieht ein Briefmarkensammler, der eine neue Marke betrachtet, in einer halben Sekunde mehr als wir in einigen Minuten. Also gilt hier, was der Volksmund sagt: *Aller Anfang ist schwer!* Wir müssen hinzufügen: Ja, aber **nur der Anfang!** Wir können auch sagen:

Je mehr wir bereits wissen, desto leichter lernen wir dazu.

Allerdings müssen wir dies ergänzen:

**Je mehr wir bereits wissen, desto leichter lernen wir dazu.
Und zwar auf diesem Wissens-Gebiet (zu diesem Thema).**

Deshalb sind alle Wissens-Kurven immer exponentiell: Die ersten Fäden zu knüpfen ist **totaaaaaaaaaaal schweeeeeeeeer**, dann wird es langsam **etwas weniger mühselig**, dann wird es langsam **erträglich,** und irgendwann kommt der Moment, an dem es beginnt, **Spaß** zu machen.

Bei vielen Fächern in der Schule haben die meisten Schüler/innen leider diesen **Moment der echten Freude nie erlebt**, deshalb denken sie fälschlicherweise, Weiter-Lernen müsse so mühselig bleiben, wie es **am Anfang der Lern-Kurve** für sie war …

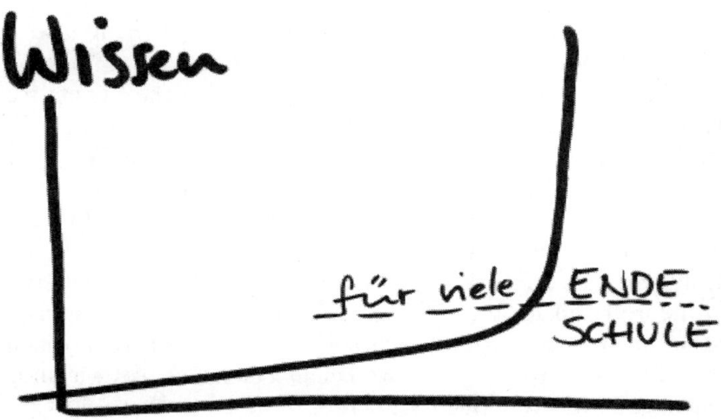

Nur bei unseren Hobbies, Interessen oder Bereichen, in denen wir große Kompetenz erworben haben, wissen wir ganz genau:

> **Heute können wir in zwei Stunden weit mehr (schneller und leichter!) lernen als anfangs in Monaten!**

Exkurs: Kann ein Seminar „etwas bringen"?

Hier liegt einer der mißverstandensten Seminar-Effekte: Ein Seminar von einem Tag soll die Teilnehmer **nicht** von null auf 100 % bringen, das kann ein Seminar nicht leisten. Dafür benötigen wir Vor- und oder Nach-Sorge oder gleich einen Kurs von längerer Dauer. Aber wenn ein Seminar die Leute da abholt, wo sie bereits stehen, und ihnen gewisse **Zusammenhänge** zeigt, die ihnen neu waren, sowie einige **Tips, Tricks, Kniffe**, wie man Dinge besser machen kann, **dann kann so ein Tag sehr wohl immens viel bringen.**

> **Je höher der Punkt an Ihrer Lern-Kurve zum Seminar-Thema bereits ist, desto mehr werden Sie profitieren.**

Handelt das Seminar also von Ihrem Leben, dann können Sie ihm sehr viel „entnehmen". Geht es um Aspekte, die Ihnen auf den Nägeln brennen, weil Sie sie täglich (er-)leben (von **Time Management** über **Gedächtnis** bis zu **Ernährung**, **Fitneß**, **Investment** usw.), dann **kann so ein Seminar weit mehr als sein Geld wert sein.** Das möchten manche gern leugnen, wobei die Kritiker in der Trainer-Szene zufälligerweise oft selbst Mehrtages-Seminare anbieten! Ähnlich regen sich manche Psychotherapeuten auf, wenn man den Menschen zeigt, wie sie so manches Problem ohne Therapeuten (autonom und selbstverantwortlich) angehen können. Na ja.

Zurück zur Wissens-Kurve

Jedenfalls müssen wir betonen: Jede Wissens-Kurve umfaßt jeweils **ein** Thema, **ein** Wissens-Gebiet, wobei manche Gebiete Überschneidungen aufweisen, so daß man dann vom „**Vorwissen**" profitiert. Beispiele:

Wenn Sie **Englisch** und **Deutsch** sprechen, dann haben Sie eine Menge (heimliche!) Vorkenntnisse für **Holländisch und alle skandinavischen Sprachen.** (Ausnahme Finnisch: Diese Sprache gehört zur sog. ugarofinnischen Sprachfamilie, sie hilft Ihnen also mit Sicherheit, wenn Sie Ungarisch lernen wollen, wahrscheinlich bei Türkisch, vielleicht sogar bei Japanisch, da streiten die Fachleute noch.)

Wenn Sie Englisch sprechen, dann kommen Sie mit **Fremdwörtern lateinischen Ursprungs** erstaunlich gut klar, wiewohl Sie vielleicht noch nie wußten, daß es **das Lateinische im Englischen** ist, das Ihnen vorhandene **Fäden im Wissens-Netz anbietet**, an die Sie die neuen Fremdwörter dann leicht an-BIND-en können.

Wenn Sie Englisch *lesen* können, dann könnten Sie in kürzester Zeit das **kleine Latinum** absolvieren. Allerdings sieht man das Lateinische im Englischen oft erst beim zweiten Blick, bei den **Ableitungen** eines angelsächsischen Stammwortes nämlich. Vergleichen Sie:

1. *farmer,* **aber *agriculture*** (*agricultural etc.*),
2. *water,* **aber *aqua*** … (mit sämtlichen Ableitungen) oder
3. *sailor* oder *seaman,* **aber *nautic*** … (*cosmonaut*, *astronaut*, a *nautical seamile*, *aquanautics* usw.).

Auch deshalb empfehle ich Eltern die **Reihenfolge** erst **Englisch,** dann Latein. Erstens erhalten Lernende mit **Englisch die bessere Grundlage für Latein und alle romanischen Sprachen!** Zweitens macht eine weltweit noch lebende Sprache (der man täglich von *MTV* bis *Internet* begegnet!) den Kids mehr Spaß als eine, die nur im wohl kleinsten „Staat“ der Welt (Vatikan) und von seinen Vasallen weltweit als deren verbindende *lingua franca* gesprochen wird. Finden Sie mal in Kenia **schnell** einen katholischen Priester, wenn Sie Verständigungsprobleme haben!

Ähnlich ist es mit **allen** Wissens-Gebieten: Ein Chemiker findet sich schneller in den Grundlagen der Biologie zurecht als ein Cellospieler (außer dessen Steckpferd waren die Naturwissenschaften). Jemand, der (und sei es via Fernsehen) oft beim Kochen zugesehen hat, wird sich in einem Kochkurs weit leichter tun als jemand, der Zeit seines Lebens im *Hotel Mama* wohnte und die Küche nur von innen sah, wenn er den Eisschrank plünderte. Eine Person, die (und sei es via TV, Videos, DVD usw.) Einblicke in die Landwirtschaft erhalten hat, wird agrikulturelle Themen (z.B. im Rahmen einer Ausbildung) weit schneller begreifen als jemand, der meint, die Milch wachse wohl im Supermarkt-Regal. Falls Sie glauben, dies sei etwas sehr an den Haaren herbeigezogen, dann interviewen Sie fünf- bis siebenjährige Stadtkinder, deren Eltern vor allem sämtliche Shopping-Zentren, Hamburger-Restaurants und Discos ihrer Großstadt kennen …

Aber zurück zu unserer Wissens-Kurve: Was bedeutet die **Tatsache, daß alles Wissen um so leichter gelernt wird, je mehr wir bereits davon besitzen**, wenn wir behaupten, wir könnten uns „nichts" merken? Dreierlei:

1. **Mit „nichts"** meinen Sie vorwiegend **neue Infos**, zu denen Sie noch keine Fäden haben. (Andernfalls würden Sie in einer Heilanstalt wohnen und wohl kaum diese Zeilen lesen!)
2. **Viele Menschen glauben, ihr Gedächtnis (allgemein) sei (so-und-so) gut, aber** sie hätten leider ein viel schlechteres Namens-Gedächtnis. **Merke:** Mehr vom selben lernt sich leicht. Hier beißt sich die Katze in den Schwanz: Weil Sie zu wenige Namen kennen (der dritte *Prochaska* ist nämlich leicht, nur der erste fällt schwer), haben Sie zuwenig Namens-Fäden im Wissens-Netz. Aber deshalb lernen Sie zu wenige Namen …!
3. **Zu viele Menschen halten Gedächtnis für etwas DING-liches** (weil es von einem „Ding-Wort" beschrieben wird). Deshalb weise ich immer darauf hin, daß wir eigentlich *gedächtnissen* (als Tätigkeitswort) sagen müßten. In unserem Zusammenhang hier (Lernkurven, Sie erinnern sich?) müssen wir festhalten:

Gedächtnis ist Verhalten. Verhalten kann durch Training verbessert werden.

Damit aber kommen wir zur zweiten Lernkurve!

Die andere Lernkurve: Verhalten (Training)

Handlungen (Verhaltensweisen, Tätigkeiten) werden **nicht** durch „Buch-Wissen" (siehe S. 77), sondern **durch Training gelernt und verbessert**. Dabei sind vor allem zwei Aspekte wichtig:

1. **Wir lernten und lernen** (lebenslang) immens viel über den Weg der (weitgehend unbewußten!) **Imitation** (vgl. Modul *Lernen, aber was?*, S. 63 ff.). Das vergessen vor allem Menschen, die andere Menschen motivieren wollen. Da schreit der Chef den Mitarbeiter an, dabei regt er sich so auf, daß die Ader auf seiner Stirne scharf hervortritt. Und was will er dem Mitarbeiter beibringen, wenn er folgendes schreit? *Wie oft muß ich Ihnen noch sagen: Sie müssen freundlich sein zu den Kunden!* Tja, was der Mitarbeiter hier lernt (*Der redet sich leicht, er kann es ja selbst nicht!*), war bestimmt nicht, was der Chef vermitteln **wollte**. Deshalb sagen die Amerikaner so treffend:

   Deine Taten sind so laut, ich kann deine Worte nicht hören.

2. **Um körperliche oder geistige Bewegungen durchzuführen**, müssen neurophysiologische Prozesse ablaufen, es müssen sogenannte *bevorzugte Nervenbahnen* („Datenautobahnen im Hirn"!) geschaffen werden. Das aber **braucht Zeit.**

Deshalb ist es falsch, modernen Sprachunterricht für Erwachsene anzubieten nach dem Motto: *Innerhalb von 10 Minuten sprechen Sie schon Ihre ersten Worte.* Das Baby beginnt ab dem 7. Schwangerschaftsmonat, auf seine Muttersprache zu reagieren (also bewußt zu hören!), aber erst Monate nach der Geburt versucht es, die ersten Laute **nachzuahmen**! Deshalb gilt: Je neuer Ihnen die Sprache ist, die Sie lernen wollen (oder sollen), desto länger sollten Sie **aktiv und passiv hören**, ehe Sie die Laute aktiv formen wollen. Denn, und darum geht es uns hier: Die **Lernkurve zu Können** sieht völlig anders aus als die zu Wissen!

Wenn es darum geht, wie gut wir etwas (tun) können (**rechnen, schreiben, lesen;** vgl. Modul *Probleme mit dem Lesen?*, S. 89 ff.), **gilt diese andere Lern-Kurve**. Diesen zweiten Lern-Weg hat George LEONARD erforscht und in *Der längere Atem – Die fünf Prinzipien für langfristigen Erfolg im Leben* brillant beschrieben. In seinem inspirierenden Büchlein (in dem ich immer wieder gerne „herumlese“) geht es um die *Meisterschaft des Alltäglichen**. LEONARD war jahrzehntelang Lehrer und Ausbilder: Im Zweiten Weltkrieg trainierte er Piloten, später wurde er Aikido-Meister. Er fand heraus, **wie diese Meisterschaftskurve sich entwickelt.** Stellen wir uns vor, wir beginnen gerade mit einem neuen Lernprozeß:

Es beginnt mit einer Basis-Linie (wir fangen die neue Sache an), es geht ein Weilchen „geradeaus“, und dann kommt **plötzlich** eine **Erhebung** (wir erschrecken fast, weil wir über Nacht ein Niveau erreicht haben, das uns überrascht!).

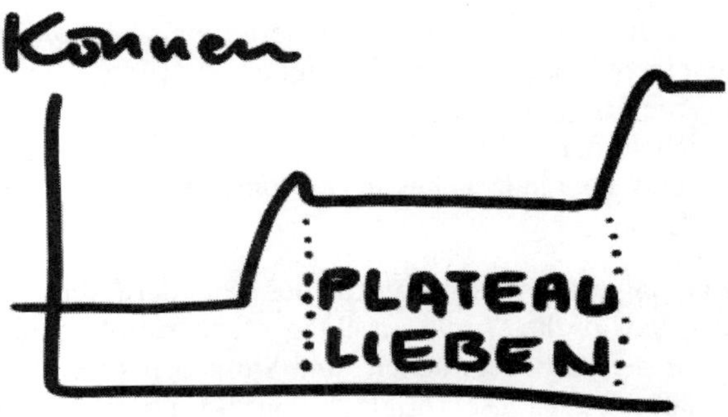

Aber unmittelbar nach diesem „Hoch“ fällt unsere Leistung **etwas** ab und stabilisiert sich auf einem **Plateau,** und erst wenn wir dieses Plateau durchlaufen haben, indem wir ständig **weiter trainieren**, dann beginnt der Prozess wieder zur nächsthöheren Stufe unseres Könnens. George LEONARD betont, daß wir den *Weg zur Meisterschaft* nur gehen können, wenn wir eines schaffen:

Wir müssen lernen, das Plateau zu lieben.

Sie können von einem Plateau nicht herunterfallen, **wenn** Sie weitermachen; nur wenn Sie aufhören, werden Sie „fallen“! Dieses Plateau ist furchtbar wichtig. Wenn wir einmal begriffen haben, daß nach gewissen

---

* Ich habe übrigens zu diesem Büchlein ein 2-Kassetten-Set, *Der längere Atem,* herausgegeben, welches u.a. die hervorragenden Übungen anbietet, die LEONARD entwickelt hat.

Erfolgserlebnissen ein kleiner Abfall folgt und daß anschließend ein weiteres Plateau kommt, dann begreifen wir auch:

> **Jedes Plateau ist geradezu der Beweis dafür, daß Lernen stattfindet!**

Es ist also nicht so, wie wir früher oft annahmen, daß „nichts passiert". Im Gegenteil: In Ihrem Gehirn werden neue **Nervenbahnen** angelegt! Als Sie mit dieser Tätigkeit begannen, schufen Sie einen ersten **Trampelpfad**; als Sie weiter trainierten, wurde dieser zu einem ausgetretenen **Weg;** bald wird dieser zur **Straße,** und diese wird letztlich zur **Autobahn**. Zum Zeitpunkt des Plateaus wird sie „asphaltiert".

Vielleicht gefällt Ihnen folgende Metapher: Sie als „Autofahrer" befinden sich in einem Stau, weil die „Baustelle" das „Asphaltieren" begleitet. Sollten Sie als „Autofahrer" jedoch versuchen, sich aus dem Stau fortzuschleichen, dann löst sich „die Baustelle" sofort in Luft auf! Im Klartext: Wenn Sie nicht weiter üben, dann beenden Sie das Plateau („Baustelle").

Die Entwicklung rückwärts verläuft leider schneller (Abbau ist leichter als Aufbau), so wird die *Straße* zur *Gasse*, diese zum *Weg,* und letztlich wird der *Trampelpfad* überwuchert, und Sie haben sich wieder einmal bewiesen, daß Sie für diese Tätigkeit wohl doch zu unbegabt (dumm, unkreativ usw.) zu sein scheinen ... Schade! Also gilt:

Während die Autobahn „asphaltiert" wird, müssen wir die Baustelle unbedingt durch **weiteres Training** am Leben erhalten. In dieser Zeit reicht mäßiges, aber regelmäßiges Training (z.B. zehn Minuten pro Tag)! Es geht hier darum, daß physiologische Ver-BIND-ungen zwischen einzelnen Nerven, aber auch zwischen Nervengruppen ange-BAHNT werden können (eben jene **bevorzugten Nerven-BAHN-en!**)

Wenn wir uns durch Training dann eines Tages ein REPERTOIRE erworben haben, **dann wirkt es leicht**. Dann spüren Sie die Nervenbahnen. Dann rasen einzelne Impulse mit einem „Affentempo" über die neue „Autobahn". Auch weiterhin, solange Sie Ihre Denkautobahn pflegen! Im Modul *T – Training, aber wie?* finden Sie **konkrete Hinweise**, wie Sie das **Training** (z.B. Musik-Instrument, Sport) **optimieren** (S. 234 ff.).

Paradox des Nicht-Ich

Normalerweise gilt:

> **Wir sind (im psychologischen Sinne) um so erfolgreicher, je authentischer wir sind.**

Solange dieses sogenannte *authentische (= wirkliche, tatsächliche) Ich* stark (gesund!) ist und wir uns OK fühlen, stimmt das. Menschen, die ihre ureigensten Anlagen finden und aktivieren*, erreichen mit weniger Energie weit mehr als andere, die sich innerlich zerrissen fühlen. Einer meiner Seminarteilnehmer (1979 USA) wurde von seinem Coach gefragt, wer (in seiner Disziplin) für ihn ein Vorbild sei; er riet ihm, den nächsten Wettkampf wie ein Rollenspiel anzugehen und **sich vorzustellen, diese Person zu sein**. Während der Vorbereitungen zu dem Tournier war er in meinem Seminar und wir sprachen darüber, daß Menschen, die „sich" („ihren Weg") gefunden haben, authentisch seien. Dies brachte ihn in Konflikt mit dem strategischen Ansatz seines Coachs, der sich bereits während der Trainingsspiele als sehr erfolgversprechend zeigte. Ich riet ihm, die Strategie auf alle Fälle weiterzuverfolgen, aber nach den Spielen kurz zu notieren, was er erlebt/gefühlt habe. Nun, um eine lange Story kurz zu machen:

1. Er gewann das Turnier, wie ein Sport-Journalist schrieb, „mit einer schlafwandlerischen Sicherheit".
2. Er stellte fest, daß er sich um so besser fühlte, je besser es ihm gelang, diese ALS-OB-Position einzunehmen!

---

* In unserem Buch *Meilensteine zum Erfolg* (Birkenbihl und andere) finden Sie in meinem Teil eine genaue Anleitung, wie Sie Ihr angeborenes POTENZ-ial finden können. Die Analyse kostet Sie nur einige Minuten pro Tag (der größte Vorbereitungsteil kann nebenbei, z.B. beim Fernsehen, absolviert werden) und dauert wenige Wochen.

Überspitzt ausgedrückt könnte man sagen:

> **Je weniger er „er selbst“ war, desto besser konnte er spielen. Es war fast, als würde die „Lüge“ ihn zu einer inneren Wahrheit führen.**

Nun, eigentlich kennen wir dieses Paradox schon lange. Jedesmal, wenn wir davon sprechen, jemand habe *selbstvergessen* gespielt oder gehandelt, beschreiben wir, daß jemand „sich selbst vergaß“. Auch der oben verwendete Begriff der *schlafwandlerischen Sicherheit* drückt dies aus. In ihrem Buch *Super Memory* sagen die beiden Autorinnen OSTRANDER und SCHROEDER (Hervorhebungen meine):

> *Die Vorstellung, (ein) anderer zu sein, ist […] eine* ***wiederbelebte Lern- und Gedächtnisstrategie****. Sie knüpft an die* ***alte*** *magische Idee an, sich vorzustellen, man setze den Kopf einer anderen Person auf, aber auch an die* ***buddhistische Praxis****, außergewöhnlich detaillierte* ***Vorstellungsbilder*** *von Gurus* zu* ***schaffen und zu verinnerlichen****, damit sie im eigenen Innern lebten und* ***wirkten****. In den Vereinigten Staaten wandte vor allem Tim GALLWEY dieses Verfahren bei* ***Sportlern*** *an, indem er sie aufforderte, sich vorzustellen, sie seien dieser Tennisstar oder jener Skiweltmeister.*

Ich empfehle GALLWEYS brillantes Buch *Tennis – das innere Spiel* seit vielen Jahren, wobei Sie *Tennis* real **oder** metaphorisch verstehen können. Im Klartext:

> **Alles, was Sie tun, kann besser werden, wenn Sie lernen, den Kritiker in sich „lahmzulegen“, damit Ihr „eigentliches Ich“ endlich spielen/handeln darf.**

Dies deckt sich mit den Forschungsergebnissen von Prof. HARTLEY, der den *Kritiker* als *gewohntes Ich* bezeichnet. In *Super Memory* von OSTRANDER/SCHROEDER lesen wir (Hervorhebungen meine):

---

* Leider wird bei uns im Zuge einer fast schon absurden Jagd auf „Scharlatane“ vieles in den Dreck gezogen, auch die Jahrtausende alte Tradition, von Meistern zu lernen; erst NLP erneuerte die Idee, sich selbständig gemäß großer Vorbilder/Modelle zu modellieren. Ein GURU ist übrigens ein Lehrer, der seinen Schüler/innen hilft, sich zu entdecken (also kein Schullehrer, der Wurzelziehen „gibt“).

> *Wie der britische Professor Dr. Robert* HARTLEY *herausfand, ist die* ***Loslösung vom gewohnten Ich eine Methode zur Umgehung von Blockierungen.*** *Als er sich mit Grundschulkindern abmühte, die ständig schlechte Leistungen brachten, fiel ihm eine Taktik ein, auf die er in seiner* ***eigenen Schulzeit*** *gestoßen war. Er hatte bei dem Versuch, einen Aufsatz zu schreiben, brütend vor dem leeren Blatt gesessen und einfach keinen Anfang gefunden. Schließlich hatte er an einen berühmten Rundfunkmoderator gedacht, den er sehr bewunderte. Wie würde der es sagen? Von da an waren die Worte nur so geflossen.*

Auch wir in Europa hatten einst von diesen Dingen gewußt, bis die moderne Pädagogik sie als „Scharlatanerie" verwarf. Wo kämen wir denn da hin, wenn man praxis-erprobte Hilfsmittel einsetzen dürfte, solange die moderne Wissenschaft **nicht** erklären kann, **warum** sie funktionieren??! Aber lesen wir einen letzten Absatz bei OSTRANDER/SCHROEDER:

> HARTLEY *unterzog seine Langsamlerner einem einfachen Bildvergleichs-Test. „Stellt euch jemanden vor, den ihr kennt und der sehr gescheit ist", sagte er. „Stellt euch vor, ihr wäret diese Person. Ich möchte, daß ihr den Test so macht, wie ihn diese Person machen würde." Die Ergebnisse öffneten den Kindern die Augen, denn sie erzielten Noten, die sich mit jenen der besten Schüler messen konnten. Sie hatten sich vorgestellt, klug zu sein, und waren klug geworden. Bei manch einem der Kinder überstieg dies das (eigene) Fassungsvermögen. „War ich gar nicht", protestierte ein Junge. „Das hat der gescheite X gemacht!"*

Wir können auch einen anderen hilfreichen Gedanken zur Erklärung heranziehen: Mikhail CSIKSCENTMIHALYI schuf den griffigen Begriff des **FLOW©** (→ vgl. das Modul *FlOW©*, S. 39 ff.), um zu beschreiben, daß wir **„im Fluß"** sind, daß es **„fließt"**, daß wir uns fühlen, als seien sämtliche Stau-Schleusen geöffnet: **Leicht und frei** gehen uns die Tätigkeiten von der Hand, **flüssig** entwickeln sich Gedanken (Assoziationen, Ideen) usw. Also können wir auch sagen: Wenn **ein Teil von uns** (z.B. durch Ängste, Verkrampfungen usw.) **blockiert** ist oder eine anprogrammierte Erfolgs-Hemmung erleidet, dann ist der Fluß unterbrochen (*no flow*). Die hier vorgestellte Strategie hilft uns schneller, wieder in den **flow** zu geraten, als „klassische" Methoden (Autogenes Training und ähnlich). Also können Sie ab jetzt diese Strategie auch für sich nutzen. Gehen Sie wie folgt vor:

Schritt 1: Identifizieren Sie die Bereiche Ihres Handelns, in denen Ihr Kritiker Ihnen regelmäßig „dazwischenpfuscht".

Schritt 2: Suchen Sie ein Vorbild, also eine Person, die es in diesem Bereich bereits geschafft hat, in den Fluß (FLOW©) zu gelangen. Achtung: Diese Person kann auch „Fiktion" sein, also z.B. eine „Rolle" in einer Story, einem Roman oder im Theater (Film, Fernsehen ...). Ja, es kann sogar eine ausgedachte Figur sein, wenn Sie sich diese ganz „real" vorstellen können. Denn Ihrem Unbewußten ist Traum oder Wirklichkeit Jacke wie Hose ...

Schritt 3: Üben Sie in Ihrer Vorstellung, wie diese Person die Sache angehen würde (z.B. vor dem Einschlafen).

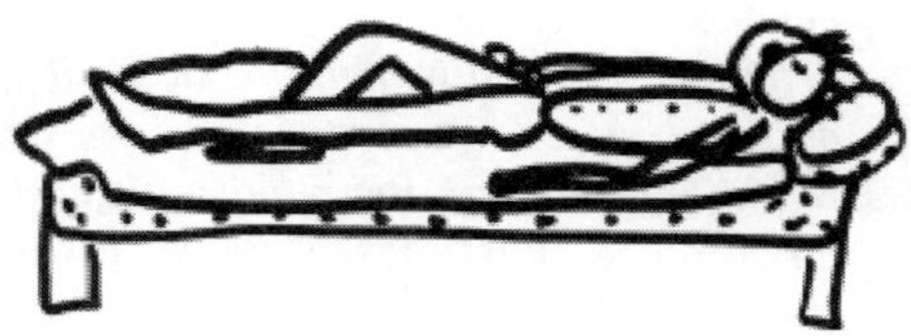

Schritt 4: Jedesmal, wenn diese Tätigkeit ansteht, gehen Sie wie die zuvor beschriebenen Kinder (S. 87) vor.

Schritt 5: Freuen Sie sich über Ihre Ergebnisse!

Probleme mit dem Lesen?

In diesem Modul geht es um **Lese-Probleme**. Besteht Legasthenie-Verdacht, empfehle ich das brillante (Hör-)Buch: *Legasthenie als Talentsignal* (man beachte den Titel!) von Ron DAVIS. Er **war hochgradig legasthenisch**. Sein Buch ist eine Erleuchtung, auch für Nicht-Legastheniker, und es zeigt einen Weg aus der Falle …!

Lesen lernen?

Leider dauert es in der Regel mindestens **zwei bis drei Generationen**, bis neue Erkenntnisse (z.B. aus der Forschung) sich in der täglichen Praxis durchsetzen! So lange können unsere Kinder aber nicht warten! Nun gibt es bahnbrechende Forschungsergebnisse, die uns so manches „Fehl-Verhalten" beim Lesen erklären, so daß selbst Erwachsene ihre Lese-Fähigkeit verbessern können. Aber bis solche Einsichten den Weg ins Schulsystem finden, dauert es zu lange. Nicht weil viele Lehrer/innen nicht alles versuchen würden, wenn es Erfolgs-Aussicht hat, sondern weil progressive Lehrkräfte sowohl vom System als auch von Eltern bekämpft werden. Deshalb empfehle ich allen Interessierten besonders die vier Videos (*Lob des Fehlers*) von Reinhard KAHL (vgl. Literaturverzeichnis), damit genügend Eltern die Lehrer unterstützen können. Die Reform muß von unten kommen!

Aber auch wenn Sie keine Kinder (im Schulalter) haben, könnten Sie selbst oder andere Personen im Familien- oder Freundeskreis von diesem Modul profitieren.

Mein Rat: Gehen Sie es wie ein Seminar-Modul durch, d.h., besorgen Sie Schmierpapier, **bevor** Sie weiterlesen, und durchlaufen Sie die kleinen Übungen. Nur lesen bringt nichts! Wollen Sie eigene Vorurteile überlisten, dann hilft es, einen kleinen Prozeß zu durchlaufen. **Merke:**

Es gibt nur ein einziges erstes Mal! Sie können diesen Text niemals wieder zum ersten Mal lesen. Und die Aha-Erlebnisse können nur beim ersten Durchgang stattfinden, wenn Sie aktiv mitmachen. Also, wo ist Ihr Schreibzeug?

Experiment: Geheimschrift SCHREIBEN

Jetzt möchte ich Sie zu einer **spannenden Übung** einladen. Am Ende dieses Kapitels (S. 100) finden Sie eine Geheimschrift-Vorlage. Es geht darum, daß Sie **nonstop drei Minuten lang** in dieser Geheimschrift **schreiben**. Ob Sie den Text mehrmals schreiben oder es gaaaaaaanz langsam angehen wollen, steht Ihnen völlig frei. Das einzige, woran Sie sich bitte halten, ist die Zeit von exakt **drei Minuten**. Tun Sie dies bitte sofort.

Schreiben Sie auf (Schmier-)Papier Ihre/n Namen und Adresse. Ziffern/Zahlen bleiben **normal**, Umlaute-Pünktchen werden einfach über die Geheimschrift-Buchstaben gesetzt, z.B.:

Lisa Bäcker

Vogelstrasse 25

(PLZ) Ort/Stadt

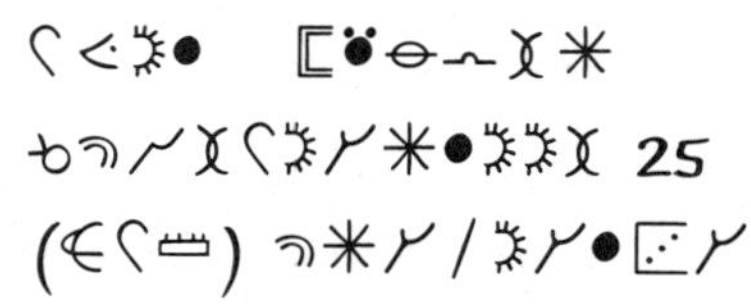

a → ä

Vorlage: S. 100 – Bitte schreiben Sie jetzt!

Dann erst lesen Sie weiter.

Erinnern Sie sich an die allerersten Wochen Ihrer Schulzeit? Erinnern Sie sich konkret an das Lesen- und Schreiben-Lernen? Erinnern Sie sich eher positiv oder negativ an die Lese-Übungen (die oft bis in die vierte Klasse fortgesetzt wurden)? Wissen Sie eigentlich, daß die klassische **Reihenfolge** *Lesen → Schreiben* vom Standpunkt des gehirn-gerechten Vorgehens falsch ist? Wenn diese Frage Sie erstaunt, dann lesen Sie hier weiter!

Eigentlich ist die klassische **Reihenfolge** *Lesen → Schreiben* ganz **richtig – wenn die Kinder zweieinhalb bis drei Jahre alt sind!** Das war übrigens das Alter, in dem **Kinder der „freien" Römer** (= der Oberklasse) wie auch die Kinder der *Hochwohlgeborenen* bei uns das Lesen zu lernen pflegten. Bei Adeligen (also den *Edelmännern* und *Edelfrauen*) meinte man natürlich, sie seien genetisch „besser", von wegen des „blauen" Blutes. Inzwischen wissen wir jedoch um die permanente **Wechselwirkung von Genetik und Umwelt** – von MATURANA und VARELA (in: *Der Baum der Erkenntnis*, vgl. Literaturverzeichnis) als *strukturelle Koppelung* bezeichnet. Im Klartext: Wo genetisch „nix ist", kann die Umwelt nichts bewirken (außer vielleicht in der Zukunft, wenn technische Nano-Roboter oder Gen-Therapie den angeborenen Defekt physikalisch ausgleichen). Aber:

> **Wo genetisch sehr wohl etwas ist, kann die Umwelt dies brachliegen lassen (aushungern) oder fordern und fördern!**

Das sehen wir z.B. sehr klar beim Sprachenlernen (⇝ vgl. das Trainings-Modul *T – Sprachen lernen,* S. 219 ff.) und bei der Art, wie wir das Lesen lehren/lernen: Die Reihenfolge **vom** Lesen **zum** Schreiben im Alter von ca. zweieinhalb bis dreieinhalb ist richtig, bei Kindern über fünfeinhalb oder sechs Jahren aber nicht mehr. Warum?

Bei Zweieinhalb- bis Dreijährigen ist das Gehirn besonders auf die **Erkennung von Formen** ausgerichtet. In einer **Reifephase** (auch als *Lernfenster* bezeichnet) geschieht das Lernen des Aspektes, der gerade „dran" ist, **beiläufig**. Deshalb beginnen Kleinkinder spontan zu „lesen", allerdings nur, **wenn** ihre Umwelt ihnen eine Chance gibt, die **Kombination von Klang und Form** zu begreifen.

> **Erlebt ein Kleinkind wunschgemäß viele Wiederholungen derselben Geschichte und darf beim lauten Vorlesen die großen Buchstaben angucken, um „mitzulesen", dann beginnt es bald, zu deuten und selbst „vorzulesen". So begreift es den Zusammenhang von Klang und Bild ganz von selbst! Wird das „Vorlesen" jedoch an Kassetten delegiert oder wird immer nur (live) erzählt, dann nützt die angeborene Fähigkeit, diesen Zusammenhang zu erkennen, absolut nichts, er muß dem Kind also verborgen bleiben.**

Im Alter von sechs Jahren, wenn die Schule die Aufgabe übernimmt, unseren Kindern die Schriftsprache zu vermitteln, lautet die Marschrichtung meist LESEN → SCHREIBEN, womit wir einen Weg gehen, der **jetzt nicht mehr** optimal ist, weil das **Formen-Erkennungs-Fenster** (hinsehen und Bescheid wissen!) sich **inzwischen geschlossen** hat! Wir werden hier gleich fortfahren, nachdem Sie Ihr erstes Ergebnis festgehalten haben. Probieren Sie locker und **spielerisch,** einige der Buchstaben in Geheimschrift einzutragen. Stellen Sie bitte fest, wie viele Buchstaben in Geheimschrift Sie **innerhalb von 90 Sekunden** (ohne Spicken) re-konstruieren können.

Geheimschrift: Ergebnis 1

1. A = ____	8. H = ____	15. O = ____	22. V = ____
2. B = ____	9. I = ____	16. P = ____	23. W = ____
3. C = ____	10. J = ____	17. Q = ____	24. X = ____
4. D = ____	11. K = ____	18. R = ____	25. Y = ____
5. E = ____	12. L = ____	19. S = ____	26. Z = ____
6. F = ____	13. M = ____	20. T = ____	
7. G = ____	14. N = ____	21. U = ____	

Ergebnis: Mir sind ________ Buchstaben-Formen eingefallen.

Experiment: Geheimschrift LESEN

Wie gut können Sie **Geheimschrift** lesen? Jetzt werden Sie das Alphabet offiziell als „Spickzettel“ benützen und den Geheim-Text (auf S. 100) lesen. Es wird besonders spannend, wenn Sie …

1. **… laut lesen** (halblaut reicht), damit Sie **hören** können, was Ihnen wie leicht/schwer fällt. Falls Sie nicht alleine sind (oder sich ohne Handy im Café befinden), dann sprechen Sie **sub-vokal** (formen Sie also jedes Wort bewußt mit Lippen und Kehlkopf-Bewegungen, und „sprechen“ Sie innerlich).
2. **… Ihre Übung aufzeichnen**, damit Sie sie später (sogar mehrmals) genau abhören können.

Wenn die normale Reihenfolge (vom Lesen zum Schreiben) günstig **wäre**, dann müßten **Sie** jetzt **bei dieser ersten Lese-Übung** bereits einige Buchstaben der Geheimschrift **lernen**. Denn Sie dürfen so lange lesen, wie Sie wollen (auch stundenlang!), aber es soll bitte mindestens die doppelte Zeit (vgl. Schreib-Aufgabe von S. 90) sein, also mindestens sechs Minuten.

Wenn Sie **aufzeichnen**, dann können Sie sich beim Vorlesen vollkommen auf das ständige Nachsehen in der Liste und das etwas mühselige Lesen konzentrieren und das Ergebnis hinterher in Ruhe (auch mehrmals) hören. Spannend kann es auch sein, wenn Sie in den nächsten Tagen mehrmals üben und sich einerseits köstlich amüsieren, während Sie sich andererseits beweisen, daß man Lesen durch Lese-Übungen nur „millimeterweise“ verbessern kann. Dies ist genauso schwierig, wie eine Fremdsprache via Vokabel-Pauken zu lernen (→ vgl. Modul *T – Sprachen lernen,* S. 219 ff.). Solche Vorgehensweisen sind **nicht gehirn-gerecht** und hinterlassen den völlig falschen Eindruck, die Opfer dieser Unterweisung seien zu „blöd“.

Übrigens wollte einer meiner Kunden die Lautlese-Übung durchlaufen, als er unterwegs war. Er hatte zwar sein Handy, aber kein Aufzeichnungsgerät dabei. Also sprach er kurz entschlossen auf seinen eigenen Anrufbeantworter zu Hause, den er hinterher mittels Handy nach Belieben abhören konnte. So geht es auch!

> **Wenn Sie leise lesen, können Sie *nicht das* lernen, wofür die Aufgabe mit Sorgfalt konzipiert wurde. Schade …**

Bitte beginnen Sie jetzt auf Seite 100. STOP

Jetzt halten Sie **sofort** Ihr zweites Lern-Ergebnis fest, wobei Sie bitte registrieren, daß im Gegensatz zu vorhin keinerlei Lesestoff „dazwischenkommt"; Sie dürfen sofort sehen, was Sie gelernt haben.

Geheimschrift: Ergebnis 2

Stellen Sie wieder fest, wie viele Buchstaben in Geheimschrift Sie diesmal **innerhalb von 90 Sekunden** aufschreiben können.

1. A = ____	8. H = ____	15. O = ____	22. V = ____
2. B = ____	9. I = ____	16. P = ____	23. W = ____
3. C = ____	10. J = ____	17. Q = ____	24. X = ____
4. D = ____	11. K = ____	18. R = ____	25. Y = ____
5. E = ____	12. L = ____	19. S = ____	26. Z = ____
6. F = ____	13. M = ____	20. T = ____	
7. G = ____	14. N = ____	21. U = ____	

Ergebnis: Mir sind ________ Buchstaben-Formen eingefallen.

Jetzt **vergleichen** Sie Ihre **beiden Ergebnisse** und notieren Sie hier diejenigen Buchstaben, die Sie **erst jetzt** beim Lesen gelernt haben:

____

Kehren wir zu dem schicksalsträchtigen Umstand zurück, daß Schulkinder das Erkennen von (Buchstaben-)Formen just zu dem Zeitpunkt lernen sollen, an dem sie der besonderen Lern- und Reifephase für das mühelose **Speichern von Formen entwachsen** sind! Ab fünf bis sechs Jahren hat das Gehirn die **wichtigsten physiologischen Entwicklungen zum nackten Überleben abgeschlossen:** Jetzt kann das Individuum den Weg nach Hause finden, es kann Freund und Feind unterscheiden, es weiß das Nötigste (z.B. welche Pflanzen/Tiere Nahrung sind) usw. (Wenn Sie an Abertausende von **Straßenkindern** denken: Die jüngsten, die es alleine schaffen, sind ca. **sechs Jahre** alt …)

> **Von jetzt ab (zeitlebens!!) müssen wir anders vorgehen. Jetzt muß der Weg vom Schreiben zum Lesen führen.**

Aber leider wissen das noch kaum Lehrkräfte, deshalb rät man Müttern/Vätern, deren Kinder Leseprobleme haben, immer noch tagtäglich, mehr Lesen zu üben (völlig falsch!).

> **Auch Erwachsene mit Leseproblemen sollten begreifen, daß Lese-Übungen der mühseligste Weg sind, den man auf dem Weg zum Lesen beschreiten kann.**

Dies gilt auch für **fremde Schriften. Deshalb** haben Sie gerade mit einer **Geheimschrift** experimentiert (wenn Sie aktiv mitgemacht haben). Überlegen Sie mit: Da quälen sich Studenten weltweit (oft jahrelang!), um Schriften (wie Russisch, Arabisch, Hindi, Chinesisch usw.) **lesen** zu lernen. Nur die **Kurzschrift-Lehrerinnen** (es gibt kaum Lehrer!) wußten es immer schon: *Stenografie lernt man durch* ***Schreiben****, nicht durch Lesen.* Richtig!

Wenn Sie unsere Experimente durchgeführt haben, dann konnten Sie diese Erfahrung inzwischen selbst machen. Nach nur drei Minuten Schreibzeit können meine Teilnehmer/innen bereits **mehrere** der Buchstaben einer ihnen zuvor vollkommen **FREMDEN SCHRIFT** (z.B. Arabisch!) schreiben, aber **lesen können sie diese noch extrem schlecht.**

> **Wir haben dies mit Abertausenden von Versuchspersonen und Seminar-Teilnehmer/innen getestet: Manche durften nur lesen (katastrophale Resultate), manche nur schreiben (und am Ende stellten sie fest, daß sie unbewußt lesen gelernt hatten).**

Auch Sie können mit Ihren Freunden experimentieren, aber die Tatsache steht fest: **Schreiben führt zu Lesen** (sogar wenn man nur in der Luft schreiben würde!), **weil die motorischen Bewegungsabläufe neuroanatomisch die notwendige Grundlage für das spätere Wieder-Erkennen sind!**

Aber unsere Schulen vermeiden Bewegungen sämtlicher Art, dadurch entstehen bei Millionen von Schülern **vollkommen unnötige Lernprobleme** in allen möglichen Fächern. Außerdem wachsen **sehr gefährdete junge Leute** heran, die z.B. beim geringsten Wackeln (auf Rollschuhen, Inline-Skates oder Fahrrädern) sofort **UM**-fallen. (Ich nenne diese Unfälle dann *Umfälle*.) Fachleute schätzen, daß 30 bis 40% aller solchen „Unfälle" eigentlich *Umfälle* sind!

Aber zurück zu der Tatsache, daß wir durch Schreiben (mit den verbundenen Bewegungsabläufen) die notwendigen **bevorzugten Nervenbahnen** im Gehirn anlegen, die uns später das Erkennen jener Formen (also das Lesen) erlauben (→ vgl. *Lernkurven gefällig?*, S. 74 ff.).

Lesen durch Schreiben

Dies hat Dr. Jürgen REICHEN, **ein genialer Schulleiter/Lehrer** (in der Nähe von Basel) getestet. Im ersten Schuljahr lernen alle Kinder dort vom ersten (!!) Schultag an schreiben, es gibt jedoch null Lese-Aufgaben, kein Lese-Training, keine Lese-Hausaufgaben usw. Übrigens sagte ich bewußt, daß die Kinder das Schreiben *lernen*; es wird nämlich **nicht gelehrt**, sie lernen es völlig **autonom**: Dr. REICHEN verteilt ein Blatt, auf dem das Alphabet hufeisenförmig angeordnet (Groß- und Kleinbuchstaben) ist (→ vgl. *Merkblatt Nr. 3,* S. 282). Neben den Schriftzeichen sehen die Kinder ein einfaches Bild, wobei es auch Buchstabenkombinationen (wie *ei, eu,* oder *sch*) gibt.*

Die Kinder schreiben bereits in den allerersten Schulwochen kleine Geschichten, indem sie dieses **Bild-Alphabet als Spickzettel** benutzen. Will ein Kind z.B. „In der Schule ..." schreiben, dann sucht es nach dem „i" (manchmal auch halblaut vor sich hinmurmelnd „iiiiii" und findet das Bild des **Igels** (Erfolgsgefühl!). Jetzt malt es den Buchstaben (der ihm genausowenig sagt wie Ihnen vorhin die Geheimschrift-Zeichen!) auf das Papier und sucht das „nnnnnnnnnn"... Diesen Prozeß können Sie auf dem **ersten** der (vier) Videos (*Lob des Fehlers von* Reinhard

---

* Eigentlich gibt es nur ein Lehrer-Package – zur Theorie wurde inzwischen jedoch ein eigenes Buch geschrieben: *Hannah hat Kino im Kopf.* Verlag Otto Heinevetter, Hamburg, zu bestellen unter ISBN 3-87474-590-2

Kahl, vgl. Literaturverzeichnis) **miterleben**. Es ist **beeindruckend**! Übrigens wurde der Bericht über Dr. Reichens Schule bereits 1992 im Fernsehen gesendet, inzwischen machen bereits eine Reihe deutscher Schulen mit (⇝ vgl. das Merkblatt Nr. 3 *Die Reichen-Methode*, S. 282).

Um meinen (erwachsenen) Seminar-Teilnehmer/innen eine Möglichkeit zu geben, sich selbst zu überzeugen, entwickelte ich die Geheimschrift. Da die Damen und Herren das Alphabet ja bereits kennen, können wir die geheimen Zeichen an diese Fäden im Wissens-Netz (⇝ vgl. *Gedächtnis wie ein Netz?*, S. 43 ff.) **knüpfen** (A = •, B = ⊏ ,.... bis Z = ⏛). Die Experimente **zeigen eindeutig, daß Versuchs-Personen, denen ich freigestellt** hatte, **wie** sie lernen (nach dem Motto: *Testen Sie einmal, wie lange Sie brauchen, um diese Schrift lesen zu können*), fast alle (krampfhaft) versuchten, das **Lesen durch Lesen zu lernen**.

> **Über 90 % von ihnen hielten diese Aufgabe für sehr schwer, vergleichbar mit dem Erlernen einer fremden Schrift.**

Viele hielten sich für „zu dumm", wenige wollten nicht selbst schuld sein. Sie führten an, daß hierfür an Schulen/Universitäten Lernzeiten von Monaten (oder Jahren) angesetzt wären. Es sei also kein Wunder, wenn sie nur so langsam vorankämen

Anderen Versuchspersonen erklärte ich, dies sei eine Zeichenaufgabe (wir unter-ZEICHNEN, wenn wir unter-SCHREIBEN!!) und bat sie, die Schrift als Zeichenübung **schreiben zu lernen**.

> **Innerhalb von Stunden (spätestens am nächsten Tag) gingen die ersten Faxe in Geheimschrift ein ... Wie gesagt, testen Sie es selbst!***

Wir wollen nun praktische Konsequenzen für uns (unsere Kinder, Freunde usw.) ableiten.

---

* Erfahrungs-Tip: Falls Sie später an andere Geheimschriftkenner faxen, die ihr Faxgerät mit anderen teilen, so schreiben Sie UNBEDINGT den **Namen** normal; es gibt sonst möglicherweise Ärger ...

Konsequenzen für den Alltag

1. **Lesen lernt man durch Schreiben!**
2. **Dabei muß man genau das schreiben, was man lesen lernen möchte.** Ist dies Druckschrift, dann müssen Sie (oder Ihre Kinder) auch **Druckschrift** schreiben. Im Gegensatz zur Schule, wo man ab der 3. Klasse meist **Schreibschrift schreiben** und **Leseprobleme mit der Druckschrift** durch **Lesen von Druckschrif**t lösen soll! Das kann leider nicht funktionieren!
3. **Wer genug schreiben übt, dem „passiert" das Lesen-Lernen von allein.** Fragen Sie Menschen, die Steno gelernt haben, die bestätigen Ihnen das alle!
4. **Dies gilt auch für Fremdsprachen!** Also Englisch **schreiben** statt ständig diese hilflosen Lese-Übungen zu absolvieren. Beim Schreiben können sich z.B. die abweichenden Buchstaben-Kombinationen (z.B. *wh, th, oy, ing*) **via Bewegungs-Apparat** ein-PRÄGEN, so können die **notwendigen bevorzugten Nervenbahnen** zum späteren schnellen Wieder-Erkennen angelegt werden (→ vgl. Modul *Lernkurven gefällig?*, S. 74 ff.).
5. **Wer es nicht glaubt, soll es doch selbst ausprobieren!** Ich weiß, daß die **Methode Dr. Reichen** Vorurteile angreift, aber statt herumzustreiten, kann man es ja selbst erleben. Am meisten wehren erfahrungsgemäß jene ab, die bei den beiden kleinen Experimenten (im Seminar) **nicht** mitgemacht haben!

Aber die Reichen-Methode ist an den Schulen, an denen sie angewendet wird, sehr erfolgreich: Nach fünf Wochen können die Kleinen bereits einigermaßen schreiben, ihr eigenes Geschriebenes aber noch nicht lesen. Natürlich machen sie noch **Fehler**, aber diese verschwinden im Lauf der Zeit, weil sich bei der Schriftsprache **ein Prozeß wiederholt**, der auch in der gesprochenen Sprache ablief (und noch abläuft). Vielleicht erinnern Sie sich, wie schnell falsche Verb-Formen (*ich schwimmte*) von ganz allein verschwinden (!!), **wenn die Erwachsenen nicht dazwischenfunken** und ständig herumnörgeln (vgl. mein Buch *Stichwort Schule – Trotz Schule lernen?*). In der zweiten Klasse können alle Kinder (die sich das Schreiben mit der Reichen-Methode selbst beibringen) schon recht gut lesen. Wichtig ist: Lesen und Schreiben sind (wie im ganz normalen Leben) lediglich ein Aspekt von „**Projekten**", die die Kinder eigenverantwortlich (und gerne!!) durchführen. Hier kann ich nur wiederholen: Investieren Sie in die Videos mit dem wörtlich gemeinten Titel *Vom Lob des Fehlers* (von Reinhard KAHL, s. Literaturverzeichnis)! Das muß man selbst gesehen haben ... (Wenn sich einige Eltern zusammentun und die Videos gemeinsam ansehen, können Sie neben dem finanziellen Vorteil auch Erfahrungen und Eindrücke diskutieren; machen Sie also ruhig ein kleines Gruppen-Projekt daraus.)

Übrigens stehen die bahnbrechenden Erfolge von REICHEN-Kindern nicht allein in der Erfahrungswelt herum. Sie stehen nämlich in **voller Übereinstimmung** mit den Erfahrungen von Maria MONTESSORI (Italien) wie auch mit den Ergebnissen von Prof. Glenn DOMAN (USA; beide finden Sie im Literaturverzeichnis). Beide Forscher arbeiteten damals mit behinderten Kindern und stellten fest, daß mit den „richtigen" Maßnahmen (die ich *gehirn-gerecht* nenne!) sogar schwer hirngeschädigte Kinder besser abschnitten als ältere normale Kinder. Beide nahmen dies **nicht** zum Anlaß, sich stolz auf die Brust zu klopfen (*was sind wir großartig!*), **sondern** sie fragten sich:

> **Wie ungünstig müssen die normalen Lehr-Methoden sein, wenn hirngeschädigte Kinder mit unseren Maßnahmen um so vieles besser abschneiden können?**

Diese Frage haben sich leider unsere Kultusministerien noch nicht ernsthaft gestellt, sonst müßten MONTESSORI-Schulen bzw. die DOMAN-Methode (für Zwei- bis Dreijährige!!) schon lange zum Paradigma für die „normalen" Kindergärten und Schulen geworden sein ... Dann könnte es auch für Nicht-Adelige „normal" werden, mit drei Jahren lesen zu lernen und auch noch Freude dabei zu haben. (Mit Prof. DOMANS Buch kann jede Mutter es ihrem Kind selbst beibringen!) Also:

> **Wenn das Kind älter als 5 Jahre ist, führt Schreiben zu Lese-Kompetenz** (auch bei Erwachsenen)**.**

Das möchte ich allen Eltern und Lehrenden am liebsten hinter beide Ohren **schreiben!**

Vorlage Geheimschrift zu S. 90

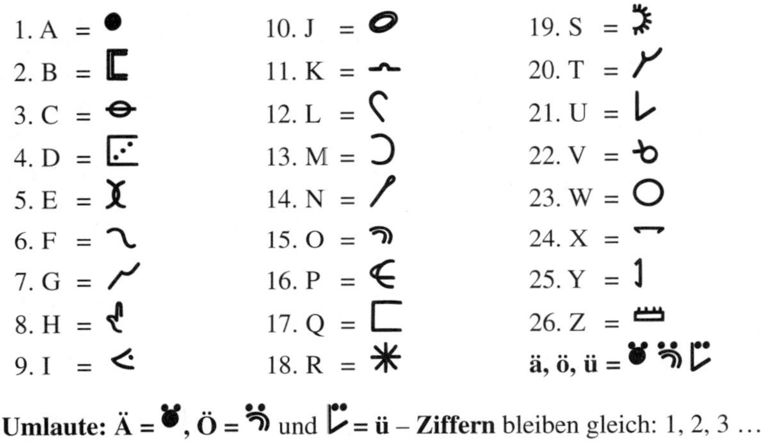

Leseübung Geheimschrift zu S. 92

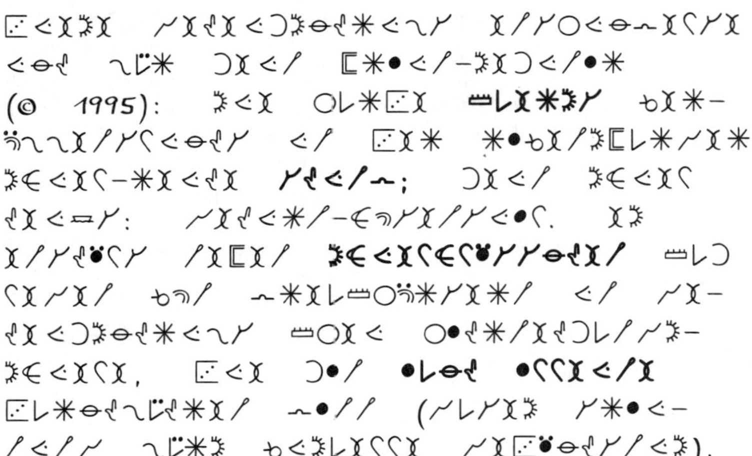

Wahrnehmung von Wiederholungen

Wann haben Sie das letzte Mal darüber nachgedacht, inwieweit die Art, wie Sie wahrnehmen, das Wahrgenommene verändert?

Bei jeder Wiederholung gilt, daß wir uns die Information wieder (her-) holen, da wir aber heute ein anderer sind als gestern, vorgestern, letzte Woche oder vor zehn Jahren, können wir „es“ **niemals identisch** (also genauso wie gestern, neulich oder damals) wahrnehmen.

Nicht nur unsere Interessen (Präferenzen, Prioritäten) haben sich (zumindest teilweise) geändert, auch unsere (un-)bewußten Wünsche (Motive, Ziele). Im Klartext: Wir sind nicht mehr dieselbe Person wie beim letzten (vorletzten, dritten, ersten) Mal, als wir diese Info wahrgenommen haben.

Damit aber ändern sich auch unsere eigenen **Assoziationen**, mit denen wir alles Wahrgenommene immer „an-REICH-ern“! Deshalb werden wir dieselben Dinge (Vortrag, Artikel, Audio-MC/CD, Film, Video/ DVD, Buch etc.) an unterschiedlichen Tagen zwangsläufig anders wahrnehmen – es geht nicht anders.

Experiment: Diesen Effekt können Sie leicht testen, wenn Sie sich einen Tonträger **minimal zehn Mal** anhören, wobei zwischen den einzelnen Hör-Erlebnissen jeweils mindestens 24 Stunden (besser einige Tage oder Wochen) liegen sollten. Bei den ersten zwei bis drei Malen hören Sie **jedesmal neue Details** heraus. Beim vierten bis sechsten (oder siebten) Mal **langweilen** sich die meisten Menschen.* Diese

* Ausnahmen sind rar; falls Sie eine sind: Kompliment!!

„Langeweile" wird durch **oberflächliches (flaches) Hinhören** verursacht. Im Gegensatz hierzu steht ein aktives, mitdenkendes **Zuhören** (bei dem wir uns einer Person, Tätigkeit oder einem Gedankengang wirklich **zuwenden**). Selbst wenn Sie die mittleren Male „langweilig" finden, machen Sie weiter, denn beim achten/neunten (manchmal erst beim zehnten) Mal **hören Sie plötzlich wieder ganz „neu"**. Sie nehmen Details wahr, von denen Sie (fast) schwören würden, sie seien **bisher niemals** zu hören gewesen. Deshalb sollen Sie das Experiment mit einem Tonträger ausführen, bei dem Sie sicher sind, daß niemand Ihnen Ideen „hineinschmuggeln" kann, die plötzlich (in Ihrem Bewußtsein) „auftauchen", wenn wir „dieselben Informationen" zum x-ten Mal wahrnehmen. Ein Teil ist uns nun so vertraut, daß er keinerlei Aufmerksamkeit mehr benötigt, und so **wird** plötzlich **Kapazität frei**, um andere Aspekte zu registrieren, die plötzlich „auftauchen".

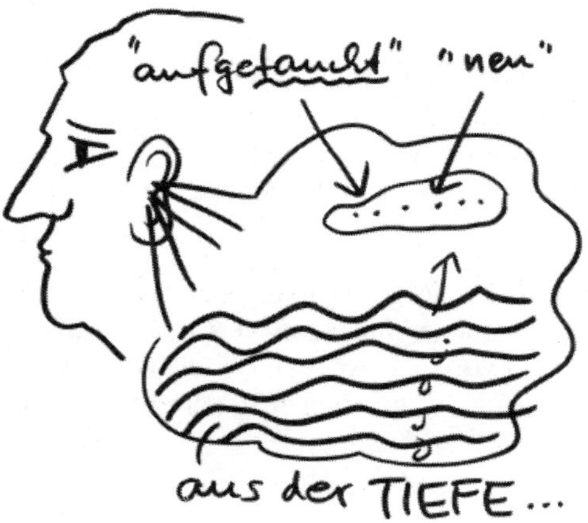

Wenn aber etwas in uns „auftaucht", dann bedeutet das, daß es **aus einer gewissen Tiefe** an die Oberfläche gestiegen ist, also **konnte** es bei den ersten noch flachen (oberflächlicheren) Hör-Versuchen noch gar nicht wahrgenommen werden.

Ich habe dieses Experiment vor vielen Jahren mit einem Kassetten-Vortrag gemacht, in dem ich auch heute jedesmal wieder neue Aspekte entdecke, wenn ich ihn weiterhin alle sechs bis acht Monate höre! Dieser

Prozeß ist natürlich nicht zu vergleichen oder zu verwechseln mit stupiden, mechanischen Wiederholungen (wie in der Schule), bei denen auch beim 115. Mal nichts Neues „aufsteigen“ kann, weil nichts Tiefes darin verborgen war.

Ähnlich ist es beim Lesen von Texten mit Tiefe. Natürlich lesen wir nur wenige Bücher mehrmals, wobei ich einige schon fünfmal gelesen habe – und es hat sich gelohnt!

Fazit:

Wenn ich auf eine (exakte oder etwas andere) Wiederholung von Kerngedanken eines Autors stoße, dann nehme ich dies oft zum Anlaß, die Ideen **auch heute ganz bewußt** zu registrieren, statt durch den *Kenne-ich-schon-Filter* so manches zu übersehen (überhören), was in diesem Text für mich „drin“ gewesen wäre. Und:

> **Je wichtiger ich den Gedanken früher (damals) schon fand, desto spannender finde ich es, jedesmal wieder zu sehen/hören: Was „sagt“ diese Passage mir heute?**

T – Eselsbrücken-Training

Oder: Wie man Hilfsfäden konstruiert

Wollen wir uns kurz fragen, was eine Eselsbrücke ist. Stellen Sie sich einen schmalen, tiefen **Abgrund** vor, über den Sie als Mensch **leicht hüpfen** können; aber wenn Sie mit Ihrem Esel des Weges kommen, der den Sprung nicht ausführen kann, dann bauen sie **für ihn** eine *Eselsbrücke*! Diese Behelfsbrücke ist in der Regel einfach; auf langen Trecks wurde sie nur ein einziges Mal benutzt. So war der Begriff einst entstanden, erst viel später kam das Motto auf: *Der „dumme" Esel braucht die Brücke*, wodurch sie leider in Verruf geriet. Zu Unrecht! Denn auf das **gehirn-gerechte Arbeiten** bezogen können wir sagen:

Eselsbrücken sind immer dann sinnvoll, wenn  wir eine neue Info **nicht sofort** klar KONSTRUIEREN können (denn die Qualität der KONSTRUKTION bestimmt ja die Qualität von Gedächtnis, d.h. der Re-KONSTRUKTION später!). Wenn Begreifen also nicht vollautomatisch „passiert", weil uns die nötigen Fäden im Wissens-Netz noch fehlen (→ vgl. *Gedächtnis wie ein Netz?*, S. 43 ff.), dann sollten wir **Hilfsfäden** knüpfen (bzw. eine Eselsbrücke für den Sprung bauen). Diese Brücke können wir uns vorstellen …

… als Brücke zwischen den beiden Hirnen 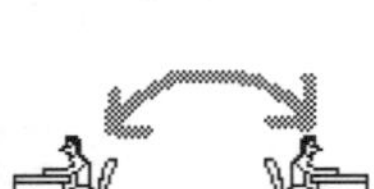

oder

als 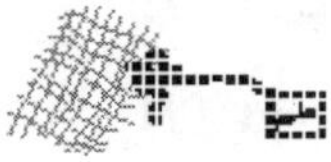 Hilfsfaden, um eine neue Info an einen vorhandenen, aber (sachlich) „falschen“ Faden im Wissens-Netz an-BIND-en zu können. Also „macht“ die Eselsbrücke eine Information gehirn-gerecht, die zunächst nicht gehirn-gerecht (für dieses spezielle Gehirn!) war. Dabei gilt:

> **Gehirn-Muffel akzeptieren zwar Eselsbrücken, die man ihnen anbietet, aber es käme ihnen nie in den Sinn, sich in der täglichen Praxis selbst Eselsbrücken zu „bauen“!**
>
> **Diese wichtige Fähigkeit, eigene Hilfsfäden zu generieren, mittels deren man jede Info ins Wissens-Netz ein-BIND-en kann, können wir sehr schnell entwickeln!**
>
> **Wenn wir uns diese neue „Denke“ erst einmal angewöhnt haben, dann werden wir uns fragen, warum und – vor allem – wie wir früher ohne diese Eselsbrücken ausgekommen sind!**

Angenommen, Sie wollen lernen, daß der sogenannte **Balken** (= das verbindende Nervengeflecht zwischen den beiden Großhirn-Hemisphären) in der Fachsprache **corpus callosum** heißt. Nun, überlegen Sie bitte einmal, wie Sie dieses Wissen zu irgendwelchen Fäden in Ihrem vorhandenen Wissens-Netz in Beziehung setzen können. Denn es gilt folgende Regel:

Während eine **Eselsbrücke für die Allgemeinheit** so gehalten sein muß, daß sie für die **meisten** Menschen der Zielgruppe (also z.B. für die meisten Kinder in einem bestimmten Alter) eine Hilfestellung anbietet (wie z.B. *drei, drei, drei, bei Issos Keilerei*), ist das bei „privaten“ Eselsbrücken (für uns selbst) **nicht** der Fall. Ihr privater Hilfsfaden soll eine neue Info nur in **Ihr** Wissens-Netz ein-BIND-en, nicht aber bei Otto oder Ottilie Normalverbraucher „funktionieren“. Daher bauen Sie sie ausschließlich auf Ihrem persönlichen Wissen auf! Eine Seminarteilnehmerin (Tonband-Protokoll):

> *Also, **corpus** erinnert mich an KÖRPER (vgl. Corpus Christi). Es geht zwar hier nicht um einen Körper im üblichen Sinn, sondern ein Nervengeflecht, aber, wenn es so heißt, na ja. Und **callosum** … hm … ah, ja: **callous** (englisch: verhärtet) … wie interessant … Dann ist das corpus callosum also ein VERHÄRTETER KÖRPER. Aha! Das ist ein BALKEN ebenfalls. So, so …*

Möglicherweise hätten Sie völlig anders gedacht; vielleicht an Ihren Freund **Kalle** oder wie ein Teilnehmer (aus Berlin) an ein **callgirl.** Er sagte spontan (wobei die fetten Buchstaben **lauter** und **betont ausgesprochen** werden):

CORPUS CALLgirl O wat'n buSUM!

Gerade dieses Beispiel zeigt, daß sexuelle Assoziationen hervorragend „greifen" können. Viele Teilnehmer (wenig Teilnehmerinnen) berichten, 90 % ihrer (höchst privaten) Eselsbrücken hätten mit Thema Nr. eins (= Sex) zu tun. Übrigens, alle Beispiele (oben und folgend) zeigen wieder einmal: Je mehr man lernt (und später auch weiß), desto leichter kann man neue Informationen aufnehmen. Dies gilt natürlich auch für das „Basteln" von Eselsbrücken bzw. das „Spinnen" von Hilfsfäden, die ja immer auf Ihrem persönlichen vorhandenen Wissen aufbauen!

Noch ein Beispiel: Im Arabischen hatte ich zunächst furchtbare Probleme mit drei Wörtern, deren Bedeutung ich laufend verwechselte: **AMIR** = PRINZ (oder Herrscher), **AMIL** = ARBEITER und **ALIM** = ein WEISER (Mann). Welche Eselsbrücken fallen Ihnen ein? Vielleicht denken Sie erst kurz nach, ehe Sie weiterlesen! Meine Eselsbrücken:

1. أمير **AMIR**, das ist der Prinz (Herrscher). Der hat alles. Der braucht nichts, auch keine Eselsbrücke.

2. عمل **AMIL: A MIL**-lion **ARBEIT**slose ham ma scho* (das waren noch Zeiten, was?).

3. عليم **ALIM:** Ein **WEISER** (Mann) zahlt seine **ALIM**-ente.

Sie sehen: Egal, wie absurd es für Sie als Leser/in jetzt (vor Ihrem geistigen Ohr) klingen mag – mir hat es damals geholfen! Eine selbstgebastelte Eselsbrücke hat also immer zwei Vorteile:

---

* Bayrisch für „haben wir schon"

1. **Man hat viel bewußter nachgedacht als beim Pauken.**
2. Man hat auf **eigenem** vorhandenem **Wissen** „aufgebaut"!

Klingende Eselsbrücken
Was uns normalerweise nicht bewußt wird, ist die Tatsache, daß **Klangbild** und **Rhythmus** von Sprache unsere Fähigkeit, uns eine Information zu merken, stark beeinflussen:

Beispiel Reim: Eselsbrücken wie *Drei, drei, drei – bei Issos Keilerei* sind so „stark", weil sie sich reimen. **Weitere Beispiele:** (Welche davon kennen Sie gut?)

- Wer *nämlich* mit „h" schreibt, ist *dämlich*
- *Sieben, sieben, sieben – Heinrich ward vertrieben*
- *Konvex ist der Podex* (also ist *nach innen gewölbt = konkav*)
- *Sieben, fünf, drei – Rom schlüpft aus dem Ei.*
- *Da wo man redet, sagt und spricht, vergiß die kleinen Zeichen nicht!* (wegen der Gänsefüßchen)
- *Sei nicht dumm und merk dir bloß: Namenswörter schreibt man groß!*
- *Aus Summen kürzen nur die Dummen!*
- *Bei Induktivitäten die Ströme sich verspäten.*
- *Erst die Lauge, dann die Säure, sonst geschieht das Ungeheure.*
- *Trenne nie „st", denn es tut ihm weh.* (Seit der sog. Rechtschreibreform muß das „st" eine Schmerz-Therapie durchlaufen haben.)

Aber oft reicht es schon, wenn die Eselsbrücke denselben **Sprachrhythmus** imitiert oder einen Fast-Reim anbietet. Beispiele hierfür sind in einem geschriebenen Text kaum möglich, weil die Art der Aussprache das Besondere ausmacht, trotzdem will ich drei Beispiele anbieten:

1. **Verhaltens-Regel:** Du sollst **nie ohne Grund** lackieren. (Wortspiel: *ohne Grundierung* ist gemeint.)
2. **Grammatik-Regel:** Wer „brauchen" ohne „zu" gebraucht, braucht „brauchen" gar nicht zu gebrauchen.
3. **Namens-Eselsbrücke:** Der Direktor einer pharmazeutischen Firma stellte sich mir vor vielen Jahren vor, indem er sagte: *Mein Name ist Schuback – Schuback wie Zwieback!* Ich habe seinen Namen **nie** vergessen!

Dieses Beispiel demonstriert auch eine wichtige Tatsache:

> **Die Eselsbrücke muß nur einen Teil des Namens (Fremdwortes, Begriffes, der Formel etc.) erfassen. Der Rest hängt später per Assoziation automatisch „dran“, weil Sie mit der Eselsbrücke (dem Hilfsfaden) das zu Lernende in Ihr Wissens-Netz einge-BUND-en haben ...**

Manche Eselsbrücken nutzen eine besonders **eingängige** (= ins Gehirn hineingehende) **Silbenzahl**. Wenn Sie Werbeslogans in Radio und Fernsehen einmal bewußt daraufhin anhören, werden Sie es sofort merken.

Bauknecht weiß, was Frauen wünschen!
Katzen würden *Whiskas* kaufen.

Beispiel Stabreim: **K**ann's **K**artellamt **K**inder **k**riegen?

Ein weiterer Mechanismus, der Eselsbrücken (und Werbeslogans) erfolgreich macht, ist der *Stabreim*: Das heißt, jedes Wort beginnt mit demselben Konsonanten (teilweise sogar mit derselben Konsonantengruppe, also Silbe). Der **St**abreim **st**ärkt **st**ark, deshalb wird er bevorzugt bei Selbst-Hypnose (Auto-Suggestion*) eingesetzt. Eine typische Formulierung der sog. *formelhaften Vorsatzbildung* des Autogenen Trainings** lautet: *Ich bin **GANZ GELASSEN*** oder, wenn jemand Angst hat: *Es* (= das Angstauslösende) *ist **GANZ GLEICHGÜLTIG**.* Übrigens: Auch der Begriff ***for**melhafte **Vor**satzbildung* ist ein Stabreim, allerdings *sieht* man das nicht sofort; aber <u>for</u> ... und <u>Vor</u> ... *klingen* gleich.

Praktische Aufgaben

1. Notieren Sie bitte jetzt gleich alle Eselsbrücken, die Ihnen spontan einfallen. Erinnern Sie sich, wann Sie sie kennengelernt haben (Kindheit, Teenager-Jahre, erst vor kurzem?), und registrieren Sie bewußt, wie erfolgreich diese Eselsbrücken bereits für Sie waren.
2. Sammeln Sie vier Wochen lang alle Eselsbrücken, deren Sie habhaft werden können. Fragen Sie **jede Person**, die Sie hierzu ansprechen

---

* was de facto dasselbe ist ...

** nach Prof. I.H. SCHULZ (*Das autogene Training. Konzentrative Selbstentspannung.* Springer, 19. Aufl., Stuttgart 1991) können (inkl. Nachbar/innen, nette Verkäufer/innen im Nachbarschaftsladen, Kolleg/innen etc.), welche Eselsbrücken ihm/ihr **zuerst** einfallen, und notieren Sie alle Antworten! So lernen Sie die bekanntesten Eselsbrücken (Hilfsfäden) kennen, die allgemein „gut“ funktionieren. Prüfen Sie (gemäß den oben aufgezeigten Merkmalen), warum diese Eselsbrücken „gut“ funktionieren.

3. Basteln Sie ab heute regelmäßig selbst Eselsbrücken. Beginnen Sie das Ganze wie eine Denksportaufgabe (oder Kreuzworträtsel), also zunächst „nur so zum Spaß“, bis Sie immer besser werden. **Dann erst** übertragen Sie die neue Fertigkeit auf Alltags-Situationen, in denen Sie **wirklich** eine Hilfestellung benötigen, um einen Begriff oder Namen *leicht merkbar** zu machen.

Wichtig ist, jede Möglichkeit zum Trainieren zu nutzen: Wenn Sie ein Buch bei Ihrem Buchhändler bestellen, dann trainieren Sie doch gleich die Weitergabe von Namen (des Autors) am Telefon, statt umständlich zu buchstabieren! Wann immer Sie **ab jetzt** einem „trockenen“ Begriff begegnen, **wandeln** Sie ihn **sofort um** in einen, der an einen Faden in **Ihrem** Wissens-Netz ge-BUND-en werden kann und somit **für Sie** „gut funktioniert“. **Merke:**

> **Es ist gehirn-gerechtes Vorgehen vom Feinsten, wenn Sie die Kontrolle übernehmen und sich Eselsbrücken (Hilfsfäden) konstruieren, wann immer Sie wollen. Bald können Sie das auch.**

Falls Sie meinen, Sie schaffen es nicht alleine, dann brauchen Sie deshalb noch lange kein teures Seminar. Schließlich müssen Sie mehrere „Sitzungen“ als Basis-Training einkalkulieren, dazu brauchen Sie nur sich und … Sehen Sie selbst:

Das Eselsbrücken-Spiel
(Kleingruppen-Training)

1. Bilden Sie eine **kleine Gruppe** von Menschen, die bereit sind, die KONSTRUKTION von Eselsbrücken bzw. Hilfsfäden für Namen zu

* Sie wissen ja, je **merk**-würdiger, desto würdiger ge**merkt** zu werden.

üben. Diese sind die schwersten (bei „schwierigen Namen"); wer hier das Schlimmste hinter sich hat (Grund-Ausbildung!), der schafft später mit Sicherheit andere Arten von Eselsbrücken/Hilfsfäden mit Leichtigkeit!

2. Wählen Sie **pro Sitzung nur einige** wenige (Minimum 7, maximal 15) **Namen** aus. Sie finden jede Menge im TV-Programm. Für die Übung ist es unerheblich, ob Sie die Namen von „Charakteren" auswählen (HAMLET, Dr. JEKYLL, Dr. SCHIWAGO, LAURENCE OF ARABIA, DJANGO) oder lieber mit den Namen von Schauspielern üben wollen.
3. Alle Mitspieler/innen **notieren die gleichen Namen** (die man vielleicht auch schon vorab fotokopiert verteilen könnte) und das Zeitlimit. Gut bewährt haben sich ca. zwei Minuten pro Namen, also bei sieben Namen eine Viertelstunde, bei zehn Namen 20 Minuten usw.
4. **Nun verzieht sich jede/r in eine andere Ecke** und konstruiert so viele eigene Eselsbrücken/Hilfsfäden, wie das Zeitlimit erlaubt. Dabei versucht man, zu jedem Namen zunächst **eine** Lösung zu finden, aber man wird mehrere Eselsbrücken/Hilfsfäden zu **einigen** Namen konstruieren und zu anderen eine oder keine, je nachdem.
5. **Sie treffen sich wieder und tauschen sich aus.** Der/die Spielleiter/in ruft den ersten (nächsten) Namen aus und jede/r bietet der Reihe nach seine Ergebnisse an. Wichtig ist, daß man **nicht** fünf Eselsbrücken „runterrasselt", sondern daß man **jede einzelne sorgfältig durchdenkt,** damit jede/r Mitspieler/in feststellen kann, wie gut die gerade genannte Eselsbrücke als Hilfsfaden ins **eigene** Wissens-Netz paßt. Dann erst nehmen Sie sich den nächsten Namen vor und studieren mögliche Eselsbrücken/Hilfsfäden …

Bitte bedenken Sie: Diese Übung soll **nicht nur** Ihre Fähigkeit, eigene Hilfsfäden zum eigenen Wissens-Netz zu „häkeln", trainieren, sondern **auch** Ihre Fähigkeit, bei einer Information (und jede von Ihren Mitspieler/innen angebotene Lösung gilt als Information) **sofort festzustellen**: **Wie gut paßt diese Info zu meinem Wissens-Netz?** Diese Fähigkeit ist genauso wichtig, denn sie hilft Ihnen …

1. Schnell und sicher zu erkennen, wie gut Sie etwas verstanden haben (Grundlage für intelligente Rückfragen in Gesprächen!).
2. Schnell zu erkennen, wann Sie sich eine neue Eselsbrücke „basteln" wollen.

Mit etwas Übung lernen Sie (in der Regel völlig unbewußt) auf einer höheren (Meta-)Ebene **noch etwas,** nämlich: Welche Art von Info zunächst **schwierig** wirken könnte. Sie wissen ja inzwischen, daß keine Info an sich **schwer** oder **leicht** ist, sondern daß alles, wofür wir bereits Fäden im Netz haben, leicht WIRKT und alles andere nicht. Trotzdem gibt es natürlich gewisse Ähnlichkeiten der Wissens-Netze in bestimmten (Sub-)Kulturen. So reagieren die meisten Physiker auf das Stichwort *Unschärfe-Relation* spontan mit „Heisenberg", während denselben Leuten das Stichwort *Adipositas* genausowenig „sagen" würde wie den Ärzten der erste Begriff.

Wenn Sie also im weitesten Sinne unterrichten (oder beraten, was ja oft eine „Weitergabe von Info" ist und damit, genaugenommen, eine Unterrichtung der Kunden bedeutet!), dann ist das Training besonders wichtig, damit Sie

1. Ihre Gedanken von Anfang an mit einigen Eselsbrücken „garnieren" und
2. bei zweifelnd hochgezogenen Augenbrauen sofort auf andere Möglichkeiten, Hilfsfäden an das Wissens-Netz **dieses** Kunden zu knüpfen, umsteigen können.

Genau darin liegt ja die Kunst der Wissens-Vermittlung: Den anderen dort „abzuholen", wo er steht – also auf sein Wissens-Netz einzugehen, statt zu fordern, daß er Ihres kennen müsse.

Fallbeispiel GRAMMATIK-ESELSBRÜCKE
(unter Zuhilfenahme zweier Wissens-Alphabete©)

Im Modul *T–Inneres Archiv*© (→ vgl. S. 132 ff.) finden Sie ein Beispiel für die kreative Ideenfindung mittels Wissens-Alphabet© (Schlagzeile/Entspannungsgerät, S. 143). **Hier** möchte ich Ihnen nun zeigen, wie wir Wissens-Alphabete© benutzen können, um Eselsbrücken/Hilfsfäden zu konstruieren, denn das ist ja ebenfalls eine kreative Leistung!

Beispiel: Sie suchen eine **Eselsbrücke** für ein **Grammatik-Problem** Ihres Sohnes Peter (der nie weiß, wann er *als* bzw. *wie* sagen/schreiben muß).

Schlüsselwort	Tier-Liste	Berufe-Liste
ALS?	Ameisenbär	Automechaniker

Nun können Sie die **eine,** die **andere** oder **beide** Assoziationen nutzen. Beginnen Sie einfach „gemütlich" und bedenken Sie: So eine Beschreibung liest sich weitaus mühsamer, als der Prozeß selbst abläuft. Stellen Sie sich vor, ich würde versuchen, Ihnen eine Kußanweisung zu geben. Bis Sie das alles lesen, nachdenken und es dann Schritt für Schritt nachvollziehen, sagen Sie: *Was, für diese Mini-Handlung zwei Seiten Text?!* Handelt es sich um eine kompliziertere Sache (wie das Zusammenbauen eines Ikea-Regals), dann gehen wir beim ersten Mal quasi in Zeitlupe vor, beim zweiten Mal geht es schon schneller, und nach dem zehnten Regal **begreifen wir selbst unsere anfänglichen Probleme nicht mehr!** So auch hier. *Schilderungen wie die folgende können Ihnen nur eine erste Ahnung vermitteln,* ***damit Sie Lust bekommen, es selbst zu versuchen.***

Also, Sie suchen eine Eselsbrücke für ***als*** (bzw. ***wie***) und schlagen, weil es sich um ein Problem mit „A" handelt (***ALS*** oder wie) unter „A" nach.: *Automechaniker* und *Ameisenbär …*

Beispiel 1: Der Automechaniker

Sie sehen den *Automechaniker* bei der Arbeit, wie er unter der offenen Autohaube herumhantiert. Dabei fällt Ihnen eine Möglichkeit ein, die Frage „*als* oder *wie*?" anzugehen. Sie erklären Ihrem Sohn:

„ALS" & „WIE" beschreiben immer einen ***Vergleich****. Dabei geht es vor allem um folgendes: Fällt der Vergleich* ***ungleich*** *aus, also* ***schief****, dann ist die* ***Autohaube schief*** *(nämlich AUF), dann heißt es ALS, z.B. Ich bin* ***älter ALS*** *du. Du bist* ***jünger ALS*** *ich. Ich bin* ***größer ALS*** *deine Mutter, sie jedoch ist* ***größer ALS*** *du, aber du bist* ***größer ALS*** *dein kleiner Bruder. Du bist auch* ***älter ALS*** *Frank. Geht der Vergleich hingegen* ***gleich*** *aus (gleich groß, gleich hoch, gleich alt usw.), dann ist der Deckel der Autohaube zu, d.h. gerade, also WAAGERECHT, und dann*

heißt es WIE, z.B. Hans ist ***so groß wie*** *du. Du bist genauso* ***alt wie*** *Michael …*

Beispiel 2: Der Ameisenbär

Sie sehen den *Ameisenbären* mit seiner laaaaaangen (röhrenförmigen) **Schnauze**, diese erinnert Sie an Ihren **Hund,** und **nun steigen Assoziationen in Ihnen auf.** Sie merken, daß die Begriffe aus dem Wissens-Alphabet© in der Regel nur ein **Sprungbrett** darstellen, das Sie **kurzfristig** benutzen. Oder vergleichen Sie es mit dem berühmten *take-off-point*, von dem ein Flugzeug losfliegt – wie Ihre Gedanken auch. Sie mögen noch eine Weile um diesen Startpunkt herumkreisen oder sich zielstrebig auf einen anderen Gedanken zubewegen, wie hier die Schnauze (des Ameisenbären) in direkter Linie zur **Schnauze Ihres Hundes** und von da zu weiteren Hundeschnauzen führt, und Sie sagen zu Ihrem Sohn:

„ALS" & „WIE" beschreiben immer einen ***Vergleich****. Dabei geht es vor allem um folgendes: Fällt dieser Vergleich* ***gleich oder ungleich*** *aus? Wollen wir einmal* ***Hundeschnauzen*** *vergleichen, denk an Rex, Wastl und Teufelchen* (Hunde in der Nachbarschaft, mit denen Ihr Sohn gerne spielt). *Also, wenn ein* ***Vergleich ungleich*** *ausfällt, dann ist das Verglichene* ***ANDERS*** *(mit* ***A****), also sagen wir* ***ALS*** *so ist z.B. die Schnauze von Rex* ***länger ALS*** *die vom Teufelchen. Genaugenommen ist die Schnauze von Teufelchen auch* ***kürzer ALS*** *die von Wastl, weil die von Wastl* ***länger ALS*** *Teufelchens ist, aber* ***kürzer ALS*** *die von Rex … (usw.)*

Beispiel 3: Automechaniker UND Ameisenbär

Sie „sehen" den Ameisenbären in Richtung Ameisenhügel marschieren, neben dem der Automechaniker sich gerade am Auto zu schaffen macht, und fragen sich, ob der riesige Ameisenbau **höher** ist als die offene Motorhaube oder umgekehrt, und plötzlich „sehen" Sie die Lösung:

„ALS" & „WIE" beschreiben immer einen ***Vergleich****. Dabei geht es vor allem um folgendes: Fällt der Vergleich* ***gleich*** *oder* ***ungleich*** *aus …*

Natürlich könnte ich viele weitere Beispiele anführen, aber am schnellsten lernen Sie es, indem Sie es **tun**. Das ist wie Kreuzworträtseln: 1000 Seiten Beschreibungen werden Ihnen weniger bringen als die ersten 15 selbst geratenen Rätsel (die sind noch mühsam). Die nächsten 15 werden schon leichter, die nächste Staffel wird noch einfacher. Inzwischen überwiegt die Faszination, und deshalb machen die Leute es dann doch tatsächlich freiwillig.

Dasselbe gilt für das KONSTRUIEREN von Eselsbrücken oder Hilfsfäden (um neue Infos in das Wissens-Netz einzubinden)! Die Menschen sind tatsächlich gerne kreativ. Kreative Assoziationen, die wir für das Erfinden von Eselsbrücken/Hilfsfäden (er-)finden, kommen um so zahlreicher, je öfter wir uns darauf einlassen!

Von freien Assoziationen leben übrigens die klassischen Kreativitäts-Techniken (wie *Brainstorming*, *Methode 6-5-3* etc.). Mit einigen Wissens-Alphabeten© im Kopf können Sie auch ohne Gruppe phänomenal kreativ sein. Außerdem hat jedes Wissens-Alphabet© immense Vorteile, wenn Sie frei zu einem Thema sprechen wollen/müssen. Hierzu dient auch eine besondere Rhetorik-Trainings-Aufgabe (vgl. *T – Rhetorik & Prüfungen*, S. 206 ff.). Wir haben in diesem Buch drei mögliche Wege besprochen, um Eselsbrücken/Hilfsfäden zu KONSTRUIEREN.

1. **Wissens-Alphabete©** (s. oben und *T – Inneres Archiv©*, S. 132 ff.)
2. **Kategorien-Denken©** (vgl. *Kategorien-Denken©*, S. 54 ff. und *T – Kategorien-Torten© zeichnen*, S. 162 ff.)
3. **Bilder-Machen – eine der ältesten Memo-Techniken** (vgl. *T – Memo-Listen* S. 175 ff.), indem wir **Wörter** oder **Wortteile** zu Bildern (Vorstellungen) umformen. So könnten wir bei dem Namen *Herzmann* z.B. überlegen, ob er an das HERZ erinnert und eine dementsprechende Rückfrage stellen. Liegen wir falsch („Nein, wie **Hertz,** elektrisch …!"), dann lernen wir dies **jetzt,** bevor wir den ersten Brief (**„Lieber Herr Herz …"**) verschicken. Liegen wir hingegen gleich richtig, dann haben wir dies viel schneller/glatter klargestellt als durch umständliches Buchstabieren!

T – Gehirn-gerecht-Machen von neuen (Lern-)Infos

Im Modul *A wie Anfang* (→ vgl. S. 21 ff.) hatten wir erarbeitet, daß wir unsere **Gedächtnis-Leistung** (Erinnerungen) genaugenommen als **Tätigkeit** (HAND-lung!) sehen müssen (wobei **alle** HAND-lungen durch **Training** verbessert werden können). Also ist Gedächtnis **nicht** angeboren. Das Motto „Ich wurde leider genetisch schlecht angelegt – mit blauen Augen und einem schlechten Gedächtnis" gilt nicht.

Da *Gedächtnis* als Hauptwort schlecht zu einem Tätigkeitswort gemacht werden kann (wir müßten eigentlich *gedächtnissen* sagen), spreche ich lieber vom Re-KONSTRUIEREN. Da aber die **Qualität der ursprünglichen KONSTRUKTION** (Einspeicherung) die **Qualität** der späteren **RE-KONSTRUKTION** (Gedächtnis-Leistung) bestimmt, sollten wir mit der **KONSTRUKTION** beginnen: Je **besser** wir neue Infos **konstruieren**, desto leichter fällt es uns in der Zukunft, diese Info wieder zu re-kreieren, d.h. neu zu schaffen bzw. **wieder** zu **konstruieren**n (= **RE**-KONSTRUKTION)! Anders ausgedrückt:

> **Die Saat (ursprüngliche Einspeicherung) bestimmt natürlich, was wir später ernten werden. Die Leute aber meckern immer an der Ernte (ihrer Gedächtnis-Leistung) herum!**

Hinzu kommt, daß es auch in der Landwirtschaft „Produkte" gibt, die man **das ganze Jahr über ernten** kann, **wenn man sie pflegt.** So auch unser Gedächtnis! Der Schwerpunkt dieses Beitrags ist demnach:

> **Wie schaffen wir es, neue Infos so (gehirn-gerecht!) „aufzubereiten", daß wir sie am schnellsten und leichtesten in unser Wissens-Netz ein-BIND-en können?**

Anders ausgedrückt:

> **Wie schaffen wir es, uns neue Infos selbstverantwortlich gehirn-gerecht zu machen, wenn man sie uns schwer verdaulich angeboten hat? Denn nur so können wir sie sauber KONSTRUIEREN, um sie später wieder ebenso sauber Re-KONSTRUIEREN zu können!**

Nun stöhnen viele im ersten Ansatz bei der Idee, **die Lernenden sollten Verantwortung übernehmen**, denn das ist es ja, was ich eigentlich bekämpfe. Hier sehen manche einen Widerspruch: Warum prangere ich häufig an, zu viele Wissensvermittler/innen würden ihre Infos nicht gehirn-gerecht genug an- und darbieten (vgl. *infotainment*, *edu-train-ment*, S. 12f.)?

Denken Sie an die Zubereitung eines **Wiener Schnitzels** durch einen Koch, wobei das **Schnitzel** die zu lernende Info symbolisiert. Ein schlechter Koch kann das beste **Schnitzel** zerstören, ein mittelguter Koch wird ein mittelgutes **Schnitzel produzieren**, aber die besten Köche schaffen es, Ihnen dasselbe Stück Fleisch so anzubieten, daß es Ihnen quasi auf der Zunge zergeht. Analog:

> **Meisterhafte Wissensvermittler können das gleiche Material gehirn-gerecht „vor- oder zubereiten", so daß der Genuß auch einer ist!**

Ob wir dies neudeutsch als *infotainment* (bzw. *edu-train-ment*) bezeichnen oder als *gehirn-gerecht*, der **Effekt** ist derselbe: Die zu lernende Info wird **schmackhaft** gemacht.

Auf der anderen Seite geht es in diesem Modul darum, wie Lernende Infos selbst gehirn-gerecht machen können, wenn sie ihnen nicht so angeboten wurden. Im Sinne unserer Analogie: Wie kann ich beim Lernen aus einem ausgetrockneten Stück Fleisch nachträglich doch etwas zaubern, das ich mir gerne einverleiben möchte? Also spreche ich jetzt von der **Selbst-Verantwortung der Lernenden**. Und das halten manche für einen Gegensatz. Aber die beiden Gedanken **müssen absolut kein Widerspruch sein**. Zwar ändert sich nichts an meiner Meinung, es sei die **Pflicht** aller Wissensvermittler/innen, ihre Infos so anzubieten, daß ihr Angebot eine **faire Chance** hat, **ins Wissens-Netz der Lernenden eingebunden** zu werden. Aber bitte bedenken Sie:

1. **Wenn wir zu einer Info, die wir wahrnehmen, bereits Fäden im Wissens-Netz haben**, dann wird die neue Info von diesen wie magisch angezogen und hakt sich vollautomatisch dort ein (⇝ vgl. *Gedächtnis wie ein Netz?*, S. 43 ff.), somit ist die neue Info „leicht" verdaulich.
2. **Haben wir hingegen noch nichts dazu im Netz,** dann **wirkt** die neue Info zunächst „schwer" (trocken) auf uns.
3. **Beim Eselsbrücken-Bauen** (⇝ vgl. *T – Eselsbrücken-Training*, S. 104 ff.) **unterscheiden** wir zwischen **allgemeinen** Hilfsfäden für eine konkrete **Zielgruppe** (die ein Lehrer einer Klasse vielleicht anbieten möchte) und **persönlichen** Eselsbrücken für den Privat-Gebrauch, bei denen wir nur und ausschließlich an vorhandene Fäden in unserem eigenen Netz anknüpfen wollen. Wenn wir aber an vorhandene Fäden im eigenen Netz anknüpfen können, dann wird die zu lernende Info „leicht" (s. Punkt 1).
4. **Somit bedeutet aktives, AUF-MERK-sames Nachdenken** über die zu lernende Info sowohl, daß wir uns ihr öffnen (= AUF-machen) als auch, daß wir uns um so mehr MERK-en werden, je bewußter wir diesen Prozeß gestalten!
5. **Wenn wir** in der Lage sind, uns gut bis meisterhaft zubereitete Infos (**durch bewußtes An-BIND-en ans eigene Netz**) **mit Genuß einzuverleiben**, dann bedeutet einmal AUF-MERK-sam und bewußt wahrgenommen & begriffen = de facto (so gut wie) ge-MERKT-t!
6. **Wenn wir aber auch Infos gehirn-gerecht MACHEN können**, die uns entweder von einem **stümperhaften** Koch angeboten wurden oder die wir aufgrund von Interesse lernen wollen, wiewohl es kein geeignetes Einführungs-Material dazu gibt, **dann werden wir FREI.** Wir können **nicht wegen,** sondern **trotz** vieler wissensvermittelnder „Profis" lernen. Das ist die hohe Kunst der Gehirn-Benutzer. Im Gegensatz zu den Gehirn-Besitzern, die dann sagen: *„Die Materie ist zu trocken!"* Oder: *„Das ist zu schwer!"* Oder: *„Dazu bin ich zu doof!"* Schade!
7. **Durch eigene Bemühungen**, Infos gehirn-gerecht zu machen, **löschen wir endlich die falsche Trennlinie zwischen Lernen und Lehren!** In vielen Sprachen gibt es nur **ein Wort für beide Prozesse**, auch bei uns gibt es Dialekte, in denen es heißt: *Lern mir das* (= *lehre mich das, bringe es mir bei*). Letztlich können auch die besten Wissensvermittler/innen uns das Fleisch nur zubereiten und es

vielleicht auch noch in kleine Stückchen schneiden, aber kauen und verdauen müssen wir es schon selbst! Jede gedankliche Aktion, mit der Sie eine Info bewußt in Ihr Wissens-Netz ein-BIND-en, stellt somit einen bewußten Prozeß des autodidaktischen Lehrens dar (des sich selbst Unterrichtens also)!

8. **Schon Seneca** war sich dieses Zusammenhangs bewußt, als er in einem Brief schrieb: Homines cum docent discunt (= Die Menschen lernen mit/durch Lehren).
9. **Daraus** leitete man (nach dem Motto: **Schon die alten Römer sagten**) folgende zwei Redewendungen her:
   a) Docendo discimus (Lehrend lernen wir) oder:
   b) Docendo discitur (Lehrend wird gelernt).
10. **Wenn Sie** eine Möglichkeit haben, Lern-Infos mit anderen Personen zu besprechen, um anfangs gemeinsam an Eselsbrücken zu arbeiten bzw. **um sich gegenseitig zu unterrichten (wodurch Sie in kürzester Zeit lernen)**, dann tun Sie es. Solche Lern-Gruppen können auch virtuell existieren und via Telefon oder Internet miteinander kommunizieren …

Die folgenden Beispiele sollen nur erste Andeutungen bieten, wie man Infos gehirn-gerecht machen könnte! **Selbst-Lerner müssen immer an ihr eigenes Wissens-Netz anknüpfen**, also sehen Sie die drei folgenden konkreten Fallbeispiele (Computersprache, Medizin, Jura) als **Fallbeispiele**, ohne sich inhaltlich in ihnen zu „verlieren“. Und berücksichtigen Sie bitte: Schriftliche „Anweisungen“ wirken immer weit komplizierter und schwieriger als das aktive Handeln. Denken Sie nur an die Anweisung, eine „schwierige“ Adresse zu suchen (für Menschen, die dieses Haus zum ersten Mal finden müssen), oder an die Schwierigkeit, einen Tanz mit einem Buch zu lernen (zuschauen, mitmachen, nachmachen – die Kinder zeigen es uns täglich) ist viel leichter – es folgen also die Denk-Anstöße …

Beispiel 1: Computersprache

Nehmen wir an, Sie wollen (oder müssen) eine Computersprache erlernen und Sie hätten **null Ahnung** (d.h. **null Fäden** hierzu in Ihrem Wissens-Netz!). Normalerweise würden Sie irgendwo anfangen und, je nachdem, wie gehirn-gerecht das Handbuch (nicht) ist, mehr oder minder gut vorankommen.

Sie könnten natürlich auch einen ganz anderen Weg gehen und zuerst einige **Hilfsfäden** (Eselsbrücken) konstruieren, mit denen Sie die neue Info **später** in Ihr Wissens-Netz (vgl. *Gedächtnis wie ein Netz?*, S. 43 ff.) einhängen.

Beginnen Sie mit dem Inhaltsverzeichnis, dort finden Sie einige der wichtigsten Wörter (z.B. REM) dieser neuen Sprache. Also helfen Sie Ihrem Gehirn, sich an diese neuen Begriffe zu gewöhnen. **Spielen Sie, indem Sie** Worte bilden, die Ihnen bereits bekannt sind (zu denen Sie also bereits Fäden im Wissens-Netz) haben. Die neu gebildeten Begriffe enthalten Bilder, welche (als Hilfsfaden) die neue Info **vorläufig** ans Netz „heften", z.B. könnte der BASIC-Befehl ***REM*** Sie an ***REM****oulade* erinnern.

Nehmen wir an, Sie hätten aus REM zunächst REMOULADE gebildet, dann verbinden Sie damit ein Bild (eine Vorstellung), je „absurder" (MERK-würdiger), desto besser. Vielleicht stellen Sie sich jemanden vor, dem die REMOULADE übers Gesicht läuft …

Später lernen Sie, daß mit *REM* ein *REMARK* (= eine *BeMERkung**) gemeint ist. Diese *Bemerkung* schreiben Menschen für sich und andere Menschen, **nicht** für den Computer. Somit ist *REM* genaugenommen ein Befehl für den Computer, der da lautet: *Wegschauen, das ist nicht für*

* Übrigens enthält das deutsche Wort Be-MER-kung auch REM (in umgekehrter Reihenfolge).

dich gemeint – und gehorsam wird er alles, was einem REM-Befehl folgt, mißachten (auch echte Computer-Befehle). Also eine feine Sache. Hier kann man den Titel des Programms eintragen, Copyright-Vermerke, Update-Möglichkeiten, Kommentare über Sub-Routinen usw.

Nun verbinden wir die Idee mit der REMOULADE (die ja über das Gesicht einer Person läuft). Also stellen wir uns vielleicht vor, wie wir diskret wegschauen und die ganze Sache überhaupt nicht beachten …

Bevor wir zum zweiten Beispiel (Medizin) kommen, möchte ich betonen, daß ich an diesem Beispiel meinen gehirn-gerechten fünf-Phasen-Plan vorstelle, den Sie auf (fast) jedes Lern-Gebiet übertragen können! **Deshalb sollten Sie das Beispiel unbedingt genau lesen** und vor allem durchdenken.

Beispiel 2: Medizinisches Basis-Wissen

Dieses Beispiel basiert auf dem Hilferuf eines Kunden, dessen Frau sich zur Pharma-Referentin umschulen lassen wollte und erfuhr: Sie müsse die Grundlagen selbst (zu Hause) lernen, weil der firmeninterne Teil 1 (des Kurses) bereits vorbei sei und Teil 2 (Grundlagen vertiefen) in einigen Wochen stattfände, gefolgt von Teil 3 (pharmakologisches Basis-Wissen). Ich stelle Ihnen die Anleitung für diese Dame vor, entweder weil Sie Vergleichbares studieren wollen oder als Fallbeispiel für besonders „trockene“ Infos.

Material: Medizin-Bücher **mit farbigen Bildern** sowie **Bastel-Materialien** (z.B. Styropor, Wellpappe, Moosgummi, Schnüre usw.). Nun durchlaufen Sie folgende vier Phasen:

Phase 1: Start

Beginnen Sie mit einer **mentalen Einteilung** der zu lernenden Infos, damit die **vielen Begriffe** in **wenige Kategorien** einsortiert werden können (⇝ vgl. auch die Module *Kategorien-Denken*©, S. 54 ff., und *T – Kategorien-Torten*© *zeichnen*, S. 162 ff.), z.B.:

1. **Skelett** (Knochen-System),
2. **Blutgefäße** und
3. **Nerven-System**.

Vielleicht wollen Sie besonders gewissenhaft arbeiten, indem Sie gleich alle möglichen Details miteinbeziehen, z.B.:

1. **Skelett, Muskeln und Sehnen** (Knochen & Bewegung),
2. **Blutgefäße** und Organe,
3. **Nerven-System** etc.

Natürlich fehlen immer noch Aspekte (z.B. das Lymph-System), aber die Gefahr bei einer großen Lern-Aufgabe liegt genau in den Details!
Merke:

> **Es gilt, zunächst einige wenige Haupt-Fäden zu schaffen und dieses KONSTRUKT an Ihr vorhandenes Wissens-Netz anzu-BIND-en, das ist die erste KONSTRUKTION des neuen Wissens.**

Später fällt das „Häkeln" von Detail-Fäden in vorhandene Strukturen ziemlich leicht (⇝ vgl. „Alle Lernkurven für Wissen sind immer exponentiell", s. Modul *Lernkurven gefällig?*, S. 74 ff.).

Nun können Sie einen Multi-Sinnes-&-Bewegungs-Modus wählen, statt still auf Ihren vier Buchstaben zu sitzen und lange Listen von fremden Namen auswendig zu lernen. Deshalb schlage ich vor: Planen Sie das Basteln von **drei** Einfachst-Systemen (also **keinesfalls** alle in ein einziges 3D-Modell „einbauen"). Sie wollen **jedes** System (jede Kategorie) separat anlegen, z.B.

1. **Skelett aus Styropor:** Es könnte aus Styropor-„Leisten" bestehen, die Sie in der richtigen Relation zueinander auf einen Untergrund kleben. Oder, wenn Sie es beweglich wollen, bohren Sie kleine Löcher an beide Enden jedes Stücks und verbinden diese mit Draht.
2. **Blutgefäße aus Plastikröhrchen (rot und blau!):** Es gibt sie meterweise mit verschiedenen Durchmessern (z.B. für die Hauptarterien und -venen relativ dicke, dünnere Röhrchen für die mittelgroßen Gefäße, noch dünnere Röhrchen für die kleinen Gefäße und farbiger Draht für die Kapillar-Gefäße).

3. Nerven aus Kordeln, Seil, Bindfaden und Wollfäden…

Natürlich durchlaufen Sie **insgesamt** fünf (also jetzt noch vier weitere) **Lern-Phasen**, wobei jede das Bilden neuer Fäden ermöglicht, verstärkt und sichert:

1 Phase 1: Start (Vorbereitung)

Im ersten Stadium (siehe S. 120 ff.) **planen** Sie Ihr Modell, d.h., Sie planen, wie Sie die zweidimensionalen Infos in 3D anlegen werden. Dabei familiarisieren Sie sich (noch oberflächlich).

2 Phase 2: Denk-Modell(e)

Im zweiten Stadium **bauen** Sie Ihr Modell! (Sie gehen also bereits tiefer, als jede Paukerei Sie je führen könnte!)

3 Phase 3: (Fach-)Begriffe

Im dritten Stadium **beschriften** Sie Ihr Modell mittels Etiketten. (Jetzt vertiefen Sie das tiefere Wissen aus dem zweiten Stadium noch einmal. Das ist eine intelligente und kreative HAND-lung!) **Achtung:** Es geht **weder** darum, ob Sie gerne (oder gar gut) basteln, **noch**, was Sie später mit Ihrem Modell anfangen. (Sie können es anschließend verbrennen oder beerdigen, wenn Sie wollen.)

Es geht nur darum, daß Sie das Modell voll bewußt bauen!

Damit legen Sie die notwendigen bevorzugten Nervenbahnen in Ihrem Gehirn an und schaffen **echtes Wissen** (statt herunterleierbares Prüfungs-Wissen). Wir bezeichnen die Nervenbahnen im Gehirn in diesem Buch fast immer als (metaphorische) „Fäden“ im Netz.

Das Anlegen von Nervenbahnen kann nicht in drei Sekunden geschehen, rein physiologisch geht das nicht. Deshalb sollen Sie sich Zeit lassen.

Sie wollen das Grund-Modell, also z.B. die wichtigsten Knochen, Adern, Venen (ohne Kapillar-Gefäße) und nur die wichtigsten Nerven, als **Gerüst** aufbauen. So schaffen Sie ein **Wissens-Skelett** in Ihrem Kopf. Hier können Sie später nach Herzenslust weiterhäkeln. Detailfäden aber lernen sich leicht, nur das Anlegen neuer Fäden ist um so mühsamer, je weniger gehirn-gerecht Sie vorgehen.

4 Phase 4: Intelligente Fragen

In *The Power of Learning** schlägt Klas MELLANDER ein Vorgehen (zum Abschluß eines Lese-Stückes) vor, das wir in (fast) jeder Lern-Situation anwenden können:

> **Denken Sie fünf Minuten lang über verschiedene konkrete Situationen nach, in denen das neue Wissen hilfreich wäre.**

Fragen Sie sich z.B. in unserem Fallbeispiel (Medizin), wozu die Natur all diese Teile „erfunden" hat, die Sie in Ihren drei Modellen sehen und berühren können. Richard FEYNMAN,** einer der brilliantesten Physiker dieses Jahrhunderts (und einer der besten Physik-Lehrer, die es je gab!), berichtet über seine Kindheit und über den Unterschied in der Art, wie **sein** Vater (ein Natur-Genie als Lehrer!) und die Väter seiner Spielkameraden ihre Kinder unterwiesen. Die anderen Kinder konnten die Namen vieler Dinge, Pflanzen und Tiere, die sie sahen, **herunterleiern** und hielten sich damit für „besser" als Richard, dessen Vater viele dieser Namen nicht wußte, aber FEYNMANs Genie durch intelligente Fragen (die sicher zu seinem späteren Nobelpreis beitrugen) stimulierte, z.B.:***

> *Siehst du den Vogel? … Du magst den Namen des Vogels in allen Sprachen der Welt kennen, aber wenn du die alle gelernt hast, dann wirst du **absolut nichts über diesen Vogel wissen**. Du wirst nur etwas über **Menschen** an verschiedenen Orten der Welt ge-*

---

* Eines der besten Bücher, nicht nur zum eigentlichen Thema, das der Untertitel definiert *(fostering employee growth = Mitarbeiter-Wachstum fördern),* sondern über das Thema „Lernen/Lehren" überhaupt.

** Zitiert bei Klas MELLANDER, aber es gibt einige großartige Bücher von und über FEYNMAN, s. Literaturverzeichnis, FEYNMAN und GLEICK **über** das Genie FEYNMAN).

*** Zitiert bei MELLANDER, frei von mir übersetzt.

lernt haben, und darüber, wie ***diese*** *Menschen den Vogel bezeichnen.*

So, wollen wir den Vogel einmal ***anschauen*** *und* ***sehen, was er tut – das ist es, was zählt.*** *(So lernte ich schon früh den Unterschied zwischen „den Namen von etwas kennen" und „etwas [darüber] wissen", fügt* FEYNMAN *hinzu.)*

Auf den Vogel bezogen, stellt FEYNMAN (senior) jetzt Fragen wie: *„Guck mal, er pickt dauernd an seinen Federn herum, warum machen Vögel das wohl?"* und pariert auf jede Vermutung seines kleinen Sohnes mit einer weiteren Frage.

So lernen wir denken! Durch Fragen – nicht durch vorgekaute Antworten, wie unser Schul- und Arbeitsleben uns oft vorgaukelt.

Auf unser Projekt bezogen können wir sagen:

Lernen Sie, wichtige Fragen zu stellen!

Beachten Sie, daß ich Sie **nicht** auffordere, die **richtigen** Fragen zu finden, sondern **wichtige**! Dabei könnten Sie sich vorstellen, wie ein Vater oder eine Mutter einen FEYNMAN-Dialog mit einem Kind führt. Dies könnte z.B. so klingen:

Frage: ***Was ist das?*** (Deuten [real oder in der Vorstellung])

Antwort: *Das ist ein* ***Xyz.*** (Sie haben ja im letzten Lernschritt Ihre Etiketten angebracht.)

Frage: *Was* ***tut*** *das?* (Oder Fragen nach dem ***Zweck*** oder der ***Funktion.***)

Antwort: …

Sie haben es gemerkt? Um Ihnen auch **indirekt** zu zeigen, daß es um die **Fragen** (nicht um die Antworten) geht, habe ich die **Fragen größer** gesetzt. Diese Fragen sind wichtiger als die Antworten, denn:

1. **Das Ausdenken intelligenter Fragen** ist ein extrem wichtiger Teil Ihres Lern-Trainings (egal, was Sie gerade lernen wollen).

2. **Inhaltlich ist für Sie im Moment vor allem wichtig, ob** Sie eine Antwort wissen **und ob** Sie glauben, daß Ihre Antwort auch **von einem aufgeweckten zehnjährigen Kind verstanden werden könnte.** Wenn ja, dann haben Sie dieses Detail wahrscheinlich ganz gut begriffen.

Ob Sie so einen Dialog „nur" **durchdenken**, ob Sie **analografische Notizen** (vgl. Modul *ANALOGRAFIE*©, S. 26 ff.) machen wollen oder ob Sie den ganzen Dialog **aufschreiben** wollen – das entscheiden Sie sowohl gemäß Ihren Vorlieben als auch gemäß Ihrer momentanen Stimmung!

5 Phase 5: Virtual Reality

Klas MELLANDER fügt seinem Vorschlag nämlich hinzu:

> **Indem wir unsere Vorstellungskraft in dieser Weise einsetzen, simulieren wir die Zukunft und nehmen solche Situationen mental voraus.**

Auch ich hatte diese Erfahrung bereits vor Jahrzehnten gemacht, vgl. auch die Module *Paradox des Nicht-Ich,* S. 85 ff. und *T – Training, aber wie?,* S. 234 ff.). Hier finden Sie weitere Beispiele für die Vorstellungs-KRAFT!

Auf unser Fallbeispiel übertragen bedeutet das: Setzen Sie sich jetzt mit Ihren drei Modellen auseinander, und stellen Sie sich vor, welche **praktischen Handlungen** Sie (Sie persönlich, nicht irgendwelche anderen Leute!) später **mit diesem Wissen vollziehen** werden! In welcher Weise werden **Sie** später mit diesem Wissen **arbeiten**, z.B. als **Arzt**, als **Krankenpfleger**, als **Pharma-Referent** oder als **Forscher** (usw)?

Ich habe dieses Fallbeispiel inzwischen schon häufig eingesetzt, darunter auch bei einer Gruppe von Chefärzten. Einige dieser Herren (sorry, leider keine Dame dabei) sagten in der Kaffeepause, sie hätten während des gesamten Studiums immer nur die nächstfolgende **Prüfung** vor Augen gehabt, aber nie ihre tägliche Arbeit später und schon gar nicht die armen Patienten! Da es in unserem Seminar darum ging, daß auch Ärzte lernen sollten, ihre „Opfer" als „Kunden" zu sehen, die man nicht einfach im Nachthemd auf einem zugigen, dunklen Korridor parken kann, wo sie auf eine Untersuchung warten müssen, ist die Beichte der Ärzte wohl kaum eine Überraschung **für uns**, nur **für sie** war die neue Sichtweise eine wahre Entdeckung.

> **Wir machten uns eingangs klar, daß dieses Fallbeispiel auf so gut wie jedes Lern-Gebiet übertragen werden könne. Nun, je intensiver Sie über die Transfer-Möglichkeiten nachdenken (z.B. indem Sie sich intelligente Fragen hierzu stellen!), desto klarer wird es Ihnen.**

Es folgt noch **ein** weiteres konkretes Beispiel (Jura) mit einigen allgemeinen Anregungen, um Ihr Denken in Schwung zu bringen. Sie wissen inzwischen ja auch um die vielen **Assoziationen**, die **in Ihrem eigenen Wissens-Netz** nur darauf warten, aktiviert zu werden.

Beispiel 3: Juristisches Basis-Wissen

Ich will mit **Jura** zeigen, worum es geht, weil immer behauptet wird, dies sei eines der schlimmsten Lern-Gebiete. Nun, sehen wir uns an, ob man auch „sowas“ gehirn-gerecht angehen kann …

1 Phase 1: Start (Vorbereitung)

Beginnen Sie mit einer **mentalen Einteilung** der zu lernenden Infos, damit die **vielen Gesetze** in **wenige Kategorien** einsortiert werden können (→ vgl. *Kategorien-Denken*©, S. 54 ff., und *T – Kategorien-Torten© zeichnen*, S. 162 ff.), z.B.:

1. **Strafgesetz** (vgl. Krimis),
2. **Familienrecht** und
3. **Steuerrecht**

Natürlich fehlen immer noch Aspekte (z.B. Wirtschaftsrecht), aber die Gefahr bei einer großen Lern-Aufgabe liegt genau in den Details! **Merke: Es gilt, zunächst einige wenige Haupt-Fäden zu schaffen und dieses KONSTRUKT an Ihr vorhandenes Wissens-Netz anzu-BIND-**

en, das ist die erste KONSTRUKTION des neuen Wissens* Später fällt das „Häkeln“ von Detail-Fäden in vorhandene Strukturen ziemlich leicht. Bei Medizin sprachen wir von der Möglichkeit, **Modelle** zu bauen; diese können aber auch geistiger Natur sein. Bei Jura können Sie **Fallbeispiele** als **Paradigmen** für jede Gesetzes-Kategorie einplanen.

Wir wollen (wie bei Medizin) **jede Kategorie in Ihrem Kopf separat anlegen**. Dabei gilt es, das Neue (zu Lernende) mit Bekanntem zu verknüpfen, damit wir die neuen Infos an vorhandenen Fäden in unserem Wissens-Netz „aufhängen“ können. Also gehen wir jetzt den Weg der Hilfsfäden und Eselsbrücken (s. auch Modul *T – Eselsbrücken-Training*, S. 104 ff.), indem wir uns **für jede Gesetzes-Kategorie** einen **Ort** ausdenken.

Müssen es geographische ORTE sein? Antwort: Nein
Vielleicht sind Sie ja jemand, der keinen guten Orientierungs-Sinn (oder kein gutes räumliches Vorstellungs-Vermögen) besitzt, und deshalb gefällt Ihnen die Idee mit den ORTEN nicht. Fein. Vielleicht haben Sie zu **Pflanzen** Bezug? Zu **Briefmarken**? Zu **Musikinstrumenten** oder zu **Tieren**? Merken Sie es?

> **Es gilt, bereits vorhandene Wissenseinheiten in Ihrem Kopf zu finden und diese mit den neuen Infos zu „belegen“. Oder: Wenn Sie bereits vorhandene Fäden in Ihrem Wissens-Netz finden und die neuen Infos dort an-BIND-en (ein-BIND-en, ver-KNÜPFEN etc.), dann wird es leicht. Das ist gehirngerecht.**

Nehmen wir an, Sie mögen (und kennen) **Tiere**. Dann wählen Sie je eine **Tierart** als Ihren metaphysischen Ort. So könnten Sie z.B. die erste Denk-Kategorie (Strafrecht) an einer großen Affen-Familie aufhängen. Dann leben von engsten Familien-Angehörigen über Onkel, Tanten usw. bis zu entfernteren Freunden der Familie in Ihrem Geist. Diese benehmen sich ähnlich wie in *Dallas/Denver*-artigen TV-Serien, d.h., von Diebstahl über Kidnapping und Brandstiftung bis zu Mord kommt alles vor! Nur daß dies sich eben jetzt in unserem Affen-Clan abspielt, so daß

---

* Sie haben es vielleicht schon gemerkt: Manche Textstellen bei Medizin und Jura sind völlig identisch; es geht ja um Parallel-Erfahrung, die in den Details differiert.

Sie später immer wissen: Affen = Strafrecht (oder umgekehrt: Strafrecht = Affen). Für die anderen Rechts-Kategorien wählen Sie andere Tiergattungen aus und ordnen ihnen sämtliche Details zu. Oder lieben Sie **Comics**? Dann erzeugen Sie eben JURA-Comics in Ihrem Wissens-Netz (das kann denkend oder zeichnend geschehen), indem Sie z.B. die **erste Denk-Kategorie** bei *Superman* plazieren, die zweite bei *Dennis the Menace*, die dritte bei den *Peanuts* usw.

Oder denken Sie an *Star Trek*. Wenn Sie drei große Denk-Kategorien auswählen wollten, könnten Sie eine bei Captain Picard und Crew (nebst allen Aliens, denen sie begegnet sind) an-BIND-en, die zweite auf *DS-9* (*Deep Space 9*) der Weltraum-Station inkl. des Gamma-Quadranten und die dritte dem *Voyager-Team* mit auf den Weg in den Delta-Quadranten geben. Sie sehen:

> **Unserer Phantasie sind keine Grenzen gesetzt! Es geht um Hilfsfäden, mit denen wir das Neue an unsere alten Fäden heften können. Und was das Schönste ist: Sie haben volle Kontrolle über Ihren Lernweg, Sie sind unabhängig (autonom), Sie arbeiten selbst-verantwortlich (was das Selbstwertgefühl stärkt), und Sie berücksichtigen die Arbeitsweise des Gehirns. Dabei merken Sie, und das ist die Sahne auf dem Kuchen, daß das Ganze auch noch Spaß macht!**

Kehren wir zu unserem JURA-Beispiel zurück. Sie durchlaufen unsere **vier Lern-Phasen**, also die schon besprochene

1 Phase 1: Start (Vorbereitung)

Im ersten Stadium planen Sie Ihre Modelle, d.h., Sie planen, wie Sie die Infos in Ihr Wissens-Netz integrieren werden, z.B. geografische Orte, Tiere, sf etc. Dabei **familiarisieren** Sie sich (noch oberflächlich) mit dem neuen Themenbereich.

2 Phase 2: Denk-Modell(e)

Im zweiten Stadium bauen Sie Ihre konkreten (Denk-)Modelle! Sie gehen also bereits tiefer, als jede Paukerei Sie führen könnte!

3 Phase 3: (Fach-)Begriffe

Im dritten Stadium kümmern Sie sich um Fachbegriffe, die „man" in dieser Fakultät (Branche) unbedingt wissen muß. Hier geht es um Insider-Sprache, Fremdwörter usw. (Jetzt vertiefen Sie das tiefere Wissen aus dem zweiten Stadium noch einmal. Das ist intelligentes und kreatives HAND-eln!) Übrigens können Sie, *analog dem Etikettieren beim Medizin-Modell* (oben) ruhig **geistige Etiketten** auf bestimmte Aspekte Ihres Lern-Gebietes (im Moment sprechen wir von Jura) „kleben" …

4 Phase 4: Intelligente Fragen

Jetzt stellen Sie intelligente Fragen, siehe MEDIZIN-Beispiel.

Denken Sie über verschiedene konkrete Situationen nach, in denen Ihr neues Wissen hilfreich wäre.

Fragen Sie sich z.B., wozu die Menschen all diese Gesetze „erfunden" haben, wobei Ihnen so manche Antwort vielleicht mißfällt. Trotzdem müssen Sie auch solche Fragen stellen!

Frage: ***Was ist das für ein Gesetz?*** (Deuten [real oder in der Vorstellung])

Antwort: *Das ist Teilzeit-Arbeit, früher 560-DM-, heute* ***630-DM-Gesetz.***

Frage: *Was* ***bezweckt*** *das?* (Oder: Wem **nützt** das?)

Antwort: Es soll sicherstellen, daß … (hier geben Sie die offiziellen Absichten des Gesetzgebers wieder)

Frage: *Ist das* ***wahrscheinlich?***

Antwort: Nein, es sorgt dafür, daß wir **in Deutschland die härtesten Bedingungen für Teilzeitarbeit und für das sogenannte „small business" schaffen**, was, wie einige Fachleute bereits nachgewiesen haben, drei Tendenzen verstärkt: 1. **Schwarzarbeit,** weil nur die sich noch lohnt! 2. **Benutzung der sozialen Hängematte,** weil einem jeglicher Unternehmergeist ausgetrieben wird … 3. **Auswanderung junger Talente,** die dann im Ausland (z.B. in den USA) unternehmerisch tätig werden, wobei manche phänomenal erfolgreich sind, ihre enormen Steuersummen aber leider **auch** im Ausland bezahlen. Na ja.

5 Phase 5: Virtual Reality

Sie erinnern sich an Klas MELLANDERS Gedanken: **Indem wir unsere Vorstellungskraft in dieser Weise einsetzen, simulieren wir die Zukunft und nehmen solche Situationen mental voraus.**

Nun malen Sie sich aus, was Sie **später** mit diesem Wissen **im wirklichen Leben** anfangen können. Es ist wichtig zu begreifen, daß das virtuelle Vorwegnehmen des REALEN in der Phantasie das REALE später wesentlich erfolgreicher machen wird (also ist V.R. sehr pragmatisch!). Ich finde es immer wieder erschreckend, daß erstens angehende Profis wie Ärzte (s.o.), Juristen usw. oft null Ahnung haben, was sie später mit ihrem mühsam erworbenen Buch-Wissen anfangen **können**! Zweitens ist erschreckend, wie viele „Berufstätige" überhaupt nicht begreifen, wozu ihre Tätigkeit eigentlich dient. Deshalb merken sie es überhaupt nicht, wenn ihr Handeln nur der Firma nützt, dem Kunden aber schadet. Und wer nicht begriffen hat, daß der Kunde unsere Gehälter/Honorare/Gagen usw. bezahlt, dem ist auch nicht klar, wie schlimm das genaugenommen ist.

Also setzen oder legen Sie sich bequem hin, joggen Sie durch den Wald oder tigern Sie durch Ihr Wohnzimmer, **aber lernen Sie, diese Filme im Kopf zu drehen. Merke:**

> **Wer sich die Zukunft nicht ausmalen kann, ist zu ihr verdammt! Wer sie jedoch vorher bereits virtuell erlebt, der kann sie gestalten!**

Bitte bedenken Sie auch, was uns Joel BARKER zuruft:

> *„Nachdem wir den Rest unseres Lebens in der Zukunft verbringen werden, sollten wir uns intensiv/er mit ihr befassen!"*

Richtig!

Beispiel 4 bis 10.000: **Jede** Art von Basis-Wissen

Das Basteln von Modellen kann real, mental oder in Form von Denk-Modellen ablaufen. Deshalb gibt es so gut wie kein Gebiet, auf dem Sie die fünf Phasen nicht ähnlich durchlaufen könnten.

Manchmal wollen Sie jedoch die Reihenfolge der Phasen ändern, das muß sich im Einzelfall ergeben (auf natürliche Weise). So mag es manchmal sinnvoll sein, **zuerst** die **praktische** Anwendung auszuprobieren, **ehe wir die Namen der Dinge lernen**, was auch ganz im Sinn von FEYNMAN (Vater **und** Sohn) wäre!

So haben z.B. die meisten **angehenden Kfz-Mechaniker** schon einen Großteil des geforderten Wissens „drauf", aber noch nicht „formal" (mit den richtigen Namen), und es fehlen ihnen noch wichtige theoretische Hintergründe oder Verbindungen zwischen isolierten Wissens-Bits, denen sie bisher eher zufällig begegnet waren. Aber anstatt **das, was einst Spaß machte** jetzt zur Lern-Tortur werden zu lassen, gilt: **Nutzen Sie immer alles, was Sie bereits im Kopf (genauer im *Netz im Kopf!*) haben, indem Sie die Phasen 4 und 5 ständig parallel „laufen lassen", während Sie das tun, was man als „studieren" bezeichnet.**

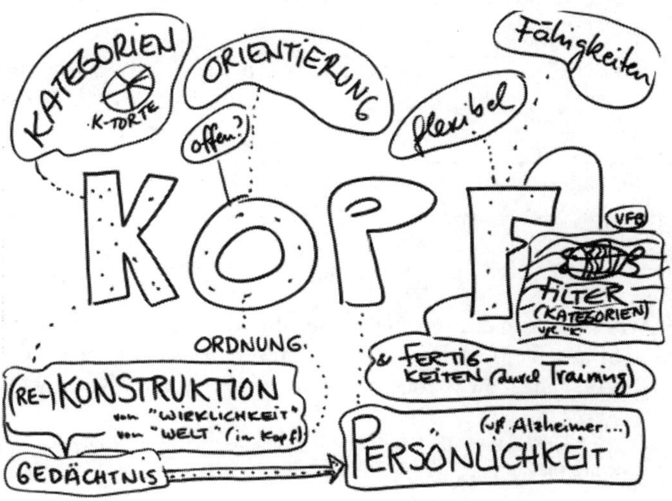

T – Inneres Archiv©

Gedächtnis, Intelligenz & Kreativität verbessern

Das **Innere Archiv**© ist Teil meines Seminar-Konzepts *Brain-Management 2000*, bei dem es u.a. darum geht, die **Leistungen** im Bereich **Gedächtnis, Intelligenz** und **Kreativität maßgeblich** zu **erhöhen**. (Übrigens habe ich die hier vorgestellte Technik **erstmals** in einem Vortrag (*Haus der Kunst*, München, **Ausstellung *DA VINCI & BEUYS*)** „veröffentlicht".* Beginnen wir mit einer kleinen **Aufgabe**: Notieren Sie alles, was Ihnen zu dem am Satzende vorgestellten Begriff einfällt, dabei schreiben Sie **nonstop**, bis Ihnen die Ideen ausgehen (mindestens zwei Minuten lang). Der Begriff heißt *Zukunftstauglichkeit:*

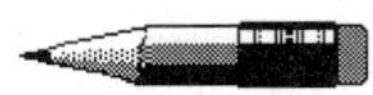

Die **gewaltigen Vorteile** der in diesem Modul vorgestellten Technik ergeben sich aus meinem Denk-Bild vom **Wissens-Netz** (vgl. S. 43 ff.). Ausgangs-Basis für die nachfolgende Technik ist das bekann-

* Auch dieser Abschnitt enthält einige Überschneidungen aus dem *Birkenbihl ALPHA-Buch* die wichtig sind.

te Spiel *Stadt-Land-Fluß;* Tatsache ist, daß wir um so besser werden, je öfter wir spielen. Kein Wunder, denn wer trainiert, verbessert immer automatisch sein Repertoire! Ihrem Gehirn ist es völlig egal, ob Sie das als **Spiel** oder als **Training** bezeichnen. Falls Sie noch nie *Stadt-Land-Fluß* gespielt haben sollten: Man wählt einen Buchstaben (hierfür gibt es diverse Zufalls-Verfahren), und dann notieren alle Spieler schnell, welche Städte, Länder usw. ihnen zu diesem Buchstaben einfallen. Dabei schreibt man in der Regel auf Blätter, die in *Stadt-Land-Fluß*-Spalten eingeteilt sind.

Wir brauchen uns jedoch gar nicht als Gruppe zusammenzusetzen, wenn wir üben wollen. **Wir können allein spielen.** Dabei können wir waagerecht (quer) durch eine Reihe gedachter alphabetischer Reihen gehen (z.B. *Städte, Länder* usw.) und schauen: Was „liegt“ auf **B**, oder was finden wir auf **A** usw. Oder wir arbeiten „senkrecht“, indem wir uns einfach alphabetische Listen ausdenken. Diese wollen wir als Wissens-Alphabete© bezeichnen.

So gehen Sie vor

1. **Erstellen Sie so viele Wissens-Alphabete© wie möglich**, das ist hervorragendes **Training für den aktiven Zugriff auf Ihr Wissens-Netz** (wichtig für intelligente und kreative Reaktionen!).
2. **Ordnen Sie diese (senkrechten) Alphabet-Listen parallel nebeneinander an**, so daß eine **Matrix**, vgl. Abbildung auf S. 141, entsteht. Diese Matrix spiegelt einen Teil Ihres Wissens-Netzes wider, und zwar den, den Sie durch **ständiges aktives Trainieren „rot be-**

leuchtet" haben. Dieser Teil steht Ihnen **ständig aktiv** für den **schnellen, bewußten Zugriff** zur Verfügung! Er „bleibt rot" (vgl. *Gedächtnis wie ein Netz?*, S. 50), solange Sie **immer wieder** mit diesen Fäden „spielen" (das ist der *Stadt-Land-Fluß*-**Effekt**) …

Durch parallel angeordnete Wissens-Alphabete© entsteht ein Gitterwerk, das Sie im Wortsinn kreuz und quer lesen können. Diese Matrix erlaubt sowohl intelligentere als auch kreativere (Re-)Aktionen*.

Stadt-Land-Fluß …

Bei *Stadt-Land-Fluß* werden jeweils bestimmte **Wissens-Kategorien** gefordert und gefördert. Leute, die **häufig Stadt-Land-Fluß** spielen, sind zwar **wesentlich besser** als solche, die nur alle Jubeljahre einmal mitmachen, aber natürlich nur in **den** Kategorien, die sie **andauernd geübt** haben (in der Regel eben Städte, Länder, Flüsse). Ihnen ist jedoch klar, daß selbst Spieler/innen, die häufig spielen, sich anstrengen müssen, wenn man plötzlich eine **Kategorie** einführt, zu denen sie wenige Assoziationen im Wissens-Netz haben. Nehmen wir an, ein Physiker in der Runde schlägt vor: **Stadt-Tier-Quantenphysik**. Nun, bei **Stadt** haben alle Spiel-Veteranen jede Menge Fäden im Wissens-Netz, bei **Tier** noch einige, aber bei **Quantenphysik**? Unser Physiker weiß vielleicht kaum Städte und wenig Tiere, aber bei Quantenphysik … Sie sehen, was ich meine!

Testen Sie sich: Welche Assoziationen zu **Stadt-Tier-Quantenphysik** hätten Sie bei **A, E, H, Q** und **T** gewußt? Wenn Sie mitmachen wollen, dann schreiben Sie Ihre jetzt auf, ehe Sie weiterlesen. In der Schule meckern wir, wenn wir zuwenig selbst tun dürfen – nun, jetzt dürfen Sie, liebe Leser, liebe Leserinnen!

* Die Erklärung finden Sie am Ende dieses Moduls, S. 143.

	Stadt	Tier	Quantenphysik
A			
E			
H			
Q			
T			

Zum Beispiel:

A	Amsterdam	Ameisenbär	Atom
E	Essen	Esel	EPS (= Einstein-Rosen-Podosky-Experiment),
H	Hamburg	Hammel	HEISENBERG'sche Unschärfe-Relation
Q	Quebec	Quastenflosser	Quantensprung
T	Tripolis	Termiten	Teilchen/Welle-Dualität.

Natürlich weiß unser Spezialist zu **jedem** dieser Buchstaben jede Menge weiterer Assoziationen, z.B. **Q** wie *Quasi-Teilchen* und *Quarks* oder zum Wortteil ***Quanten***-: *Quantenlogik, Quantenmechanik, Quantenfeld* etc. Und wenn wir ihn über das **T** befragen, dann sprudelt es förmlich mit einer faszinierenden Erklärung zum *Tunneln* (*Tunneleffekt*), aus der wir lernen, **man habe MOZART von hier nach dort getunnelt** (d.h. MOZARTS Musik auf besondere Weise von hier nach da übertragen) und dabei Geschwindigkeiten erreicht, die das Mehrfache der Lichtge-

Berufe

A = Automechaniker
B = Barkeeper
C = Chirurg
D = Detektiv
E = Elektriker
F = Fußball-Spieler
G = Gärtner
H = Hausmeister
I = Ing.
J = Journalist
K = Krankenschwester
L = Lehrer/in
M = Maler/in
N = Neurologe
O = Opernsänger/in
P = Pathologe
Q = Quantenphysiker
R = Rechtsanwalt
S = Schriftsteller
T = Techn. Zeichner
U = Uhrmacher
V = Vogelkundler
W = Wissenschaftler
X = Xylograph
Y = Yachtbauer
Z = Zoologe

schwindigkeit betragen. Lange wollte keiner das glauben. Sie sehen, wie die Assoziationen so strömen (vgl. dazu *FLOW*©, S. 39 ff.). **Merke:**

> **Es ist extrem leicht, von einigen „Stichworten" im Wissens-Netz schnell Gedanken zu formulieren (wenn hinter dem Stichwort Wissen steckt).**

Wenn Sie (früher) ein guter Spieler von **Stadt-Land-Fluß** sind (waren), dann ist Ihnen klar, daß man nach einer Weile **einige Wissens-Alphabete**© im Kopf spazierenträgt – und zwar **zu den oft gespielten Themenkreisen** (das müssen beileibe nicht nur Städte, Länder, Flüsse sein, wie wir gerade sahen)! Und Ihnen ist klar, was solche **Wissens-Alphabete**© bewirken (**blitzschnelle und zahlreiche Assoziationen, wann immer es darauf ankommt**).

Das heißt, daß Sie sich **zu den ausgewählten Themenbereichen** ein **phänomenales Gedächtnis** antrainiert haben! Dieses aber ist die Grundlage für Intelligenz und Kreativität.

Jetzt wissen Sie genug, sodaß ich Ihnen die Technik verraten kann, um die es mir geht, wenn ich *Inneres Archiv*© sage:

Trainings-Aufgabe: Legen Sie zahlreiche Wissens-Alphabete© an!

Unser Beispiel mit dem Physiker zeigte, was alles passieren kann, **wenn Sie zu wichtigen Themen Ihrer Wahl Wissens-Alphabete© im Kopf haben**, denn: Jedes Wissens-Alphabet© **aktiviert ein bestimmtes Areal Ihres Wissens-Netzes** und „färbt“ es wie in unserer Taschenlampen-Metapher (→ vgl. *Gedächtnis wie ein Netz?*, S. 50) **rot** ein.

Inventur-Aufgabe

Legen Sie einen Timer (oder eine Uhr mit Sekundenzeiger) griffbereit und stellen Sie fest: Wie lange brauchen Sie, um ein **komplettes Tier-Alphabet** aufzubauen? (**A** wie Ameise, **B** wie Bär, **C** wie Chamäleon, **D** wie Dromedar usw.)

A =	**J** =	**S** =
B =	**K** =	**T** =
C =	**L** =	**U** =
D =	**M** =	**V** =
E =	**N** =	**W** =
F =	**O** =	**X** =
G =	**P** =	**Y** =
H =	**Q** =	**Z** =
I =	**R** =	

Vielleicht möchten einige Ihrer Mitmenschen mitmachen und Sie vergleichen später sowohl die Zeiten als auch die Ergebnisse im Detail? (Solche Spiele kann man über Telefon starten, vielleicht können die Mitspieler sich ihre Ergebnisse auch zufaxen oder e-mailen, so kann man mit verstreut lebenden Freunden spielen – Sie sehen, das geht mit und ohne Internet.)

Übrigens können Sie, wenn Sie ernsthaft beginnen, eigene Wissens-Alphabete© zu entwickeln, Ihre „Trainings-Aufgaben" hierzu später auch ganz „nebenbei" durchführen, z.B.

- beim Spazierengehen (Gassigehen),
- wenn Sie in der Badewanne liegen,
- beim Gemüseputzen,
- beim Bügeln usw.

Später erst notieren Sie, was Sie sich in Ruhe überlegt haben.

Haben Sie beim Erstellen des Tier-Alphabets mitgespielt und Ihre ersten Assoziationen aufgeschrieben (vielleicht mit einigen Lücken)? Dann brauchen Sie jetzt nicht ewig an Ihrem Stift zu kauen, um diese **Lücken** zu **füllen**. Jetzt folgt die in der Kreativitätsforschung bekannte *Gestations-Phase*, in der Sie einige Stunden oder Tage lang ganz **nebenbei** hier und da ein wenig **„brüten"**, Ihr **Unterbewußtsein** aber erledigt in den Zeiten **dazwischen** (wenn Sie z.B. Ihrer Arbeit nachgehen, spielen, fernsehen, andere Dinge tun) einen **Großteil der Arbeit.**

Das heißt, Sie „gehen" (z.B. während Sie am Taxistand auf einen Wagen warten) in Gedanken **langsam** durch das Alphabet, wobei Ihnen die meisten Ihrer ersten **schnellen Sofort**-Assoziationen **jedesmal** wieder einfallen werden, denn hier handelt es sich um oft benützte Fäden in Ihrem Wissens-Netz. Bei den Lücken aber verweilen Sie jetzt und „lauschen" in sich hinein, d.h., **Sie lernen systematisch, Ihr Wissens-Netz bewußt anzuzapfen**. Und genau das ist der **Sinn dieser Trainings-Aufgabe!**

Bei einigen (wenigen) hartnäckigen Lücken fragen Sie andere Menschen. Sie werden erstaunt sein, wie oft diesen Personen etwas einfällt, weil diese ja nicht in derselben „Denk-Rinne" sitzen wie Sie. Denken Sie ans Kreuzworträtselraten. Da fragt jemand nach einem *Tier* mit *„Q"* und ein anderer ruft *Qualle.* Wenn der Fragesteller *Quallen* im allgemeinen als *Medusen* bezeichnet, dann kann ihm die *Qualle* jetzt **nicht** einfallen. Sie ist Teil seines **passiven Wissens** (d.h., er **erkennt** den Begriff sofort!), aber er kann normalerweise **nicht aktiv** auf die *Qualle* **zugreifen**.

Um die Verbesserung Ihres aktiven Zugriffs geht es bei diesem Training.

Je mehr Fäden wir in unserem Wissens-Netz im aktiven Zu-GRIFF haben, desto mehr haben wir unser Wissen im Griff und desto intelligenter & kreativer reagieren wir, wenn es darauf ankommt …

Genau deshalb ist das **Training während des Aufbaus Ihrer Alphabet-Listen so wertvoll**: Sie trainieren ständig den **schnellen, bewußten Zugriff auf Ihr Wissen** (Ihre Fäden im Netz), und **dieser Zugriff** ist der **Schlüssel, der Ihre Intelligenz und Kreativität erhöhen wird.** Sollten auch Ihre Freunde keine Assoziationen zu einem Begriff haben, dann können Sie natürlich immer im Lexikon blättern (hier kann das Internet extrem hilfreich sein, wenn Sie keine großen Lexika besitzen), um hartnäckige Lücken in einem neuen Wissens-Alphabet© zu füllen.

Wenn es jedoch problematisch wird, dann sollten Sie unbedingt **kreativ schummeln**! Zwei Beispiele:

1. In meiner **Tier-Liste** steht beim **„X …"** e**X**tinct **= Dino** (*extinct = ausgestorben*).
2. In meiner **VAN-GOGH-Liste** steht bei **„X"** der Begriff *Ohrläppchen*. Warum? Im Englischen hat „X" oft die Bedeutung von „(aus-)schneiden" (wohl weil die Schere an ein bewegliches „X" erinnert); vielleicht kennen Sie den Computer-Befehl *ausschneiden*, der häufig durch eine ***Befehlstaste plus „X"*** bewirkt wird. Nun, da VAN GOGH sich ein **Ohrläppchen** (**nicht** ein Ohr, wie es oft heißt!!) abgeschnitten hat*, konnte ich das **X** damit sehr schön „belegen".

Also gilt für jedes Wissens-Alphabet©, das Sie erstellen werden: **Entweder** Sie **finden** für jeden Buchstaben etwas, das (halbwegs) funktioniert, **oder** Sie lassen eine Stelle in der Liste frei, wenn wirklich alle Stricke reißen. Gerade „Q", „X" und „Y" bieten in der deutschen Sprache ex-

* Man vermutet heute, er habe unter extremem Tinnitus gelitten.

trem wenige Möglichkeiten (was die Kreativität besonders aktivieren kann). Wenn Sie mit Hilfe einiger Wissens-Alphabete© Ihr eigenes **Inneres Archiv**© aufbauen, dann profitieren Sie **dreifach**:

1. **Wann immer** Sie eine (weitere) Liste aufbauen (bis Sie sie auswendig beherrschen und sie vorwärts, rückwärts etc. aufsagen können), **trainieren Sie das aktive Zugreifen auf Ihr Wissens-Netz**!
2. **Nach Aufbau** eines (weiteren) Wissens-Alphabetes© haben Sie das **Areal** im Wissens-Netz **vergrößert**, welches Sie im Training „**rot** beleuchtet haben", **welches also ab jetzt in Ihrem permanenten Zugriff bleibt!** (So ist z.B. die *Qualle* bei unserem Freund, der früher nur „Meduse" sagte, inzwischen **vom passiven Wissen ins aktive Wissen gewandert**!) Wir können uns dies so vorstellen, daß der „Faden" *Qualle* bei ihm etwas tiefer lag, aber durch die Trainings-Aktivitäten mit einer Häkelnadel ergriffen und **an die Oberfläche geholt** wurde …
3. **Jetzt können Sie jederzeit aktiv auf diese (Wissens-)Matrix zugreifen**, und ab jetzt erhöhen sich Ihre intelligenten und kreativen Möglichkeiten quasi bereits „im Quadrat".

Tiere

A = Ameisenbär
B = Bussard
C = Chamäleon
D = Dromedar
E = Ente
F = Fuchs
G = Gans
H = Hase
I = Igel
J = Jagdhund
K = Kuckuck
L = Löwe
M = Möwe
N = Nashorn
O = Orang Utan
P = Pferd
Q = Qualle
R = Ratte
S = Schwan
T = Taube
U = Uhu
V = Viper
W = Wespe
X = eXtinkt: Dino
Y = Yak
Z = Zikade

Im Klartext: Wir hatten ja festgestellt, daß Lernkurven von Wissen exponentiell wachsen (→ vgl. *Lernkurven gefällig?*, S. 74 ff.). So auch hier: Wieder erleben Sie **exponentielles Wachstum** – aber diesmal bezogen auf die **Wissens-Areale**, die mit jedem weiteren Wissens-

ABC© dramatisch anwachsen! Mit **nur zwei nebeneinander gestellen Wissens-Alphabeten©** beginnt der Prozeß. Aber **mit jedem weiteren Wissens-Alphabet©** wächst die Zahl Ihrer möglichen Einfälle (Assoziationen/Ideen), denn **jeder** Begriff in diesen Listen steht ja genaugenommen nicht nur für einen einzelnen Faden, sondern **gleichzeitig** immer auch **für sämtliche** mögliche **Ver-BIND-ungen**, die diese Idee in Ihrem **gesamten Wissens-Netz** hat!

Deshalb bat ich Sie zu Beginn dieses Moduls, zum Begriff *Zukunftstauglichkeit* frei zu assoziieren. Ihre eigenen Erfahrungen beweisen Ihnen weit besser als meine Worte, welche **Flut von Assoziationen** ein Begriff auslösen kann bzw. welcher Mangel an „Flut" sich zeigt, wenn Sie über diesen Begriff noch nicht intensiv nachgedacht hatten (also nur wenige oder schwache Fäden im Netz haben).

Deshalb sollen Sie eigene Alphabete zu **Themen Ihres Wissens** und **Interesses** aufbauen; zu Bereichen, in denen **Sie** sich gut auskennen. Das kann mit einfachsten Kategorien beginnen wie *Stadt, Land, Fluß, Tiere, Berufe, Pflanzen, berühmte Namen z.B. von Komponisten, Autoren, Königinnen, Pop-Stars, etc.*

Jedes weitere Alphabet vergrößert die Matrix im Netz, und genau das ist der springende Punkt.

Je mehr Wissens-ABCs© Sie sich ausdenken, desto größer wird die Matrix und desto gewaltiger werden die Auswirkungen auf Ihr gesamtes geistiges Leben sein!

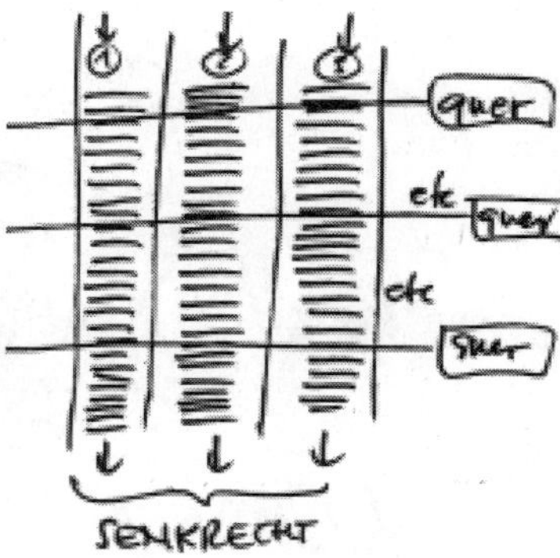

Dies kann aber nur nachvollziehen, wer es praktiziert!

Bedenken Sie immer: **Jeder Begriff in den Listen steht für einige (sogar Hunderte) weitere Begriffe und Ideen!** An manchen Wörtern „hängen" sogar Tausende von Ideen, die Ihnen einfallen würden, wenn Sie einen **ganzen Tag lang ausschließlich** zu diesem einen Begriff assoziieren würden (z.B. während Sie Anregungen durch TV, Lesen, Gespräche o.ä. aufgreifen).

Auch dies ist ein **exzellentes Training**, das z.B. manche Schriftsteller/innen regelmäßig durchlaufen.

Selbst wenn manche Begriffe in Ihrer Liste „arm" sind und nur wenige Ver-BIND-ungen enthalten, können Sie von einem „reicheren" Durchschnitt ausgehen, der **um so höher** wird, **je mehr Sie aktiv trainieren**. Auch geistige Prozesse gewinnen durch Training, weil **neue bevorzugte Nervenbahnen aufgebaut** und miteinander **ver-BUND-en** werden, und dies kann **nur durch Training geschehen** (→ vgl. Modul *T – NEUROBICS©*, S. 189 ff.).

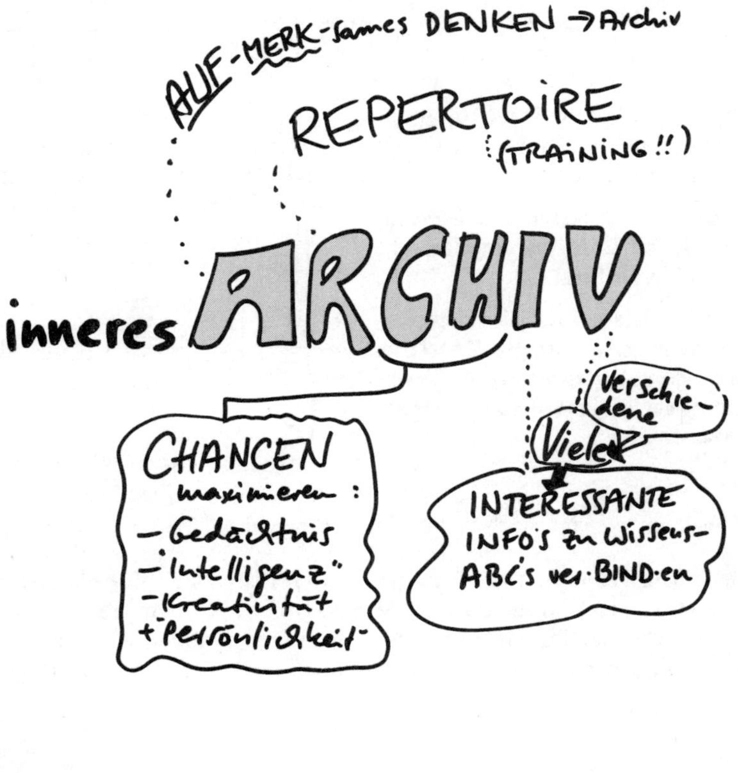

Fazit:

1. Erstellen Sie so viele Wissens-Alphabete© wie möglich, das ist hervorragendes Training für den aktiven Zugriff auf Ihr Wissens-Netz (wichtig für intelligente und kreative Reaktionen!).
2. Ordnen Sie diese (senkrechten) Alphabet-Listen parallel nebeneinander an, so daß eine Matrix entsteht. Diese spiegelt einen Teil Ihres Wissens-Netzes wider, und zwar den, den Sie durch aktives Trainieren „rot beleuchtet" haben. **Merke:** Dieser Teil steht Ihnen ständig zum schnellen, bewußten Zugriff zur Verfügung! Er bleibt „rot", solange Sie immer wieder einmal mit diesen Fäden „spielen" …

Diese Matrix erlaubt es Ihnen, sowohl intelligenter als auch kreativer zu werden. Warum?

Intelligenz: Intelligente Reaktionen (Ideen, Pläne, Fragen) sind doch nichts anderes als intelligente **Einfälle**, diese aber „wohnen" im Wissens-Netz. Im Klartext: Je besser Ihr Zugriff auf Ihr Netz, **desto mehr intelligente Reaktionen** werden sich vollautomatisch „ereignen".

Kreativität: Dasselbe gilt für Ihre (antrainierte) Fertigkeit, kreativ zu denken. **95 % aller kreativen Ideen sind Kombinationen von bekannten Elementen,** die jedoch neu kombiniert (also neu ver-BUNDen) werden. Auch hier wird klar, warum Sie bald weit kreativer denken können als früher: weil Ihnen die Alphabet-Listen-Matrix faszinierende neue **Quer-Assoziationen** anbietet (→ vgl. das Modul *T – Eselsbrücken-Training,* S. 104 ff.).

Wie gesagt: Der Effekt wird bereits ab zwei Wissens-Alphabeten© nebeneinander **wahrnehmbar**, denn sie bedeuten zweimal minimal 24 (also 48) Begriffe, mit denen Sie **spielerisch besser denken** können.

Fallbeispiel: Angenommen Sie suchen eine Idee für eine **Schlagzeile** und Sie stellen ein Tier- und ein Berufe-Alphabet nebeneinander. Halten Sie ein **Schlüsselwort** des zu bearbeitenden Themas im Kopf und checken Sie, was beim Anfangsbuchstaben dieses Begriffs in Ihren **beiden Listen** steht.

Anfangs können Sie solche Übungen noch mit geschriebenen Listen (und Nachschlagen) durchlaufen, damit Sie die Effekte sehen. Aber je schneller Sie einige solcher Listen im Kopf jonglieren können, desto schneller können sich diese **Intelligenz- und Kreativ-Effekte** im ganz normalen **Alltag** bei **allen** Denkprozessen bemerkbar machen.

Sie suchen also jetzt eine Schlagzeile für eine Anzeige (für ein **Biofeedback-Entspannungs-Instrument ...**)

Schlüsselwort	Tier-Liste	Berufe-Liste
Entspannung	Ente	Elektriker

Assoziationen: *Ente* ... Wasser (im Wasser/Badewanne fällt Entspannung besonders leicht ...) und nun der *Elektriker* ... **Plötzlich** fällt Ihnen ein Bild ein: Ein Elektriker im Arbeitsdress liegt völlig entspannt und selig lächelnd in einer Badewanne, auf der Brust ein Bade-Entchen, und **der neue Slogan *(Professionell entspannt)*** taucht aus dem Vakuum, d.h. genaugenommen aus den Tiefen Ihres Unbewußten (= den Bereichen **passiven Wissens** in Ihrem Wissens-Netz) auf!

Noch ein Beispiel gefällig? Dann springen Sie jetzt in das Modul *T – Eselsbrücken-Training*, S. 104 ff.

T – Jeder kann zeichnen!

Als Vorbereitung zu diesem Kapitel möchte ich Sie bitten, jetzt gleich eine Aufgabe durchzuführen, bevor Sie weiterlesen:

Machen Sie einen Mini-Test*

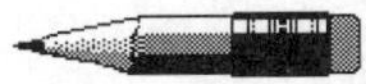

Zeichnen Sie dieses Mädchen ab!

* Dieses Kapitel wurde maßgeblich durch das hervorragende Buch von Betty EDWARDS *Garantiert Zeichnen lernen* (s. Literaturverzeichnis) beeinflußt. Dieses besondere Buch möchte ich Ihnen wärmstens ans Herz legen!

Haben Sie die Übung absolviert? Bitte beantworten Sie dann folgende Fragen:

1. Haben Sie mehr auf die Vorlage oder häufiger auf das Zeichenpapier geschaut? (Die meisten Menschen werfen viele *kurze* Kontrollblicke auf die Vorlage und sehen fast nur auf ihr Zeichenpapier!)
2. Ist Ihre „Kopie“ gut geworden? (Sind Sie zufrieden?)
3. Ist es Ihnen leichtgefallen?

Nun gibt es zwei Möglichkeiten: Entweder Sie können etwas, was Sie sehen, aufs Papier bringen! Oder Sie waren nicht fähig, eine „gute“ Kopie anzufertigen. Dann lesen Sie dieses Kapitel bitte besonders aufmerksam!

Machen Sie einen zweiten Test:

Drehen Sie das Mädchen auf den Kopf, und zeichnen Sie es noch einmal ab, **so daß auch Ihre Zeichnung „kopfsteht“**. Aber beachten Sie dabei folgende Hinweise:

1. **Denken Sie *nicht*: „Das ist ein Knie, das ist Haar“** u. ä. Statt dessen versuchen Sie lediglich zu *sehen*, wie die Linien zueinander bzw. zum Blattrand stehen. Z.B.: *Die Linie ist parallel zu der da.* Oder: *Diese Linie steht im rechten Winkel zum Blattrand.* Sie wissen ja inzwischen, daß Ihre rechte (sprachlose) Hirnhälfte für räumliches Sehen und für die Beziehungen der Linien zueinander zuständig ist.
2. **Sie dürfen keinesfalls auf das Zeichenpapier schauen.** Starren Sie auf die Vorlage, *erfühlen* Sie eine Linie, und ziehen Sie diese auf dem Zeichenpapier nach, mit Gefühl!
3. **Nehmen Sie sich Zeit!** Wenn Sie das Gefühl haben, der Bleistift auf dem Papier sei „eins“ mit Ihrem Blick, dann zeichnen Sie. Wenn Sie diesen „Kontakt“ verlieren, dann warten Sie einen Moment!

Bitte erst weiterlesen, wenn die zweite Zeichnung fertig ist!

Jetzt stellen Sie bitte fest:

1. Wurde die „verkehrte“ Zeichnung besser als die „normale“ (erste, vorhin)? Falls Sie glauben, dies sei nur der Tatsache zuzuschreiben,

daß dies die zweite Zeichnung war, üben Sie mit einer neuen Vorlage (aus einer Illustrierten zum Beispiel), und beweisen Sie sich noch einmal, daß es wesentlich leichter ist, „verkehrt"-herum abzuzeichnen. Warum das so ist, wird unten erklärt!

2. Gibt es Stellen in diesem Bild, die bereits phantastisch geworden sind? Vergleichen Sie bitte ganz genau! Die meisten Seminarteilnehmer finden solche Stellen bereits bei ihrem ersten „Kopfüber"-Versuch!
3. Haben Sie tatsächlich (fast) ausschließlich auf die Vorlage geschaut? Im Zweifelsfalle könnten Sie sich bei weiteren Übungen von jemandem beobachten lassen, der Ihnen Bescheid sagt, wenn Sie zuviel aufs Zeichenpapier sehen!

Wer glaubt, nicht zeichnen zu können, der irrt nämlich fast immer! Testen Sie dies ebenfalls!

Bitte zeichnen Sie: 

- **ein VIERECK,**
- **ein DREIECK,**
- **eine SCHLANGENLINIE.**

Bitte schreiben Sie einmal 

- alle Groß- und
- Kleinbuchstaben des Alphabets!

Nun, hatten Sie damit Probleme? Sicher nicht! Denn wer meint, er könne nicht zeichnen, glaubt, er habe **Probleme, die gewünschten Linien aufs Papier zu setzen**. Wenn Sie die letzten beiden Mini-Übungen durchgeführt haben, dann wissen Sie jetzt:

Wer schreiben kann, kann genau die Linien aufs Papier setzen, die ihm „vorschweben". Also hat er gar kein Zeichen-Problem!

„Aber wieso kann ich dann nicht zeichnen?!" fragen Sie jetzt sicher. Antwort: Das Problem liegt *nicht* in den Linien, die Sie auf das Papier setzen, sondern: Das Problem liegt im *Sehen* der Linien! Sie kennen optische Täuschungen! Sie wissen, daß unser Auge oft nicht das wahr-

nimmt, was vorhanden ist, sondern das, was es wahrzunehmen *erwartet*! Das rechte Hirn aber ist zuständig für die Linien, die nun tatsächlich zu *sehen* wären, wenn Sie sie sehen würden! Und die linke Gehirnhälfte mischt sich in Angelegenheiten ein, die sie gar nichts angehen, während das rechte Hirn Däumchen dreht!

Das Buch von Betty EDWARDS *Garantiert zeichnen lernen* zeigt Ihnen anhand leichter Übungen (wie das Auf-dem-Kopf-Zeichnen), wie Sie Ihre rechte Hirnhälfte aktivieren können. Dadurch können *auch Sie* zeichnen, d.h. richtig *sehen* lernen! Die Autorin, eine Zeichenlehrerin, hat mit dem Wissen um die beiden Gehirne eine neue Methode geschaffen, die einfach phantastisch ist! Sie sieht das Zeichnen-Lernen als End-Ziel an! Ich jedoch meine, daß es ein phänomenales *Nebenprodukt* Ihres Gehirn-Trainings wäre! Dadurch erhöhen sich Ihre Fähigkeiten des Vor-Stellens, des Ver-BILD-lichens, des Umsetzens von digitalen Informationen in analoge etc. Ich empfehle jedem (der bisher glaubte, er könne nicht zeichnen), dieses Buch zu besorgen und das von Betty EDWARDS entwickelte Training zu durchlaufen!

Nun möchte ich Ihnen einen Abschnitt aus meinem Buch *MacTHINK** anbieten. Er wurde stark von Betty EDWARDS, aber auch von Douglas R. HOFSTADTERS *Gödel, Escher, Bach* (s. Literaturverzeichnis) beeinflußt. Daß sich die Szenen vor/an einem Computer abspielen, ist nicht wichtig. Erstens kann man die Anregungen auch auf Papier nachvollziehen, zweitens soll man sie vor dem geistigen Auge sehen, und drittens könnte der eine oder andere Leser vielleicht einen Anreiz für das Zeichnen am Bildschirm finden.

Lamron und der Künstler

Ich möchte Ihnen Lamron und den Künstler vorstellen. Lamron ist ca. 39 Jahre alt (plus/minus 30 Jahre), während der Künstler vor Jahrtausenden in den Höhlen der Vorzeit geboren wurde! Sie sitzen vor dem

* *MacTHINK – Increasing Intelligence and Creativity with the MacIntosh Computer,* London and Sydney, 1985, inzwischen aufgrund der rasanten Techno-Entwicklung bereits out-of-date, sprich: vergriffen.

Bildschirm eines MacIntosh Computers. Lamron hat gerade den Wunsch geäußert, von dem Künstler zu lernen. Eine seltene Situation, in der Tat.

Der ERSTE Tag

Der Künstler: Normalerweise sehen wir Objekte. Wenn wir einen Stuhl betrachten, dann sehen wir einen Stuhl …

Lamron: **Unsinn! Was sollte ich denn sonst sehen, wenn ich einen Stuhl betrachte?!**

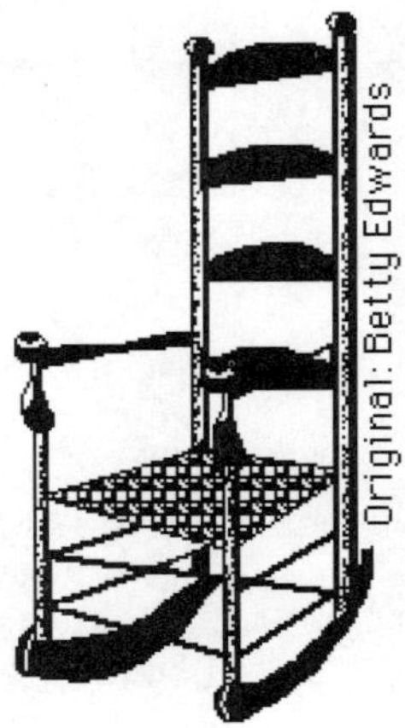

Der Künstler: Du könntest deine Aufmerksamkeit auf den Raum lenken, der das Objekt umgibt.

Lamron: **Du meinst, ich soll das Nichts zeichnen?**

Der Künstler: Nun, wenn du es zeichnest, ist es ja kein Nichts mehr, oder?

Lamron: *(Beginnt zögernd zu zeichnen)* **Das ist ein komisches Gefühl …**

Der Künstler: Aber es ist der *rechte* Weg, zu *sehen*.

Lamron: **Ich beginne zu ahnen, was *sehen* heißt …**

Der Künstler: Wenn du deine Aufmerksamkeit auf andere Aspekte der vertrauten Wirklichkeit lenkst, ändert sich diese auf subtile Weise.

Lamron: **Ich muß sagen, meine Versuche, das Nichts zu zeichnen, werden bereits besser als meine früheren Versuche, das Objekt zu zeichnen!**

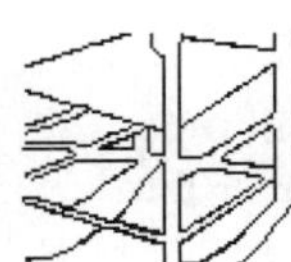

Der Künstler: *(lächelt)*

Lamron: **Wiewohl die Zwischenräume innen relativ leicht zu sehen sind, wird es außen schwierig, sie wahrzunehmen, weil es hier keine klare Kante mehr gibt …**

Der Künstler: Hast du zufällig ein leeres Dia-Rähmchen griffbereit? Wenn nicht, könntest du eines basteln …

Lamron: **Halt, hier ist eines.**

Der Künstler: Wenn du jetzt da durchschaust, dann wird es das Objekt für dich *einrahmen,* so daß das äußere Nichts wesentlich leichter zu *sehen* sein wird.

Lamron: *(Blickt von verschiedenen Abständen auf den Stuhl)* **Ah, ich sehe!**

Der Künstler: Bald wirst du wirklich *sehen*, mein Freund …

Lamron: *(Einige Minuten später. Er hat inzwischen weitergezeichnet)* **Mensch, schau mal! Das hätte ich vor zehn Minuten nicht für möglich gehalten!**

Der Künstler: Natürlich wird das Sehen normalerweise dadurch unterbunden, daß der Herr Links mit Worten eingreift und dich damit in die Sprache der linken Hirnhälfte hineinzieht …

Lamron: **Und die Sprache des Herrn Rechts?**

Der Künstler: Die ist so multi-medial, daß ich mir ein wenig *linkisch* vorkäme, wollte ich sie mit Worten beschreiben, aber das *Nichts*, das du eben gezeichnet hast, das ist ein Aspekt davon.

Lamron: **Hmmm … Und was ist mit Schweigen oder Stille?**

Der Künstler: Wenn du die Sprache des Schweigens verstehst, dann bist du weise. Denn das Begreifen der verbalen Sprache schafft lediglich Wissen.

Der ZWEITE Tag

Lamron: **Diese Zeichnung fand ich in einem Buch.**

Der Künstler: Du willst sie abzeichnen?

Lamron: **Ja, aber zuerst will ich sie einrahmen …**

Der Künstler: *(Nickt zufrieden)*

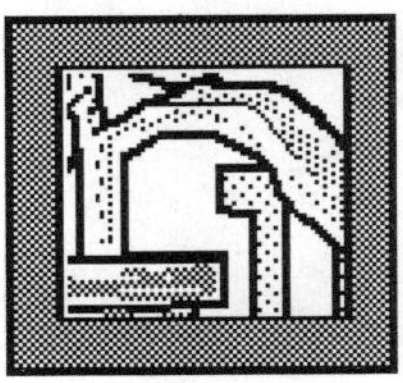

Lamron: **Das fängt direkt an, Spaß zu machen. Wenn man erst einmal weiß, worauf es ankommt, wird es leicht.**

Der Künstler: Ist das nicht immer so?

Lamron: *(Beginnt zu zeichnen, wobei er die vielen möglichen Formen, eine nach der anderen, sieht und auf sein Blatt überträgt)*

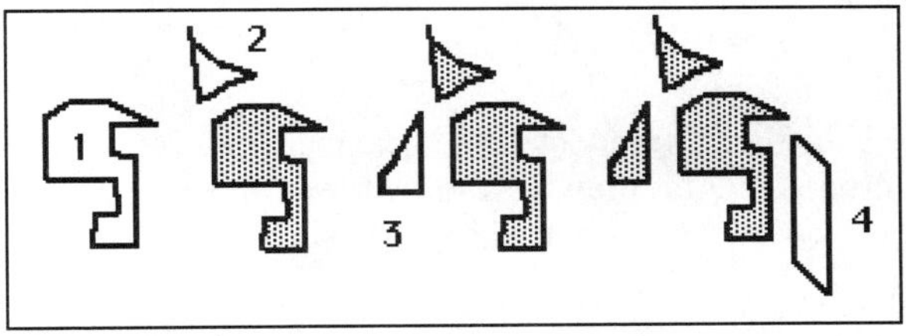

Lamron: **Ich beginne wirklich zu *sehen*. Aber ich befürchte, daß ich morgen wieder ganz normal gucken könnte ...**

Der Künstler: Das ist eine Frage der Gewohnheit.

Lamron: **Aber hatte ich die Gewohnheit des *Sehens* denn nicht schon einmal als Kind und verlor sie doch später ...?**

Der Künstler: Nein. Als Kind lerntest du noch, wie man überhaupt wahrnehmen soll. Die Lernprozesse wurden durch die Umwelt zu einem normalen Schauen statt zu echtem *Sehen* hingelenkt.

Lamron: **Und du glaubst, daß mein Training zum *Sehen* eine bleibende Fähigkeit bewirken wird?**

Der Künstler: Sicher, wenn du regelmäßig *sehen* (üben) wirst.

Lamron: **Also, ich muß schon sagen. Es geht wirklich leicht, und es macht Freude! Ich bin ganz begeistert.**
(Als er sich zum Künstler wendet, stellt er fest, daß dieser verschwunden ist; nur sein Lächeln scheint den Raum noch zu erhellen ...)

Der DRITTE Tag

Lamron: **Sieh dir mal die Katze an!**

Der Künstler: Du möchtest sie zeichnen?

Lamron: **Ja, aber erst einrahmen. Diese Form scheint mir ein wenig schwierig zu sein.**

Der Künstler: Hast du ein Stück Folie; die kannst du in den Rahmen kleben und dir ein „Zielkreuz“ aufzeichnen.

Lamron: **Hey, das ist ein prima Trick!**

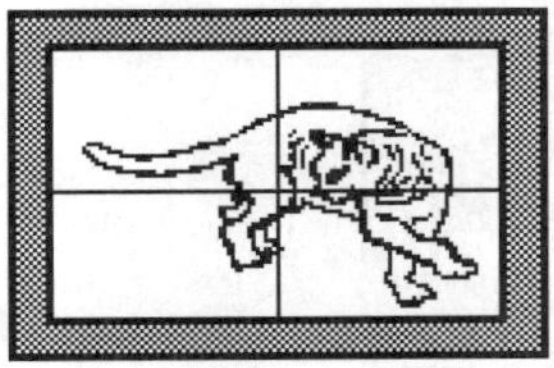

Der Künstler: Jetzt kannst du die Katze zeichnen, stimmt's?

Lamron: **Sicher. Ich beginne wieder mit dem leeren Raum, der sie von außen umgibt … Mensch, die Form ist total anders, als ich zuerst gedacht hatte!**

Der Künstler: Als dein Herr Links gedacht hatte, meinst du doch?

Lamron: **Stimmt! Sieh mal:**

Der Künstler: *(Nickt zustimmend)*

Lamron: *(Weiter durch sein Folienrähmchen blickend)*
Weißt du, mit diesem Rahmen kann man echt *sehen* lernen.

Der Künstler: Nein, mein Freund. Der Rahmen zeigt dir nur, wie leicht es immer schon gewesen wäre! Nimm mal das Bild von den Zebras da … Jetzt erkenne den Raum, der sie umgibt.

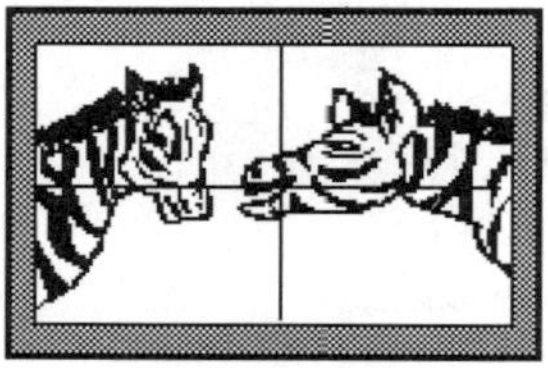

Lamron: **Ja, ich hatte mich bei der Katze oben vom Kopf ablenken lassen. Denn wiewohl er in den leeren Raum, der sie umgibt, gar nicht hineinragt, hatte ich ihn doch dort hineingedacht …**

Der Künstler: Da hat dein Herr Links dazwischengefunkt, denn der weiß ja aufgrund seiner Erfahrung daß Katzen Köpfe haben…

Lamron: **Das heißt, dann glaubt man Dinge zu sehen, die gar nicht vorhanden sind! Sieh mal, dieses Bild mit zwei Katzen:**

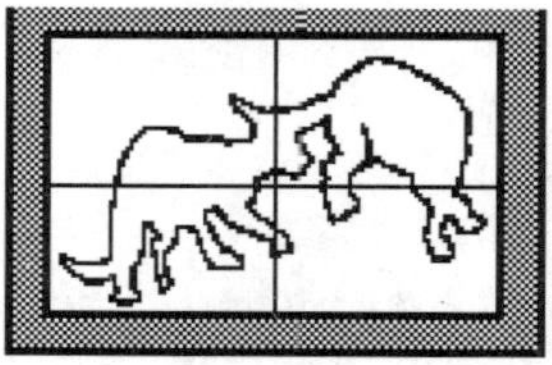
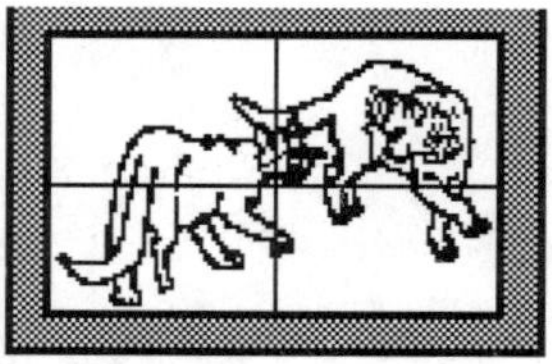

Der Künstler: Ja, du beginnst, mit dem *Sehen* vertraut zu werden. Das ist eine Kunst, wenn man wirklich sieht, was vorhanden ist, und nicht, was *laut Regel* vorhanden sein sollte.

Lamron: **Also, erst der Raum, der die zwei Katzen umgibt …**

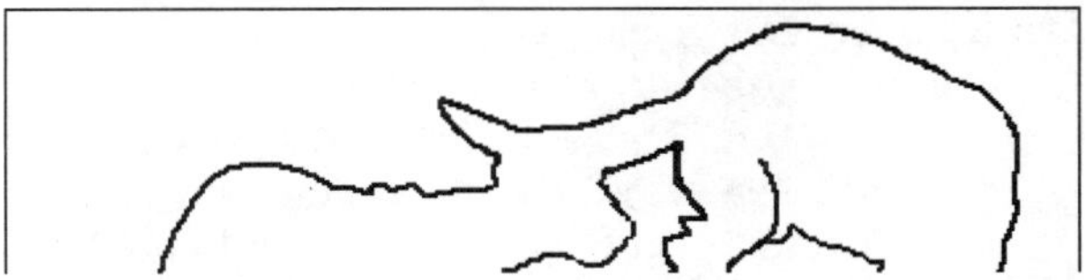

Der Künstler: *(Beobachtet Lamron und amüsiert sich über dessen selbstzufriedenes Lächeln, bis die Zeichnung fertig ist)*

Der VIERTE Tag

Lamron: **Was wollen wir heute zeichnen?**

Der Künstler: Wie wäre es, wenn du mal etwas, was auf dem Kopf steht, zeichnest?

Lamron: **Warum denn das?**

Der Künstler: Weil man dann die Form des Objekts noch leichter erkennt.

Lamron: *(Nimmt sein Rähmchen und betrachtet die neue Vorlage)* **Es schaut schon komisch aus …**

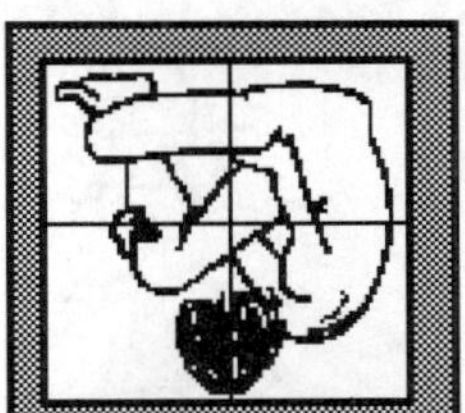

Der Künstler: Das genau ist die Idee dahinter!
Lamron: *(Beginnt zu zeichnen)*
Hey, das geht ja prima! Irgendwie wirken die Linien klarer… Weißt du, es fühlt sich anders an, wenn man auf dem Kopf zeichnet. Ich kann das nicht richtig erklären … Verstehst du, was ich meine?

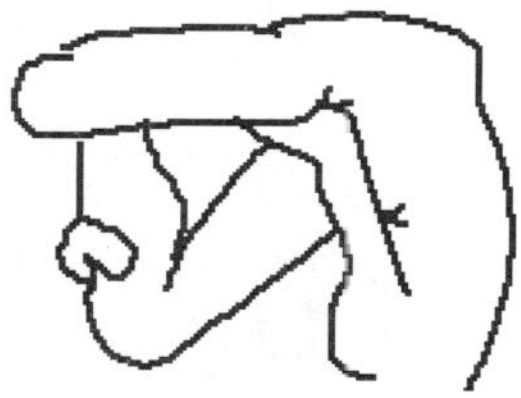

Der Künstler: Natürlich. Dein Wunsch, dieses Gefühl unbedingt mit Worten zu beschreiben, wird von Herrn Links ausgelöst! Laß ihn nicht dazwischenfunken! Überlasse dich einfach dem Gefühl; es muß doch nicht in Worte gefaßt werden! *Fühle* und zeichne! Denn dieses Fühlen ist eng mit dem *Sehen* verknüpft. Sehen heißt genaugenommen mit den Augen ab-TASTEN. Deshalb sagen wir ja, daß wir be-GREIFEN, wenn wir etwas verstehen, nicht wahr?
Lamron: *(Hat eifrig weitergemacht und deutet jetzt glücklich auf seine Zeichnung)*
Also, ich muß sagen, ich bin sehr zufrieden!
Der Künstler: Hmmm …

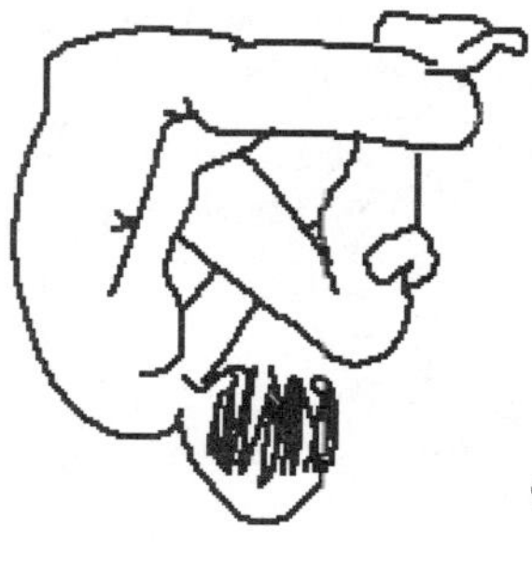

Der FÜNFTE Tag

Lamron:	**Ich habe gestern noch ein wenig weitergemacht, und da tauchte ein neues Problem auf.**
Der Künstler:	Nämlich?
Lamron:	**Nun, sieh dir diese Zeichnung an. Ich möchte sie auf den Bildschirm übertragen, aber sie ist lang und hoch, während der Bildschirm im Querformat ist.**
Der Künstler:	Warum drehst du sie nicht einfach?
Lamron:	**Sie auf den Kopf zu stellen …? Oh, ich *sehe*, es gibt mehr Wege, etwas zu drehen!**

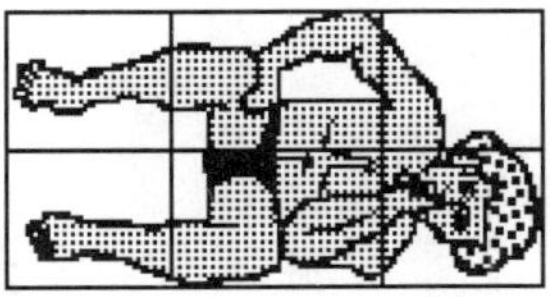

Lamron:	**Sehr zufriedenstellend, nicht wahr? Also, dann Schluß für heute.**

Der SECHSTE Tag

Lamron:	**Du bist heute aber spät dran, mein Lieber.**
Der Künstler:	*(lächelt entschuldigend)* Zeit ist die Domäne des Herrn Links …
Lamron:	**… der nicht gerade dein engster Freund ist.**
Der Künstler:	Nun, er hat natürlich seinen Nutzen, insbesondere wenn man ihn zur Kooperation mit mir bewegen kann. Aber wenn er die Führung an sich reißt, dann wird die Person normaL, mein lieber Lamron!
Lamron:	**So wie ich, meinst du wohl?**
Der Künstler:	Na ja, du weißt ja: NOMEN EST OMEN … Aber ich sehe, daß du wieder weitergemacht hast. Zeig mal her!
Lamron:	**Es ist zwar nicht gerade die große Kunst, aber es ist doch etwas, was ich ohne die Gespräche mit dir nicht geschafft hätte. Hier ist die Figur, die ich zeichnen wollte.**

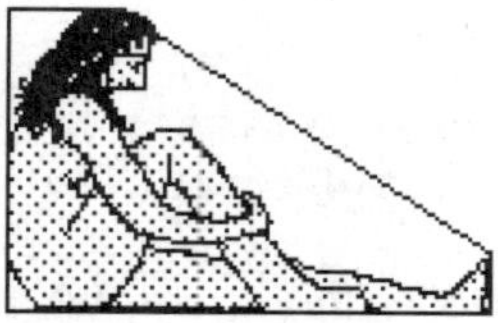

Ich konnte meinen kleinen Rahmen nicht finden, da versuchte ich, die Grundform anders zu entdecken:

Der Künstler: Interessante Idee. Bist du alleine darauf gekommen?

Lamron: **Ehrlich gesagt, ich habe sie in einem Zeichenbuch gefunden.**

Der Künstler: Jedes normale Zeichenbuch enthält eine Fülle von guten Anregungen, wenn du sie im Sinne dessen nutzt, was du über das *rechte Sehen* bereits gelernt hast.

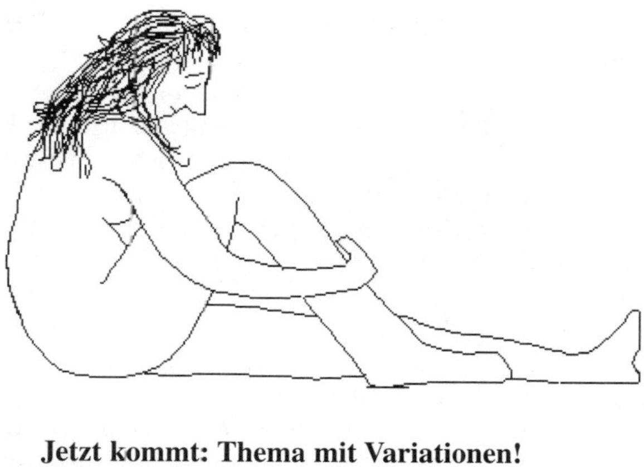

Lamron: **Jetzt kommt: Thema mit Variationen!**

Der Künstler: Probiere doch mal, *nur die Figuren* selbst zu invertieren* ohne Rechteck außen herum.

Lamron: **Also erst einfangen, dann invertieren. Aber zuerst invertiere ich die kleinen Flächen innen …**

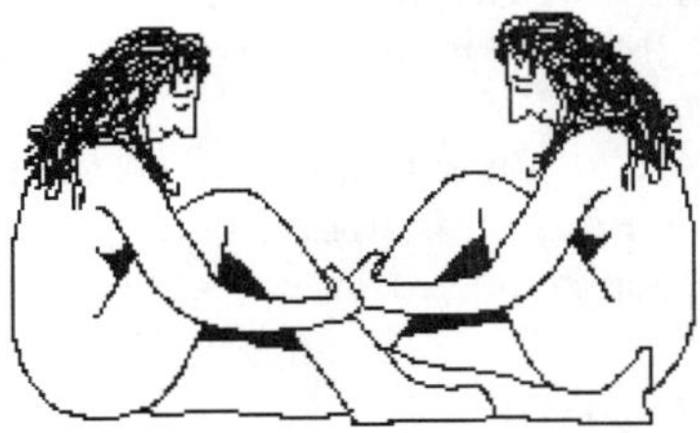

… dann werden diese nachher, wenn man die ganze Figur farblich umkehrt, sozusagen ein zweites Mal invertiert, und dann stimmt's.

Zwischenspiel: Die Nacht zum siebten Tag

Lamron: *(Träumte, daß er schlief und daß das Telefon klingelte)* **Hallo?**

* D.h., die Schwarz/Weiß-Werte zu vertauschen.

Der Künstler: Ich bin's, mein Freund.
Lamron: **Wo bist du?**
Der Künstler: Wo ich immer bin.
Lamron: **Oh … Ah, heißt das …?**
Der Künstler: Wußtest du wirklich nicht, daß ich immer ein Teil von dir war?
Lamron: **Warum hast du dann das Telefon benutzt?**
Der Künstler: Weil du es normalerweise nie merkst, wenn ich dir raten will. Mit Ausnahme dieser letzten Tage, da du selbst den Kontakt gesucht hast …
Lamron: **… weil ich bewußt versucht habe, den rechten Weg zum *Sehen* und zum Zeichnen zu erlernen?**
Der Künstler: Ja. Aber es gibt viele Situationen deines Lebens, in denen ich hilfreich sein könnte, wenn du mich lassen würdest.
Lamron: **Aber ja! Jetzt, da ich dich endlich kennengelernt habe, sehe ich das natürlich.**
Der Künstler: Dann leg den Hörer sofort auf!
Lamron: **Aber …**
Der Künstler: Kein „Aber"! Vertrau mir, bitte.
Lamron (legt den Hörer mit einem leisen Seufzer auf die Gabel).
Der Künstler: Lamron?
Lamron: **Oh! Du bist wirklich immer da, nicht wahr?**
Der Künstler: Ja, und ich werde immer bei dir bleiben.

Am nächsten Morgen, beim Aufwachen, weiß Lamron absolut nichts mehr von dem Traum. Er kann auch gar nichts wissen, weil es ihn genaugenommen gar nicht gibt. Schließlich ist er nur das Gleichnis, welches Ihnen helfen soll, Ihrem eigenen Künstler auf die Schliche zu kommen …

Der SIEBTE und LETZTE Tag

Lamron: **Mensch, bin ich froh, daß wir wieder da sind. Ich hatte schon Angst, daß es uns gar nicht gibt!**
Der Künstler: *(Lächelt leise)*
Lamron: **Geh nie wieder fort, hörst du …?**
Übrigens: Ist dies das Ende?

Der Künstler: Nein, es ist nur ein Anfang …
Lamron: *(Lächelt, ohne es zu merken …)*

Nun, liebe Leser, wenn Ihnen das keinen Appetit macht, dann sollten Sie vielleicht andere rechtshirnige Trainings-Möglichkeiten suchen; zum Beispiel die **Musik**. Wenn Sie eine Melodie summen, singen, pfeifen oder auf einem Instrument spielen oder einem Musikstück intensiv zuhören, „telefonieren" Sie ebenfalls mit dem Künstler.

Vielleicht würden Sie lieber  **tanzen,**  **jonglieren** oder

wollen Sie lieber  **meditieren?**

Oder basteln?

Oder möchten Sie den Weg des Zen gehen, bei dem der Weg wichtiger ist als das Ziel? Das heißt, daß man **jede** noch so einfache Handlung mit vollem Bewußtsein, mit seinem ganzen Sein (also mit beiden Hirnen) ausführt wie bei der berühmten Tee-Zeremonie oder dem Bogenschießen. Aus dieser Tradition stammt der folgende Dialog*.

Schüler: Meister, wie erlange ich Erleuchtung?
Meister: Hast du deinen Reis schon gegessen?
Schüler: Ja, Meister.
Meister: Dann geh und wasche die Schale.

* Nach A.W. Watts

T – Kategorien-Torten© zeichnen

Vorbemerkung – wichtiger Hinweis:
Um von diesem Abschnitt zu profitieren, **müssen** Sie das dahinterstehende Konzept des **Denkens in logischen Kategorien** bereits kennen. Wenn Sie dieser Idee noch nie begegnet sind, dann lesen Sie bitte unbedingt zuerst das Modul ⟿ *Kategorien-Denken*© (S. 54 ff.), **dort wird die Idee vorgestellt.** Im vorliegenden Abschnitt geht es um die von mir entwickelte Technik (eine Variante von **KaG**a©, s. auch S. 28 ff.), diese **Denk-Kategorien zu zeichnen**, z.B. in Form einer „Torte".

1. **Messer**
2. **Hut**
3. **Spazierfahrt**
4. **Blumenkohl**
5. **Baum**
6. **Lastwagen**
7. **Alkohol**
8. **Computer**
9. **Eis**
10. **Telefon**

Im Beitrag *Kategorien-Denken*© ging es um das Einsortieren dieser zehn Begriffe in nur drei Denk-Kategorien.

Wenn Sie den Abschnitt nicht gelesen haben, denken Sie doch bitte kurz darüber nach, ehe Sie weiterlesen ...?

Lernen Sie Ihre Denk-Kategorien, **schnell und spontan**, wie eine „Torte" zu zeichnen. Kümmern Sie sich anfangs keinesfalls darum, ob es „schön aussieht". Wichtig ist ausschließlich, daß Sie sich daran gewöhnen, **Ihren eigenen Denk-Prozeß sichtbar** zu machen. Je schneller dieser abläuft, desto schneller werden Sie zeichnen/schreiben, einfach weil sich Ihr Stift schneller bewegt.

Wenn wir die Beispiel-Begriffe des kleinen Experimentes (im Beitrag *Kategorien-Denken*©, S. 54 ff.) aufgreifen, dann könnte man sie z.B. wie folgt sortieren (Fallbeispiel einer Kleingruppe im Seminar):

Kategorie 1: Von Menschen geschaffen
1. Messer, 2. Hut, 6. Lastwagen, 8. Computer, 9. Eis, 10. Telefon

Kategorie 2: Kommt in der Natur vor
4. Blumenkohl, 5. Baum und 7. Alkohol

Kategorie 3: Tätigkeiten
3. Spazierfahrt.

Beim Alkohol schieden sich die Geister allerdings: Einige meinten, Alkohol käme in der freien Natur vor (*Kategorie 2*), andere dachten an *von Menschen produzierte* alkoholische Getränke (also *Kategorie 1*).

Die erste Skizze der **Kategorien-Torte**© sah in etwa so aus, wobei die Nr. 7 (*Alkohol*) in **beiden** besprochenen Kategorien aufgetaucht ist. Es ist wichtig, bei Diskussionen (mit sich oder anderen) **einen Begriff** ruhig (vorläufig) **in mehrere Kategorien** einzutragen.

Ein Fallbeispiel aus einem Seminar (nachgezeichnet)

Später können Sie neu entscheiden. Sie werden öfter manche Begriffe bewußt in mehreren Kategorien **belassen**. Oft kann nämlich **ein** Aspekt der **einen** Kategorie zugeordnet werden und **andere** Aspekte **anderen** Kategorien.

Wir wollen das nächste Beispiel angehen, damit Sie Ihre eigene Kategorien-Torte© zeichnen. Dies ist Ihre Liste (wieder in maximal drei Kategorien sortieren), aber diesmal werden Sie bitte **zeichnen** – statt Wörter in Listen zu notieren, tragen Sie sie in eine „Torte“ ein.

Bitte notieren Sie anschließend die drei Kategorien, die sich bei Ihrem Torten-Zeichnen ergeben haben:

Kategorie 1 ___________

Kategorie 2 ___________

Kategorie 3 ___________

1. **Wiener Schnitzel**
2. **Thermoskanne**
3. **Weihnachtskarte**
4. **Marmelade**
5. **Einkaufskorb**
6. **Kartoffelchips**
7. **Pillendose**
8. **Liebesbrief**
9. **Salzstangen**
10. **Predigt**

Eine mögliche Lösung*

Kategorie 1 Essbares

Kategorie 2 Geschriebenes

Kategorie 3 Behälter

Natürlich ist das Sortieren irgendwelcher Wort-Listen nur eine erste Vor-Übung, denn langfristig wollen wir wirklich wichtige Dinge in Kategorien-Torten© packen. Nehmen wir an, Sie stehen vor einer wichtigen Entscheidung, wie z.B. ein Seminar-Teilnehmer zu der Frage, ob er ein neues Produkt in sein Sortiment nehmen sollte.

---

* aus meinem Brain-Management-Seminar

Wenn wir die Frage mit einer Kategorien-Torte© angehen, dann handelt es sich jetzt um **Arguments-Kategorien:** Was spricht dafür/dagegen? Sie können die Felder z.B. mit verschiedenen Farben beschriften bzw. anmalen. In unserem Beispiel war zunächst nur das Feld *Kunden wollen es!!* mit einem Highlight-Marker eingefärbt, alles andere (die Gegen-Argumente) war weiß, wie das folgende Bild zeigt.

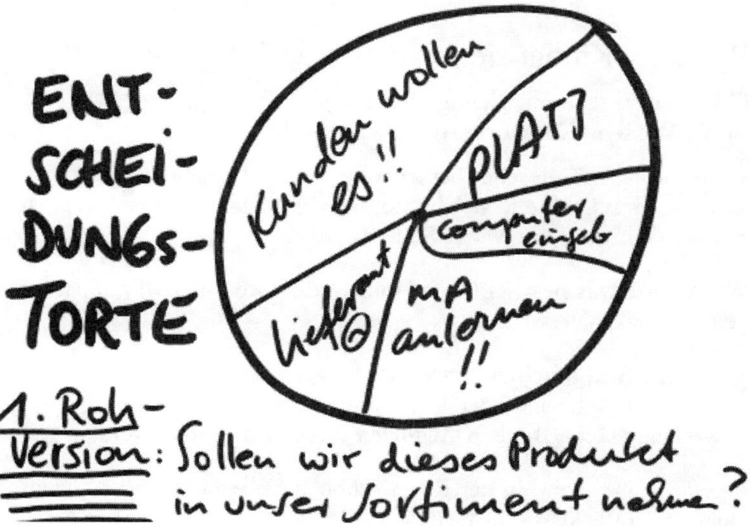

Sicher hätte man die Gründe auch untereinander schreiben können, aber **beim Zeichnen entdecken Sie weit mehr** (unter anderem auch, welche **Gefühle** diverse Möglichkeiten in Ihnen auslösen).

Unser Teilnehmer nahm die erste Torte zum Anlaß, darüber nachzudenken. Er erklärte uns: *„Also, wenn mein Gegenargument „Mitarbeiter anlernen" von einem* ***anderen*** *Lieferanten übernommen werden könnte, denn der momentan in Frage kommende ist ja ebenfalls ein* ***Gegenargument****, dann …"*

… (Er malte mit dem farbigen Filzstift weiter, noch ehe er wieder sprach.) Plötzlich sah er, daß dann die Fläche „Kunden wollen es" dermaßen anwuchs …

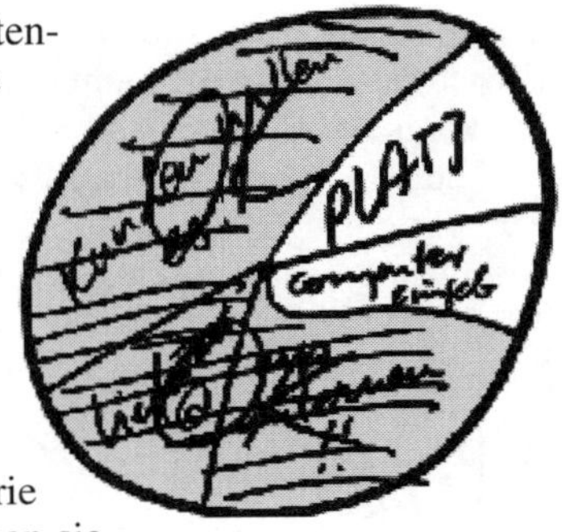

Am nächsten Tag klärte er das Lieferanten-Problem; so hatte die Seminar-Aufgabe (*Zeichnen Sie eine Entscheidungs-Torte*) geholfen, sein Problem zu lösen (→ vgl. *Kategorien-Denken©*, S. 54 ff.)

Wissens-Kategorien

Eine weitere, extrem wichtige Kategorie ist die **Wissens-Kategorie**. Wir brauchen sie, …

- um Gesagtes/Gelesenes besser wahr- und aufzunehmen und
- um Infos schnell und sicher zuordnen zu können (→ vgl. auch *Gedächtnis wie ein Netz?*, S. 43 ff.), denn:

Wenn wir etwas **be-GREIF-en** können (die Info ***im Griff*** *haben*), dann bedeutet das, daß wir …

- uns **ein Bild machen** können (→ vgl. *T – Eselsbrücken-Training*, S. 104 ff.) und/oder
- wissen, **welche Denk-Kategorien** im Netz **aktiviert** werden.

Begreifen aber heißt in der Regel schon (fast) eingespeichert, denn die Qualität der RE-KONSTRUKTION© (= Erinnern) später hängt von der Qualität der KONSTRUKTION ab (→ vgl. *A wie Anfang*, S. 21 ff.).

So stärkt schon das Zeichnen einer Info-(Wissens-)Torte das spätere Erinnern. Darüber hinaus kann eine regelmäßige Inventur von derzeit wichtigen Themen (für unser Leben) als Kategorien-Torte© uns zu Selbst-Erkenntnis verhelfen.

Man kann die Technik des **Kategorien-Torten-Zeichnens©** natürlich auch auf die **tägliche Kommunikation** übertragen. In einem meiner Seminare gab es ein altes Ehepaar, das zugegeben hatte, die meiste Zeit wie Katz und Hund zu leben. Nachdem alle Teilnehmer/innen bereits eine **Kategorien-Torte©** mit ihren **Lebens-Themen** (*Was ist in meinem Leben wirklich wichtig für mich?*) gezeichnet hatten, verglichen wir die Torten der beiden. Nun, in vielen **kleinen** Bereichen gab es Überschneidungen (Gartenarbeit, gute Küche, einen guten Tropfen Wein sowie die politische Grund-Überzeugung). In manchen Teilbereichen gab es null Überschneidung, aber die beiden ergänzten sich: **Sie** kochte, **er** backte. **Sie** kümmerte sich um die Wäsche, **er** (als ehemaliger Soldat!) bügelte!

Aber wirklich interessant war **der jeweilig wichtigste Bereich im Leben jedes dieser beiden Menschen**. Auf die Frage ***Was ist im Leben wirklich wichtig für Sie?*** lautete **seine** Antwort: ***Jagd*, ihre: *Kunst*** …

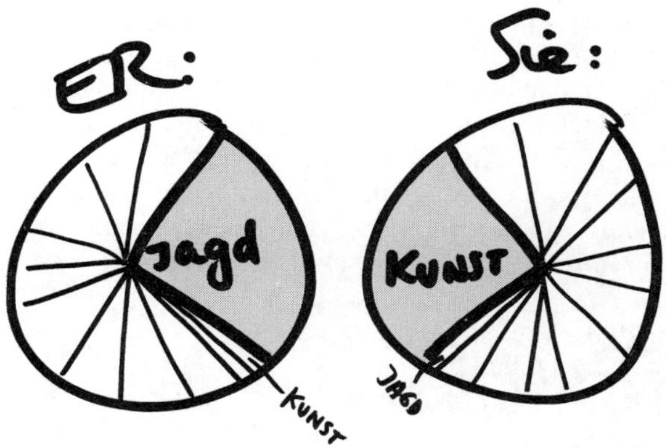

Jeder hat für das wichtigste Thema des Lebenspartners so wenig übrig, daß man den Streifen gar nicht so klein zeichnen kann …

Nun, dies muß überhaupt kein Problem für eine Partnerschaft darstellen. Dann hätte er ihr von der Jagd (dem Füttern der Tiere im Winter, Einbruch einiger Wölfe in sein Revier und vieles andere) berichten können, während die beiden mit einem Glas vor dem Kamin saßen. Und sie hätte ihm erzählen können, daß sie neulich auf eine völlig neuartige Batik-Technik gestoßen war …

Was diese beiden als besonders „schlimm" einstuften, war die Tatsache, daß sie in 60 Ehejahren miteinander niemals darüber gesprochen haben, wie sehr jede/r sich mit seinem Hauptthema isoliert fühlte … Beide waren geschockt! Mit einem Mal begriffen sie, warum sie soviel wertvolle gemeinsame Lebenszeit mit Streiten vergeudet hatten.

Vielleicht könnte eine **Kategorien-Torte©** mit der **Frage nach wichtigen Lebens-Themen** auch **Ihnen** helfen, wichtige Familienmitglieder, Freunde besser kennenzulernen? Diese Art der Kategorien-Torte© könnte in jeder Kommunikations-Situation helfen, in der beide (alle) „Parteien" einander besser kennenlernen wollen, z.B.

- Lehrer/innen könnten ihre Schüler/innen besser verstehen,
- Führungskräfte ihre Mitarbeiter (und umgekehrt!),
- Kollegen einander,
- Nachbarn und Mitbewohner – temporär (z.B. in einem Krankenhauszimmer) oder langfristig (z.B. in einem Heim).

PS: Wichtig ist, daß **alle** Betroffenen **freiwillig** mitmachen. Sie wissen, die beste Medizin kann zu Gift werden, wenn man **zuviel** nimmt. Wenn jemand bei so einer Kommunikations-Übung **nicht** mitmachen will, dann respektieren Sie dies, so daß Ihre Einladung zu einem derartigen Kommunikations-Spiel eine Einladung bleibt, die man ablehnen darf oder **mit Freude** (weil freiwillig) **annehmen kann!**

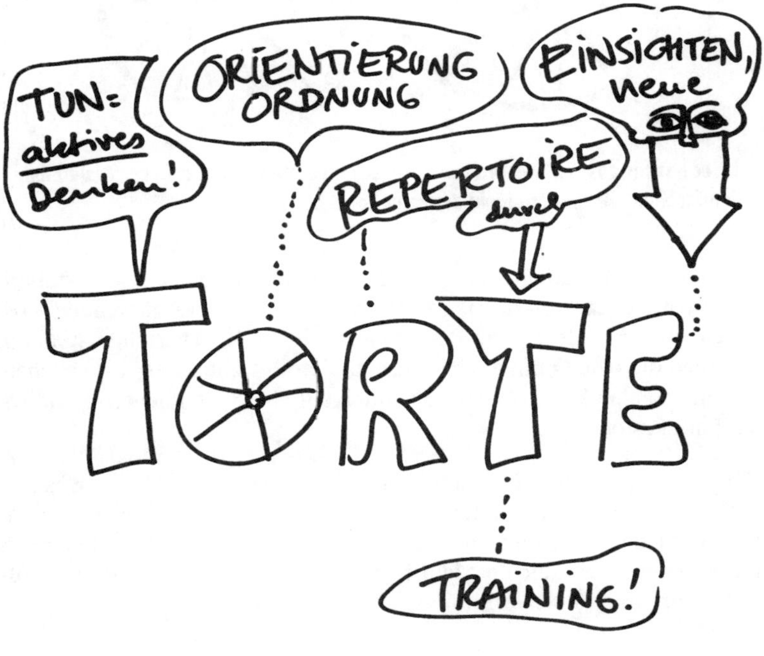

T – Kreativitäts-Technik: 90-Sekunden-Plus©

Falls Sie diese Technik (aus dem Seminar oder meinem Taschenbuch *Der Birkenbihl Power-Tag*) schon kennen: **Lesen Sie diese überarbeitete Beschreibung** und **überprüfen** Sie, ob Sie hier einen Aspekt finden, den Sie „so“ noch nicht kennen – es könnte sich lohnen (→ vgl. auch Modul *Wahrnehmungen von Wiederholungen*, S. 101 ff.).

Wenn wir kreativ nachdenken wollen, gibt es **zwei Möglichkeiten:**

1. **ENTWEDER** wir wollen ERSTE Gedanken SUCHEN. Wir beginnen bei null und fischen in unserem Wissens-Netz (→ vgl. S. 43 ff.).
   Im Klartext: Wir notieren spontan, schnell und NONSTOP, was uns einfällt! Fast immer sind die ersten 40 bis 60 (selten 90) Sekunden die REICH-haltigsten! Sie brauchen also keine 20 Minuten zu grübeln, wenn Sie erste Ideen (Assoziationen) suchen. Dies ist ja der erste Schritt (wenn wir in ein Thema einsteigen).
2. **ODER** aber wir wollen EINE spezifische Idee (vielleicht eine, die bei Punkt 1 entstanden war?) WEITER ENTWICKELN.
   In diesem Fall wollen wir bewußt länger „am Ball“ bleiben, damit ein faszinierender Ent-WICKLUNGs-Prozeß stattfinden kann. Nur so können wir EINEN Gedankengang ent-WICKELN (= das heraus-WICKELN, was sich in uns „befindet“).

In beiden Fällen wollen Sie vorhandene Fäden FINDEN, die sich in einem Wissens-Netz be-FINDEN. Arbeiten Sie **alleine**, dann wollen Sie **nur Ihr eigenes Wissens-Netz durchforsten**. Hilfe hierzu finden Sie in den folgenden Abschnitten (andernfalls lesen Sie hier weiter):

- *ANALOGRAFIE©* (S. 26 ff.),
- *T – Inneres Archiv©* (S. 132 ff.),
- *T – Kategorien-Denken©* (S. 54 ff.) und *T – Kategorien-Torten© zeichnen* (S. 162 ff.)

Jede dieser Techniken hilft, Ideen zu „generieren". **Benötigen Sie hingegen momentan unbedingt Anregungen und NEUE IMPULSE von außen**, dann ist die 90-Sekunden-Plus©-Technik für Sie die richtige. Wenn Sie die Wissens-Netze anderer „anzapfen" wollen, dann gibt es **wieder** zwei Möglichkeiten: **Erstens:** Es befinden sich Menschen in unmittelbarer Nähe, die Sie kurz befragen können. **Oder zweitens:** Sie sind derzeit allein (s.u.).

1 Zu 1: Sie befragen andere

Sie kennen den Effekt, wenn jemand ein Kreuzworträtsel löst und Sie fragt: *Ein **Wort** zu (Kategorie) mit (Anfangsbuchstaben), mit (Anzahl) Buchstaben?* Vielleicht fügt er noch hinzu: *Der vorletzte Buchstabe ist übrigens „e"*. **Sofort beginnt Ihr Geist zu rasen**, weil Ihr unsichtbarer Helfer* im Gehirn jetzt mit der Taschenlampe mit dem roten Glas in Ihrem Wissens-Netz herumleuchtet … Sie erinnern sich? (→ vgl. S. 50). So ähnlich gehen Sie jetzt vor:

> **Sprechen Sie Anwesende kurz an, Notizblock (besser eines jener Mini-Diktiergeräte) demonstrativ in der Hand. Klären Sie eindeutig: „Haben Sie 60 Sekunden Zeit?" Zücken Sie dabei einen Timer (Ihre Uhr mit Sekundenzeiger), damit der andere weiß, Sie meinen wirklich nur eine Minute! Sagen Sie dann: „Was fällt Ihnen zu (Stichwort) ein?", und drücken Sie auf den Knopf des Diktiergerätes bzw. begeben Sie sich in Schreibhaltung (Notiz-Variante).**

---

* Manche Leserinnen fragen sich jetzt vielleicht, warum es ein Helfer und keine Helferin ist. Nun, erstens können Sie die Metapher im Detail ausgestalten, wie Sie wollen, zweitens haben die Seminar-Erfahrungen gezeigt, daß auch Frauen sich gern männliche Helfer vorstellen, die brav und motiviert für sie arbeiten … Warum auch nicht? Vielleicht malen sich so manche Herren der Schöpfung hier eine attraktive Helferin aus – solange die geistigen Persönlichkeiten ihre Arbeit tun, können sie in die Rolle von Mickey Maus, Snoopy oder was immer schlüpfen. Es kann eine Menge Spaß machen, die Person zu schaffen …

Bedenken Sie bitte, daß die meisten Menschen jetzt ähnlich reagieren wie bei einer Kreuzworträtsel-Frage. Es geht gar nicht anders:

1. **Echte Fragen lösen automatisch (immer!) Denk-Vorgänge** aus, deshalb sind Fragen viel erfolgreicher als Sage-Technik*, was leider 95 % all jener, die verkaufen (beraten, überzeugen) wollen, trotz jahrzehntelanger Seminar-Arbeit noch immer nicht zu wissen scheinen.
2. **Dies gilt auch für Selbst-Befragungen**, mit deren Hilfe wir z.B. den enormen Fundus in unserem **Unterbewußtsein** ausloten können.
3. **Deshalb** wird Ihr/e Gesprächspartner/in in der Regel **laut zu denken** beginnen und seine oder ihre **ersten Assoziationen anbieten**, die Sie unbedingt **aufzeichnen**!

Nach 40 bis 60 Sekunden merken Sie, wie das Tempo nachläßt. Blicken Sie ostentativ auf Timer/Uhr und sagen Sie ganz klar und präzise,
1. daß es genug ist (z.B. „Das reicht")
2. daß Sie zufrieden sind (z.B. „Wunderbar!")
3. Ihren Dank! (Klingt banal, ist aber wichtig!)
Dann gehen Sie (weiter).

Es ist sehr wichtig, daß Sie bei solchen Ideen-Fangzügen keine normalen Gespräche führen. Sie haben gerade jemanden aus seinen Gedanken gerissen und um 60 Sekunden gebeten! Halten Sie sich unbedingt an die von Ihnen vorgeschlagene Spielregel, wenn Sie das Wissens-Netz derselben Personen öfter (regelmäßig) „anzapfen" wollen. Wenn Sie nun zwei/drei Personen in der Weise befragen, haben Sie dermaßen viele Ideen gesammelt, daß Sie jetzt wunderbar alleine weitermachen können.

Natürlich können diese Mitmenschen Sie ebenfalls jederzeit „kurz mal anhauen"!

Ihre Ausbeute an Ideen entspricht **dem** Augenblick im Seminar, wenn wir die Resultate des ersten (alleinigen) Denk-Schrittes mit unseren Nachbarn vergleichen. Wir veranstalten eine **Ideen-Börse**. **Auch hier reichen ca. 90 Sekunden.** Und auch hier soll **kein Gespräch** beginnen,

---

* Damit meinen wir echte (interessierte) Fragen im Gegensatz zu den Pseudo-Fragen, mit denen manche Wissens-Vermittelnde (Sokratische) Lehrgespräche imitieren wollen.

sonst verlieren alle den „roten Faden", wir wollen am Thema bleiben. In diesen 90 Sekunden hat jedes Mitglied eine **Menge neuer Ideen** eingesammelt, die das **ursprüngliche** Denken (oft dramatisch!) er-WEIT-ern, so daß jeder **in 90 Sekunden** mindestens 10 bis 15 Stichworte (oft weit mehr) sammeln konnte. Nun gilt:

> **Jede dieser Ideen stößt auf weitere Fäden im eigenen Wissens-Netz, und schon können wir sehr fruchtbar alleine weiterarbeiten. Denn jetzt be-REICH-ern all die schönen neuen Assoziationen unser Denken …**

2 Zu 2: Es ist niemand da …?

Vielleicht sind Sie im Büro, vielleicht auf Ihrer Terrasse – wo bekommen Sie jetzt die hilfreichen Ansprechpartner oder die liebe Kleingruppe her? Nun, es gibt per **Telefon** sowie via Internet viele weitere direkte Kontakt-Möglichkeiten (wir suchen jetzt allerdings nur solche, bei denen wir **unmittelbar Feedback erhalten**; keine E-Mails!).

Sie rufen also nach Ihren ersten 60 bis 90 Sekunden Nachdenken drei, vier Menschen an und befragen sie kurz wie eben beschrieben. Die einzelnen Schritte sind identisch (nur daß Sie am Telefon fragen müssen, ob Sie auf Tonträger aufzeichnen dürfen). **Ich rate Ihnen unbedingt dazu**, anstatt mitzuschreiben.

> **Allerdings sollten wir uns vorher mit einigen Menschen abgesprochen haben, daß wir uns gegenseitig in dieser Weise um 60 Sekunden Hilfestellung bitten dürfen.**

Ich habe ca. 20 Gesprächspartner/innen, die ich schnell mal anrufen kann, wenn ich eine Idee suche. (Auch diese Menschen können mein Wissens-Netz „anzapfen".) Im Schnitt erreiche ich von drei Personen je eine (weil andere im Meeting/außer Haus sind), aber ich kann innerhalb von ca. zehn Minuten mit einigen wenigen Kontakten sprechen, **um zwei oder drei Mal 60 Sekunden lang Assoziationen einzuholen.**

Ebenfalls wichtig sind die **Spielregeln** für solche Gespräche (auf die man sich natürlich ebenfalls vorab geeinigt hat): Man fällt ohne Begrüßungsfloskeln *(„Wie geht es Ihnen heute?“)* mit der Tür ins Haus, wie auf S. 170 beschrieben.

Wenn der andere zustimmt, entriegele ich die Pause-Taste meines Kassettenrekorders und nenne mein Stichwort: *„Das heutige Thema ist (Thema).“* An dieser Formulierung erkennen Sie, daß der Vorgang **vorher** abgeklärt sein muß. Das ist wichtig.

> **Während der/die Partner/in uns seine/ihre Assoziationen nennt, schweigen wir, weil wir sonst seine/ihre Gedankenkette stören. Dies soll schließlich kein Brainstorming (also keine gemeinsame Entwicklung von Ideen) werden! Dies ist unsere Bitte um 60 Sekunden Zeit für die ersten spontanen Assoziationen dieses spezifischen Gesprächspartners!**

Werden durch Ideen des anderen neue eigene Assoziationen ausgelöst, so notieren wir diese (schweigend!).

Wird das Tempo langsamer, also **bevor** unser Helfer beginnt, „krampfhaft“ nach weiteren Ideen zu suchen, weisen wir darauf hin, daß die Zeit abgelaufen ist, und bedanken uns.

Auch am Ende dürfen keine „echten“ Gespräche geführt werden. Dies ist sehr wichtig! **Erstens**, weil wir den anderen kurz aus irgendeinem Gedankengang herausgerissen haben. Eine Mini-Unterbrechung von 60 Sekunden kann jede/r gut verkraften. **Zweitens**, weil ja **auch wir am Thema bleiben** wollen! Oft notiere ich noch 30 bis 60 Sekunden **weitere** vom Partner **in mir** ausgelöste Ideen, ehe ich zum Hörer greife und die nächste Nummer wähle. Natürlich kann es vorkommen, daß einer dieser Helfer ein Gespräch wünscht, z.B.: *„Ich möchte gern mit Ihnen sprechen, geht es heute noch?“*, und wir **verabreden einen separaten Zeitpunkt**, aber dieses „richtige“ Gespräch muß **unbedingt später** geführt werden. **Merke:**

> **Nur wenn Sie die Spielregeln immer einhalten, haben unsere Partner die Gewähr, daß solche Ideen-Such-Telefonate innerhalb von 60 Sekunden abgeschlossen sind.**

Sie profitieren von 90-Sekunden-Plus©:

1. **Sie können jederzeit** die Ideen von **mehreren** Gesprächspartnern „anzapfen". Na ja, nachts um 3 Uhr möchten Sie wahrscheinlich nur Partner am anderen Ende der Welt anrufen (was ich z.B. regelmäßig tue, weil ich oft nachts geistig arbeite).
2. **Sie haben während** der 60 Sekunden die Möglichkeit, neue Assoziationen, die Ihr Partner **in Ihnen** ausgelöst hat, ebenfalls zu notieren. Sie zeichnen die Ideen des anderen ja auf Band auf, damit Sie jetzt frei sind, Ihre **eigenen** Ideen aufzuschreiben. Die des Partners werden Sie später notieren.
3. **Sie haben nach** dem Kurz-Telefonat die Möglichkeit, weitere eigene **Gedanken in Ihrem Inneren** zu finden (d.h. aus sich HERAUS-zu-WICKELN)!

Vergleichen Sie stundenlanges „angestrengtes Nachdenken" mit den Vorteilen von **Methode 90-Sekunden-Plus©**!

PS: Manchmal taucht die Frage auf: Warum heißt die Methode 90-Sekunden-Plus©, wenn andauernd von 60 Sekunden gesprochen wird?

Antwort: Erstens bat ich meine Gesprächspartner früher tatsächlich um 90 Sekunden, stellte aber im Lauf der Jahre fest, daß den meisten (nicht so geübten Denkern) die Luft im Schnitt schon nach 40 Sekunden ausgeht; da sind 90 Sekunden dann schon Quälerei (denn er/sie möchte ja „gut" dastehen).

Zweitens können Sie die Ausnahmen, bei denen es länger als 60 Sekunden lang sprudelt, **bewußt** erkennen (und ihnen gratulieren, weil sie abnormal sind!).

Aber auch hier sollten Sie nach 90 Sekunden bremsen, wenn Sie den anderen Menschen eben aus **einem seiner eigenen Gedankengänge herausgerissen** haben. **Merke:**

> **90 Sekunden Zwangspause kann jeder gut verkraften, danach wird es für die meisten kritisch, weil ihr „Gedankenzug" dann abgefahren ist …**

T – Memo-Listen*

Ich möchte Sie wieder einmal einladen, aktiv mitzuwirken, indem Sie sich zu diesen fünf Worten (bzw. Wortteilen) Wörter ausdenken, mit deren Hilfe Sie sich **diese Wort(teil)e gut merken** könnten. So könnte man aus **Fall** z.B. konkret vorstellbar *Fallobst* (oder *Falltüre*) bilden oder aus **Rek** vielleicht *Reklame …*?

1. Fall
2. In & Info
3. Rek
4. Mensch
5. Am

Was fällt **Ihnen** ein? Wichtig: Es müssen **leicht vorstellbare Wörter** sein. Auch möglich sind **Namen**, deren Namensträger Sie gut (vor Ihrem geistigen Auge) „sehen" können.

Da Nr. 4 („Mensch") bereits ein ganzes Wort darstellt, können Sie es erweitern oder belassen. Lassen Sie es so stehen, dann bilden Sie jedoch unbedingt eine **Vorstellung** dazu, an der das Wort *Mensch* später „dranhängt" (vgl. *etwas **am Hilfsfaden** wieder heranholen können* im Modul *T – Eselsbrücken-Training*, S. 104 ff.).

Also, was fällt Ihnen ein?

Frage: Fanden Sie die Aufgabe schwer? Sie wissen ja: Je häufiger man etwas tut, desto besser wird man auch. Training führt zu Können. Wenn so eine Aufgabe (noch) schwierig auf Sie **wirkt**, dann wird sich das mit Üben bald ändern. Täglich einige Minuten (z.B. während Sie Gassige-

---

* Memo bezieht sich auf MEMORY, eine Memo-Liste hilft zu „memorieren" (= lernen). Für diesen Beitrag ist es notwendig, daß Sie wissen, wie ein **KaWa**© „funktioniert". Im Zweifelsfall bitte erst bei *ANALOGRAFIE*© (S. 26 ff.) nachLESEN.

hen oder unter der Dusche stehen) werden bald Früchte tragen. Denn diese Fertigkeit ist notwendig, wenn Sie das in diesem Modul Beschriebene praktisch umsetzen wollen. Lesen Sie selbst!

Wenn Sie schon im **Trainings-Teil** herumgeblättert haben, dann haben Sie vielleicht die Trainings-Aufgaben zum *Bildermachen* gesehen. Soll man nun Wörter-Listen auswendig lernen, so werden normalerweise „leere“ Listen (deren Begriffe für Sie keine **Bedeutung** haben!) benutzt. Aber ich sehe das Trainieren mit derartigen „stupiden“ Wort-Listen nur als **Fingerübung**, denn die **Sonaten** bestehen darin, **Lern-Inhalte in Wort-Listen zu packen** (⇝ vgl. auch *T – Gehirn-gerecht-Machen von neuen (Lern-)Infos*, S. 115 ff.). Stellen Sie sich vor, Sie wollen sich etwas MERK-würdiges MERK-en, (z.B. daß die Banane eigentlich zur Gattung der Beeren gehört). Wenn Sie dieser Gedanke fasziniert, dann brauchen Sie ja keinerlei aktive Lern-Bemühungen zu durchlaufen, denn: Einmal wahrgenommen und begriffen = ge-MERK-t!

Wollen (oder müssen) Sie sich hingegen etwas MERK-en, das nicht MERK-würdig ist, dann können Sie es gehirn-gerecht „machen“, indem Sie es irgendwie MERK-würdig „machen“. Diese Technik ist hervorragend geeignet, wenn Sie später über die Sache eine Rede halten oder eine Prüfung absolvieren müssen (⇝ vgl. auch *T – Rhetorik & Prüfungen*, S. 206 ff.). So „packe“ ich z.B. die Wissens-Module für einen bestimmten Vortrag oft in eine **Memo-Liste** (bzw. in ein **Memo-Bild**, S. 29), diese stellt de facto meine Vortrags-**Disposition** dar (und **ersetzt die vielen Textseiten**, die die Redner zum Vortrag mitbringen!).

Bei internen Seminaren hänge ich die Wörter-Liste gerne am **Firmen-Namen des Kunden** auf. Ich weiß also später, daß die Anfangsbuchstaben dieser Memo-Wort-Liste den Kundennamen ergeben. Lassen Sie mich Ihnen diesen Prozeß anhand eines Fallbeispiels Schritt für Schritt vor Augen führen, wobei so eine Beschreibung sich um einiges „mühsamer“ lesen mag, weil sie sich ja in einem anderen Tempo vollzieht als der Denkprozeß selbst.

Zutat Nr. 1: Der Firmen-NAME

Angenommen Ihre Firma (namens *FIRMA*) bucht mich für einen Vortrag am Ende eines Meetings, bei dem diverse interne Referenten (etwas langweilig) über Interna sprechen werden. Man möchte gern ein

„Glanzlicht“, damit dieses Meeting in guter Erinnerung bleibt (von wegen *letzte Eindrücke sind bleibende!*). Das ist die Funktion eines Keynote-Speakers, die ich oft ausfülle, insbesondere bei Tagungen, zu denen meine Kunden **ihre** Kunden einladen …

Zutat Nr. 2: Der (Lern-)INHALT

Also gut, Ihre Firma (namens *FIRMA*) möchte, daß ich mich zum Thema **Zukunftstauglichkeit** äußere. Zwei der leitenden Herren waren bei meinem gleichnamigen Tages-Seminar gewesen und möchten einige der Highlights, an die sie sich besonders lebhaft erinnern, in ihre Veranstaltung transportieren. Sie faxen mir ihre Wunsch-Stichpunkte zu:

1. **Post-industrielles Zeitalter** hat bereits begonnen, die Menschheit hat wieder einen wichtigen Wende-Punkt überschritten.
2. Die ***Insider*** wissen dies jetzt schon und stellen sich darauf ein!
3. **Qualität der Ware** war ausschlaggebend im **Industrie-Zeitalter**, ist jetzt aber nur die Eintrittskarte zum Mitspielen; jetzt und in der Zukunft wird die **Qualität des Service** über (Miß-)Erfolg entscheiden.
4. Das **Info-Zeitalter** …
5. **Joel BARKERs** drei (Paradigmen-)Typen …

Ich mache einen ersten Versuch, diese Stichpunkte in den Firmen-Namen zu integrieren, wobei ich mit einem KaWa© beginne (vgl. ANALOGRAFIE©, S. 26 ff.)

Das „I“ (*Insider*) und (*Info-Zeitalter*) fliegt mir sofort zu.

Wenn Sie sich schon mit der **Denk-Technik KaWa©** befaßt haben, dann wissen Sie inzwischen, daß wir **manchmal kreativ schummeln** müssen, insbesondere wenn es gilt, bestimmte Begriffe unterzubringen, für die (zunächst) kein Buchstabe vorhanden zu sein scheint. Also lautet die kreative Aufgabe:

Wie verbinden wir die Wunsch-Stichpunkte mit den (anderen) Buchstaben von „FIRMA"?

1. F	**1. Post-industrielles Zeitalter** hat bereits begonnen, die Menschheit hat wieder einen wichtigen Wende-Punkt überschritten.
2. I = Insider! & Info-Zeitalter	**2.** Die ***Insider*** wissen dies jetzt schon und stellen sich darauf ein!
3. R	**3. Qualität der Ware** war ausschlaggebend im **Industrie-Zeitalter**, ist jetzt aber nur die Eintrittskarte zum Mitspielen; jetzt und in der Zukunft wird die **Qualität des Service** über (Miß-) Erfolg entscheiden.
4. M	**4.** Das **Info-Zeitalter** …
5. A	**5. Joels BARKERS** drei **Paradigmen-Typen** …

Ich habe (zunächst) weder ein „P" für ***post-industriell*** noch ein „Z" für ***Zeitalter***, ebensowenig sehe ich ein „Q" für ***Qualität*** des ***Service*** noch ein „S", um den ***Service*** direkt „aufzuhängen". So ähnlich **beginnt** jede Situation, in der wir eine Memo-Liste aufbauen wollen! Bitte lassen Sie mich wiederholen: Wenn ich Ihnen anhand eines Fallbeispiels zeige, wie die Gedanken ablaufen (können), dann müssen wir immer berücksichtigen: In Wirklichkeit ereignet sich dieser Prozeß weitaus schneller, als ich ihn beschreiben kann und Sie die Beschreibung lesen können! Also gleicht die Schilderung hier einer extremen Zeitlupe.

Mir fällt ein, daß die Bezeichnung *POST-INDUSTRIELL* (für **nach** dem Industrie-Zeitalter) einen **weiteren** Schritt in der langen **MENSCHHEITS**-Entwicklung darstellt, also kann ich dies bei „M" eintragen.

Ebenso fällt mir zu *Service* eine **REKLAMATIONS-Situation** von vorgestern ein, und damit habe ich die Verbindung (weil ich als Kunde mich über das mangelnde Service-Bewußtsein dieser Leute geärgert hatte!), also ist auch das „R" belegt.

Dann „hänge" ich das Thema **Qualität** an meiner **Fallbeispiel-Technik** auf, womit ich das „F" von *FIRMA* „belegen" kann!

Fehlt noch Joel Barker mit seinen drei wichtigen Gedanken über:

1. **Paradigmen-Veränderer** (= die alle HERAUS-fordern, weil sie drohen, sie aus **alten, eingefahrenen Denk-Rillen HERAUS**-zuholen),
2. **Paradigmen-Pioniere** (= die alle HERAUS-fordern, weil sie aus ihren **eingefahrenen Verhaltens-Rillen HERAUS**-holen) und
3. **Siedler** (für die es in Zukunft nichts mehr zu holen geben wird)!

Das alles „hänge" ich am „A" auf, weil Barker ein **amerikanischer** Zukunftsforscher ist. (Falls Sie sich übrigens über das „Geschmiere" wundern, dann möchte ich Sie erinnern, daß wir prinzipiell auf SCHMIER-Papier beginnen wollen (⟿ vgl. *A wie Anfang*, S. 21 ff.), damit wir uns wirklich frei fühlen! So sieht ein Original-Blatt eben aus – im Gegensatz zur End-Version!

Aus diesem „Geschmiere" ergab sich nun folgende Stichpunkt-Liste (rechts: jeweils meine Memo-Wörter; vgl. die Aufgabe am Anfang dieses Moduls, S. 175):

Ich beschreibe Ihnen nachfolgend, was ich jeweils „sehe", aber ich betone: **Eigene Assoziationen sind immer weit besser als angebotene** (vgl. *T – Eselsbrücken-Training*, S. 104 ff.). Wenn Sie also erst kurz selbst nachdenken wollen, welche mentalen Bilder diese Stichwörter in Ihnen auslösen, um dann erst mit meinen zu vergleichen … Wenn Sie vorhin mitgemacht haben, könnten Sie auch eine kleine Bilder-Sammlung basierend auf Ihren eigenen Assoziationen aufbauen, ehe Sie weiterlesen …

1. **FALLstudien** (Qualität) →	1. FALLschirm
2. **INsider**/Info-Zeitalter →	2. INnen & IN Form
3. **REKlamation** (Service) →	3. REKord (100 m Sprint)
4. **MENSCHheitsentwicklung** (post-industriell) →	4. MENSCH-ärgere-dich-nicht
5. **AMErikaner** (BARKERS Paradigmen-Typen) →	5. AMME

Also, ich sehe …

1. **Fallschirm:** Ich sehe einen **Fallschirmspringer** (es handelt sich um eine Filmszene, die mir einfiel), der auf eine Scheune kracht und …
2. **Innen:** ich sehe ihn **innen**, unverletzt und (es war ja nur ein Film!) erstaunlich gut **in Form!**
3. **Rekord (100-Meter-Sprint):** Ich sehe einen spezifischen Sieger, dessen auffälliges Trikot ich gestern abend im Fernsehen bewundern konnte. Auch in punkto „sexy Trikot" stellte er einen Rekord auf …
4. **Mensch-ärgere-dich-nicht:** Ich sehe vier *Mensch-ärgere-dich-nicht-Spiele* (die mir neulich in einem Versandhaus-Katalog auffielen): Erstens sehe ich die „alten" (normalen) Spielfiguren, zweitens sehe ich kleine **Neandertaler**, drittens **Flintstone-Figuren** und viertens **Peanut-Figuren**, also eine regelrechte **Entwicklungs-Geschichte** der Spiel-Figuren …

5. **Amme:** Ich sehe ein (Science fiction) Roman-Titelbild vor meinem geistigen Auge, auf dem eine dunkelhäutige **Amme** ein hellhäutiges Kind säugt, und wieder höre ich meine ursprüngliche akustische Assoziation, die mir beim Betrachten des Buches sofort eingefallen war, nämlich das Lied *Summertime* (aus *Porgy und Bess*).

Nun sagen manche Seminar-Teilnehmer/innen bei solchen allerersten Versuchen, sie fänden das soooooo schwer, daß sie doch lieber büffeln würden. Aber das wäre extrem schaaaaaade! Wenn wir in **anfänglicher** Frustration zu den **alten** Methoden des sturen Paukens zurückkehren, dann haben wir erstens nur **wenige Erfolgs-Erlebnisse** (und verstärken zweitens das Gefühl, wir seien blöd). Drittens investieren wir so **keinesfalls** in unsere Zukunft. *Von nix kommt ja bekanntlich nix.* Deshalb lohnt es sich! Ob Sie Eselsbrücken „bauen" lernen oder Memo-Listen, denken Sie immer wieder an **Kreuzworträtsel**: Die ersten fallen so schwer, daß die meisten Menschen gleich aufgeben. Manche „wissen" jetzt, daß sie dazu „zu doooooof" sind, andere sagen, das Kreuzworträtsel sei doooooof. Na ja. Wieder andere bleiben am Ball: Langsam wird es leichter, und **dann erst** – ich wiederhole: *und dann erst* – beginnt es, soviel Spaß zu machen, daß man es **freiwillig** tut. Der Volksmund weiß es auch: *Aller Anfang ist schwer!* Allerdings betone ich immer: *Ja,* ***aber nur*** *der Anfang!*

Wenn Sie Ihre ersten zehn Memo-Listen gebastelt haben, dann haben Sie das Schlimmste hinter sich. Wobei man auch hier ein Gruppen-Spiel (→ vgl. *T – Eselsbrücken-Training*, S. 104 ff.) ansetzen kann!

Stellen wir uns vor, dies wäre ein echter Fall, dann kommen ja oft später noch Korrekturen zustande. So können wir uns ausmalen: Ein weiteres Telefonat ergibt, daß sich die beiden Herren von dem Begriff *Insider* doch lieber distanzieren wollen, es könnte einigen Mit-Entscheidern zu elitär klingen (und wir Deutsche haben ja große Probleme mit Leistungs-Eliten!). Das Telefonat könnte auch ergeben, daß ein weiterer Gedanke aus meinem ursprünglichen Tages-Seminar noch in die Firmen-Präsentation eingearbeitet werden soll (z.B. materiell – immateriell). Mit einer Memo-Liste ist dies kein Problem. Zuletzt könnte mein **K**a**W**a© für Ihre Firma namens FIRMA so aussehen:

Memo-Wörter „machen“

Die **Umwandlung** *(Lern-)Infos → Memo-Wörter* entspricht einem Training im **Konstruieren von Eselsbrücken/Hilfsfäden** (⇝ vgl. auch T – *Eselsbrücken-Training*, S. 104 ff.).

In diesem Modul möchte ich Sie ermutigen, aus sogenannten „nackten“ Daten, Fakten, Informationen, Begriffen, Fachwörtern, Namen (von Dingen, Prozessen, Städten oder Menschen) **eigene Memo-Wörter zu bilden**, die als Ihre **Eselsbrücken/Hilfsfäden** fungieren, um die neuen Infos **vorläufig** in Ihr Wissens-Netz zu „hängen“.

Später gibt es zwei Möglichkeiten: **Entweder** Sie gehen regelmäßig mit den neuen Infos um, in diesem Fall werden sie bald in Ihrem Wissens-Netz „festwachsen“. **Oder** aber Sie brauchen die Infos erst später (z.B. weil Sie sie **nur für eine Prüfung** lernen). Auch dann zahlt es sich aus, denn das **gehirn-gerechte** Vorgehen wird es Ihnen erlauben, diese Infos in der Prüfung an ihren Hilfsfäden heranzuholen.

> ***Gehirn-gerecht*** **heißt, daß Sie Ihr Gehirn nicht mit stupiden Pauk-Vorgängen ver-GEWALT-igen. Außerdem haften die „gehefteten“ Infos weit besser als die gepaukten. Sollte es sich später herausstellen, daß Sie solche Infos wider Erwarten doch brauchen können, dann haben Sie schon erste Fäden im Netz und können demzufolge leicht dazulernen** (⇝ vgl. auch *Lernkurven gefällig?*, S. 74 ff.)

Schwerpunkt **Wörter** oder **Bilder**?

Es gibt Menschen, die sagen, sie würden lieber vom **Wort** ausgehen als von der **BILD**-lichen Vorstellung, sie sähen eigentlich keine Bilder. Zwar „sehen“ wir alle, **wenn** wir etwas begreifen, (zumindest **unbewußt**) Bilder, aber wir haben selbstverständlich immer **die Wahl.** Wir können eine Memo-Liste numerieren und jedes **Wort** als **Wort** in dieser Reihenfolge lernen (⇝ vgl. *T – Inneres Archiv*©, S. 132 ff.), oder aber wir „hängen“ die BILD-lichen Vorstellungen der einzelnen Worte an etwas „auf“ (⇝ vgl. *T – Eselsbrücken-Training*, S. 104 ff. und *T – Gehirn-gerecht-Machen von neuen (Lern-)Infos, S. 115 ff.*). **Merke:**

Wir müssen nicht entscheiden zwischen Wort und Bild. Diese Unterscheidung haben wir nur für Menschen getroffen, die sich über ihre angeblich fehlende Visualisierungs-Fähigkeit (unnötige) Sorgen machen.

Falls Sie sich fragen, ob die Listen, die schon im „alten“* *Stroh im Kopf?* angeboten wurden, einen Sinn hatten, so will ich heute antworten: Die **Tennisball-Liste** war mein roter Faden für einen Vortrag über technologische Durchbrüche in der Gehirnforschung (Titel: *Alles, was Ihr Hirn begehrt*). Es folgen die ersten fünf Begriffe mit meinen Stichworten. Es ist vollkommen egal, ob Sie die Inhalte „verstehen“, diese Liste zeigt lediglich, was sie **mir** damals bedeutete. Das ist der Knackpunkt: Eine Memo-Liste muß **uns** etwas „sagen“ (sprich: die Hilfsfäden müssen an **vorhandene** Fäden im **eigenen** Wissens-Netz angeheftet werden).

1. TENnisball = TENs-Stimulierung (wird z. B. bei Schmerz-Therapie eingesetzt)
2. MESSbecher = Gehirnwellen-MESSungen (z. B. α = 8–13 Herz)
3. SANdwich = SAN Francisco (von dort kam ein Gerät, über das ich im Vortrag sprach)
4. RADkappe = RADius (Name eines Herstellers)
5. GLÜHbirne = GLÜH-Lämpchen in Brillen der Audio-Visuellen Stimulierungsgeräte (mind machines) usw.

Natürlich hat auch die andere Liste im „alten“ *Stroh im Kopf?* eine **innere Bedeutung** für mich. Es handelte sich wieder um die Disposition für einen Vortrag, nämlich um **Merk-Bilder** für ein Seminar-Segment, in dem ich die **Macht von *Stories*** (Vergleichen, Gleichnissen, Fabeln etc.) vorstellte. (Mit *Story* meine ich sowohl Fiktion im Sinne einer Kurzgeschichte als auch die Schilderung von wahren Begebenheiten.)

* Mit *alt* meinen wir bis inkl. der 35. Auflage.

1. LAMPE
2. SPAZIERSTOCK
3. TELEFON
4. FLASCHE
5. MODELL-FLUGZEUG
6. BUCH
7. ZIGARRE
8. MESSER
9. BRIEFTASCHE
10. TEPPICH
11. EIN PAAR SKI
12. TELESKOP

Nämlich:

1. **LAMPE** = **Geist-in-der-Lampe** (und alle Geschichten, bei denen Menschen Wünsche „frei" haben), inkl. Fee-Geschichten ...
2. **SPAZIERSTOCK** das berühmte **Rätsel des Sphinx*** (Was geht zuerst auf allen Vieren, dann auf Zweien und dann auf Dreien?)
3. **TELEFON** = **Telefon-Ver-BIND-ungen** in der **Mohave-Wüste** 1969 (persönliches Erlebnis mit 20 Leuten in einer Gemeinschaftsleitung).
4. **FLASCHE** = eine **Trinker**-Story
5. **MODELL-FLUGZEUG** = eine Vater-Sohn-Geschichte, in der es um ein Modell-Flugzeug ging
6. **BUCH** = John STEINBECKS **Journal**, das parallel zum **Buch** *Jenseits von Eden* entstand ...
7. **ZIGARRE** = jemand wurde Vater und hat (in alter US-Tradition) **Zigarren** verteilt
8. **MESSER** = eine **Messerwerfer**-Geschichte
9. **BRIEFTASCHE** = ein ehrlicher Finder, der eine **Brieftasche** zurückgab ...
10. **TEPPICH** = der fliegende **Teppich** ...
11. **EIN PAAR SKI** = Reaktion einer Dame in einem Sensitivity-Training: Ich bin nur **ein Ski** (der seinen Partner verloren hat ...)
12. **TELESKOP** = eine Story, in der ein **Teleskop** eine tragende Rolle spielte

* Falls Sie denken, es müsse *der Sphinx* heißen, weil *die* Sphinx weiblich sei: Hier handelt es sich um einen **uralten Übersetzungsfehler.** Im Arabischen wird ER volkstümlich sogar *Onkel Sphinx* genannt.

So, jetzt müssen Sie nur beginnen. Mögliche Einstiegs-Aufgaben:

Aufgabe Nr. 1

(Entspricht dem Beispiel mit *FIRMA*, oben)

1. **Zählen** Sie die Anzahl der Buchstaben Ihres Namens.
2. **Listen** Sie (senkrecht) genauso viele Punkte auf (z.B. Themen, die Ihnen wichtig sind, oder Buchtitel von Lieblingsbüchern oder was Sie morgen einkaufen wollen, es ist alles möglich!)
3. **Denken** Sie sich zu den Wortanfängen MERK-Wörter aus. Dies ist eine Übung in Kreativität.
4. **Erstellen Sie ein KaWa©** zu Ihrem Namen und tragen Sie die MERK-Wörter ein.

Aufgabe Nr. 2

1. **Listen** Sie einige Infos auf, die Sie sich merken wollen (Sie könnten ja als Rollenspiel an eine Rede oder Prüfung denken). Am besten eignen sich sogenannte abstrakte Begriffe, zu denen unsere Vorstellungen in der Regel so tief im Unbewußten vergraben sind, daß wir gerne behaupten, wir hätten keine!
2. **Denken** Sie sich Begriffe aus, die Ihre **MERK-Wörter** für jene Abstrakta sein werden. Beispiel:

Ich möchte in einem Vortrag auf einem Kongreß einige wichtige Punkte am Begriff *Repertoire* aufhängen, z.B.

1. **R** = eigene RESSOURCEN → ???
2. **E** = ENERGIE-Haushalt → ???
3. **P** = POTENZ-ial → ???
4. **E** = ENT-Wicklung/Faltung → ???
   usw.

Welche an-SCHAU-lichen Wörter könnten wir uns ausdenken, um uns später an die abstrakten Begriffe zu erinnern (die den Vortrag beschreiben)? Diese **Memo-Liste** ist natürlich nicht nur für mich als Redner hilfreich sondern auch für die Teilnehmer/innen, gibt sie ihnen doch den gesamten Vortrags- (oder Seminar-)Inhalt (als **Zusammenfassung**) in die Hand. In diesem Fall habe ich folgende Memo-Wörter gebildet:

1. **R** = eigene **RESsourcen** → **RES-**taurant
2. **E = ENERGIE-Haushalt** → **ENERGIE**-Drink
3. **P = POTENZ-ial** → **POTENZ-Pille**
4. **E = ENT-Wicklung/Faltung** → **ENT**en
   usw.*

Überblick – Die Memo-Listen-Technik

1. **Zentralen Schlüssel-Begriff suchen (hier: REPERTOIRE).**
2. **Diesen senkrecht auflisten.**
3. **Inhaltlich wichtige Schlüsselwörter mit den Anfangsbuchstaben dieses Begriffs (vgl. KaWa-Technik©) bilden, z.B. *Energie-Haushalt, Programme*.**

---

* Die wichtigsten Gedanken **dieses** Vortrags mit der kompletten Memo-Liste finden Sie in meinem Beitrag in *Meilensteine zum Erfolg* (das ich mit drei anderen Referenten schrieb), vgl. Literaturverzeichnis.

4. **Memo-Wörter** (bildhaft, leicht vorstellbar) **bilden, die mit den Buchstaben beginnen (hier: RES-taurant → RES-source).**
5. **Diese Memo-Wörter in eine Liste packen – das ist die Memo-Liste!**

Diese Liste haben wir mehrmals AUF-MERK-sam durchdacht, weil wir für jeden Begriff Assoziationen suchen und/oder indem wir eine **Bilderkette, Story o.ä. bilden** und/oder indem wir **Ver-BIND-ungen** zwischen dem **Platz** in der Liste **und** dem **Wort** erschaffen, z.B. Nr. 1 = RESTAURANT, *weil ich an ein Restaurant denke, das einen 1. Preis gewonnen hat.*

Nach diesen kreativen, AUF-MERK-samen Denkvorgängen stellen wir (erstaunt?) fest, daß wir die Memo-Liste (fast beiläufig) in unser Wissens-Netz „gehängt" haben (d.h. sie bereits auswendig können). Danach können wir die ursprünglich neuen (oder abstrakten) Infos leicht „dranhängen" (wir *häkeln* also wieder mal).

Hier folgt das ganze Wort REPERTOIRE:

1. **R**essource (Res-taurant)
2. **E**nergie (Energie-drink)
3. **P**OTENZ-ial (Potenz-Pille)
4. **E**R-FOLG (**Er-**btante)
5 **R**ationale Strategien (**Rat-**geber/in)
6. **T**raining erweitert Repertoire (**Training-**sanzug)
7. **O**ptimist/**P**essimist? (**Op-**ern-gläser)
8. **I**:IST oder Mist (**MIST-**haufen)*
9. **R**eife-Prozesse (**Reife-**n)
10. **E**NT-wicklung, ENT-Faltung (**Ent-**en)

Vorteile solcher Wörter

- **Vortrag**/Rede/Präsentation
- **Prüfung**
- **Meeting**/Konferenzvorbereitung (z.B. Vorstellungs-Gespräch)
- ______________________
- ______________________
- ______________________

(Was fällt Ihnen dazu noch ein?)

* Bei Punkt 8 geht es um die Ist-Inventur (im Vergleich zum Soll). Wenn uns der Ist-Zustand nicht gefällt, dann sagen wir gerne „Mist!", deshalb nenne ich das dann den *Mist-Zustand*© und deshalb habe ich als MERK-Wort auch einen Misthaufen gewählt …

T – NEUROBICS©

(nach Lawrence C. KATZ)

(Bitte erst Kasten lesen!)
Wenn wir über ein reguläres **Gehirn-Training** nachdenken wollen, dann müssen wir zwischen drei ziemlich verschiedenen Ansätzen unterscheiden, die ich in der Reihenfolge ihres Entstehens aufliste:

1 Gehirn-gerechtes© Arbeiten (nach BIRKENBIHL*). Hier geht es **ausschließlich** darum, **Informationen so aufzubereiten, daß das Angebot der Arbeitsweise des Gehirns entspricht** (statt dagegen anzukämpfen). Dies können Lehr- und Lernmaterialien sein (wenn Sie lehren oder autodidaktisch lernen wollen), aber natürlich kann man **alles** unter diesem Aspekt sehen, von Plakaten, Anzeigen und TV-Spots über jede Seite eines **Sach-, Schul-** oder **Fachbuchs** bis hin zu **Geschäfts-**

Zwar ist dieses *„neue" Stroh im Kopf?* **modular**, aber manchmal baut doch ein Element auf einem anderen auf, so auch hier. Bitte sehen Sie sich unbedingt **vorab** zwei Textstellen an:

1. Das Modul ***FLOW©*** (S. 39 ff.). Wenn Ihnen *FLOW©* (nach CSIKSZENTMIHALYI) bekannt ist, dann lesen Sie zumindest die vorletzte Seite (S. 41).
2. Werfen Sie bitte einen Blick auf das Modul *Lernkurven gefällig?* (S. 74 ff.), insbesondere auf die **Metapher vom Trampelpfad, der zu einer Daten-Autobahn im Hirn wird.** Danke.

---

* Meine **ursprüngliche** Bezeichnung lautete ***brain-friendly*** (USA, 1969/1970), später für den deutschen Sprachraum ***gehirn-gerecht©***, später folgten ***hersenen-vriendelijk*** (1985, NL) und ***cerveau-phile*** (1988, F). Inzwischen ist der deutsche Begriff ins allgemeine Vokabular eingegangen, wobei viele, die ihn benützen, nicht wissen, was ursprünglich damit gemeint war.

briefen (insbesondere deren **Briefköpfe** und **Fußzeilen** – auch als **Fax**). Buchstäblich kann alles daraufhin „abgeklopft" werden, wie ***gehirn-gerecht***© die Darstellung (nicht) ist. Gleiches gilt für jede Info, die eine Firma, Gruppe, Organisation (inklusive Behörde!!) intern oder extern produziert (von Prospekt-Material bis hin zu Gebrauchs-Anleitungen!!*). Immer gilt: **Je weniger gehirn-gerecht das Material, desto dümmer kommt sich der arme Empfänger vor, oder er hält das Material für „zu schwer". Und umgekehrt: Ist es gehirn-gerecht, dann wird es leicht verstanden, und die Zeit vergeht allen Beteiligten wie im Fluge** (z.B. bei gehirn-gerechten Unterrichtsstunden, Vorträgen etc.).

2 **Gehirn-Jogging**© (abgekürzt: *GeJo*; nach Prof. Bernd FISCHER, Dr. Wolfgang EISENHAUER und Dr. Siegfried LEHRL): Diese 1981 entwickelte Trainings-Art soll das **Gehirn besser durchbluten**. GeJo-Aufgaben leisten für die **Fitneß des Hirns** ähnliches wie **Gymnastik** für die körperliche Fitneß. Die **GeJo-Aufgaben** sollen den Arbeitsspeicher erweitern und die Intelligenzleistung steigern. Als Zusatzeffekt wird das logische und kreative Denken gefördert.

3 **NEUROBICS**© (nach KATZ): Das ist das Thema dieses **Trainings-Moduls**. Dieser „griffige" Be-GRIFF des Hirnforschers Professor Lawrence C. KATZ wurde aus *NEURONEN* (= Gehirnzellen) und *AIROBICS* zusammengesetzt, aber im Deutschen können wir den Wortteil NEU tatsächlich auch mit *NEU* assoziieren, wie wir noch sehen werden.

Der amerikanische Neuro-Biologe (Duke University Medical Center) arbeitete früher u.a. mit Nobelpreisträger Dr. Torsten WIESEL an der Rockefeller University zusammen. Seine Kern-Kompetenz liegt auf dem Gebiet des Säugetier-Cortex (über 50 Fach-Publikationen hierzu). Zusammen mit dem Profi-Schreiber Manning RUBIN kreierte er ein

* Derzeit macht sich (auch) bei hochpreisiger **SOFTWARE** die Gewohnheit breit, **Handbücher** nur noch **elektronisch** beizulegen (so daß jeder einzelne Kunde theoretisch Hunderte von Seiten ausdrucken und ungebunden nutzen muß). Offizielle Begründung: Die meisten User würden Handbücher nicht lesen. Tatsache ist jedoch, daß Studien das Gegenteil gezeigt haben (vgl. Karen A. SHRIVER: *Dynamics in Document Design – Creating Text for Readers).*

leicht lesbares, durch Zeichnungen angereichertes Büchlein mit dem bezeichnenden Titel: *Keep Your Brain Alive* (= *[So] Halten Sie Ihr Gehirn am Leben*).* So heiter das Büchlein daherkommt, so klar ist doch die Botschaft: ***Use it or lose it!*** (Was wir nicht nutzen, verlieren wir). Dies gilt insbesondere für Säugetier-Gehirne (also auch für unsere), denn der komplexe Metabolismus im Hirn muß ständig aufrechterhalten bzw. neu aufgebaut werden, um optimal zu funktionieren! In Anlehnung an meine Metapher der Daten-Autobahn im Hirn (⇝ vgl. Modul *Lernkurven gefällig?*, S. 74 ff.): Wenn Autobahnen nicht gewartet werden, verkümmern zuerst ihre weißen Linien, dann ihre Oberflächen, somit kann man dann nur noch **langsam** über waschbrettartige **Wellenstrecken** und **Schlaglöcher** reisen. Aufs Hirn übertragen heißt das:

> **Wer vorwiegend früher erstellte Daten-Autobahnen im Gehirn benutzt, wird mit ernsten Abnutzungs-Erscheinungen im Alter rechnen müssen. Früher meinte man, das Gehirn müsse zwangsläufig mit dem Alter verfallen (sogenannte Alters-Demenz); inzwischen wissen wir, daß über 80 % der „verfallenden" Gehirne Leuten gehören, die seit langem keine neuen Daten-Autobahnen mehr gebaut haben!**

Deshalb unterscheide ich ja (seit 1979) zwischen Gehirn-**Besitzern** (die es im Schädel spazierentragen) und Gehirn-**Benutzern**, die dieses phantastische Instrumentarium im Kopf aktiv **nutzen**. Dazu gehört nun eben auch **Training**, wobei Sie viele Anregungen für Trainings-Aufgaben zu Gedächtnis und „Gehirn-Gerechtigkeit" in allen anderen T-Modulen finden, denn in diesem Modul geht es um den KATZschen Ansatz der NEUROBICS©! Seine Kernthese lautet:

> **Wenn wir uns mit einem für uns NEUEN (oder außergewöhnlichen) Thema befassen (wie auch jedes Erlernen einer NEUEN Tätigkeit oder Ausübung einer leicht veränderten Tätigkeit, ⇝ vgl. *FLOW*©, S. 39 ff.), ist dies das beste (Anti-Alzheimer-)Training, das es gibt. Denn es hält im Wortsinn unser Gehirn lebendig!**

---

* Das Buch wird voraussichtlich 2000 auf Deutsch unter dem gleichen Titel *Neurobics* im Mosaik Verlag erscheinen.

Wir wissen schon lange, daß die meisten Alzheimer-Patienten sich in den letzten 10 bis 15 Jahren **vor Ausbruch** der Krankheit mit nichts wesentlich Neuem befasst hatten. Zwar wurde dies manchmal bestritten, wenn z.B. ein betroffener Manager behauptete: „Tagtäglich habe ich mich mit NEUEN INFOS befaßt!“, aber er hatte genaugenommen **immer dieselben Daten-Autobahnen benutzt**, auf denen jeweils **andere Autos (= Detail-Infos)** entlangfuhren. Ein Training für gute Gehirn-Leistungen im Alter aber bedeutet, daß wir **ständig neue Bahnen bauen müssen**! Nicht neue Details zu alten Themen machen unser Gehirn fit für unsere eigene persönliche Zukunft*, sondern **neue Themen/ Tätigkeiten**; sonst geht die Fähigkeit, überhaupt neue Gedanken zu denken, verloren! Der Witz ist also:

> **Wer sich zu lange nicht mit wirklich neuen Dingen befaßt, so daß in diesem Gehirn zu lange keine neuen Autobahnen mehr „asphaltiert“ wurden, muß damit rechnen, daß sein (ihr) Gehirn zuerst damit beginnt, die Bau-Materialien (für Autobahnen) wegzuräumen. Sie sehen, wie gigantisch unsere Kapazität ist, weil wir diesen Abbau 10 bis 15 Jahre lang überhaupt nicht bemerken! (Darum dachte man früher, Alzheimer habe eine Inkubationsphase von 10 bis 15 Jahren.) Wenn von diesen Baumaterialien nichts mehr da ist, dann werden die Asphaltstraßen selbst auf- und abgerissen, und nun beginnen die Verfalls-Prozesse aufzufallen …**

Es gibt eine Szene bei Lewis CARROLL (*Alice hinter dem Spiegel).* Da ruft die kleine Alice völlig entsetzt aus: *„Aber das ist ja* ***unglaublich!****“* und die Königin erklärt:

> *„Kindchen, du scheinst darin keine Übung zu haben; man muß* ***trainieren, unglaubliche Dinge zu glauben.*** *Als ich in deinem Alter war, da habe ich fleißig trainiert, und manchmal schaffte ich es noch vor dem Frühstück, sechs unglaubliche Dinge zu glauben!“*

---

* Zwar brauchen wir auch diese, weil so neue Fäden ins Netz einge-BUND-en werden, was Begreifen und Merken in Zukunft erleichtert, aber in diesem Modul geht es um physiologische Fitneß im Alter!

Danah ZOHAR und Ian MARSHALL machen uns (in ihrem Buch *Quantum Society – Mind, Physics, and a new social vision*) darauf aufmerksam, daß die meisten von uns dazu neigen, sich mit Alice zu identifizieren, und die Forderung, **regelmäßig Unglaubliches zu glauben, als absurd verwerfen**. Sie schlagen jedoch vor, zu lernen, den Standpunkt der Königin einzunehmen, denn etwas überspitzt ausgedrückt können wir konstatieren: **Ein Gehirn, das nur noch „Glaubliches" zu glauben vermag, ist schon halb tot ...** Kein Wunder, daß auch KATZ unterstreicht: *NEUROBICS©* halten unser Gehirn **lebendig**. Deshalb möchte ich Sie einladen, möglichst oft zu trainieren, NEUE Ideen kennenzulernen. Dabei werden Ihnen so manche Thesen begegnen, die Sie zunächst für „total unglaublich" halten. Wiewohl Sie solche unglaublichen Dinge nicht unbedingt **glauben** müssen, sollten Sie m.E. zumindest **lernen**, sie für **theoretisch denkbar** zu halten!

Die meisten Menschen haben panische Angst davor, einen Gedanken zu denken, der **nicht in ihr Weltbild** hineinpaßt, für den sie also noch keine bevorzugte Nervenbahn (= Daten-Autobahn) besitzen; **deshalb** macht er ihnen Angst. Und: **Je weniger geübt jemand darin ist, neue Gedanken zumindest denken zu dürfen** (sprich, einen entsprechenden *Trampelpfad* entlangzugehen), **desto mehr Angst hat er**. Deshalb stellt der amerikanische Mediziner Bernie SIEGEL fest, wie sehr Menschen ihren Überzeugungen **verfallen** sind:

> **„Wenn man jemanden von seiner Überzeugung abbringen will, dann verhält er sich wie ein Süchtiger."**

NEUROBICS© in der täglichen Praxis

Der Schlüsselgedanke ist „**neu**“: **Neue** Daten-Autobahnen im Gehirn durch **neue** Gedanken oder **neue** Verhaltensweisen. Zu diesen zählen auch Sinneswahrnehmungen, z.B. ein ganz **neuer** Geruch oder ein **unbekanntes** Nahrungsmittel bietet unseren Sinnesorganen **neuen** Duft/Geschmack. Aber wir können unsere Sinne auch anders schärfen und **neue** Nervenbahnen aufbauen, indem wir z.B. „blinde Kuh“ spielen und alltägliche Tätigkeiten (wie die Türe aufsperren, hineingehen und den Lieblingssessel aufsuchen) **blind durchführen.** Ähnlich ist das alte Kinderspiel, indem wir einen Beutel mit diversen Alltags-Gegenständen füllen und dann in diesen hineingreifen und den richtigen (blind) herausholen wollen. Solche u.ä. Aufgaben dauern jeweils nur **wenige** Minuten, bringen aber immens viel. Daraus leiten sich folgende Variations-Möglichkeiten ab (das Büchlein von KATZ bietet Ihnen 83 konkrete Ideen an, die man „nachspielen“ kann, wobei diese in Ihnen beim Lesen weitere Ideen auslösen werden). Hier nur ein Überblick:

1. **Neues für die Sinne – neue Wahrnehmungen:** Trinken Sie ein Getränk, das Sie noch nie probiert haben (Papaya-Saft?), essen Sie Neues (schon einmal Sushi probiert?), riechen Sie regelmäßig Neues (Duftstoffe, auch in neuen Kombinationen, z.B. zum Aufwachen, statt Kaffee-Geruch).

2. **Neues für die Sinne – Sinnes-Verlagerungen:** Wenn Sie einen Sinn ausschalten (Ohrstöpsel oder Augen verbinden), dann können etablierte Nervenbahnen nicht „normal“ genutzt werden, also verlagert das Gehirn seine Wahrnehmungs-Tätigkeit, und Sie gewinnen neue Nervenbahnen, während Sie sich dem milden Nervenkitzel dieses Spiels aussetzen. **Leichter geht es nicht!**

3. **Neue Tätigkeiten lernen:** Lernen Sie ein neues Hobby oder eine neue Sportart, ein Musikinstrument, neue Lieder oder entdecken Sie einige der Tätigkeiten, die Ihr Lebenspartner **regelmäßig** ausführt, das kann ganz spannend werden …

4. **Neue Aspekte an alten Tätigkeiten entdecken – aus Routinen ausbrechen:** Jede Routine, aus der Sie bewußt „herausfallen", zwingt Ihr Gehirn aus alten Nervenbahnen „heraus". So können Sie z.B. einen völlig neuen Weg zur Arbeit wählen (⇝ vgl. auch S. 41 des *Flow*-Moduls). Deshalb betone ich gerne: Jede echte *HERAUS-Forderung* zwingt uns aus alten Denk- und Verhaltens-Bahnen (= bevorzugte Nervenbahnen) HERAUS, sonst sprächen wir ja von der *HIN-EIN-Forderung*! Eben deshalb stellt jede *HERAUS-Forderung* ein so gutes Gehirn-Training dar!
5. **Neue Varianten alter Tätigkeiten entwickeln (trainieren):** Perfektionieren Sie ein altes Hobby, eine Sportart, ein Spiel ... Lawrence C. KATZ trainiert sein Hirn u.a. mit **Fliegen** und mit **Fliegen-Fischen**, wobei „Fliege" in diesem Zusammenhang eine von Hunderten möglicher Köder-Arten beschreibt. Deshalb gilt Fliegen-Fischen in den USA als eine der „professionellsten" Arten zu angeln; auch für Laien (deshalb sein Wortspiel von *Fliegen & Fliegen-Fischen ...*)

PS: Neue Gedanken: KATZ geht auf das Denken neuer Gedanken so gut wie nicht ein. Zwar schlägt auch er vor, **neue Sprachen zu lernen**, weil dies gutes Training sei, aber sein Buch ist vorwiegend auf Sinneswahrnehmungen bezogen und handlungsorientiert. Das zeigen auch seine Kapitel-Einteilungen (z.B. *Nach der Arbeit, Auf dem Weg zur Arbeit ...).* Er hilft uns, **bestimmte Tagesabläufe durch Veränderungen zu Trainings-Einheiten zu machen, die wir ohne großen Zeitaufwand nebenher absolvieren können.** Aber seit man weiß, daß **Gedanken** neurophysiologisch **wie Sinneswahrnehmungen** „ablaufen", es also **auch für Ideen bevorzugte Nervenbahnen gibt**, gilt auch das Aufbrechen alter Gedankenbahnen oder der Aufbau völlig neuer Ideen-Bahnen als Gehirn-Training. Somit können Sie entscheiden, ob Sie zusätzlich zu den **sinn-** und **körper**-lichen **NEUROBICS©-Übungen** auch **geistige** in Ihr Training einbeziehen wollen ...

T – Parallel-Lernen

(Bitte ankreuzen) 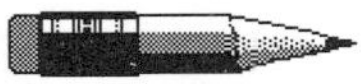

1. Würden Sie gerne einen spannenden TV-Film sehen*, während Sie *gleichzeitig* etwas lernen? ☐ Ja ☐ Nein

2. Hören Sie gerne *nebenbei* Radio/Kassetten? ☐ Ja ☐ Nein

3. Neigen Sie dazu, beim Fernsehen nebenbei noch etwas zu tun (z.B. Hand- oder Bastelarbeiten, Aufräumen, in einer Illustrierten blättern, lesen, mit anderen Menschen sprechen etc.)? ☐ Ja ☐ Nein

4. Denken Sie beim Selbstfahren (Auto, Motorrad, Fahrrad) häufig an Dinge, die mit Ihrer Fahrt nichts zu tun haben? ☐ Ja ☐ Nein

5. Können Sie einem Menschen aufmerksam zuhören, gleichzeitig jedoch bereits über Ihre Antwort nachdenken? ☐ Ja ☐ Nein

6. Möchten Sie dieses phänomenale Instrument in Ihrem Schädel möglichst optimal (aus-)nutzen? ☐ Ja ☐ Nein

Falls Sie keine einzige Frage eindeutig mit „Ja" beantworten konnten, dann überspringen Sie diesen Abschnitt.

Aha, Sie lesen ja doch weiter ... Sie wollen mehr wissen! Prima. Es gilt jetzt, drei Fragen abzuklären:

* Sicher können Sie auch „Jein" sagen, aber versuchen Sie bitte festzustellen: Neigt Ihr „Jein" in diesem Fall eher zu Ja oder zu Nein?

1. Wie und warum funktioniert Parallel-Lernen überhaupt?
2. Welche Arten von Informationen sind dazu geeignet?
3. Wieviel Lernen ist sinnvoll?

Wieviel Lernen ist sinnvoll?
Beginnen wir gleich mit der letzten Frage: *Wieviel Lernen ist sinnvoll?* Im Seminar wird oft die Frage gestellt, ob man denn nicht alles, also auch das Lernen, übertreiben könne. **Antwort**: Solange jemand mehr Lernstoff bewältigen will (oder muß), als Zeit zur Verfügung steht, ist jede Technik, die effizienteres Lernen ermöglicht, sinnvoll! Das kann vor *Prüfungen* der Fall sein, und das gilt auch für Menschen, für die *Lernen eine Notwendigkeit* ist (wie für andere Sport oder ein Hobby)! Wenn man jedoch nur wenig lernen will (z.B. Hausaufgaben), gilt: Je effizienter Ihre Technik, desto eher ist dieser begrenzte Lernstoff „geschafft", d.h. desto mehr **Zeit haben Sie für andere wichtige Dinge!** Also spricht doch absolut nichts gegen Parallel-Lernen, oder?

Welche Art von Information kann per Parallel-Lernen gelernt werden? Antwort: *Jede Art von Information, die Ihre Allgemeinbildung erweitert* (selbst wenn Sie diesen Stoff für einen Kurs lernen), also Mitschnitte von Schulfunk- oder Dokumentar-Berichten in Radio oder Fernsehen (Audio genügt meist). Auch gibt es zu einigen Wissensgebieten interessante Tonkassetten zu kaufen. Außerdem kann man sich wichtige oder faszinierende Informationen aus Lehr- oder Sachbüchern und Artikeln auf Band lesen (lassen). Last not least kann man via Parallel-Lernen *Sprache* und *Fremdsprachen* lernen. Mit *Sprache* ist Ihre Muttersprache gemeint: Wenn Sie Passagen von Autoren, deren Sprache Ihnen besonders gefällt, öfter anhören, dann werden neue Wörter und Wendungen, die Sie bisher zwar (passiv) verstanden, aber kaum angewendet haben, Teil Ihres *aktiven Vokabulars*. Oder wenn Sie sich Stellen aus Texten über Sprache (z.B. Wolf SCHNEIDER: *Wörter machen Leute*, s. Literaturverzeichnis) auf Band lesen, dann wird Ihr Gefühl für Sprachmechanismen zwangsläufig geschärft.

Wenn man bedenkt, wie viele Menschen, deren Denk-*Instrument* die **Sprache** eigentlich sein sollte (denken, sich mitteilen, delegieren, motivieren, entscheiden, verhandeln), sich „wischi-waschi" und/oder grammatikalisch falsch ausdrücken ... Und wenn man weiter bedenkt, daß

Sprache maßgeblich von *den* Vorbildern beeinflußt wird, die man *häufig* hört (liest), dann ist klar, daß regelmäßiges Hören um so erfolgreicher sein wird, je besser die „Vorlagen" sind, die Sie wählen.

Was nun „Sprachen", also **Fremdsprachen*** angeht, so gilt: Je öfter Sie kleine Szenen, Dialoge oder Geschichten hören, desto besser ist es natürlich! Aber vergessen Sie nicht, daß Radio- oder TV-Mitschnitte, deren Inhalt Sie noch gar nicht verstehen, auch hervorragend geeignet sind: Damit verschaffen Sie sich ein wenig die Atmosphäre des Landes, dessen Sprache Sie lernen; *Ihre rechte Hirnhälfte wird immer vertrauter mit den typischen Klangbildern Ihrer Zielsprache*, und plötzlich merken Sie, daß Sie bestimmte kurze Wörter schon begreifen. Also: **Jedesmal, wenn Sie Ihre Zielsprache hören, auch wenn Sie (noch) nicht alles verstehen, ist dies ein Mini-Urlaub in dem Land!**

Warum funktioniert Parallel-Lernen überhaupt?

Antwort: Um das Prinzip zu verstehen, ist es hilfreich, das Denk-Modell linkes und rechtes Hirn aus dem *„alten" Stroh im Kopf?* zur Hilfe zu nehmen (vgl. auch Anhang, S. 269 ff.). Herr Links arbeitet linear, Schritt für Schritt, detailliert. Er muß sich *konzentrieren*, d.h., er wendet sich einer Sache **ganz** zu. Nun ist die linke Hirnhälfte aber auch für **Sprache** zuständig, und unser **bewußtes Denken** ist nichts anderes als ein *Monolog des Herrn Links*. Dadurch kommt es zu einer unzulässigen und gefährlichen Schlußfolgerung, die uns sehr behindern kann, weil wir sie im Sinne der berühmt-berüchtigten selbsterfüllenden Prophezeiung immer wieder „wahrmachen" werden:

> **Da man mit Worten jeweils nur über *einen* Vorgang (gleichzeitig) nachdenken kann, schlußfolgern wir fälschlicherweise, daß man nur einen Vorgang gleichzeitig *ausführen* kann!**

Deshalb verbieten wir unseren Kindern, bei Mathematik-Aufgaben Radio zu hören! Oder wir ärgern uns über eine Freundin, die während eines Gesprächs mit uns ein kompliziertes Muster strickt. Oder wir lassen nicht zu, daß ein Kind an seinem Flugzeug weiterbastelt, wenn wir mit ihm reden wollen. (Schau mich an, wenn ich mit dir spreche!!).

---

* Details entnehmen Sie bitte meinem Taschenbuch *Sprachen lernen – leicht gemacht: die Birkenbihl-Methode* – hier ist Vokabel-Pauken **verboten!!** (21. Aufl.,1999)

Tatsache aber ist, daß man sehr wohl **mehrere Dinge gleichzeitig tun kann.** Nur: In Worte fassen läßt sich dies nicht sehr gut. Denn hier arbeitet Herr Rechts kräftig mit, der aber kann sich sprachlich (fast) nicht ausdrücken!

Wie „geht" Parallel-Lernen nun genau?
Antwort: Sie werden zwei Dinge gleichzeitig tun: die sogenante HAUPTSACHE und den sogenannten HINTERGRUND. Das heißt **nicht**, daß die **Hintergrund-Tätigkeit** weniger wichtig wäre, sondern: **Ihre Konzentration wird durch die Hauptsache beansprucht**, **damit** der Hintergrund ins **Unterbewußtsein** dringen kann. Denn das sogenannte Unterbewußtsein ist weitgehend mit der rechten Hirnhälfte identisch! Also geht es wieder einmal darum, beide Hirnhälften **gemeinsam** arbeiten zu lassen. Wenn Sie nun bewußt **sowohl** ein Fachbuch lesen als auch die Nachrichten im Radio hören wollten, dann bekämen Sie höchstwahrscheinlich Probleme*. Würden die Nachrichten jedoch im HINTERGRUND laufen, dann wären Sie erstaunt, wie viele Informationen Sie „ganz nebenbei" einspeichern!

Material: Sie benötigen ein Kassettengerät mit einem *offenen* Kopfhörer (der Umweltgeräusche durchläßt). Des weiteren benötigen Sie eine Tonkassette mit Lerninformationen. Dies könnte natürlich auch eine Sprachkassette sein. Wenn wir *Kassette* sagen, ist immer ein bespielbarer Tonträger gemeint, egal, welche moderne Technik (z.B. CD) Sie nutzen.

Vorgehen: Als HAUPTSACHE soll uns zunächst ein spannender TV-Film dienen: ein Krimi, Thriller, Western – jedenfalls ein Film, der Ihre Aufmerksamkeit voll in Anspruch nehmen kann. Gleichzeitig läuft die Kassette, allerdings **so leise**, daß Sie mühelos den Filmdialogen folgen können, ohne sich gestört zu fühlen. Jetzt folgt die einzige, aber sehr wichtige „Spielregel":

---

* Allerdings haben Untersuchungen unseres Instituts gezeigt, daß manche Leute diese Fertigkeit durch Training sehr wohl erlangen können; sogar drei Dinge können bewältigt werden, wenn die Versuchsperson stark motiviert ist und regelmäßig trainiert!

Sie dürfen keinesfalls versuchen, dem Inhalt der Tonkassette zu folgen! Konzentrieren Sie sich ausschließlich auf die Hauptsache (also in unserem Beispiel auf den TV-Film)!

Für die Leser/innen, die zunächst noch skeptisch sind, schlage ich folgenden Test vor: Besorgen Sie sich eine Tonkassette mit einem Inhalt, der für Sie so neu wie möglich ist, z.B. eine Schulfunksendung über eine Person, deren Name Ihnen völlig unbekannt ist. Testen Sie dann die Methode, indem Sie diese Kassette extrem leise parallel laufen lassen. Anschließend hören Sie sich diese Kassette einmal „echt“ an (z.B. im Auto, im Badezimmer, also neben einer Tätigkeit, die kaum Worte erfordert), und Sie werden feststellen: Es klingt vieles vertraut! Sie haben wirklich das Gefühl, große Teile schon einmal gehört zu haben. An manchen Stellen „wissen“ Sie Einzelheiten, ehe diese auf der Kassette gesagt werden, weil Sie beim Parallel-Lernen eine Menge Informationen aufgenommen hatten, ohne es zu merken!

Wenn Sie Ihre ersten Experimente hinter sich haben, dann werden Sie feststellen, daß die *Haupttätigkeit* eine zweite Lerntätigkeit sein kann. So könnte man bewußt (HAUPTSACHE) Mathe-Aufgaben lösen, während im HINTERGRUND die Englisch-Lektion erklingt. Oder man liest bewußt (HAUPTSACHE), während im HINTERGRUND Informationen zu einem anderen Thema laufen. So läuft bei mir oft Video, während ich Artikel/Bücher schreibe.

Frust? Wenn Parallel-Lernen Sie aufregt, dann lassen Sie es sein! Menschen, denen man zu lange eingeredet hat, man könne nur eine Sache auf einmal tun, werden durch Parallel-Lernen oft so nervös, daß sie weder die HAUPTSACHE noch den HINTERGRUND aufnehmen können.

Falls Sie dazugehören: Verzichten Sie auf Parallel-Lernen, aber reden Sie es bitte anderen nicht aus, die (intuitiv) dazu gefunden haben. Wenn Ihre Kinder bei den Hausaufgaben die Hitparade hören wollen, lassen Sie sie bitte! Oder wenn Ihr Partner beim Fernsehen lesen will: Werden Sie nicht „sauer“!

Übungen

Falls Sie das Gefühl haben, das Parallel-Lernen könnte für Sie durchaus in Frage kommen, Sie aber anfangs noch Probleme haben, dann können Sie durch folgende Übungen Ihre Fähigkeiten zum Parallel-Lernen erhöhen:

Übung 1 Fernsehen: Schalten Sie beim Fernsehen regelmäßig auf einen zweiten Sender um, so daß Sie quasi zwei Fernsehsendungen parallel sehen. Diese Übung zeigt Ihnen, daß Ihr Gehirn **durchaus** in der Lage ist, zwei Gedankenketten parallel (gleichzeitig) zu verfolgen.

Übung 2 Radio: Hören Sie Radio (z.B. Nachrichten) und fertigen Sie gleichzeitig eine Abschrift an, z.B. einer Sprachlektion oder eines Zeitungsartikels. Sie können sich auch einige Nachrichtensendungen auf Tonkassette mitschneiden, damit Sie ca. zehn Minuten lang an einem Stück üben können. Außerdem sind Sie dann nicht an die Zeiten gebunden, in denen Nachrichten gesendet werden!

Übung 3 Musik: Wenn Sie musikalisch sind, dann versuchen Sie doch einmal, den Text eines Liedes zur Melodie eines anderen zu singen!

Fazit:
Parallel-Lernen nützt die Fähigkeit des Gehirns, parallel vorzugehen, aus. Daher ist es gehirn-gerecht und hilft uns, unsere Fähigkeiten besser zu entwickeln.

Interessanterweise berichten Seminarteilnehmer über einige Aspekte, die anscheinend zufällig – als Nebenprodukt von Parallel-Lernen – auftauchen. Sie sehen also, es lohnt sich durchaus, es zumindest einmal zu probieren:

1. Sie können sich nach den ersten Wochen mit Parallel-Lernen weit besser konzentrieren, wenn Sie normal arbeiten!
2. Sie können einen Gedankengang „halten“, wenn Sie plötzlich durch das Telefon oder einen Menschen (Kollegen/Kunden), der in Ihr Zimmer kommt, unterbrochen werden!

3. Sie können auf mehreren Ebenen gleichzeitig denken, also z.B. sowohl die praktische als auch die theoretische Entwicklung eines Vorgangs gleichzeitig bedenken!
4. Sie werden ein besserer Kommunikationspartner, weil Sie sowohl gezielt zuhören als auch Gedanken verfolgen können, die durch die Rede des Partners ausgelöst wurden. (Während die meisten Menschen **entweder** zuhören **oder** selbst nachdenken können!)

Wenn Sie Ihre Erfahrungen mitteilen möchten, so sind Ihre Berichte höchst willkommen! Entweder an den mvg-Verlag (Fax **08 191-125-309** bzw. unter **www.mvg-verlag.de**) oder direkt an das *Institut für gehirngerechtes Arbeiten, Vera F. Birkenbihl* (Fax **08134-6385**).

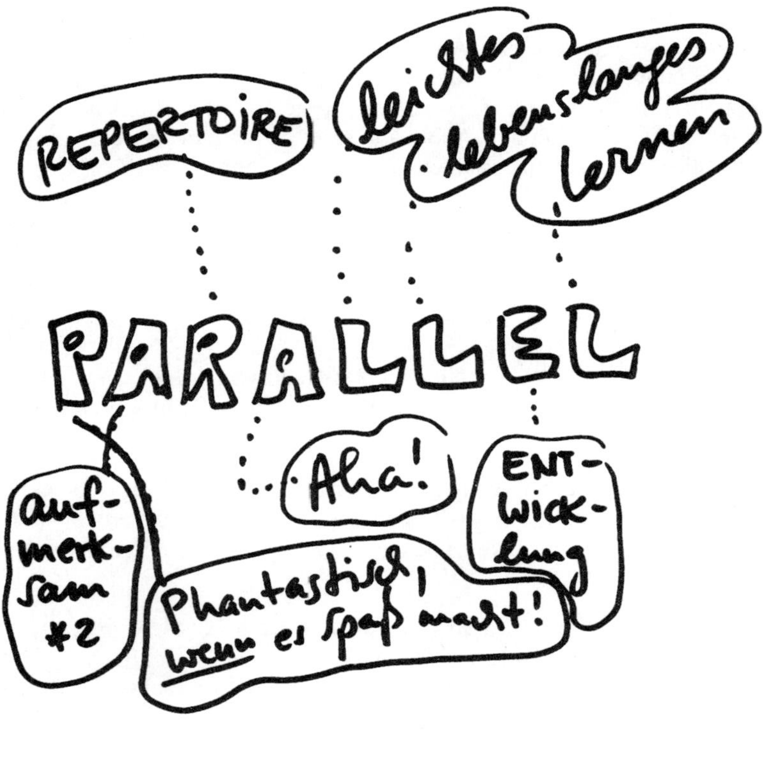

T – Positive Formulierungen

Vorstellungen sind eine Denk-Hilfe fürs Begreifen und Merken; sie sind auch ein starkes Werkzeug (um nicht zu sagen eine gefährliche Waffe), wenn es darum geht, andere Menschen zu beeinflussen. Sei dies nun im positiven Sinne (Motivation) oder im negativen Sinne (Manipulation, Propaganda). Deshalb lohnt es sich, hierüber nachzudenken.

Auch wenn Sie eine Anweisung (an sich oder andere) geben (oder wahrnehmen), machen Sie sich (unbewußt) Vorstellungen. Wiewohl Sie diese meist nicht als „Bild" wahrnehmen, beeinflussen sie Ihr Denken enorm! Beispiel:

Als Vorbereitung für spätere „Schubladen" bei **www.birkenbihl-insider.de** sieht man den Hinweis: „Nicht öffnen". Natürlich klickt jede/r sofort und öffnet die Türe. Ähnlich ist es, wenn ich Sie bitten würde, 14 Sekunden lang **keinesfalls** an ein türkises Hochzeitskleid zu denken.

Vorprogrammierte Fehler bei der Delegation

Diese Erkenntnis ist auch wichtig, wenn Sie *delegieren*. Angenommen, Sie erklären Ihrer ganzen Abteilung: *Also, bei dem neuen Fotokopierer ist vieles wie beim alten, aber Sie dürfen nie den Regler für die Kopiengröße hier (deutend) drehen, während der Wagen noch rüberläuft. Ok?* Hier wird man Ihnen ernsthaft zunicken; aber die Gefahr, daß morgen genau das passiert, ist ziemlich groß!

Motivation

Ist dies einer der Gründe, warum wir im Deutschen so furchtbar viele Verbote (Eintritt verboten) haben (müssen?). Anscheinend wird durch die negative Formulierung das Bild des Verbotenen heraufbeschworen und damit vielleicht auch der Impuls ausgelöst. Überlegen Sie einmal, welche Vorstellungen hier ausgelöst werden:

Negativ:	**Positiv:**
Rasen **nicht** betreten	Bitte Spazierwege benutzen
Unpünktlichkeit vermeiden	Bitte pünktlich sein
Nicht waschmaschinenfest	Nur mit der Hand waschen
Nichts vergeuden	Sparsam sein
Nicht zu lange reden	Fasse dich kurz!

Überlegen wir weiter:

⊖ Wenn du deinen Spinat nicht ißt, darfst du später nicht fernsehen.

⊕ Wenn du deinen Spinat ißt, dann darfst du nachher auch fernsehen.

⊖ Wenn Sie Ihr Soll nicht schaffen, bekommen Sie natürlich keinen Bonus.

⊕ Nur wer sein Soll übertrifft, hat Anrecht auf einen Bonus.

⊖ Willst du nicht endlich weniger essen?

⊕ Möchtest du ein wenig abnehmen?

Sie sehen, worauf ich hinauswill: Wählen Sie positive Formulierungen!

Aufgaben

1 Notieren Sie bitte alle Anweisungen, Verbote u.ä., die Sie regelmäßig von sich geben (an Kinder, Partner, Mitarbeiter, Kollegen).

2 Sammeln Sie einmal vier Wochen lang solche Anweisungen in Ihrem Umkreis. In Firmen sollte man auch die Anweisungen überprüfen, die Kunden regelmäßig gegeben werden (z.B. bei Einweisungen am Gerät).

3 Überprüfen Sie auch schriftliche Anweisungen (Memos, Briefe an Kunden, Gebrauchsanleitungen). Oft wimmeln diese von negativen FORM-ulierungen.

4 Fragen Sie sich, ob es sich für Sie lohnt, positive FORM-ulierungen zu üben. Es ist nämlich auch eine Geisteshaltung; nicht nur „Grammatik“ …

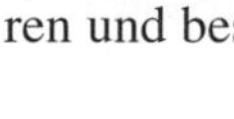
Es lohnt sich wirklich, wenn man Zeit (Energien, Ärger) sparen und besser kommunizieren* möchte.

* Weitere Anregungen finden Sie in meinen Taschenbüchern: *Kommunikationstraining, Kommunikation für Könner schnell trainiert,* Frage*technik schnell trainiert* und *Erfolgstraining.*

T–Rhetorik & Prüfungen

In diesem Trainings-Modul möchte ich Ihnen u.a. klarmachen, daß die **gehirn-gerechte (und professionelle) Vorbereitung** für eine **Rede** oder eine **Prüfung** identisch sein können! In beiden Fällen soll man später (wenn alles gut läuft) sein Material kennen und „vortragen" können. Ob schriftlich oder mündlich – je besser Sie Ihr Thema beherrschen, desto besser werden Sie abschneiden!

Deshalb bietet Ihnen dieses Trainings-Modul zwei Ansätze an:

1. **Die professionelle Vorbereitungs-Methode**, die ich von 1967 (an der Uni in Amerika) bis 1980 (inzwischen Seminarleiterin) Schritt für Schritt entwickelte und der ich meinen „Ruf" als Rednerin und meine Mitgliedschaft in der NSA (National Speakers Association, USA) verdanke. Ich habe sie seither immer sowohl zum Lernen als auch zum Vorbereiten rhetorischer „Bausteine" verwendet – ja, oft wußte ich zum Zeitpunkt des Lernens noch gar nicht, ob ich dieses Thema jeweils öffentlich referieren würde (wie in den ersten fünf Jahren meiner Studien zur Quanten-Physik).
2. **Einige wenige Rhetorik-Übungen**, die für mich zum **absoluten Minimum** gehören, wenn man **als „freie/r" Redner/in** agieren möchte – im Gegensatz zum Typ *Vorleser/in* (wobei viele nicht einmal gut ablesen können!).

Professionelle Vorbereitung: Steine-im-(Rede-)Fluß©

Vielleicht haben Sie von Leuten gehört, die über Wasser wandelten, weil sie wußten, wo die Steine im Fluß lagen. ***Steine-im-Fluß***© ist meine Metapher (mein Denk-Bild) für **Wissens-Module** in Ihrem Vortrag.* ***Steine-im-Fluß***© beschreibt **Informations-Einheiten**, die „von Wasser bedeckt" sind (z.B. **neue Infos** in Ihrem Vortrag/Seminar). Nun wissen wir, daß Neues unter Druck (oder Lampenfieber) leicht „abhanden" kommen kann, weil **neue Nervenbahnen bei Streß im Nebel „verschwinden"**.

Deshalb bietet Ihnen meine Strategie der *Steine-im-(Rede-)Fluß*© **die nötige Sicherheit**, denn **Sie** wissen genau, wo sich (unter der Wasseroberfläche) Ihre **besten *Steine*** befinden. Daher geben Ihnen diese **gut präparierten** Wissens-Module **jederzeit sicheren „Halt"** (in Ihrem Rede-**Fluß**). Je mehr ***Steine***, desto mehr Sicherheit …

Zwischen den Steinen im Fluß *fließt* natürlich Wasser. Wenn Sie z.B. gerade (*fließend*) frei sprechen und plötzlich merken, daß Sie im Begriff sind, „ins Schwimmen" zu geraten, dann können Sie **jederzeit** auf einen dieser ***Steine*** hüpfen und **die Sicherheit zurückerlangen**, die Sie jetzt benötigen. Dasselbe gilt, wenn Sie merken, daß Sie den roten Faden verlieren und „uferlos" zu schwatzen beginnen: Der rettende **Sprung** auf einen **bekannten Stein** bringt immer **auch** die Ufer (das Rahmenthema) wieder ins Blickfeld.

---

* Dies ist der leicht geänderte Text aus meinem Buch *Rhetorik – Reden für jeden Anlaß.*

Ich stelle diese Strategie seit über zwei Jahrzehnten vor, es ist mein Weg. So gehe ich **immer noch** de facto (fast) täglich vor. Das wollen viele Kollegen/innen kaum glauben, weil sie die **falsche Vorstellung** hegen, wer es einmal als Redner geschafft habe und, wie ich, zu den Top-Leuten gehört, die lange ausgebucht und „sehr teuer" sind, der müsse sich nie mehr anstrengen. Ich werde diese Einstellung nie begreifen! **Merke:**

> **Neue Infos sind für alle Redner so lange „schwierig", wie sie ihnen noch nicht vertraut sind. Ob die Redner bereits bekannt, berühmt oder völlig unbekannt sind, hat mit dem leidigen Problem, daß Neues im Vortrag zunächst anstrengend ist, absolut nichts zu tun!**

Deshalb kann ich nur immer wieder betonen: Wenn Sie sich auf einem Gebiet „hervortun" wollen (oder zu müssen glauben), dann entscheiden Sie, **wie professionell Sie es angehen wollen**. Im folgenden stelle ich Ihnen meinen Weg vor, der **gehirn-gerecht zum Erfolg** führt, so man ihn Schritt für Schritt geht. Die Entscheidung, ob Ihnen das zu „mühsam" ist, treffen Sie! Da ich jedes Jahr mehrere neue Vorträge (oder Seminar-Module) vorstelle, plaziere ich jedes Jahr neue ***Steine-im-(Rede-)Fluß***©, die erst später „poliert" werden. Wobei auf diese Weise im Laufe der Zeit eine **Menge *Steine*** zusammengekommen sind; **das zahlt sich aus**, z.B. wenn man im Fernseh-Studio sitzt und **live** Fragen der Zuseher beantwortet (vgl. einige meiner Antworten im *Birkenbihl ALPHA-Buch* bzw. in den ALPHA-Sendungen, die es auf Video gibt.). Beim Plazieren eines neuen ***Steines*** gehe ich wie folgt vor:

Schritt 1  Ich notiere **erste Stichworte** und **Grundgedanken**. Dabei entstehen natürlich jede Menge ANALOGRAFIEN© (→ vgl. *ANALOGRAFIE*©, S. 26 ff.), die mir oft faszinierende neue (weiterführende) Einsichten anbieten, die wiederum zu neuen Stichworten werden können, usw.

Zu diesem Zeitpunkt lege ich mir auch interessante Zitate zurecht, die ich vielleicht zitieren (oder paraphrasieren) möchte, und sammle weitere Materialien. Dies kann alles mögliche sein, von Zeitungs- oder Magazin-Ausrissen, fotokopierten Seiten mit Textstellen (für Zitate) über jede Menge **KaWa**©s und **KaGa**©s (→ vgl. *ANALOGRAFIE*©, S. 26 ff.) bis zu einem Buch über Zaubertricks, wenn ich einen der Tricks als **gehirn-gerechten Einstieg in ein neues Modul** (= einen ***Stein im Fluß***) verwenden will u.ä.

Man nennt heute gerne *infotainment*, was ich als *brain-friendly* und als *gehirn-gerecht* (= *der Arbeitsweise des Gehirns gerecht*) bezeichne. Deshalb hat die Anzahl der (z.T. bösen) Attacken auf meine unterhaltsame Art, Wissen zu präsentieren, langsam abgenommen. So habe ich von einem 30-Meter-Seil über Kinder-Besen und 1000-Franken-Scheine (natürlich Schweizer Franken!) bis zu einer Handpuppe schon vieles „didaktisch" eingesetzt, wenn (und das ist der springende Punkt) es neue Infos leichter ins Wissens-Netz meiner Hörer ein-BIND-en konnte!

Schritt 2  Jetzt setze ich mich, umgeben von den in Schritt 1 gesammelten Dingen vor ein **Kassettengerät** und **spreche** die **erste Rohversion** auf Band. (Ich sitze dabei gerne auf dem Bett, wo auch CHURCHILL seine Bücher schrieb.) Daneben ist ein iMac für den Fall, daß ich doch irgendeinen Text „hineinhacken" möchte, aber die meisten Vorbereitungen laufen mit Stift auf Papier, eben ***analografisch***!

Ich spreche immer frei, und ich rate Ihnen dringend, keinen Vortrag schriftlich „auszuformulieren" und abzulesen, da sonst unvermeidlich „Schreibe" entsteht, aber keine lebendige „Spreche". Wenn Ihre **Rohversion Nr. 1** fertig ist, dann ziehen Sie als erstes eine Kopie der Kassette. Nichts wäre schlimmer als ein Bandriß, wenn es einem gerade gelungen ist, einen sehr schwierigen Sachverhalt einigermaßen klar zu erläutern …

Schritt  Hören Sie diese Variante auf der kopierten Kassette **mehrmals** an, z.B. beim Gassigehen, in der Küche, auf Reisen, beim Joggen usw. Wenn Sie diese Rohversion anhören, achten Sie auf zwei Aspekte:

1. **Was ist Ihnen besonders gut gelungen?** Wo ist eine Formulierung geglückt? Ist Ihnen spontan ein schönes Fallbeispiel eingefallen? Welche Assoziationen hatten Sie? Usw. Bitte beachten Sie, daß Sie bei **jedem** Durchgang **neue** Assoziationen haben können (→ vgl. *Wahrnehmen von Wiederholungen,* S. 101 ff.), deshalb ist es sinnvoll, diese schnell (Stichpunkte genügen in der Regel) diktieren zu können. Falls Sie auf Reise sind: Die neuen Mikrophone für „freihändiges" Telefonieren mit Handy können auch mit Diktiergerät genutzt werden. Oder Sie sprechen ins Handy auf den Anrufbeantworter zu Hause. Diese Variante eignet sich für alle, die öffentlich, z.B. beim Joggen, nicht diktieren wollen, aber keine Hemmungen haben, zu telefonieren. Natürlich weiß niemand, daß Sie ins Handy diktieren.
   Jedenfalls gilt: **Halten Sie die beim Hören ausgelösten Ideen unbedingt fest.** Es ist wie mit Träumen: Wir denken „Das merke ich mir" und **merken es uns nur, wenn wir es notieren (diktieren) oder wenn wir es gehirn-gerecht verankern.** Dazu müssen Sie jedoch das Band stoppen und die Info an etwas „aufhängen", **z.B. an** einer Tier-Liste (→ vgl. *T – Inneres Archiv©,* S. 132 ff.) oder indem Sie eine Bilderkette „basteln" u.ä.
   Wer darin bereits trainiert ist, geht diesen Weg, denn er stellt weiteres Training im **gehirn-gerecht-Machen** von neuen (Lern-)Infos dar (→ vgl. auch das gleichnamige T-Modul, S. 115 ff.). Allen anderen empfehle ich, vorläufig noch ein externes „Gedächtnis" zu verwenden und sich momentan auf das Abhören ihres Kassetten-Vortrages zu konzentrieren, sonst wird leicht eine *parallele Situation* daraus (→ vgl. *T – Parallel-Lernen*, S. 196 ff.), und die liegt nicht jedem. Stellen Sie auch fest:
2. **Was gefällt Ihnen (noch) nicht?** Das fällt Ihnen in der Regel ab dem zweiten Anhören erst auf. Beim ersten sind wir oft noch von unserer

eigenen Brillanz beeindruckt. Vor allem am Anfang, wenn wir die Übung die ersten Male machen. Deshalb suchen Sie jetzt, beim kritischen Abhören, die Schwachstellen.
Merke: Was Ihnen beim zweiten, dritten und vierten Durchgang unangenehm auffällt (z.B. was Sie jetzt langweilt), das stört Ihre Hörer in der Regel beim ersten Hören (wie viele Versuche immer wieder gezeigt haben). Deshalb lehrt Sie dieses Vorgehen zu kürzen, am Ball zu bleiben und auf den jeweiligen Punkt zu kommen! Ich meine, besser Sie langweilen sich im Vorfeld (was Ihnen den Mut gibt, Infos herauszuschneiden, die Sie ursprünglich für notwendig gehalten hatten), als daß Sie später die Leute langweilen, die für Ihre Leistung bezahlt haben, oder?!

Schritt 4 (= vgl. Schritt 2 und 3)  Erst wenn Sie diese beiden Fragen gut beantworten können, hat es Sinn, die **nächste Rohversion** auf Band zu sprechen. Das, was Ihnen bisher **gut** gefallen hatte, das werden Sie bei der nächsten Aufnahme (fast automatisch) wieder „bringen“, eben **weil** es Ihnen gefallen hat und Sie es ja bereits mehrmals gehört haben. Und an denjenigen Stellen, an denen Sie noch schwach waren, arbeiten Sie jetzt. Sie können ja jederzeit zurückspulen und Teile neu sprechen oder pausieren, während Sie nach Worten suchen. Das ist sehr einfach.

Danach, so oft wie nötig: **Schritt 5 (= Schritt 3)**  Ich mache für manche Vorträge **einige (!!)** solcher Roh-Versionen! Ich investiere oft vier bis fünf Tage in ein 45-Minuten-Referat für einen Kongreßbeitrag (insbesondere bei neuem Material). Damit meine ich vier bis fünf **Arbeitstage**, d.h., ich fange **einige Wochen vorher** an, denn ich will ja alle Rohversions-Kassetten mehrmals hören. Ich arbeite jedoch nicht nur an diesem einen Thema. Wenn ich **Wochen vorher** mit der ersten Rohversion **anfange** mir diese Kasette auf den nächsten zwei, drei Reisen unterwegs im Auto anhöre und anschließend (zu Hause oder unterwegs) die zweite Rohversion auf Band spreche, die ich dann auf der nächsten Reise höre … Dann habe ich **oft** sechs bis sieben Roh-Versionen von einmaligen und/oder vollkommen neuen Vorträgen gemacht (in Ausnahmefällen noch mehr). Rechnen Sie mit: Sie hören jede Rohfassung mindestens zwei bis drei Mal! Wenn Sie später **vor** Ihrem **Publikum** stehen, dann gehen **Sie** das Material jetzt zum **20. bis 25. Mal** durch. So merkt kein Mensch, daß es **für Sie** vor kurzem noch **neu** war. Genaugenommen ist es ja für Sie heute im Vortrag **nicht mehr** ganz **neu**, wenn Sie Profi sind …

Wenn es um Dinge geht, die Ihnen besonders schwerfallen, dann suchen Sie sich Gesprächspartner, die Sie (nach vorheriger Absprache) spontan anrufen können. Sagen Sie, Sie seien mal wieder in den Vorbereitungen für einen neuen Vortrag, und fragen Sie, ob diese Person **jetzt** (oder sehr bald) Zeit für Sie hat. Bei solchen Telefonaten lasse ich **ebenfalls ein Kassettengerät** mitlaufen; sie stellen ja eine weitere Roh-Version dar.

Wichtig ist, daß Sie dies **nur mit ausgewählten Menschen** tun, mit denen Sie **vorher** abgeklärt haben, daß sie Ihnen als „sounding board" **helfen wollen**. Das heißt, die Funktion dieser Menschen während dieses Telefonats besteht darin,

a) Ihnen zuzuhören und
b) aktiv mitzudenken!

Diese Menschen dürfen Ihnen **jetzt nicht** jede erstbeste Assoziation erzählen, die ihnen beim Hören einfällt! **Ausnahme**: Wenn Ihnen zu einem Thema zuwenig einfällt und Sie andere anrufen, **weil Sie Ideen suchen** (⟿ vgl. auch *T – Kreativitäts-Technik 90-Sekunden-Plus*©, S. 169 ff.), dann sollen diese Menschen Ihnen jede „erstbeste" Assoziation sagen. Aber nicht, wenn Sie bereits den erarbeiteten Vortrag üben wollen. Hier wollen Sie eine andere Hilfestellung: Diese Personen helfen Ihnen am meisten, indem sie aufmerksam zuhören, Verständnis-Fragen stellen oder Einwände äußern, **wenn sie einen Fehler finden** oder etwas absolut nicht akzeptieren können. So haben Sie vielleicht behauptet, es gäbe sechs gute Gründe für (etwas), nennen aber dann nur fünf (oder gar sieben), weil Sie bei der Vorbereitung von der einen Version in die andere „umgestiegen" sind und nicht alle Teile Ihrer Notizen dies widerspiegeln. Dann soll unser Helfer natürlich sofort einhaken (*„Wo ist der **sechste** Grund?"* oder: *„Wieso **siebtens**, Sie sagten doch, es gäbe **sechs** Gründe …"* u.ä.).

Diese Menschen geben Ihnen die Gelegenheit, eine gute Roh-Version zu produzieren, bei der die Tatsache, daß Sie Ihre Gedanken einem lebendigen Menschen vortragen (nicht dem Kassettengerät), Ihren Vortrag dramatisch verbessern kann. Und weil dieser Mensch Fragen stellen oder Einwände vorbringen darf, **solange er nicht in persönliche Reflektionen** *(„Ich hatte neulich auch so eine Sache")* **verfällt**, erhalten Sie ein Gefühl dafür, ob Teile des Vortrags vielleicht noch weit unklarer sind, als Sie dachten (**oder umgekehrt!**).

Natürlich kann so ein Meeting auch **persönlich** (neudeutsch: *face to face*) stattfinden, aber wenn man weit auseinander wohnt … Außerdem arbeiten manche Menschen am Telefon konzentrierter als „in Person".

Wenn Sie regelmäßig so vorgehen, dann schaffen Sie mit der Zeit viele ***Steine-im-Fluß*©.** So werden Sie immer sicherer und souveräner, denn *im Lauf der Zeit* liegen mehr und mehr „Steine" im *Lauf des (Rede-) Flusses*, auf die Sie jederzeit springen können. **Wer nur fünf *Steine im Fluß* hat**, der hat noch relativ wenig (Aus-)Wahl, bei einer Unsicherheit zum Thema XY eine passende Assoziation zu bilden, um auf einen der fünf ***Steine*** zu hüpfen. Haben Sie hingegen *15 Steine im Fluß*, dann fällt es Ihnen bereits weit leichter, und **bei 155 Steinen gibt es kaum ein Thema,** bei dem Sie – falls Sie „ins Schwimmen" geraten sollten – **nicht lässig auf *einen* Ihrer Steine springen können!**

Wir alle kennen den alten Trick: *Schreiben lernt man nur durch Schreiben.** Analog gilt natürlich: *Reden lernt man nur durch Reden!* **Warum benehmen wir uns dann oft so**, als **könne** man am Schreibtisch sitzend mit Papier oder Computer eine hervorragende **Rede** *schreiben*? Wir wissen, daß das **nicht** geht.

Wenn Sie ein(ig)e Roh-Version(en) durchlaufen haben, dann haben Sie **wirklich** die (Selbst-)**Sicherheit**, die Sie brauchen, wenn Sie dieses Thema zum ersten Mal öffentlich vortragen bzw. in einem richtigen Meeting ansprechen wollen.

---

* Inzwischen kennen wir eine bedeutsame Ausnahme, denn: Sogar Lesen lernt man durch Schreiben, vgl. S. 89 ff.!)

Exkurs: Tip für Kollegen/Trainer oder Redner

Schneiden Sie Ihre eigenen Veranstaltungen ab und zu mit! Der **Ton** reicht vollkommen. Heutzutage hat es sich eingebürgert, daß jeder (inkl. der Redner selbst!) mitschneiden kann. Bei kleinen Gruppen möchten Sie jedoch vielleicht mit Ihren Teilnehmer/innen darüber sprechen. Erklären Sie ihnen, daß auch Sie an sich arbeiten und daß Sie das nur für sich aufzeichnen. Betonen Sie, daß Sie eigene Schwachstellen nur finden können, wenn Sie Ihren Vortrag im nachhinein hören. Fragen Sie, ob die Gruppe etwas dagegen hat. **Die Gruppe hat in der Regel nicht nur gar nichts dagegen,** die Teilnehmer/innen finden es sogar toll, daß auch ein/e Trainer/in an sich arbeitet. Ein besseres Signal können Sie gar nicht senden.

Wenn Sie solche Mitschnitte haben und diese z.B. auf Reisen, im Auto wieder hören, **sammeln Sie auch emotionale Reaktionen**. So stellen Sie beim Abhören vielleicht mit großem Erstaunen fest, daß Sie an bestimmten Stellen (Zwischen-)**Applaus, Gelächter** oder andere Anzeichen von Betroffenheit „geerntet" haben. Sie wissen zwar nach dem Vortrag, daß „einiges" besonders gut aufgenommen worden ist, aber bei den Zufalls-Treffern weiß man später oft nicht mehr, welche Gedanken es konkret gewesen sind. Dies ist um so wichtiger, je mehr Sie **frei sprech-denkend** (vgl. S. 215 ff.) arbeiten!

Testen Sie in weiteren Vorträgen in den nächsten Tagen und Wochen, **ob** Sie **beim nächsten Mal** eine ähnliche Reaktion „ernten". Wenn **ja**, dann wollen Sie dies als kleinen ***Stein*** in den Fluß legen. **So sammeln Sie** einige Rede-Elemente **mit vorhersagbaren emotionalen Reaktionen!** Auf diese Weise entwickeln Sie im Laufe der Zeit unterschiedliche „Steine" im Fluß: „funny stones", „serious stones" usw. Diese können Sie später **jederzeit gezielt** „anspringen", je nachdem, ob Sie gerade einen ernsthaften oder eher leichteren Touch benötigen.

So sprach ich z.B. in meinem Video-Vortrag *Viren des Geistes* (eine gehirn-gerechte Einführung in die neue Wissenschaft der Memetik) über Tabu-Themen in unserer Gesellschaft und merkte, daß die ca. 1000 Zuhörer im großen Physik-Hörsaal weit berührter waren, als ich vorhergesehen hatte. Eigentlich hatte ich ja noch vom größten Tabu unserer Gesellschaft (dem Tod) sprechen wollen, aber dank meines Trainings, auch emotionale Reaktionen bewußt „mitzubekommen“, registrierte ich die übergroße Betroffenheit und sprang **vorzeitig** auf den nächsten Stein *(Männer und Frauen denken anders)*. Dies ist ein Stein, der einige fast kabarettistische „Flecken“ hat, und so konnten die Zuhörer sich wieder auf „sicheres Terrain“ zurückziehen. Wobei ich davon überzeugt bin, daß die Mehrheit der Anwesenden weder registrierte, daß sie den Folge-Gedanken (vom Tod) nicht mehr gut „verkraftet“ hätten, noch daß der Männer-/Frauen-***Stein*** ihnen durch den HUMOR die innere Ruhe zurückgab …

Im zweiten Teil dieses Moduls möchte ich Ihnen ein Minimum an Rhetorik-Übungen anbieten, nämlich das sogenannte Sprech-Denken. Dabei handelt es sich um die Fähigkeit, die meine amerikanischen Redner-Kollegen als ***thinking on your toes*** bezeichnen. Dies bedeutet wörtlich *auf den Zehen(spitzen) denken* und beschreibt die ideale Haltung eines frei redenden Menschen: Er steht wie der berühmte japanische Zen-Bogenschütze: entspannt, aber bereit. Das heißt, er steht zwar auf der gesamten Fläche **beider** Füße, aber da er innerlich fast auf dem Sprung ist und da der Sprung damit beginnt, daß man das Gewicht mehr auf die Ballen verlegt (damit die Fersen sich heben können), steht man ruhig und doch (fast) federnd – und vor allem flexibel. Diese Körperhaltung geht mit einer **geistigen Flexibilität** einher* – all das steckt in der Formulierung meiner US-Freunde *(thinking on your toes)*, und genau darum geht es bei den drei kleinen Übungen, die ich Ihnen hier ans Herz legen möchte!

Rhetorik-Training:
Sprechen oder Sprech-Denken

Mit dieser Rhetorik-Übung trainieren Sie, spontan zu einem Thema zu sprechen (sprech-denken).

Vorbereitung: Es gilt, eine Methode zu finden, mit der man schnell einen **Zufalls-Begriff** erhält, mit dem man dann trainieren kann. Wenn Sie die Möglichkeit haben, in einem Buch nachzuschlagen, dann empfiehlt sich die seit Jahrzehnten als Kreativ-Trick bekannte Idee: *Buch ir-*

* Wenn Sie dieses Thema interessiert, vgl. von DÜRCKHEIM: *Hara – Die Erdmitte des Menschen* , s. Literaturverzeichnis.

gendwo aufschlagen und mit Nadel (Bleistiftspitze) blind (also ohne Hinsehen) irgendeine Stelle definieren. Dann hinsehen und das dem Punkt am nächsten liegende Wort nehmen. Manche sagen, man solle von diesem Wort das Hauptwort herleiten (wenn dort z.B. *hingebungsvoll* steht, *Hingabe* ableiten).

Eine besondere Möglichkeit möchte ich Ihnen mit den Wort-Reihen des ***Inneren Archivs***© (vgl. S. 132 ff.) vorstellen, so können Sie sich ein einfaches **Losverfahren** mit den Buchstaben A bis Z basteln, z.B. in Form von **numerierten Murmeln** (oder anderen kleinen Gegenständen wie „Flohhupferl"-Plastikchips u.ä.). Mit diesen können Sie jederzeit unauffällig (auch umgeben von Leuten, wie in einer vollen U-Bahn!) **in Ihrer Jackentasche „Lotto" spielen** (indem Sie blind eine Kugel oder einen Chip ziehen). Wenn Sie einige Wissens-ABCs© (Tiere, Berufe usw.) fest in Ihrem (Zu-)Griff haben, dann gibt der zufällig gezogene Buchstabe Ihnen Begriffe zum Üben.

Die Erfahrungen der Teilnehmer/innen, die im Pilot-Projekt das Innere Archiv© vorab testen konnten, sind sehr positiv. Denn mit den Wissens-Alphabeten© können Sie im Dunkeln üben, z.B. vor dem Einschlafen (vielleicht um sich von einem Thema abzulenken, das Sie sonst „nicht loslassen" würde). Sie können in der Badewanne liegen und kreativ oder rhetorisch „zugange sein", im dunklen Auto (wenn Sie als Beifahrer sich langweilen, aber kein Leselicht anmachen können, das den Fahrer stören würde) usw. Darüber hinaus gilt: Je mehr Sie mit dem *Inneren Archiv*© „echt arbeiten" (d.h. spielen), desto mehr wird es Ihnen bringen!

Basis-Version: Es gilt, jeweils **ca. 60 Sekunden lang frei** zu Ihrem gerade er-LOS-ten Thema/Stichpunkt zu sprechen (bzw. sprechzudenken, wenn Sie **nicht** alleine sind).

Übrigens können Sie heute in aller Öffentlichkeit Selbst-Gespräche führen, also z.B. eine Sprech-Übung laut ausführen. Wenn Sie sehr schüchtern sind, dann halten Sie einfach Ihr *Handy* (oder eine Attrappe) ans Ohr, manche benützen inzwischen auch außerhalb des Autos eine Freisprecheinrichtung, damit sie beim Joggen und wo immer freihändig quatschen können (weiterer Vorteil: Sie kochen Ihr Gehirn nicht mit der Handy-Abwärme)! Also brauchen Sie nur einen Kopfhörer und ein Miniatur-Mikro irgendwo am Kragen zu tragen, und schon können Sie laut reden, lachen und all das machen, wofür man Leute früher eingesperrt hat. Jetzt meint jeder, Sie täten es „ins Handy". Dies ist „very handy", z.B. zum Üben von (fremdsprachlichen) Texten, z.B. auch für Schauspieler, die sich früher gerne in Kellerräume oder Waldschneisen versteckten, wenn sie ihre Texte üben wollten. Ebenso günstig ist die neue Entwicklung zum Rezitieren von Gedichten und für alle Trainings-Aufgaben, bei denen lautes (oder halblautes) Sprechen optimal ist.

Variante für Fortgeschrittene: Wieder lautet die Aufgabenstellung, ca. 60 Sekunden lang frei zu Ihrem Thema zu sprechen (Sprech-denken), aber diesmal ziehen Sie mehrere Murmeln (chips), deren Begriffe Sie in Ihre Rede „einbauen" müssen. Beginnen Sie mit zwei Buchstaben und steigern Sie, solange Sie wollen. Zusatz-Gedanken:

1. **Sprech-Denken** (= innerliches „sprechen" **mit** Zungen- und Kehlkopf-**Bewegungen**) **wird vom Gehirn wie echtes Sprechen verarbeitet** (→ vgl. das Mental-Training in *T – Training, aber wie?*, S. 234 ff.).
2. **Nur 60 Sekunden?** Täuschen Sie sich nicht: 60 Sekunden können weit länger sein, als man denkt. Dies registrieren Sie besonders deutlich, wenn Sie die Profi-Variante der Übung durchspielen. Hier sagen Sie so lange „Jetzt fällt mir nichts ein", wie Ihnen nichts einfällt, Sie produzieren also keinerlei „Hmm …", „Äh" u.ä. Füll-Geräusche. Wenn Sie diese Übungen aufzeichnen und hinterher abhören, werden Sie entsetzt sein, wie viele *„Jetzt fällt mir nichts ein, jetzt fällt mir nichts ein, jetzt fällt mir nichts ein"* hintereinander passen, ehe 60 Sekunden vorüber sind!
3. **Mehr als 60 Sekunden?** Sie können natürlich auch längere Zeiträume wählen, aber beachten Sie dabei diese Regel: Wenn Sie wirklich für **freie Reden** trainieren, dann sollten Sie **immer vorher** eine Zeit-

spanne wählen und diese dann **einhalten**, weil Sie hier gleichzeitig Ihr **Zeitgefühl trainieren**. Leider haben dies zu viele Redner nicht gelernt, die auf Kongressen ihre Zeit „wüst überziehen", was das Timing für **alle** Betroffenen bei Kaffeepausen, Wiederanfangs-Zeiten etc. stark beeinträchtigt. Ähnliches gilt für nachfolgende Referenten, die ihre Redezeit oft dramatisch kürzen müssen, weil ein Vorredner (z.B. ein Politiker!) seine Zeit so maßlos überschritten hat. Deshalb sollten Sie immer auch mit einem Auge/Ohr auf die Zeit achten/hören (z.B. akustischen Timer).

4. **Timer hören!** Im Training empfehle ich sprechende Timer als Heinzelmännchen, die Ihnen die Zeit ansagen. Bei kleinen Zeit-Intervallen sprechen sie laufend, z.B. sagt meiner bei der letzten Minute: *Noch eine Minute, ... noch 50 Sekunden, ... noch 40 Sekunden* usw. bis zum Count-down am Ende: zehn – neun – acht ... Bei null ertönt dann das voreingestellte Signal (bei solchen Übungen benutze ich „Autohupe", damit das Geräusch mich laut und unangenehm daran erinnert, daß ich meine Minute überziehe, wenn ich das gerade tue). Übrigens kennen viele Teilnehmer diesen Timer vom Seminar.

5. **Mit anderen spielen?** Die Trainings-Aufgaben können Sie auch als Gruppe spielen, auf Parties (Grillfesten), aber auch „einfach so", z.B. beim Spazierengehen, in der Küche bei den Backvorbereitungen, im Whirlpool usw.

6. **Immer stehen!** Wenn Sie im Vortrag (Seminar) stehen, dann sollten Sie einige Übungen stehend durchlaufen. Zwar können Sie **auch** sitzend in Auto oder Badewanne üben, aber bei Parties marschieren die Redner nach vorne, *„fast wia im richtigen Leben"* (nach Gerhard POLT), wenn Sie die Übung als **Vorbereitung** fürs Leben sehen.

T – Sprachen lernen – gehirn-gerecht/Birkenbihl-Methode*

Das alte Sprachenlernen

Sehen wir uns das traditionelle Fremdsprachenlernen kurz an. Bitte beachten Sie, daß manche der sogenannten „modernen" Methoden die gleichen Probleme mit sich bringen wie die klassische Methode, z.B. wenn man den Lernenden sagt, sie sollten (dürften, könnten!) von Anfang an (in der Zielsprache) **sprechen**. Deshalb stellen die vielen „modernen" Methoden (wie auch manche Kassetten-Sprachkurse auf dem Markt) den Lernenden vor die gleichen Schwierigkeiten wie das Schullernen.

Die klassische Methode: Vier Schritte

1

Schritt 1: Vokabeln lernen

Problem: Von den Lernenden wird erwartet, daß sie neue Wörter aussprechen oder zumindest murmeln, von denen sie noch nicht einmal den korrekten Klang kennen. Typische Beispiele: Deutsche, die Englisch lernen, sprechen stumme Buchstaben aus, sie lernen [*knaif*] anstelle von „knife" oder [*wrait*] für „write". Wörter, die neue Laute (z.B. das „th") enthalten, werden völlig verunstaltet. Einer meiner Seminarteilnehmer erzählte, wie er ursprünglich gelernt hatte, für „although" [*altaf*] zu sagen!

Gefahr: Falsche Aussprache führt zu **zwei Nachteilen**:

1. Wenn Lernende später das Wort hören, **können sie es nicht wiedererkennen** (weil die korrekte Aussprache unbekannt ist).

* Dieser Beitrag entstand ursprünglich als Seminar-Handout, © 1970, 1984, 1993 Vera F. Birkenbihl.

2. Lernende **werden** später **nicht verstanden** (aufgrund der falschen Aussprache).

Bitte bedenken Sie, daß es sehr schwierig ist, später umzulernen, nachdem bestimmte Fehler sich bereits eingeschlichen haben.

2 Schritt 2: Der (krampfhafte) Versuch, die Lektion zu verstehen

Problem: Lernende erleben Schwierigkeiten, weil sie – sogar wenn die Vokabeln gut gelernt wurden – die Worte isoliert lernen (z.B. *put* mit **vielen** *möglichen* Übersetzungen), während im Kontext **nur eine** der Möglichkeiten den Sinn beschreibt. **Welche Übersetzung ist diesmal die richtige?**

Und wenn die Lernenden die Vokabeln nicht gut gelernt haben (was die Regel ist), werden sie sich hilflos, frustriert, ja sogar „dumm" vorkommen und erstens folgern: Fremdsprachenlernen ist sehr schwierig und zweitens: „Ich habe kein Talent dafür."

Gefahr: Dies schafft negative Erwartungen, die später „wahr" werden (sich selbst erfüllende Prophezeiung) und so solche Annahmen wiederum bekräftigen. **Ich wiederhole:**

> **Es ist schwierig, solche Annahmen später zu vergessen, deshalb ist es viel schwieriger, Menschen dazu zu bringen, mit der Birkenbihl-Methode anzufangen, als sie später bei der Stange zu halten, während normalerweise das Gegenteil zutrifft (die Leute fangen mit Enthusiasmus an, der schnell verpufft).**

3 Schritt 3: Der Versuch, zu sprechen (laut vorzulesen)

Problem: Die Lernenden sollen von Anfang an die Worte richtig aussprechen. Entweder während des Vokabelpaukens oder während des Unterrichts (die Zielsprache vom ersten Augenblick an sprechen). Diese Methode wird zwar als besonders „modern" angesehen, ist aber nicht gehirn-gerecht. Beachten Sie, daß Babys der Sprache monatelang zuhören, bevor sie versuchen, die Klänge nachzuahmen, die sie so und so oft gehört haben, während wir von Sprachenlernern erwarten, daß sie **sofort** Klänge nachahmen, mit denen sie noch gar nicht vertraut sind.

Gefahr: Lernende werden die Worte nicht nur schlecht (oder falsch) aussprechen, sondern sie werden außerdem die unangenehme Fremdheit mit Gefühlen der Frustration und des Versagens verbinden. Diese unerfreulichen Gefühle werden eng mit der Zielsprache verknüpft (oder mit dem Sprachenlernen an sich) und schaffen genau die „negative Einstellung zum Lernen“, die so viele Lehrer/Eltern als die vorrangige Ursache für schlechte Ergebnisse bezeichnen.

4 Schritt 4: Anwendung (z.B. Grammatikaufgaben)

Problem: Von den Lernenden wird erwartet, daß sie an Übungen Gefallen finden, die sie nicht mögen. Beachten Sie: Weniger als 8 % aller Menschen finden Gefallen an Grammatikübungen – nicht einmal in ihrer Muttersprache.

Gefahr: Weitere Erfahrungen von Unfähigkeit und Frustration vertiefen die Abneigung gegen die Zielsprache (oder gegen Sprachenlernen im allgemeinen).

Grundlegende Unterschiede der BIRKENBIHL-Methode© zu traditionellen Methoden

1. Die Lerner machen sich mit jedem einzelnen Aspekt vertraut, ehe sie ihn zum ersten Mal aktiv ausprobieren. Zum Beispiel werden sie im **vierten Lernschritt** zum ersten Mal sprechen, also erst nachdem sie die Bedeutung der Vokabeln völlig **verstanden** haben (Schritt 1) und sich **gründlich** mit dem **Klang** der Worte vertraut gemacht haben (Schritt 2: Hören/Aktiv und Schritt 3: Hören/Passiv).
2. Man ist immer (jeweils) nur mit **einem** Aspekt des Lernens beschäftigt. Nämlich:

   In Schritt 1: Die *Bedeutung* der Worte im Zusammenhang **verstehen** (keine isolierten Vokabeln).

   In Schritt 2: Den *Klang* der Worte mit deren *Bedeutung* **verbinden** (Hören/Aktiv).

   In Schritt 3: Diese Klänge während einer *passiven Lernphase* **fest im Unterbewußtsein verankern**. Man hört sich kleine Teile der Lektion immer und immer wieder an, während man andere Dinge tut. Stellen Sie sich das bitte vor: Sie sollen *nicht* aktiv zuhören – *Hören/Passiv* ist eine „*Hintergrund-Aktivität*", die keine Minute Ihrer kostbaren Zeit verbraucht. Passiv hören kann man während des Fernsehens, beim Lesen, bei Haus- und Gartenarbeiten, Spazierengehen usw.

3. Sie lernen nur, was Sie lernen **wollen.** Das Minimalziel ist, **die gesprochene Sprache zu verstehen**, und für einige Menschen ist das genug (z.B. um Satelliten-Programmen folgen zu können).
   Jeder Lernende entscheidet individuell, welche der drei folgenden Fähigkeiten ihn außerdem noch interessieren:
   - **sprechen,**
   - **lesen,**
   - **schreiben.**

Diese drei Aufgaben werden erst im **vierten Lernschritt** stattfinden, also erst, nachdem das *Verstehen* der *Bedeutung* und das *Wiedererkennen* des *Klangs* eines bestimmten Textes (Lektion) *einfach* geworden ist.

Die Birkenbihl-Methode©: Vier Lernschritte

1

Schritt 1: Die Bedeutung der Worte verstehen

Vorgehensweise: Die Aufgabe besteht aus einer Wort-für-Wort-Übersetzung (De-Kodierung©*), wobei wir die Übersetzung direkt unter dem jeweiligen Wort eintragen.

Falls Sie mit alten Sprachkursen arbeiten, können Sie sich den Text unter Zuhilfenahme der Vokabellisten selbst de-kodieren. Da dies aber vielen Menschen zu (zeit-)aufwendig ist, gibt es seit 1990 erste Sprachkurse, die nach der Birkenbihl-Methode© aufgebaut sind: mit **De-Kodierung** (= Wort-für-Wort-Übersetzung).

---

* Ich habe erst Jahre nach meiner Entwicklung des De-Kodierens gelernt, daß es ähnliche Versuche auch in der Vergangenheit bereits gegeben hatte. Ich nehme an, es ging den Entwicklern ähnlich wie mir anfangs: Das De-Kodieren wird von Leuten kaputtgeredet, die es nie versucht haben, weil sie behaupten, die Übersetzung müsse eine gute sein. Da die „gute" Übersetzung von *What's up?* nun mal *Was ist los?* lautet, erzeugen wir so die üblichen Fehler (*What's lose?*) statt via De-Kodieren von *Was ist auf?* zu *What's up?* zu gelangen. Wenn man diesen Punkt erreicht hat, kann man die De-Kodierung getrost vergessen (vgl. nächste Fußnote, S. 224).

Beispiel (Zielsprache: Italienisch, Ausgangssprache: Deutsch):

Parla	italiano?
Sprechen-Sie	italienisch?

Wenn Sie de-kodierte Sprachkurse besitzen: Lesen Sie die Wort-für-Wort-Übersetzung (optimal ist es, sie mit einem Textmarker hervorzuheben), um ein erstes Gefühl für die Lektion zu bekommen und sich ein Bild vom Inhalt zu machen (wobei beide Hälften des Gehirns in den Lernprozeß einbezogen werden). Auf diese Weise lernen Sie den **Inhalt** der Lektion in Ihrer **Muttersprache,** bevor Sie irgend etwas anderes in Angriff nehmen. Beachten Sie besonders:

> **Wenn Sie bereits ein ansehnliches Wissen haben, werden Sie natürlich gleich den Zielsprachentext ansehen und dabei nur diejenigen Passagen anstreichen, die Sie nicht auf Anhieb verstehen, also nur an kritischen Stellen zur Wort-für-Wort-Übersetzung „springen", während Sie die Zielsprache lesen, wenn das Verstehen schon leichtfällt.**

Aber der **Anfänger** wird sich zu Beginn völlig auf die Wort-für-Wort-Übersetzung konzentrieren, weil ja alle Wörter der Zielsprache zu diesem Zeitpunkt noch unbekannt sind.

Vorteile

1. *Sofortiges Verstehen* schafft ein positives Gefühl. Die Wort-für-Wort Übersetzung macht die neue Sprache **transparent** (in mehr als einer Hinsicht).
2. Die *Satzstruktur der Zielsprache* kann **ohne Grammatikregeln** verstanden werden (analog zum Lernen der Muttersprache damals, als Sie noch klein waren).
   In unserem Beispiel („Sprechen-Sie italienisch?") lernt man „unbewußt", daß man für die beiden Wörter „Sprechen-Sie" im Italienischen nur **ein** Wort braucht: „parla". Auf diese Weise werden Sie später *niemals* versucht sein, der Zielsprache die Sprachstruktur Ihrer Muttersprache „aufzudrücken" (was zu den typischen Standardfehlern führt, von denen alle ein Lied singen können, die mit alten Methoden Sprachen gelernt haben!).

3. Die Wort-für-Wort-Übersetzung ist eine „Krücke“, deren Sinn nur darin besteht, den Lernenden „zum Laufen zu bringen“ und die später „**weggeworfen**“ werden kann*. Beim traditionellen Fremdsprachenlernen hingegen wird das Wortpaar „zusammengeklebt“ (z.B. Tisch = table), so daß der Lernende sich auch Jahre später noch an die Übersetzung „klammert“. Mit der Wort-für-Wort-Übersetzung lernen die Lernenden sehr früh, in der Zielsprache zu *denken*, so daß mit dem Lernfortschritt das muttersprachliche „Gegenstück“ schnell „vergessen“ wird. Auf diese Weise lernen Sie nicht nur, schnell in der Zielsprache zu denken, Sie haben sich so auch die nötige Plattform für später geschaffen, wenn Sie *in der Zielsprache sprechen, fühlen, lesen* und/oder *schreiben wollen*, ohne sich ständig an die Muttersprache zu klammern.
4. Die Pseudo-Übersetzung *kann ziemlich lustig sein*. Die Faustformel sagt: **Entweder ist ein Satz (Ausdruck, Redewendung) der Muttersprache ähnlich oder er ist lustig.** Folglich: Wenn eine Struktur besonders lustig erscheint, erkennen Sie klar die **Struktur der Zielsprache**. Dieser Lernprozeß geschieht völlig „nebenbei“ ohne irgendeine bewußte „Arbeit“ des Lernenden. Beispiel:
Japaner benutzen bestimmte Partikel, die gemäß bestimmten grammatikalischen Regeln auf Hauptwörter folgen. Wenn wir die Regeln vergessen, wollen wir uns einfach an die richtige Stellung der Partikel gewöhnen, so daß wir nach einiger Zeit diese „kleinen Wörter“ genauso natürlich „empfinden“ wie ein Japaner. Bei der BIRKENBIHL-Methode© behalten wir demzufolge in der Wort-für-Wort-Übersetzung diese Partikel bei. Der Satz „Sprechen Japaner japanisch?“ stellt sich nun folgendermaßen dar:

Nihon-jin-wa nihon-go o hanashimas ka?

Japan-Menschen <u>wa</u> Japan-Sprache <u>o</u> sprechen-tun <u>ist-das-so</u>?

---

* Auf die Idee kam ich durch Ludwig WITTGENSTEIN, der davon spricht, daß die Sprache per se als Leiter angesehen werden könnte, mit deren Hilfe wir gewisse Höhen erklimmen. Wenn wir jedoch dort angekommen sind, müssen wir die Leiter wegwerfen. (*Tractatus logicus.*) So werfen wir auch die De-Kodierungs-Sprache weg, wenn wir den Punkt des Begreifens erreicht haben …

2 Schritt 2: Hören/Aktiv

Vorgehensweise: Man hört den Text vom Tonband, während man „entlang“ der Wort-für-Wort-Übersetzung liest und sich den Inhalt vorstellt. Mit anderen Worten: Sie lesen zu diesem Zeitpunkt **nur Wörter in Ihrer Muttersprache.** Im Klartext: Sie werden **nicht gleichzeitig** versuchen, sich die Schreibweise der fremden Wörter einzuprägen. Also lesen Sie z.B. „Tisch“, während Sie gleichzeitig den fremden Laut [*table*] hören.

Schritt 2 (Hören/Aktiv) bedeutet, daß der Lernende Stück für Stück den Text hört und dabei eingangs die Pause-Taste sooft wie nötig drückt, um sich den gerade gehörten Klang „einzuprägen“.

> **Wiederholtes aktives Zuhören ist einfach und ist begleitet von stetig wachsenden Erfolgserlebnissen, weil man sehr schnell mehr und mehr verstehen kann.**

Sobald die Textstellen anfangen, vertraut zu klingen, werden wir immer seltener die Pause-Taste drücken müssen, bis wir die ganze Lektion ohne Unterbrechungen hören können. Das aktive Hören ist „beendet“, wenn wir jedes Wort verstehen, und zwar ohne Hilfe der Wort-für-Wort Übersetzung.

Vorteile

1. Ab diesem Zeitpunkt ist es für den/die Lernenden **genauso leicht,** diesen Text in der Zielsprache zu hören wie in seiner Muttersprache. Dieses völlige Verstehen ist bei der BIRKENBIHL-Methode© **normal,** während es bei traditionellen Methoden ein selten erreichtes unrealistisches Ziel bleibt. Aus diesem Grund sind weltweit Milliarden von Menschen unfähig, Sprachen zu verstehen, die sie angeblich jahrelang intensiv gelernt haben – zum Beispiel im Gymnasium (wo sie oft jahrelang 6 bis 14 Stunden pro Woche investiert hatten).
2. Alle Wörter werden in einem **sinnvollen Zusammenhang** gelernt (wie einstmals in der Muttersprache). Wenn das Wort *put* in Zeile drei von Lektion 1 mit einer bestimmten Bedeutung erscheint, das gleiche Wort in der nächsten Lektion in einem anderen Zusammenhang wiederkehrt, dann erkennt der Lernende **allmählich** die vielen

Bedeutungen von *put*, ohne zu versuchen, das Wort mit einer Vielzahl seiner Bedeutungen außerhalb des Kontextes zu lernen, wie dies beim traditionellen Lernen der Fall ist (*to put = [hin-]setzen, [hin-]/[ab-]legen, [auf-]stellen, [an-]bringen ...*). Wenn es Sie interessiert, könnten Sie *put* in einem Wörterbuch nachschlagen; Sie finden spaltenweise „Übersetzungen“.

3. Es ist **außerordentlich befriedigend,** das stetig wachsende **Selbstbewußtsein** der Lernenden zu beobachten. Innerhalb kürzester Zeit sind sie in der Lage, mehr und mehr der Zielsprache zu verstehen, und auf diese Weise lernen sie auf der Meta-Ebene, *daß sie fähig sind, Fremdsprachen zu lernen.*

Unsere Erfahrung hat gezeigt, daß die meisten Lernenden nicht nur schnell in ihrer gewählten Zielsprache vorankommen, sondern daß sie häufig sogar *eine zweite und dritte Fremdsprache anfangen*, weil es ihnen ein gutes Gefühl gibt, sich zu beweisen, wie fähig sie sind. Einige unserer Kunden nennen es „süchtig werden nach Sprachenlernen“.

3 Schritt 3: Hören/Passiv

Vorgehensweise: Man hört sich kurze Abschnitte des Textes wiederholt an, aber **passiv**, d.h., ohne überhaupt bewußt hinzuhören. Während dieser Zeit ist man mit anderen Aktivitäten beschäftigt. Diese Wiederholungen sind mit modernen Tonträgern (wie CD) einfach geworden (früher mußten unsere Lerner sich Lektionsteile auf kurze Sechs-Minuten-Leerkassetten überspielen). Beachten Sie bitte besonders:

> **Die Kassetten mit dem Stoff für das passive Hören werden im Hintergrund abgespielt. Die Lautstärke kann so gering sein, daß man die Kassette gerade noch hören kann (unabhängig von anderen Geräuschen im Raum, wie z.B. Fernsehen oder Musik).**

Vorteile

1. Das Unterbewußtsein wird sich an die Aussprache gewöhnen, weil es ihr ständig ausgesetzt ist. Dieser Schritt **ahmt die Phase in unserer Kindheit nach, in der wir von unserer Muttersprache umgeben waren.**

Beachten Sie besonders: Jede Phase des passiven Zuhörens gleicht einem *Mini-Aufenthalt* im Lande Ihrer Zielsprache. Je mehr wir passiv hören, desto schneller werden wir die Herrschaft über die Zielsprache erlangen.

2. Die Lerner müssen **keine einzige Minute ihrer kostbaren Zeit** in dieses passive Zuhören investieren. Sie können **nebenbei** hören, während sie bestimmte Routinearbeiten erledigen (das Haus saubermachen, Einkaufen gehen etc.), oder sie können aktiv eine andere geistige Arbeit vollbringen, wie ein wissenschaftliches Fachgebiet studieren (in diesem Fall nennen wir das paralleles Lernen, vgl. *T – Parallel-Lernen,* S. 196 ff.), oder sie können ihre Lieblingsromane lesen oder sogar im Fernsehen einen Thriller anschauen.
3. Trotz der Tatsache, daß die Lerner während der passiven Hörperioden **nicht** bewußt zuhören, werden sie manchmal einige Worte aufschnappen (z.B. während eines ruhigen Moments im TV-Film, den man gerade ansieht). In diesem Augenblick bemerkt man, wie vertraut einem der Text inzwischen erscheint, was wiederum das **Vertrauen** in den Lernprozeß stärkt.

Diese kurzen Augenblicke sind oft von intensiven Gefühlen der Freude und des Selbstvertrauens begleitet. Auf diese Weise werden die „alten Programme" des traditionellen Lernens („Ich bin unfähig") allmählich durch „neue Programme" („Ich kann!") ersetzt, die psychologische Blockaden im Gehirn auflösen.

Die Erfahrung hat gezeigt: Diese Gefühle des Erfolgs wirken sich oft auf andere Lerngebiete (ja sogar Lebensbereiche!) aus, weil der Lernende im Verlauf ein beachtliches Selbstvertrauen gewinnt.

4 Schritt 4: Weitere Lernaktivitäten

Der Lernende beherrscht nun

a) die **Bedeutung** der Worte von der Kassette, und er hat sich
b) gründlich mit dem **Klang** vertraut gemacht (lange bevor er selbst zu sprechen versucht).

Wenn **Verstehen** alles ist, was man erreichen will, dann sind die ersten drei Schritte (pro Lektion) genug (z.B. um Satelliten-Programme zu begreifen).

Vorteil

Dieser letzte (vierte) Schritt vermittelt das **Sprechen**, **Lesen** und/oder **Schreiben** der Zielsprache. Dies ist allein **abhängig davon, welche Fähigkeiten der Lernende zu lernen wünscht.** Es gibt zahlreiche Möglichkeiten, lassen Sie mich nur einige erwähnen, z.B.

Die Chor-Methode©

Hören Sie sich die Lektion über Kopfhörer an, während Sie „im Chor" mit der Kassette sprechen.

Vielleicht erinnern Sie sich, daß man früher in der Schule durch Chorsprechen Griechisch und Latein gelernt hat! Diese Methode war gehirngerecht, wurde aber leider abgeschafft. Gottseidank können Sie dank der modernen Technik (z.B. mit Kassetten) im Chor sprechen, so daß Sie keine Klasse dazu brauchen.

Zuerst wird die Lautstärke des Wiedergabegerätes höher gestellt, während Sie **leise** mitsprechen. Nach einer Weile verringern Sie allmählich die Lautstärke der Kassette, während Sie mit wachsender Sicherheit lauter sprechen, bis Sie am Ende die Muttersprachler auf der Kassette nicht mehr benötigen. Übrigens: Zu diesem Zeitpunkt sind die Lerner im allgemeinen in der Lage, die Lektion auswendig aufzusagen. Das bedeutet:

> **Alles, was irgend jemand in der Lektion sagt (denkt), kann unser Lerner ebenfalls mit absoluter Sicherheit in der Zielsprache sagen (oder denken)!**

Manche wollen das, was sie sagen, auf eine andere Kassette aufnehmen. Tun Sie dies bitte erst **am Ende** des vierten Lernschrittes (wenn Sie diesen Teil der Lektion beherrschen). Es ist wichtig, **nicht zu früh** mit dem Aufnehmen zu beginnen (wie im traditionellen Sprachlabor), weil der Muttersprachler auf der Kassette Ihr **Vorbild** bleiben muß. Wenn Sie aber Ihre **eigenen** ersten Versuche zum Vorbild machen, dann werden Sie sich einen Akzent antrainieren!

Das Schatten-Sprechen©

Falls man es noch nicht wagt, die Chor-Methode zu versuchen, kann man das „Schattensprechen" probieren: Sie hören der Kassette zu und sprechen den Text etwa ein bis zwei Silben später als die Muttersprachler, die Sie hören. Beachten Sie:

> **Üben Sie diese Technik zuerst in Ihrer Muttersprache. Es dauert einige Minuten, bis Sie sich daran gewöhnt haben. Das Verfahren ähnelt der Art, wie ein Dolmetscher spricht, wenn er der Person „hinterherjagt", deren Aussagen er übersetzt.**

Die Technik des „Schattensprechens" ist besonders hilfreich, wenn die Zielsprache sich in der Tonalität völlig von der Muttersprache unterscheidet (z.B. wenn Sie Arabisch oder Chinesisch lernen).

Das Lücken-Sprechen©

Kopieren Sie interessante Teile der Lektion und übermalen Sie einige Worte mit Tipp-Ex. Geben Sie später den Text wieder, indem Sie die Lücken ergänzen. Die Erfahrung hat gezeigt, daß diese Übung zu sehr schönen Erfolgsgefühlen führt, weil sie (nach der guten Vorbereitung der Schritte 1 bis 3 zuvor) so leicht ist!

Lesen (Zielsprache)

Diese Lese-Übung gleicht zunächst dem **Hören/Aktiv** (Schritt 2)**, allerdings** mit einem gewaltigen Unterschied. Wenn Sie **lesen lernen wollen,** nachdem Ihnen Inhalt, Aussprache etc. bereits **völlig vertraut** sind, gehen Sie wie folgt vor: Wiederholen Sie Schritt 2, aber mit einem wesentlichen Unterschied: Damals hatten Sie nur das De-Kodierte (die Wort-für-Wort-Übersetzung) mitgelesen, während Sie **jetzt bewußt** den **zielsprachigen Text** mit den Augen verfolgen. Dabei sehen Sie die De-Kodierung **unbewußt**, was eingangs hilfreich ist.

Am Anfang drücken Sie so oft Sie wollen die Pause-Taste. Nach einer Weile sind keine Stops mehr nötig. Jetzt können Sie den Originaltext in der Zielsprache **mitlesen** (ohne De-Kodierung), und danach können Sie den Text alleine lesen, ohne die Kassette zu hören, während Sie alles verstehen und den richtigen Klang der Wörter kennen, selbst wenn Sie (zu dieser Zeit) noch kein einziges Wort aktiv gesprochen haben. Wenn Sie das mit der Schule vergleichen …

Schreiben (Zielsprache)

a) *Diktat*: Benutzen Sie für Diktat-Übungen die Kassette.
b) *Die Lücken füllen* (beim Schreiben).

Ablauf: Vgl. *Lücken sprechen*. Zuerst werden Sie die Wörter im Originaltext öfter überprüfen, aber bald werden Sie in der Lage sein, **die Lücken ausgezeichnet zu ergänzen**. Die Erfahrung hat gezeigt, daß auch diese Übung zu einem sehr befriedigenden Anwachsen des **Selbstwertgefühls** führt.

PS: Vgl. Sie dazu auch *Probleme mit dem Lesen?*, denn: Lese-Probleme in der Ziel-Sprache lassen sich am besten durch Schreiben lösen (s. S. 89 ff.).*

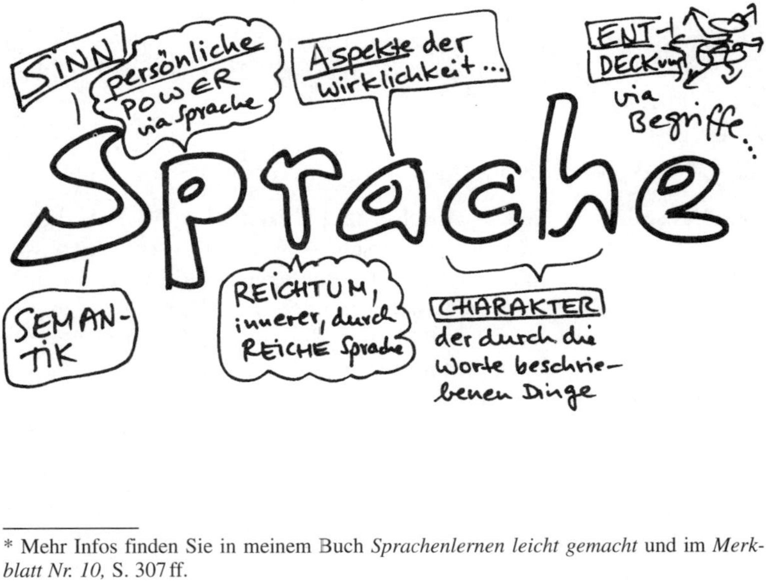

* Mehr Infos finden Sie in meinem Buch *Sprachenlernen leicht gemacht* und im *Merkblatt Nr. 10*, S. 307 ff.

T – Superlearning

Oder: Die Methode Dr. Lozanov

Es geht um das sogenannte Superlearning*, das eigentlich „Suggestopädie" heißt und auch nach dem Erfinder mit „Methode Dr. Lozanov" bezeichnet wird. Bereits in den 60er Jahren begann Dr. Lozanov, etwas gegen die Unlustgefühle beim Lernen zu unternehmen. Seine Methode versucht also, den Teufelskreis des alten Lernens (→ vgl. *T – Sprachen lernen,* S. 219 ff.) zu unterbrechen. Dabei setzt er gleich an vier Punkten an:

Erstens lernt man eine besondere Entspannungstechnik. Dabei ist wichtig, daß die Hirnwellen in vier Bereiche unterteilt werden. Während wir uns meist in *Beta* befinden, ist der *Alpha*-Bereich (7 bis 13 Hz) besser zum Lernen geeignet**. Also sollte Superlearning im optimalen Falle mit erhöhter Alpha-Produktion einhergehen.

Zweitens hat Lozanov festgestellt: Wenn Sie etwas Faszinierendes hören, dann halten Sie unwillkürlich den Atem an. Dieser Effekt wurde ursprünglich durch eine Atemtechnik forciert. Deshalb hing in Lozanovs Schulraum dieses Schild:

---

* Weltweit wurde dieser Lern-Ansatz aufgrund des gleichnamigen Buches von Ostrander und Schroeder unter dem Namen Superlearning bekannt.

** Noch besser ist jedoch der Theta-Bereich, aber dieser kann nicht leicht erlernt werden. Während neue Mönche (jeder Altersgruppe) in Japan oder Neulinge der TM (Transzendentale Meditation) innerhalb von wenigen kurzen Sitzungen lernen konnten, Alpha-Wellen zu produzieren, braucht der Mensch viele Jahre bei mehrstündigem Training pro Tag, um einigermaßen zuverlässig Theta auszulösen. Der Theta-Zustand ist ein Zustand höchsten Wach-Seins bei gleichzeitiger enormer Distanz zu allem; total im Hier und Jetzt, und doch diesem nicht verhaftet!

Drittens hat LOZANOV festgestellt, daß ein Herz-Rhythmus von 60 Schlägen pro Minute das Lernen besonders fördert. Nun ist bekannt, daß Musik den Herzschlag beeinflußt. Daher wird der Lehrstoff bei Superlearning mit Musik gekoppelt, und zwar mit *Stücken*, die einen 60-Schlag-Rhythmus aufweisen, z. B. die *Largo-Sätze* in der Barock-Musik.

Viertens ist LOZANOV klargeworden, daß Informationen, die man hört, *nicht monoton klingen dürfen*, weil jedes gleichbleibende Klangbild einschläfert. Deshalb muß der Sprecher im Unterricht (oder auf Kassette) oft abwechseln: *mal* laut, *mal* leise reden, *mal* mit, *mal* ohne Betonung, *mal* im Flüster-, *mal* im Frageton, *mal* langsam, *mal* schnell etc.

Ursprünglich hat LOZANOV vor allem mit Fremdsprachen-Unterricht gearbeitet, wobei die Methode zunächst auf *isoliertes Vokabel-Lernen* ausgerichtet war. Heutige Kurse bieten bereits Ganz-Satz-Strukturen an (gehirn-gerechter)! Allerdings muß man vorher prüfen, welche Art von Kurs oder Seminar man belegen (oder auf Kassette kaufen) will! Neuere Superlearning-Ansätze bieten inzwischen auch zu anderen Wissensgebieten (z.B. Computern) einen Einstieg an.

„Superlearning" *kann*, richtig eingesetzt, unglaublich hilfreich sein, da im Optimalfall beide Hirnhälften angesprochen werden. Allerdings hängt *alles* vom Instruktor (oder Autor bei Kassetten-Kursen) ab, daher rate ich zur Vorsicht:

1. **Einige Buch- und Kurs-Autoren für Superlearning gehen davon aus, daß die rechte Hirnhälfte mit der Musik „beschäftigt" werden soll**, da die linke für das Sprachenlernen selbst zuständig sei. Diese Einstellung ist aufgrund der Gehirn-Forschung als überholt anzusehen. Die rechte Hemisphäre sollte immer für die Bilder, also für die Vorstellungen, herangezogen werden. Musik hilft zwar, das rechte Hirn zu aktivieren, aber seine eigentliche Aufgabe liegt nicht im Musik-Genießen, sondern im Bilder-Machen!
2. **Einige (ältere) Superlearning-Kurse beinhalten fast nur Vokabel-Listen.** Ich bin entschieden gegen das Lernen isolierter Daten, Fakten, Informationen (vgl. auch mein *Sprachen-Lernen*-Buch*). Damit

---

* *Sprachenlernen leicht gemacht – Die BIRKENBIHL-Methode©, Fremdsprachen zu lernen,* (gehirn-gerecht: Vokabel-Pauken verboten! (21. Aufl., 1999, mvg)

sind wir wieder beim typischen Schul-Lernen, das wenig effizient und eben deshalb so frustrierend ist! Daher meine ich, daß die Superlearning-Technik wohl dann am erfolgreichsten sein wird, wenn kurze Sätze oder kleine Spiel-Szenen (im Seminar oder auf Kassette) angeboten werden. Denn diese *vorstellbaren* Szenen bieten den *Sinn-Zusammenhang* für das rechte Hirn, der ja beim Erlernen der Muttersprache auch gegeben war!

3. **Man kann auch normale Sprachkassetten mit Dialogen auf Superlearning „trimmen“**. Am besten überspielt man die Kassette „durch die Luft“, d.h. über das externe Mikrophon. Man legt die Leerkassette in das Aufnahme-Gerät und die besprochene Kassette in das Abspiel-Gerät. Nun kann man sowohl die Lautstärke variieren als auch die Pausen. Die Lautstärke wird beim Abspiel-Gerät mal lauter, mal leiser gestellt. Genauso können kurze Pausen (unterschiedlicher Dauer) durch Drücken der Pausetaste beim Abspiel-Gerät bewirkt werden, während das Band im Aufnahme-Gerät normal weiterläuft. Auf diese Weise entspricht Ihr neues Band den Forderungen, daß die Sprache weder zu gleichmäßig noch immer gleich laut sein darf!

PS: Inzwischen kann man derartig „aufwendig“ hergestellte Audio-Kassetten leicht via PC **auf eine CD brennen**, so daß man **erstens** das Original aufs Regal stellen kann und **zweitens** den CD-typischen Vorteil hat, daß man einzelne Passagen „endlos“ **wiederholen lassen** kann …

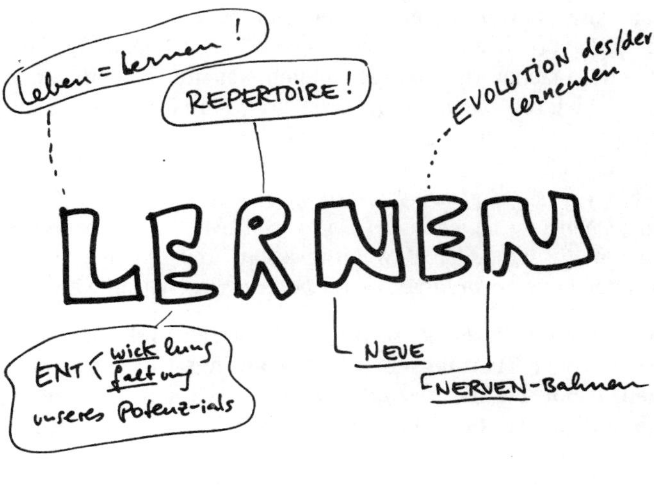

T – Training, aber wie?

Oder: Gehirn-gerechtes Training

In diesem Modul geht es konkret darum, wie Sie **Verhalten trainieren** (⟿ vgl. *Lernkurven gefällig?*, S. 74 ff. und *Lernen, aber was?*, S. 65 ff.)

Wenn wir Gedanken (Ideen, Theorien usw.) lernen wollen, also das, was wir im *Lernkurven*-Modul (S. 74 ff.) als „Buch-Wissen" bezeichnet haben, dann müssen wir **neue Infos in das vorhandene Wissens-Netz knüpfen** (häkeln, ein-BIND-en; ⟿ vgl. *Gedächtnis wie ein Netz?*, S. 43 ff.). Das kann sogar extrem schnell geschehen, wenn bereits Fäden vorhanden sind, an welche wir das Neue „anhängen" können.

Anders sieht es aus, wenn wir etwas lernen wollen, das nur durch Training „gelernt" oder verbessert werden kann, also Verhalten. Hier können wir nicht sofort begreifen und ab jetzt nur noch so handeln, hier geht es um Verhalten, um Handlungen, um Tätigkeiten, und deshalb müssen **neue Nervenbahnen** angelegt werden. Dies aber ist weit „mühseliger", als vorhandene zu nutzen, indem wir uns neue Ver-BIND-ungen bewußt machen (wie bei gedanklich Neuem; erinnern Sie sich an unser Beispiel: *Napoleon, der Korse*, S. 51). Wir können uns auch durch künstliche Hilfsfäden (Eselsbrücken) helfen, um neue Infos als Pseudo-Bekannte zu behandeln, um sie ebenfalls sehr schnell zu lernen (⟿ vgl. *T – Eselsbrücken-Training*, S. 104 ff. und *T – Gehirn-gerecht-Machen von neuen (Lern-)Infos*, S. 115 ff.). Aber bei **Verhalten** geht das nicht. Für jeden **Bewegungsablauf** müssen (neuro)physiologisch sogenannte ***bevorzugte Nervenbahnen*** geschaffen werden.

> **Wir können diesen Prozeß beschleunigen und wir können mit weniger Trainings-Zeit pro Trainings-Einheit auskommen, wenn wir die Besonderheiten dieses neuro-physiologischen Prozesses (aus-)nützen. Aber wir können die Zeit nicht**

auf (fast) Null herunterfahren, weil der Aufbau dieser Nervenbahnen ein Minimum an Real-Zeit benötigt.

Sie können sich dies auch so vorstellen: Wenn eine Kette von Männern mit Wassereimern ein Feuer löschen will, dann müssen die Eimer die ganze Strecke von vorne bis hinten wandern, ehe am anderen Ende etwas passiert (Wasser in die Flammen). Eine eingespielte Männerkette kann die Eimer in einem atemberaubenden Tempo durchgeben; als Zuschauer haben Sie fast den Eindruck, der Eimer würde schweben. Aber jetzt stellen Sie sich vor, wir haben neue Männer im Team:

1. **Sind absolut alle Leute neu**, dann wird es eine Weile dauern, bis die Kette überhaupt funktioniert. Noch weiß ja keiner, daß der Eimer ca. 80 % voll sein muß, damit es flott läuft. Ist er zu leer, dann kommt am Ende zu wenig an, ist er zu voll, dann schwappt zuviel über (Wasserverlust **und** Störungen im rhythmischen Ablauf).
2. **Sind nur einige Leute neu**, dann wird der Lernvorgang in der Gesamt-Gruppe um so leichter, je mehr alte Hasen dabei sind.

So ähnlich ist es auch, wenn Sie neue Bewegungen (Handlungen) lernen wollen.

1. **Sind absolut alle „Leute" neu** heißt jetzt: *Sie haben noch nichts Derartiges gemacht*; daher müssen lauter neue „Leute" (Neuronen) eine völlig neue Kette (Nervenbahn) aufbauen. Das ist mit allen Irrungen und Wirrungen von Neu-Lern-Prozessen verbunden!
2. **Sind einige „Leute" neu** heißt jetzt z.B.: *Ein Tennis-Spieler will Squash lernen*, d.h., er kann **einen Teil** der bereits trainierten „Leute" (Neuronen) nutzen. Dies können auch Neuronen-Gruppen (ganze Bewegungs-Abläufe) sein.

Ist aber der neue Bewegungs-Ablauf einem früher gelernten sehr **ähnlich,** dann haben Sie quasi einige 1,80-Meter-Leute in einer Kette mit neuen kleinen Männern (oder umgekehrt), so daß auch und gerade die Routine der alten Hasen zum **Störfaktor** werden kann: Hier erleben Sie Interferenz! Es kann schwieriger sein, eine ähnliche (aber andere) Handlungsweise zu erlernen (trainieren) als eine vollkommen neue.

Es folgen nun einige konkrete Tips, die das Training betreffen, sie nutzen die Besonderheiten des Nervenbahnen-Bau-Prozesses im Gehirn, sind also gehirn-gerecht, weil sie dem Gehirn-Benutzer helfen, Zeit und Energie zu sparen.

Wer zu schnell reist, den bestrafen die Neuronen

Vielleicht kennen Sie eine meiner Lieblings-Geschichten von Till EULENSPIEGEL, als ein Kutschenbesitzer ihm im Wald begegnete und im Vorbeifahren (in einem Affentempo) schrie: „Wie lange noch zur Stadt?" Eulenspiegel rief zurück: „Zehn Minuten, wenn Ihr langsam fahrt!" Der feine Herr murmelte eine Beleidigung zwischen zusammengebissenen Zähnen und drosch weiter auf die Pferde ein. Nun, Sie ahnen es: Als Eulenspiegel viel später zu Fuß um die letze Kurve zwischen Wald und Stadt bog, da lag die Kutsche im Graben – mit gebrochener Achse! „Nun", meinte der närrische Eulenspiegel, „wenn Ihr langsam gefahren wäret, dann wäret Ihr jetzt schon lange dort."

So ähnlich ist es auch mit Trainings-Maßnahmen. Viele Menschen brauchen letztlich 10- bis 20mal so lang, wie es nötig gewesen wäre, wenn sie sich am Anfang der Strecke mehr Zeit genommen hätten. Dies gilt für das Erlernen von Musikinstrumenten (z.B. einem Keyboard) genauso, wie für das Lernen von neuen Sportarten oder für die Phase des aktiven und passiven Hörens beim Fremdsprachen-Erwerb (vgl. *T – Sprachen lernen*, S. 219 ff.).

Die nächste Einsicht wird uns helfen, das Beste zweier Welten miteinander zu verbinden. Haben Sie sich schon einmal mit dem Zen-Bogenschießen oder den asiatischen Kampfsport-Künsten (Martial Arts) befaßt? Dann wissen Sie, daß bestimmte Teile des Lernprozesses rein **mental** ausgeführt werden.

Inzwischen praktizieren auch westliche Sportler „mental", z.B. indem sie vor der Abfahrt entspannen und mental die ganze Strecke auf den Skiern (oder im Bob) hinunterfahren; jede Kurve, jede Unebenheit der Strecke sich noch einmal ins Bewußtsein rufend … Aber das Mental-Training ist **nicht nur** für Profis nützlich, wir sollten es bereits **im Lernprozeß** (vom ersten Tag an) einsetzen. Dagegen verwehren sich nun manche Sport-Lehrer, weil sie sagen: *Solange der Lernende den Ablauf nicht genau kenne, könne er ihn auch nicht mental trainieren.* Dies ist zwar richtig, aber nur ein Teil der Wahrheit, und zwar der unwichtigere. Bedenken Sie bitte:

- **Wenn Sie eine neue Handlung lernen, muß Ihr Gehirn doppelt arbeiten:** Zum einen muß das Anlegen der neuen Nervenbahn vorbereitet und durchgeführt werden, das kostet Ressourcen (Neuro-Peptide und Energie) sowie Zeit.
- **Zum anderen** aber muß Ihr Gehirn (genauer, der Motor-Cortex, Kleinhirn, zahlreiche Muskeln, Sehnen etc.) Ihre **tatsächlichen Bewegungen koordinieren**, auch das kostet Zeit und Kraft! Das ist so ähnlich, wie wenn unsere Feuer-Brigade nicht nur lernen sollte, wie man den Eimer weitergibt, sondern parallel dazu ein Lied singen müßte …
- **Weil** aber beides **gleichzeitig** geschehen muß, wird ein Teil der Lern-Energie für jene **Gleichzeitigkeit** ausgegeben, so daß die **beiden** Anteile (Nervenbahn aufbauen plus **Tätigkeit** ausführen) mehr als ein Ganzes ergeben. Angenommen jede Lern-Energie würde alleine 50 Punkte kosten, dann kosten die beiden, wenn sie **gleichzeitig** ausgeführt werden müssen, zusammen nicht 100, sondern 130 Punkte!

Deshalb sollte das Lernen in **möglichst kleine Häppchen** unterteilt werden, welche **modular** trainierbar sind, so daß später **kleine funktionierende Module** zusammengesetzt werden können. Daher profitieren **auch und gerade** Einsteiger vom Mental-Training, wenn sie es richtig angehen.

Wir erinnern uns an die berechtigte Warnung der alten Profi-Lehrer: Die Gefahr, daß Sie falsch trainieren, weil Sie den richtigen Bewegungs-Ablauf noch gar nicht **kennen**, ist natürlich **vorhanden**. Übrigens berücksichtigt das klassische Sprachenlernen in der Schule gerade diese Warnung NICHT, denn die Lernenden sollen **Wörter bereits aussprechen**, von denen sie noch gar nicht wissen, wie sie klingen werden, wenn sie diese Wörter später einmal können. Dies passiert auch heute noch beim Vorlesen im Unterricht (⇝ vgl. auch *Probleme mit dem Lesen?*, S. 89 ff.) oder beim Vokabel-Pauken! Kein Wunder, daß man völlig falsch trainiert …

Aber zurück zu unserem neuen Verhalten:

Wer alles „echt“ macht, der tut zuviel …

Wir umgehen das Problem des falschen Vorbildes (bei vorzeitigem Mental-Training), indem wir jeweils einen Miniatur-Vorgang **abwechselnd real** und **mental** ausführen, z.B.:

1. **eine** Bewegung oder
2 **einen Bewegungsablauf** bzw.
3. **eine kurze Passage** (z.B. bei Musik) oder ähnlich.

Bleiben wir gleich beim letzten Beispiel. Sie üben auf dem Keyboard. Spielen Sie immer nur einige wenige Takte (bzw. wenige Noten) und zwar

- **einmal REAL (voll bewußt im Hier und Jetzt!) und**
- **einmal MENTAL.**

Beim realen Durchgang wollen Sie **genau** registrieren, was wie „passiert“, also in unserem Beispiel:

1. **Welcher Finger**
2. **welche Taste**
3. **mit wieviel Druck**
4. **wie lange** drücken muß und
5. **mit welcher Bewegung** sich der
6. **Wechsel zum nächsten Finger** vollzieht. (Ab hier geht es wieder bei **Nr. 1** weiter.)

Je langsamer und bewußter Sie dies tun, desto besser. Oder als Regel ausgedrückt:

Wer sich beeilt, der zahlt mit Zeit …

Je langsamer und bewußter Sie vorgehen, desto mehr Zeit (Real-Zeit!) hat Ihr Gehirn, um jene Nerven-Ver-BIND-ungen aufzubauen, auf daß der „Wassereimer“ später auf dieser Bahn entlangrasen kann! Es müssen eine Menge Prozesse im Gehirn ablaufen, u.a. wachsen die Dentriten (wie Muskeln), d.h., Teile der Neuronen verdicken sich. Des weiteren muß das Gehirn viele neue Synapsen (Ver-BIND-ungsstellen zwischen Neuronen) anlegen, um sogenannte bevorzugte (neue) Nervenbahnen zu bauen – von den feuchten Programmen (Neuropeptiden-Produktion) ganz abgesehen.

> **All dies sind „Bau-Maßnahmen“, die Zeit und Kraft kosten und die nur weitergeführt werden, solange wir am Ball bleiben** (⇝ vgl. auch *Lernkurven gefällig?*, S. 74 ff.)!

Wenn Sie einmal gesehen haben, wie die Chinesen auf der Straße und im Park Schattenboxen (Tai-Chi) ausführen, dann haben Sie ein perfektes Modell für die **Langsamkeit** des Vorgehens! Andernfalls denken Sie an **Zeitlupe**. Nehmen Sie einen kleinen Abschnitt auf einer Video-Kassette, in dem jemand eine **Handlung** ausführt (z.B. ein Motorrad startet oder ins Auto steigt), und lassen Sie **diese** Sequenz zehnmal in Zeitlupe Revue passieren, dann erhalten Sie ein gutes Gefühl für das Tempo, von dem wir sprechen. **Merke:** Schneller werden wir ganz von alleine.

Wir müssen immer darauf achten, **laaaaangsam** zu arbeiten, das Tempo zu bremsen, denn *erstens* wurden wir von unserer Kultur „vergiftet“, in der alles immer schnell-schnell gehen soll (bis hin zum *Erfolg in Tagen* und *Erleuchtung in Minuten,* bitteschön!). Zweitens wurden Sie vielleicht durch die Erfahrungen in Schule und Ausbildung verdorben und glauben deshalb fälschlicherweise, es müsse **schneller** gehen.

Vergleichen Sie das gehirn-gerechte Lernen von Handlungen mit der fernöstlichen Lebens-Art und überlegen Sie bitte:

> **Wenn wir das Mental-Training aus dem fernen Osten holen, um uns zu helfen, dann müssen wir die langsame Mentalität dazunehmen, die dazugehört. Sonst hat es keinen Sinn.**

Falls Sie noch Zweifel haben (Motto: *Das Mentale könne nicht sooooo hilfreich sein, es handle sich dabei ja nur um Gedanken*), dann bedenken Sie dies: In einem groß angelegten Experiment hat man Hunderte von (schweren) Knochenbruch-Patienten (Skifahrer) in zwei Gruppen eingeteilt. Die **eine** lernte, täglich **zweimal zehn Minuten mental „spazierenzugehen“** (hier war das Mental-Training sofort möglich, da jeder wußte, wie man geht), die Kontrollgruppe lernte dies **nicht.** Wenn Sie schon einmal dabei waren, als ein atrophiertes Beinchen aus einem Liege-Gips herausgeschält wurde, dann wissen Sie: Der Abbau geht weit schneller als der Aufbau. Dies gilt für Muskeln wie für Nervenbahnen im Gehirn! Aber bei der Gruppe der Mental-Spaziergänger, da war es anders:

1. **Die Muskeln** waren um so viel weniger zurückgebildet, daß Fachleute geschworen hätten, der Gips sei nur 10 Tage am Bein gewesen statt (wie im Schnitt) acht bis zehn Wochen.*
2. **Der Heilungsprozeß der Knochen** entsprach dem „normalen" Status ein bis zwei Wochen **nach** Gips-Abnahme!
3. **Die Leute lernten weit schneller, wieder normal zu gehen,** und Sportler konnten in der halben Zeit nach Gips-Abnahme wieder zu ihren sportlichen Betätigungen zurückkehren.

Also, wann fangen Sie an REAL – MENTAL zu üben?

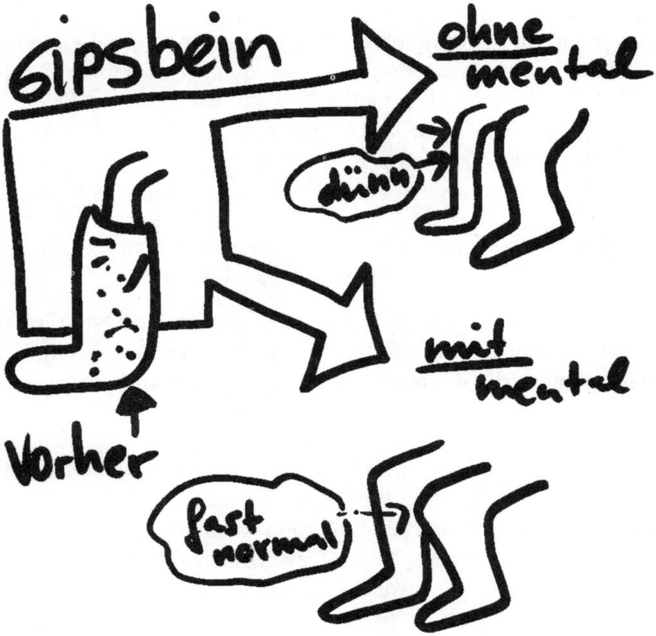

* Die Studie lief in den 70er Jahren, als Gipse groß und schwer waren und in der Regel für längere Zeiträume verordnet wurden als heute …

T – TV-Gewohnheiten

Sind Sie bereit, kritisch über Ihr Fernseh-Verhalten nachzudenken?*

◯ **Ja** – dann lesen Sie hier weiter.

◯ **Lieber nicht** – dann überspringen Sie diesen Beitrag **unbedingt**.

Mini-Quiz

1. **Wie viele Stunden pro Woche** sehen Sie fern, wenn Sie wirklich ehrlich (inkl. Nachrichten) **alles**, aber auch **alles** (!) zusammenzählen?

   Ich sehe ca. ____________ Stunden pro Woche fern.

2. **Welche Arten** von Sendungen sehen Sie am meisten?

   ____

3. **Welche Sendungen** (konkrete Titel!) sehen Sie, wenn **möglich,** *jedes Mal,* wenn sie ausgestrahlt werden?

   ____

   ____

4. **Warum?** Was geben Ihnen diese Sendungen? (Worin liegt Ihr Nutzen, wenn Sie sie sehen?)

   ____

   ____

   ____

* Da diese Info so wichtig ist, haben Sie sicher Verständnis dafür, daß Teile davon auch im *Birkenbihl ALPHA-Buch* auftauchen.

Wenn Sie ein **Grippemittel** in der Apotheke kaufen, dann erhalten Sie einen ellenlangen Beipackzettel, der Ihnen mitteilt, welche **entsetzlichen Nebenwirkungen** Sie eventuell (vielleicht, möglicherweise) erleiden **könnten**. Sie kennen die **Warnung** vom Fernsehen („*Fragen Sie Ihren Arzt oder Apotheker*"). Wenn Sie hingegen ein Fernseh-Gerät kaufen, dann werden Sie **nicht** nur **NICHT gewarnt**, viel schlimmer: Weder Ihr Arzt noch Ihr Apotheker haben (in der Regel) auch nur die leiseste Ahnung davon, wie sehr Sie sich mit dem Fernsehen schaden können. Deshalb möchte ich Sie heute warnen:

> **Es besteht eine reale Gefahr, daß Sie mit normalem Fernsehverhalten Ihrem Gehirn schaden. Dazu muß es nicht kommen, wenn Sie einige wenige Spielregeln einhalten.**

Dann können Sie diesem Medium (inkl. Video, DVD etc.) das Beste „entnehmen". Aber zunächst gilt es, den Sinn dieser Regeln zu verstehen. Beginnen wir mit folgender Frage: *Welchen zwei Gefahren setzen Sie sich höchstwahrscheinlich aus, wenn Sie so **häufig wie bisher** fernsehen?*

Gefahr Nr. 1: Der physische Sehvorgang

Unser Auge ist so eingerichtet, daß es sich ständig bewegt. Deshalb können wir auch Dinge sehen, die sich **nicht** bewegen – im Gegensatz zum Frosch; sein Auge ist starr, deshalb existiert für ihn nur, was sich bewegt. Mit *Bewegung* des Auges sprechen wir hier nicht nur von willkürlichen Bewegungen des Augapfels, die Sie ausführen, wenn Sie etwas mit den Blicken verfolgen; wir meinen vor allem die **bewußt nicht wahrgenommenen** Minimal-Bewegungen, die **ständig** ablaufen und **ohne die** wir **blind wären**. Dies können Sie mit folgendem Experiment leicht nachvollziehen:

> **Legen Sie eine Hand leicht auf den (anderen) Unterarm (vorher Ärmel zurückschieben, wenn nötig) und bewegen Sie dann weder Hand noch Arm. Nach kurzer Zeit spüren Sie Ihre Hand nicht mehr. Erst wenn Sie Arm oder Hand wieder bewegen, können die Sinnesrezeptoren wieder „etwas" registrieren.**

Im Auge ist es ähnlich, nur daß die Sinnesrezeptoren im Augeninneren weit kleiner sind, demzufolge reichen auch weit kleinere Bewegungen. Diese aber sind absolut notwendig für den Seh-Vorgang, auch wenn Sie normalerweise nichts davon wissen. (Diese Minimalbewegungen kann man normalerweise nur durch ein Betäubungsmittel stoppen.)

Wenn Sie „normal in die Gegend" gucken, dann sehen Sie diese Gegend nur aufgrund der Bewegungen Ihres Augapfels. Wenn Sie ins Kino oder Theater gehen, dann haben Sie die große Leinwand oder Bühne vor sich, also können sich Ihre Augen auch hier frei bewegen. Ebenso wandern Ihre Augen ständig über ein Bild (Foto, Zeichnung etc.). Ja sogar, wenn Sie Ihrem „Liebling" in die Augen sehen wollen, dann stellen Sie fest, wie schwierig dies ist, weil sich Ihre beiden **Pupillen andauernd bewegen**.

Nur beim Fernsehen mit relativ kleinen Bildschirmen (die wir derzeit noch nutzen) ist es anders*, hier wird das Gehirn „ausgetrickst": Weil sich das Bild (auf einer zu kleinen Fläche) bewegt, wird der normale Bewegungs-Mechanismus unseres Auges weitgehend außer Kraft gesetzt, was normalerweise nur geschieht, wenn wir „ins Leere starren". Deshalb verfallen wir ins „Glotzen" (die *Glotze* heißt nicht grundlos so). Wir verfallen also in dieses eigentümliche TV-Starren, d.h., **unsere Augen** werden relativ stark „fixiert" und **bewegen sich ausnahmsweise** (fast) **nicht.** Dadurch entsteht kurzfristig eine Art hypnotischer **Trance-Zustand**, der jedoch durch permanente plötzliche Schnitte und abrupte Szenenwechsel **andauernd unterbrochen** wird. Sonst könnte man die Trance ja meditativ nutzen. Dies ist mit „stillen" Videos sogar möglich: vom Holzscheit im Kamin über freie Natur (Wolken, Berglandschaften, Tiere, Wiesen) bis zum TV-Aquarium.

Beim Fernsehen aber entsteht nur eine **sehr kurze Pseudo-Trance**, die sofort wieder unterbrochen wird, und kurz darauf fallen wir wieder „hinein" (nach dem altbekannten Motto: „*Rin in die* Kartoffeln, *raus aus die* Kartoffeln ..."

---

* Auch „große" Bildschirme sind in diesem Zusammenhang „klein". Erst wenn die Größe mindestens der einer „kleinen" Leinwand (vgl. Dia-Projektion) entspricht, wird der Mechanismus, über den wir gerade nachdenken, aufgehoben.

Dadurch wird der wache Intellekt weitgehend matt gesetzt. Böse Zungen behaupten, hinter diesem Wahnsinn stecke Methode. Noch bösere sagen gar hinter vorgehaltener Hand, Aldous HUXLEY habe sich in *Schöne neue Welt* geirrt, das *Soma* wird uns **per TV verabreicht**, da auch bei uns ein Großteil des *Stimmviehs (pardon,* „mündige" Bürger) in permanenter **Un-Mündigkeit** lebt, denn:

1. **In diesem Zustand „sausen" die meisten Informationen am wachen Zensor unseres Bewußtseins vorbei auf dem direkten Weg ins Unbewußte. Auf diese Weise nehmen wir viele Informationen auf (wir lassen sie in unser Inneres!), bei denen unser bewußter Geist nicht sagen kann: „So ein Mist", denn wir können einen Gedanken weder bewerten noch verwerfen, den wir nicht bewußt registriert haben.**
2. **Je häufiger man sich freiwillig in diesen Zustand begibt, desto ausgeprägter sind die Nachwirkungen, so daß bei manchen die Nachwirkungen von gestern in die Pseudo-Trance von heute münden ...**

Viele Menschen, die sich jenem Fernseh-Sonder-Starr-Status sehr häufig aussetzen, klagen über *Ein- und Durchschlaf-* wie auch akute *Konzentrationsprobleme*; sie sind oft *gereizt* und fühlen sich *gestreßt*, sie sind *ruhelos* (als wollte der Geist die mangelnde Augenbewegung durch geistige Ruhelosigkeit kompensieren). Kurz, sie klagen über einen *überreizten Geist!*

Tip 1: Gezielt wegsehen!

Blicken Sie beim Fernsehen regelmäßig ge-ZIEL-t „weg", im Klartext: **Lassen Sie Ihre Augen durch den Raum schweifen, damit die Pseudo-Trance nicht „greifen" kann.**

Dieses ge-ZIEL-te Wegsehen erlaubt es Ihnen u.a., sich z.B. bei be-MERK-enswerten Infos (also wenn Sie sich viel MERK-en wollen) Notizen zu machen oder überhaupt etwas Beruhigendes zu tun (damit die Hände nicht ständig nach etwas Eßbarem suchen... da sind Zeichenübungen oder Hand- bzw. Bastelarbeiten sicher kalorienärmer).

Wenn Sie lernen, **nur ungefähr ein Drittel der Zeit** (mit **kurzen** Kontroll-Blicken) **auf die Mattscheibe** zu sehen, dann wird aus Fernsehen das *bessere Radio*.

Früher, als man beim Radiohören mehr als Kartoffelchips bewegte (z.B. Näh-, Stick-, Strick- oder Häkelnadeln, Bastelschere oder Perlen, die man auf Fäden reihte etc.), da begab sich der Geist in eine offene (AUF-nehmende, AUF-MERK-same) innere Haltung, also MERK-te man sich auch weit mehr!

Übrigens hat das ununterbrochene Hinschauen noch einen **weiteren** Nachteil: Wenn Sie z.B. einen Auslands-Bericht sehen, in dem Slums mit kleinen Kindern gezeigt werden, und der Kommentator berichtet gerade, wie viele dieser Kinder das fünfte Lebensjahr niemals erreichen werden, dann ist es **außerordentlich wahrscheinlich**, daß sich in diesem wichtigen Moment etwas **bewegen** wird, z.B. fährt ein **Bus** an der Kamera vorbei (oder eine andere Bewegung, die Sie von der Information ablenkt!).

Nun haben Sie diesen **Bus im Bewußtsein**, weil im Zweifelsfall **Bilder immer Vorfahrt im Gehirn** haben. Sie kennen das alte chinesische Wort, ein Bild sage mehr als 1000 Wörter. Es beschreibt, **daß** Bilder im Gehirn **vorgezogen** werden, weil sie schneller und ganzheitlicher verarbeitet werden. **Die moderne Forschung hat uns dasselbe gezeigt:**

> **Im Zweifelsfall haben Bilder neuro-physiologische Vorfahrt und damit Vorrang gegenüber Worten. Zu dem Zeitpunkt, an dem der Bus Sie also ge-ZIEL-t ablenkt, hören Sie demnach so gut wie nichts.**

Die eigentliche Information des Kommentators hatte also **so gut wie keine Chance,** zu Ihrem **Wach-Bewußtsein** durchzudringen.

Frage: Warum stört der Bus die Info-Aufnahme all jener Zuschauer/innen, die sehr genau hinschauen, weil sie besonders viel lernen wollen?

Antwort: Es gibt ein **ungeschriebenes Gesetz**, an das sich fast alle Regisseure und Cutter halten, nämlich: *Es muß sich immer etwas bewegen.* Darum erleben (erleiden!) wir die vielen plötzlichen schnellen Schnitte (den ständigen Bildwechsel) nach maximal 30 Sekunden für ältere Zielgruppen! Denn bei den Teenies rasen die Bildschnitte bereits mit zehnfacher Geschwindigkeit! Diese ständigen *actions* aber lenken total „professionell" vom Inhalt ab, was **um so störender** ist, **je mehr Inhalt** angeboten wird – also **besonders bei Sendungen, bei denen wir etwas lernen wollen!** Hauptsache Sie zappen nicht weg, **auch wenn Sie das, was Sie sehen, nicht richtig wahrnehmen können, weil sich laufend etwas bewegt**.*

Gefahr Nr. 2: Prägung

Viele Dinge in unserem Leben lernen wir durch Imitation (vgl. *T – Training, aber wie?*, S. 234 ff.), das heißt: **Wir übernehmen Verhaltensweisen, die uns andere durch ihre Handlungen vormachen (vorleben).** Meistens bemerken wir das **nicht** bewußt. Wir tun dies auch als Erwachsene (unser ganzes Leben lang) – und natürlich läuft dieser unbewußte Prozeß **auch beim Fernsehen** ab. Vor der Glotze **lernen** Sie eine ganze Menge, ohne es zu merken. Denken Sie an eine Sendung vom Typ *Denver*, *Dallas* o.ä. Hier lernen Sie z.B.:

- Du darfst niemandem trauen, weil alle so fies sind wie du selbst.
- Du mußt die anderen schnell (= ohne langes Nachdenken) bekämpfen, sonst kommen sie dir zuvor.
- Alle Männer wollen viel von dem einen (außer sie saufen so intensiv, daß das nicht mehr geht).
- Wenn Männer saufen, dann sind sie Männer (bis sie weiße Mäuse sehen, dann landen sie im Krankenbett), wenn aber Frauen saufen, dann sind sie haltlose, charakterlose Luder, die von ihren Ehemännern in luxuriöse/n Reha-Kliniken ver/gesteckt werden.
- Wenn du ein Problem hast, dann mußt du zum Sideboard gehen und dir als erstes einen Whiskey einschenken usw.

---

* Übrigens habe ich dieses Thema kurz in meinem Video-Vortrag *Gehirn-gerechte Einführung in die Komplexitäts-Theorie* aufgegriffen (Stichwort: *Tiefe und Bedeutung von TV-Sendungen).*

 Erstellen Sie Ihre eigene Liste, was Sie bei **den** Filmen, die **Sie** gerne sehen, „zwischen den Zeilen“ lernen können, das ist eine der spannendsten Übungen, die Sie je absolviert haben!

Falls Ihnen dies im Augenblick (noch) unglaubhaft oder „lächerlich“ erscheint, dann denken Sie bitte über folgendes in Ruhe nach:

> **Die amerikanischen Autofahrer wollten sich zunächst partout nicht anschnallen. Dann entschied man, daß Personen in Film und Fernsehen sich anschnallen müßten (inkl. Detektive in Krimis!). Innerhalb der nächsten Jahre erhöhten sich die Anschnall-Quoten dramatisch.**
>
> Das gleiche passierte (zeitversetzt) in Deutschland. Es dauert immer ein wenig, bis die amerikanischen Produktionen gekauft, übersetzt, synchronisiert und gesendet werden.

2 Tip 2: Was sehen Sie häufig/regelmäßig?

Prüfen Sie bitte, was Sie sich **regelmäßig** anschauen, denn es wird Sie prägen, ob es Ihnen paßt oder nicht! Das wußte schon GOETHE, als er sagte: „*Weiß ich, womit du dich beschäftigst, so weiß ich, was aus dir werden kann.*“ Würde der Geheimrat heute leben, dann hätte er wohl gesagt: „*Sage mir, mit welchen TV-Sendungen und Figuren du dich ständig umgibst …*“ Womit umgeben Sie sich häufig oder regelmäßig? (Vergleichen Sie Ihre Antworten im Quiz, S. 241.) Sehen wir uns häufig Filme an, in denen

- **Konflikte mit Pistolen ausgetragen** (aber **nie gelöst**) werden,
- man **nicht (wirklich) miteinander spricht**,
- man sich beim **Erkennen eines Problems** erst **einen einschenkt**,
- man sich **gewohnheitsmäßig gegenseitig belügt** und betrügt usw.,

dann **wird uns** das **prägen!** Deshalb rate ich Ihnen: Wählen Sie sehr bewußt, was Sie (regelmäßig oder gewohnheitsmäßig) an sich heranlassen (womit Sie sich umgeben)! Wenn Sie z.B. Krimis mögen, schauen Sie lieber *Columbo* als handelsübliche Detektive, die pro Serie mindestens dreimal ihre Waffen benutzen.

- Bei *Columbo* lernen Sie (unbewußt), wie man höflich miteinander umgeht.
- Er zeigt uns, wie man mit Achtung/Respekt mit einer Person kommunizieren **kann**, auch wenn man bereits **weiß, sie ist schuldig** (weshalb man sie hinter Gitter bringen will).
- Er ruft seine Frau an, wenn er unerwartet aufgehalten wird, ohne Angst, das könnte seine männliche Ausstrahlung (die ihm sogar Männer bescheinigen) gefährden.
- *Columbo* beweist jedesmal aufs neue, daß (und wie!!) man sich **Problemen denkend nähern** kann statt mit Gewalt.

Ähnlich ist es bei *Quincy*, wobei dasselbe Team diese Denk-Krimis gemacht hat. (Wußten Sie, daß Peter FALK bei einigen *Columbo*-Filmen das Drehbuch schrieb und einige als Produzent herausgebracht hat?)

Tip 3: Nachrichten-Sendungen NICHT MEHR LIVE

Neil POSTMAN stellt uns (in seinem brillanten und wieder erhältlichen* Buch: *Wir amüsieren uns zu Tode*) vor diese faszinierende Situation: Sie sehen in der Tagesschau eine brennende Lagerhalle.

Frage: Welchen Nachrichtenwert hat diese Information für Sie? (Es ist ja schließlich eine Nachrichten-Sendung!!)

Antwort: *Null.* Diese Botschaft **könnte** für Sie einen Nachrichtenwert haben, wenn es sich um Ihre eigene Lagerhalle handelte, aber dann würden Sie es auch ohne Fernsehen erfahren!

Genausowenig Info-WERT haben für Sie der nächste Flugzeugabsturz, ein weiteres Eisenbahnunglück oder noch ein Kidnapping- oder Vergewaltigungsopfer! Aber solche **Negativ-Nachrichten** von Abstürzen, Unglücken, Verbrechen **ziehen Sie emotional hinab**! Wir werden **immer** von allem, was uns begegnet, „angemutet" (d.h. emotional gefärbt). Deshalb gilt:

> **Sie können beim besten Willen nicht ständig Negatives hören und davon nicht betroffen sein.**

Falls Sie das nicht glauben, kreieren Sie eine Seminar-Situation mit einigen Freunden (Sie brauchen keinen Trainer, nur einen Spielleiter) und machen Sie Rollenspiele, z.B.:

1. **A läßt sich zwei Minuten lang negativ über Gott und die Welt aus (vorher Zettel mit Stichworten bereitlegen, es fällt vielen nämlich gar nicht leicht, das Meckern/Kritisieren 120 Sekunden lang durchzuhalten).**
2. **A wird eine/n konkrete/n Mitspieler/in (Los-Entscheid!) in der Gruppe zwei Minuten lang persönlich angreifen (kritisieren).**

---

* Es war lange vergriffen; im Merkblatt Nr. 11 auf S. 309 f., finden Sie drei Möglichkeiten, wie Sie vergriffene Bücher doch noch „zu packen" bekommen können.

Während der 120 Sekunden sagt das „Opfer" sich ständig innerlich: ***Es ist ja nur ein (Rollen-)Spiel!***

Und sehen Sie in beiden Fällen, wie schnell die Stimmung sinkt.

Falls Sie es **immer noch nicht glauben**, dann holen Sie Ihren **Hausarzt** und vollziehen Sie die Übungen, indem Sie ständig sämtliche Werte messen, die mit relativ wenig Aufwand gemessen werden können.

So beweisen Sie sich selbst, was großangelegte Streß-Studien bereits bewiesen haben: Schauspieler/innen leiden nicht „im Spiel", sondern „total real", wenn sie negative, pessimistische, deprimierende Szenen spielen. Dann steigen die Streßwerte rasant und bleiben (bis ca. 30 Minuten später) oben, während **die Anzahl der T-Zellen fällt** (T-Zellen sind die wichtigen Abwehrkämpfer unseres Immun-Systems)!

Spielen Schauspieler hingegen positive/optimistische, „helle" Szenen, dann sinken ihre Streß-Werte und die **Anzahl der T-Zellen steigt**.

Dasselbe erleben Rollen-Spieler, wenn sie lernen, ihre Gefühle besser wahrzunehmen (vgl. hierzu auch die Übungen am **Gefühlsrad** in meinem Taschenbuch *Kommunikationstraining*). Deshalb rate ich Ihnen:

Schauen Sie Nachrichten in Zukunft nur noch (zeitversetzt) von Video.

Wenn Sie die Nachrichtensendung von Video sehen, dann können Sie mit Hilfe der FF-Taste alles überspringen, was Ihnen **nicht** hilft/nützt. Sie entwickeln bald ein Gefühl dafür, welches die **für Sie relevanten** Nachrichten sind, und können sich gezielt diese (nur diese!) in aller Ruhe ansehen. **Dabei ergibt sich ein völlig anderes Fernseh-Gefühl**, denn Sie sind nicht mehr passiver, hilfloser TV-Konsument, sondern Sie nehmen Ihr Leben wieder aktiv selbst in die Hand. Selbst bei einer „Nebensache" wie dem Fernsehen registriert Ihr Unterbewußtsein sehr wohl, ob Sie sich zum Opfer jener machen, die mit Ihnen umspringen, wie es ihnen beliebt. Zum Beispiel indem die Werbung nicht an den von den Herstellern vorgesehenen Stellen „passiert", sondern mitten im Satz in Szenen bricht, die Ihr Einfühlungsvermögen ansprechen, oder indem man Ihnen nachts in Filmen wie *Unsere kleine Familie* die ordinäre Tel-Sex-Werbung minutenlang zumutet, inkl. Stöhnen, „Ruf mich an" (und

Peitschenknall) und Schlimmeres. All das „mutet“ uns an und prägt uns maßgeblich, außer wir sehen via Video und haben die FF-Kontrolle über unser Erleben … **Dabei sparen Sie neben einer Menge Streß-Hormone auch noch jede Menge Zeit.** Vergleichen Sie:

> **Ich brauche im Schnitt zum Sehen der Aufzeichnung einer Nachrichten-Sendung von ursprünglich einer halben Stunde nur noch sieben bis zwölf Minuten, um das (wenige) zu sehen, was ich wirklich sehen will (z.B. den Fortschritt von Friedensbemühungen irgendwo).**

Wenn Sie diese Strategie übernehmen, dann **sparen Sie ca. 20 Minuten jeden Tag** – das sind 20 Minuten, in denen Sie **nicht** mit **negativen** Dingen belastet werden, wobei Sie trotzdem gut informiert bleiben. In diesen 20 Minuten täglich können Sie ganz andere Dinge unternehmen, von Meditation über Fitneß-Bewegungen bis hin zu 20 Minuten Lesen pro Tag. (Der Trend zum Zweitbuch ist trotz *e-book* nicht mehr aufzuhalten.) Übers Jahr gerechnet sparen Sie fünf 24-Stunden-Tage Realzeit (= weit mehr „Arbeitstage“ à acht Stunden)! Und wenn Sie die Zeit nur für Meditation und Entspannung genutzt hätten, wäre sie besser für Ihre Gesundheit gewesen, als alle diese negativen Gedanken in sich „reinzufressen“ …

Tip 4: Andere Sendungen (inkl. Spielfilme) ebenfalls zeitversetzt sehen

Wenn Sie die Zeitersparnis bei Spielfilmen berücksichtigen: Sie können durch rasches Vorspulen nicht nur den Werbeblöcken bei den Privaten entgehen, sondern jede langweilige oder schädliche Filmszene redigieren. So spule ich z.B. bei jeder Kampfszene, aber auch bei anderen Szenen, die mir nicht gefallen, schnell vor. **Das ist ja die große Freiheit, die Video und andere Aufzeichnungs-Systeme uns bieten!**

Wenn Sie auch **Spielfilme** (zeitversetzt) via Video sehen, dann können Sie in weit stärkerem Maße Regisseur spielen. Deutsche Privatsender halten sich bei US-Produktionen nie an die eingebauten „Soll-Bruch-Stellen“ für Werbung, sondern sie unterbrechen meist **mitten im Satz**.

Wo kämen wir denn da hin, wenn man die Zuseher respektieren würde? So kann es durchaus passieren, daß mitten in einer emotional geladenen Sterbeszene, bei der Sie vielleicht sogar zu Tränen gerührt sind, plötzlich und ohne Warnung eine Werbung hereinbricht – womöglich auch noch für Tampons. Das paßt zu der Sterbeszene wie die berühmte Faust aufs Auge, und ähnlich geschlagen (d.h. gestreßt) reagiert Ihr gesamter Immun- und Hormonhaushalt (siehe S. 250), auch wenn Sie sich in die bunten lauten Werbe-Bildchen „hineinziehen" lassen und gar nicht merken, wie solche Ein-SCHNITTE in Ihre Gesundheit schneiden. Wenn Sie den Film jedoch **auf Video** aufgezeichnet haben, **dann** können Sie die oft acht bis neun Minuten Werbezeit in Sekunden mit der FF-Taste durchrasen und **sofort genau dort** weitermachen, wo Sie so rüde unterbrochen worden waren.

Sie können sich ausrechnen, daß Sie **sowohl** Ihre Lieblingsfilme (und bevorzugten Shows) im Fernsehen sehen **als auch** einige wichtige Dinge unternehmen oder Bücher lesen können, weil Sie bei reinen Unterhaltungs-Shows noch mehr Zeit einsparen können (z.B. indem Sie jede Pop-Gruppe überspringen, deren Lied, Sound, Lärm, nackte Haut oder was immer Ihnen **nicht wirklich gefällt**). Sie werden bei dieser Übung u.a. auch lernen, weit differenzierter wahrzunehmen und zu beurteilen, Sie bauen nämlich völlig neue Beobachtungs-Kategorien auf (→ vgl. *Kategorien-Denken*©, S. 54 ff. und *T – NEUROBICS*©, S. 189 ff.), denn: In der Phase vor der Fernbedienung lernten viele, als passive (hilflose) Opfer fernzusehen. Wer wollte denn schon ständig zum Apparat springen, um manuell einen anderen Sender zu suchen (meine jüngeren Leser können sich das vielleicht gar nicht vorstellen, aber so war es vor gar nicht allzu langer Zeit!). Dann kamen festeingestellte Sender und die Möglichkeit, diese durch einen Knopfdruck anzuwählen, was dann die Möglichkeit schaffte, diesen Knopfdruck aus einer gewissen Entfernung vorzunehmen. Heute aber bieten uns moderne Aufzeichnungs-Möglichkeiten die Sahne auf dem Kuchen (wenn ich Video sage, meine ich natürlich immer auch DVD oder was immer Ihr Lieblings-Medium sein wird). Sie können weit mehr Regie führen als je zuvor, und das ist die nächsthöhere Stufe des Fernsehens. Kein TV-Konsum mehr, sondern bewußte Wahl, wann Sie was überspringen, sehen oder sogar noch einmal sehen oder PAUS-ieren lassen, z.B. um zu schnell wegspringende Namen zu lesen! Die Namens-Einblendung ist immer zu kurz, weil die Macher nur berechnen, wie lange der Durchschnittsmensch zum Lesen braucht, nicht aber begreifen, daß dieser Mensch unbewußt zuerst den momentanen Satz zu Ende hört, ehe er mit dem Auge auf den Namen springt, aber da ist es zu spät, denn er sieht ihn gerade noch entschwinden … (Wie gesagt, boshafte Leute behaupten, es sei System hinter diesem Irrsinn!)

Inventur-Aufgabe für Mutige, die es wissen wollen

Sie könnten Ihre ursprünglichen Angaben im Eingangs-Quiz später mit den Werten vergleichen, die sich ergeben, wenn Sie eine Woche lang **vorher** festhalten, was Sie alles sehen **wollen. Des weiteren** streichen Sie im Programmheft Sendungen dick durch, die Sie **wirklich** gesehen haben (inkl. jener, in die Sie so nebenbei mal hineinge-ZAPP-t sind …) Das ergibt eine hohe Summe der Zeit-Differenzen bei Privaten plus noch mehr eingesparte Zeit, weil Sie mit Hilfe der Video-Technik so manches (wie den berüchtigten Vielredner in einer Diskussion oder in einem Spielfilm jede langweilige Szene) überspringen können …

Tip 5: Wissens-Kassetten: Von Woche zu Woche gescheiter werden

1975 übertrug ich meine alte Radio-Technik (Audio-Kassetten) auf Video. Diese Variante gefällt den meisten Teilnehmern noch besser.

TRAININGs-Technik: Ihr Wissens-Netz mühelos erweitern

Nachdem ich erkannt hatte, daß **alles Kopf-Können** vom Gedächtnis abhängt (und über das **Gedächtnis** unsere **intellektuellen** wie **kreativen** Leistungen), wurde mir klar, daß wir ein möglichst ausgedehntes Wissens-Netz brauchen. Das ist heute im Info-Zeitalter wahrer denn je. Aber als ich damit begann, meinen Seminar-Teilnehmer/innen davon zu „predigen" (**täglich etwas** lernen = der Königsweg zum Gehirn-Benutzer), mußte ich feststellen, wie viele von ihnen in ihrer Schulzeit so große Scheu (um nicht zu sagen Angst oder Haß) gegen Buch-Wissen jeder Art entwickelt haben, daß sich folgendes Paradoxon ergab:

> **Je weniger Fäden vorhanden sind, desto mehr profitiert der Mensch von einer Er-WEIT-erung seines Horizonts (Wissens-Netzes). Aber:**
>
> **Je weniger Fäden vorhanden sind, desto größer ist natürlich die fatale Ab-NEIGUNG der Betroffenen, etwas zu lernen (= neue Fäden ins Netz einzu-BIND-en), sonst hätte der Mensch ja mehr Fäden!**

Also beißt sich die Katze hier in den Schwanz? Nun, ich kann Ihnen jetzt die gute Nachricht verkünden: Ich habe einen Weg gefunden, wie wir unser **Wissens-Netz ständig erweitern** können, **ohne zu lernen**.

Im Klartext: Ständige schmerzlose Wissens-Netz-Erweiterung, **ohne (Sach- bzw. Fach-)Bücher zu lesen** oder im Sinne der Schul-Erfahrungen zu lernen, also garantiert **ohne Pauken, Büffeln, stures Auswendiglernen** etc.

Sie brauchen einen Videorecorder, den Sie programmieren können, (was ja im Zeitalter nach *ShowView* wirklich leicht geworden ist). Wenn Sie ein „Ohrentyp" sind, können Sie natürlich mit Tonkassetten arbeiten, die Sie genauso „nebenbei" hören können. Quellen sind Sendungen mit sogenannten Wort-Beiträgen (vom Schulfunk über bestimmte Magazin-Sendungen bis hin zu Hörspielen). Aber obwohl die meisten Teilnehmer/innen zwar gerne behaupten, sie sähen „nie" fern (was nur ca. acht bis zwölf Stunden pro Woche bedeutet!), ist die Fernseh-Technik mit Abstand die beliebteste.

Studieren Sie das Fernsehprogramm für die kommende Woche (spätestens am Wochenende) und suchen Sie sich Sendungen heraus, die Sie **normalerweise nicht** gesehen hätten. Dabei wählen Sie Sendungen dieser Kategorien aus:

1. **„Dazu habe ich leider absolut keine Zeit" und**
2. nach dem Motto: **„Das langweilt mich/interessiert mich nicht."**

Tip: Beobachten Sie, wie Leute sich verhalten, wenn sie sagen: *„(Dieses Thema) langweilt mich"* und bleiben Sie dann genau an diesem Thema „kleben". Die Menschen werden sehr bald sauer.

Denn das sogenannte *Langweilige* befindet sich häufig **außerhalb** des **Wissens-Netzes** der Betroffenen. Damit aber fühlen sie sich überfordert. Sie wollen kein **geistiges Bungee-Jumping!**

Aber **Sie** wollen beides: sowohl Sendungen, für die Ihnen die Zeit fehlt, als auch solche, die Ihnen **geistiges Bungee** anbieten (allerdings „schmerzlos"). Deshalb streichen Sie jetzt solche Sendungen an (z.B. über den *Flötenbau im Mittelalter*, vom *Liebesleben der Meeresschnecken* o. ä.).

Nun sorgen Sie (per automatischer Programmierung) dafür, daß Sie einige leere Kassetten mühelos zu **Wissens-Kassetten** umwandeln. Wohlgemerkt: Wir sprechen hier von Sendungen, die Sie **nicht** gesehen haben. Sehr interessante Dokumentationen werden Sie übrigens im Programm früh zwischen zwei und sechs Uhr finden, aber mit Vorprogrammierung ist auch das problemlos. Überlegen Sie: Noch vor einigen Jahren hätten Sie eine Person gebraucht, die solche Wissens-Kassetten für Sie anlegt, heute geht das fast von alleine. Sie müssen nur die richtigen Kassetten einlegen, bis die Technik den nächsten Schritt erlaubt und Sie sich das, was Sie wollen, wann Sie wollen auf eine „Platte" laden und Ihr TV-Programm selbst machen. Dies wiederum wird übrigens die letzte Stufe vor der *Star-Trek*-Zukunft sein. Dann werden wir uns nämlich **nur noch** holen, **was** wir gerade **wollen**. Es wird dann keine offiziellen Sendezeiten mehr geben.

Jetzt wird es spannend. Was können Sie mit den Wissens-Kassetten anfangen? Hier einige erste Anregungen. Beginnen wir mit meinem Lieblings-Tip, der bei meinen Teilnehmer/innen im Seminar seit Jahren großen Anklang findet. Oft höre/lese ich, wie erfolgreich „Ehemalige" inzwischen damit umgehen und was es ihnen gebracht hat.

Das ist die **Sahne** auf dem **Privat-TV-Kuchen,** wenn Sie **dort** unbedingt live sehen und **Werbeblocks** (zur gehirn-gerechten Wissens-Netz-Erweitertung) **nutzen** wollen (z.B. bei einem Sport-Event).

1. **Wissens-Kassette** in Video.
2. TV-**Sendung sehen** bis Werbung.
3. **PLAY**-Taste/**Video** und gleichzeitig **Start-Taste** am **Timer** (voreingestellt auf fünf Minuten) drücken.
4. **Video sehen,** bis Timer piepst.
5. **Jetzt** haben Sie immer noch genügend Zeit, um Ihre Blase zu leeren oder etwas zum Füllen derselben zu holen usw., denn die Werbeblocks dauern in der Regel zwischen sechs und sieben (oft sogar neun) Minuten!

Wenn Sie auf diese Weise pro Woche nur **eine einzige** TV-Veranstaltung mit drei Werbeblöcken sehen, dann entspricht dies **einer Stunde pro Monat**, das ergibt nach Adam RIESE bereits **zwölf Stunden im Jahr**. Vergleichen Sie dies mit einem Seminarbesuch: Realzeit eines normalen Seminars ist sechs Stunden Seminarzeit (**ohne** Kaffeepausen, Mittagessen etc.), also entspricht dies **zwei Nonstop-Info-Angebots-Seminartagen,** völlig **kostenlos** und **bequem** zu Hause im **Pantoffel-Kino.** Aber die meisten meiner Teilnehmer/innen haben bald „Blut geleckt" und nutzen diesen Tip **öfter**, vor allem, wenn sie **alleine** fernsehen. Hätten Sie gedacht, daß bei nur **zwei** so genutzen **Sendungen pro Woche** ein kompletter 24-Stunden-Tag **nonstop Wissens-Netz-Erweiterung** (pro Jahr) für Sie „herausspringt", also schon vier Seminartage bzw. drei normale Arbeitstage à acht Stunden? Und wenn Ihr TV-Verhalten relativ normal ist, dann **könnten** Sie diese Technik theoretisch sogar **einmal pro Tag** an **sechs TV-Tagen** einsetzen (insbesondere Menschen, die viel zu Hause sind). Also, bei täglich einmal an sechs Tagen werden ??? Stunden daraus. Rechnen Sie es aus, ehe Sie Ihr Ergebnis mit der Tabelle, S. 257, vergleichen.

Manche meiner Teilnehmer befürchten eine Ablenkung vom Thema der Sendung (z.B. von der Handlung des Films oder vom Diskussions-Thema einer Talkshow). Nun, abgesehen davon, daß ich bisher überwiegend

	A	B	C	D
1	**1 x pro Woche**	15 Min./Woche	12 Std./Jahr	
2	**2 x pro Woche**	30 Min./Woche	24 Std./Jahr	1 24-Std.-Tag
3	**3 x pro Woche**	45 Min./Woche	36 Std./Jahr	
4	**4 x pro Woche**	1 Std./Woche	48 Std./Jahr	2 24-Std.-Tage
5	**5 x pro Woche**	1 Std. 15 Min./Woche	60 Std./Jahr	
6	**6 x pro Woche**	1 Std. 30 Min./Woche	72 Std./Jahr	3 24-Std.-Tage

an Sport-Events, Live-Präsentationen (z.B. die Oskar-Verleihung) oder reine Unterhaltungs-Sendungen („*Die lustigen Oberkrainer*“ etc.) gedacht hatte, gilt selbst bei Spielfilmen: Sie können sich **von einer Vielzahl Werbespots ablenken** lassen **oder von einem einzigen Thema**. Zwar sagen viele jetzt, sie würden den Ton bei der Werbung **immer** ausschalten, aber dann **schauen** sie doch regelmäßig hin, um zu **sehen**, ob die Sendung weitergeht und werden durch die Bilder doch beeinflußt, insbesondere, da Bilder ja im Gehirn immer Vorrang haben (wie schon besprochen). Weit häufiger stellt man nur den Ton leiser, damit man es **hört**, wenn es weitergeht. Glauben Sie wirklich allen Ernstes, Ihr Gehirn fände diese „Belästigung“ angenehmer als ein neutrales Thema? **Wissens-Kassetten** sollten keine politisch brisanten Themen enthalten, sondern relativ zeitlose Infos bieten, die **Ihr Wissens-Netz und Ihren geistigen Horizont vergrößern**! Das ist doch das erklärte Ziel, nicht wahr?

Weitere Möglichkeiten, bei denen ich selbst regelmäßig Wissens-Kassetten nutze, sind beispielsweise:

1. **Beim Zeichnen/Basteln –** denn kurze Kontroll-Blicke sind besser als glotzen (vgl. S. 244 ff.).
2. **Bei Arbeiten, die mich langweilen („nebenbei“).** Hier taucht manchmal im Seminar folgende Kritik auf: *Was ist, wenn ich den Weg des Zen-Buddhismus gehen und alles, auch langweilige Tätigkeiten, voll bewußt ausüben will?* Meine Antwort: Dann werden Sie sicher genauso voll bewußt lernen wollen und räumen dem Sehen von Wissens-Kassetten eigene Zeiten ein. Das bewußte Leben spricht

keinesfalls gegen Wissens-Kassetten, nur dagegen, sich das Wissen lässig und nebenbei „reinzuziehen“ …

3. **Einfach so!** Die Frage taucht regelmäßig auf: *Was ist, wenn mir eine Wissens-Video wider Erwarten so gefällt, daß ich keinesfalls bis zur nächsten Gelegenheit warten will?* Das müssen Sie entscheiden, aber ich „darf“ auch einfach so gucken.
4. **Beim Fitneß-WALK-ing (drinnen)*!** Ich bin zwischen Februar 1999 und Februar 2000 auf meinem Skywalker über 700 Meilen ge-WALK-t. Dafür habe ich ca. 230 Stunden gebraucht. Da ich inzwischen weiß, daß es viele interessiert, womit ich diese Zeiten für mich erträglich mache, hier die Info: Ungefähr ein Drittel dieser Zeit habe ich mit Video-Aufzeichnungen verbracht, zu denen ich normalerweise keine Zeit gehabt hätte. Das entspricht über drei 24-Stunden-Tagen Sehzeit. Ein weiteres Drittel ist der spielerischen und mühelosen Wissens-Netz-Er-WEIT-erung gewidmet und das letzte Drittel der Zeit nutze ich ganz privat für das Lesen von sf-Romanen.

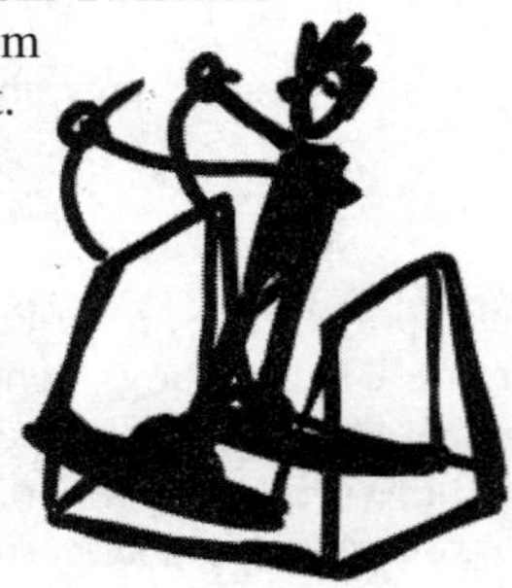

5. **Beim Fitneß-WALK-ing (draußen)!** Hier greift ein weiterer Trick, da ich seit Jahren nur mit Walkman WALK-e: Manche Wissens-Kassetten, aber auch „Fremdsprachen-Material“ (z.B. *Columbo* auf Französisch, *Deep Space 9* auf Italienisch) will ich natürlich mehr als einmal hören (→ vgl. *T – Sprachen lernen, S. 219ff.*). Aber ich brauche sie nicht jedesmal zu sehen, denn ich kenne die Bilder bereits. Also höre ich den Ton solcher Videos auf Audio-Kassetten (übrigens auch bei Autofahrten …).

* Beim Laufen sehe ich ein Drittel der Zeit ausschließlich Sendungen, die mich als Privatmensch **nicht** interessieren, von denen ich aber eine Ahnung haben muß, weil meine Kunden danach fragen.

Fragen Sie sich, ob Sie einige der Tips in diesem Abschnitt in Ihre tägliche Praxis umsetzen wollen, zumindest **probeweise**. Machen Sie die Probe aufs Exempel, es kostet nichts! Es ist schließlich Ihr Gehirn, das Sie verseuchen bzw. durch gute Fernseh-Gewohnheiten stärken. Und es ist Ihr Wissens-Netz, das regelmäßig wachsen und gedeihen sollte, wenn lebenslanges Lernen kein Lippenbekenntnis bleiben soll. Jetzt müssen Sie nur entscheiden:

1. **Machen Sie mit?** und
2. **Wann beginnen Sie womit?**

Hier sehen Sie übrigens meine Lieblings-Assoziationen zu *Walking*, wie sehen Ihre aus?

T – Zeitraffer-Technik

(Bitte ankreuzen) 

1. Wenn Ihnen jemand langatmig und umständlich etwas erzählt – werden Sie dann ungeduldig? ☐ Ja ☐ Nein

2. Gibt es viele Menschen (mehr als 50 %), die Ihrer Meinung nach „zu langsam" sprechen? ☐ Ja ☐ Nein

3. **Sprechen** Sie selbst eher „zu schnell"? ☐ Ja ☐ Nein

4. Es geht um Ihre **Lesegeschwindigkeit**:

4a **(Wenn Sie wissen, wie schnell Sie lesen):** Lesen Sie mehr als 300 Wörter pro Minute? ☐ Ja ☐ Nein

4b **(Wenn Sie Ihre Lesegeschwindigkeit nicht kennen):** Schätzen Sie bitte: Lesen Sie „relativ" schnell? ☐ Ja ☐ Nein

Zusatz zu 4a und 4b:

Ziehen Sie **Spaltenlesen** (z.B. in einer Tageszeitung) einem breiten Satzspiegel (z.B. bei Büchern) vor? ☐ Ja ☐ Nein

5. **Schreiben** Sie relativ flott? ☐ Ja ☐ Nein

Wenn Sie alles verneint haben, dann ist die Zeitraffer-Technik für Sie wahrscheinlich **nicht** geeignet. Trotzdem möchten Sie vielleicht einen Versuch machen, ehe Sie müde abwinken.

Je mehr Fragen Sie bejahen konnten, desto besser ist Ihr Gehirn bereits auf die Zeitraffer-Technik vorbereitet!

Was ist die Zeitraffer-Technik?

Antwort: **Es ist eine Technik, die unsere Lern-Geschwindigkeit vervielfacht!** Sie können in weit weniger Zeit mehr lernen als früher! Denn unser normales Wach-Bewußtsein befindet sich auf einer anderen **Zeitebene** als andere Teile unseres Körpers/Geistes. Neuere Untersuchungen (⟿ vgl. NØRRETRANDERS, S. 76) bestätigen Studien aus den 50er Jahren des letzten Jahrhunderts: Unser bewußtes Verarbeiten von Reizen wie auch unsere bewußten Denkprozesse verlaufen wesentlich langsamer als ihre unbewußten Pendants, deren Geschwindigkeiten um 400- bis 2000mal schneller sind. Somit stellt unser „normales" Zeitempfinden eigentlich eine Art Super-Zeitlupe dar.

Des weiteren gilt: Es hat immer schon Menschen gegeben, die weit schneller denken/lesen konnten als andere (z.B. John F. KENNEDY!). So erzählt man sich von Napoleon, er habe in seinem Kommando-Zelt im Feld oft vier Schreiber **gleichzeitig** beschäftigt, wenn er vier Briefe **gleichzeitig** diktierte (davon oft zwei in anderen Sprachen!). Er diktierte jeweils einen Satz (zu Brief Nr. 1) an den ersten Schreiber, dann einen Satz (zu Brief Nr. 2) an den zweiten Schreiber usw., um nach dem Satz an den vierten Schreiber dem ersten den nächstfolgenden Satz zu seinem Brief zu sagen.

Experimente in den USA haben gezeigt, daß *alle* Menschen ihr derzeitiges Lern- und Denk-Tempo um mindestens 10 % verbessern können. Und daß diejenigen, die sowieso schneller als der Durchschnitt waren, ihr Tempo in der Regel noch einmal um ein Vielfaches steigern konnten!

Material

Man benötigt die Möglichkeit, einen gesprochenen Text schneller als normal ablaufen zu lassen.

Am Anfang können Sie *experimentieren*, indem Sie mit einem Diktiergerät mit zwei Geschwindigkeiten *arbeiten* (langsam aufnehmen, schnell abspielen). Dabei stellen Sie einen „Micky-Maus-Effekt" fest; Sie merken aber, daß Sie sehr wohl noch verstehen können …

Sollten Sie die Zeitraffer-Technik jedoch ernsthaft nutzen wollen, dann bräuchten Sie ein spezielles Gerät. Es erlaubt eine stufenlose (bis zu doppelter) Abspielgeschwindigkeit ohne „Micky-Maus-Effekt“: Man verändert nämlich zusätzlich zu „speed“ noch „pitch“, dadurch wird die Stimme künstlich „heruntergedrückt“, also „tiefer“ gemacht. Dieser Effekt hebt die „Micky-Maus-Qualität“ auf. Zwar klingt die Stimme etwas eigentümlich, aber durchaus gut verständlich.

Solche Geräte laufen unter Bezeichnungen wie *Sound-Pacer*, *Fastrac* oder ähnlich. Falls Ihr Fachhandel Ihnen nicht helfen kann, schreiben Sie uns direkt (an den Verlag, mvg-verlag, 86895 Landsberg/Lech, Fax 08191-125-320), und wir werden Ihnen eine Bezugsquelle nennen.

Vorgehen

Das Vorgehen ist denkbar einfach: Sie spielen Lerninhalte schneller ab. Mit dem oben erwähnten Gerät können Sie die Geschwindigkeit stufenlos einstellen, was besser ist als fest eingebaute Geschwindigkeiten. Sie können bis zu doppelter Geschwindigkeit, aber auch bis zu 20 % langsamer abspielen!

Beginnen Sie mit einfachen Texten, die Ihnen bereits vertraut sind. Somit beweisen Sie sich zunächst, daß man schnellere Sprache sehr wohl verstehen kann! Testen Sie dann mit einem für Sie neuen Lerninhalt. Letztlich können Sie sogar die Zeitraffer-Technik mit Parallel-Lernen koppeln, wenn Sie das Gefühl haben, daß Sie das schaffen. (Ca. 10 % unserer Seminarteilnehmer/innen haben diese Möglichkeit mit gutem Erfolg angewendet!)

Wenn Sie merken, daß Sie mit der Zeitraffer-Technik gut arbeiten können, dann sollten Sie überlegen, ob Sie sich mit Schnell-Lese-Techniken befassen wollen. Die meisten Menschen lesen mit einer Richtgeschwindigkeit von **160 WPM** (Worte pro Minute), weil unser Schulsystem zwar lehrt, Buchstaben (oder Silben) aneinanderzureihen, aber nicht, ganze Wortgruppen mit einem Blick zu erfassen!

Fazit

Die Zeitraffer-Technik zeigt, welche ungeahnten (und meist brachliegenden) Möglichkeiten in uns schlummern! **Teilnehmer/innen, die die Zeitraffer-Technik eingesetzt haben**, berichten:

1. Ihre Konzentrationsfähigkeit ist gestiegen.
2. Ihre Lesegeschwindigkeit ist auch ohne spezielles Training um ca. 10 % schneller geworden.

Teilnehmer/innen, die **sowohl** Parallel-Lernen **als auch** Zeitraffer-Technik anwenden (nicht unbedingt in Kombination, auch einzeln), berichten regelmäßig, sie beginnen zu erahnen, daß noch weit mehr möglich sein müsse, d.h., **sie trauen sich ganz allgemein plötzlich mehr zu!**

Diese Verbesserung des Selbstwertgefühls geht übrigens mit jeder Technik einher, die man beherrschen lernt, auch bei Sport, Musik, Tanz etc. Warum also nicht bei gehirn-gerechtem Arbeiten?

T – Zum Schluß: Etwas Denk-Sport

Damit Sie Ihre grauen Zellen ein wenig trainieren können, folgen jetzt einige Denksportaufgaben, die nur ganzhirnig zu lösen sind!

Denk-Sport-Übungen

Curiosity killed the cat. Das ist ein englisches Sprichwort („Neugierde hat die Katze getötet!"). Neugierde ist ein Symptom eines gut *funktionierenden rechten Hirns* und eben deshalb für Linkshirnler suspekt! Ausgezeichnetes Training für gezielte Neugierde und Bilder-Machen sind Denksportaufgaben! Hier folgen fünf Appetit-Happen, falls Sie *sofort* anfangen wollen. Vielleicht machen sie Ihnen Lust, sich einige Denk-Bücher zu besorgen, um alleine oder im Familien- und Freundeskreis möglichst bald weiterzumachen?

Übung Nr. 1: Das Armband

Sie haben ein Armband, welches aus sieben Ringen besteht. (Fertigen Sie selbst eine Skizze an!) Sie sind mit Ihrer Miete im Rückstand und werden erst in einer Woche (in sieben Tagen) bezahlen können. Der Vermieter ist einverstanden, pro Tag einen (weiteren) Ring als Pfand zu akzeptieren. Aber er macht zur Bedingung, daß nur ein einziger Ring Ihres schönen Armbandes zerschnitten werden darf, damit Ihr Schaden nicht zu groß wird. Wie gehen Sie vor?

Nun, Sie haben die Aufgabe doch gelöst*, ehe Sie hier weiterlesen?! Falls nicht, beachten Sie bitte: Je leichter es Ihnen fällt, desto näher sind Sie dem Ziel sowieso! Das macht Spaß! Je schwieriger es ist, desto *notwendiger* ist es, wenn Sie kein Gehirn-Muffel bleiben wollen! Also, werden Sie spätestens jetzt bitte die Aufgabe lösen?

Übung Nr. 2: Der Nußkuchen

Sie haben einen runden Nußkuchen gekauft. Ursprünglich hatten Sie sechs Gäste erwartet, aber jetzt kommen sieben, so daß mit Ihnen acht Personen da sind. Teilen Sie den Kuchen mit nur drei (!!) Schnitten in 8 Stücke auf! Kleiner Hinweis: Ohne Vorstellung (rechte Hemisphäre) oder Zeichnung geht es nicht!

Übung Nr. 3: Die Billardkugeln

Bitte machen Sie diesmal (noch) keine Notizen! Gehen Sie so vor, daß Sie jeden Satz lesen, sich die Situation kurz vorstellen, dann den nächsten Satz lesen, sich die neue Situation vorstellen etc.

1. Stellen Sie sich eine weiße Billardkugel vor.
2. Fügen Sie links von der weißen Kugel eine rote hinzu.
3. Fügen Sie rechts von der weißen eine blaue hinzu.
4. Fügen Sie rechts von der blauen eine gelbe hinzu.
5. Schieben Sie die gelbe zwischen die rote und die weiße Kugel.
6. Fügen Sie ganz rechts eine grüne hinzu.

Jetzt tragen Sie die Reihenfolge der Kugeln hier ein (möglichst ohne den Text ein zweites Mal zu lesen!):

__________ __________ __________ __________ und __________.

---

* Falls Sie Ihre Lösungen vergleichen wollen, so finden Sie diese im *Merkblatt Nr. 7*, S. 294 ff.

Übung Nr. 4: Das kaputte Treppenhaus

Sie wissen, manchmal ist ein Lift kaputt. Dann müssen alle zu Fuß gehen. Heute ist aber das Treppenhaus nicht zugänglich, also müssen alle Leute, die das Haus betreten, den Lift benutzen. Im Erdgeschoß ist ein Buchladen; im 1. Stock eine Anwaltskanzlei; im 2. Stock ein Massage-Salon (dessen „Massagen“ die Krankenkasse allerdings nicht bezahlt); im 3. Stock ist die Wohnung des Anwalts; im 4. Stock ist ein „richtiger“ Massage-Salon, und im 5. Stock ist ein kleines Café, in dem Klienten des 1., 2. und 4. Stockwerks z.T. warten, wenn sie zu früh dran sind. Nun, keiner kann das Treppenhaus benützen. Frage: Welcher Knopf im Lift wird heute am häufigsten gedrückt?

Es folgt ein Zitat aus einem enorm vergnüglichen Denk-Trainings-Buch mit dem Titel: *Denken als Spiel**. Es ist optimal geeignet, allen zu helfen, die auf dem Weg vom Gehirn-Besitzer zum Gehirn-Benutzer sind**. Deshalb möchte ich den Verlegern des damals noch erhältlichen Buches danken, daß ich Ihnen diese Aufgabe hier anbieten darf. Das folgende **Sprach-Rätsel** kann man **alleine** oder **mit Freunden** (*Motto: Wer schafft's zuerst?*) angehen, wenn Sie Spiele mit Wettbewerbs-Charakter mögen. Es kann sehr spannend werden, wie die Seminar-Arbeit immer wieder gezeigt hat.

Übung Nr. 5: Ein Sprachrätsel (nach HOCHKEPPEL)

Die Idee zum (folgenden) Spiel stammt von der US-Armee, die während des Zweiten Weltkrieges sprachbegabte Leute suchte. Kluge Köpfe entwarfen einen Text in einer völlig logischen künstlichen Sprache. Die Prüflinge sollten möglichst viele Sinn- und Formengesetze entdecken und mit ihrer Hilfe andere kurze Texte in diese Kunstsprache

---

* Quelle: Willi Hochkeppel, *Denken als Spiel,* S. 113 ff.

** Leider ist das Buch seit Jahren vergriffen, aber es gibt drei Wege, um an vergriffene Bücher heranzukommen (vgl. *Merkblatt Nr. 11,* S. 309 f.).

übersetzen. Diesem Prinzip sind wir bei der nun folgenden Aufgabe nachgegangen. (Alle wirklichen, lebendigen Sprachen sind natürlich bis zu einem gewissen Grade unlogisch – wie das Wesen, das sie produziert hat.)

In den unwegsamen Gebirgen Zentralasiens war die uralte Kultur der Eborier beheimatet. Dr. Niegenug, der deutsche Privatgelehrte, widmete ihr einen beträchtlichen Teil seiner Lebensarbeit. In jahrzehntelangen Ausgrabungen stellte er genügend Material sicher, um eine Grammatik und Formenlehre des Eborischen zusammenstellen zu können. Allerdings: Sein Lebenswerk war völlig ungeordnet, als ihn bei seiner letzten Expedition ein tückischer zentralasiatischer Bazillus hinwegraffte.

Seine Erben standen vor einem scheinbar unlösbaren Problem: Aus einem Wust losen Zettelmaterials galt es, eine Systematik des Eborischen aufzubauen – und außerdem die Übersetzungen ins Eborische zu klären, die Dr. Niegenug sozusagen als Steckenpferd angefertigt hatte. Zunächst fielen den Ordnern des Nachlasses **drei Zettel** in die Hände.

1. Der erste enthielt einen kleinen Wortkatalog,
2. der zweite einige Bemerkungen zur Formenlehre und
3. der dritte zwei Zeilen, die offenbar einen Übersetzungsversuch darstellten.

Den findigen Nachlaß-Ordnern gelang es, mit Hilfe der ersten beiden Zettel herauszufinden, daß der dritte die Übersetzung eines Gedicht-Anfangs aus der deutschen Literatur war.

Zwei Erkenntnisse von Dr. Niegenug halfen ihnen dabei: **Erstens**, daß das Eborische eine agglutinierende, das heißt durch Anfügungen von Silben arbeitende Sprache war, und **zweitens**, daß es eine aufs höchste stilisierte und formalisierte literarische Technik kannte, vergleichbar der Liedkunst der nordgermanischen Skalden.

Erster Zettel:

jaku	der Schritt
höpu	das Gesprochene, das Wort
wawras	gebären

fri	ich
grito	dein

Zweiter Zettel:

-nu-	Partizip-Suffix*
-mbo-	Passiv-Suffix
-ro	Anrede-, Vokativ-Suffix
-ke-	Vergangenheits-Suffix
-pe-	Zukunfts-Suffix
-tla	Höflichkeits-, Verehrungs-Partikel
-xin	Suffix der Verneinung

Auf dem dritten Zettel stand nun:

frito wawrasnukemboro, höpaske wawrasnuketla:
fri jakaspe – gri jakaspexin

Wenn Sie erraten (besser: erschließen), was dieser Text bedeutet, wären Sie ein qualifizierter Nachlaßverwalter von Dr. Niegenug. (Auflösung im Anhang, S. 296 ff.)

Sie sehen, ohne die Vor-Stellung geht es nicht. Wenn man aber mit dem ganzen Hirn arbeitet, dann „fallen einem die Schuppen von den Augen". Oder? Hatten Sie Schwierigkeiten? Fühlen Sie sich vielleicht doch ein wenig frustriert, weil Sie zu keiner Lösung kamen? Nun, dann sollten Sie schleunigst ein paar Rätsel-Bücher kaufen und öfter mal mit dem Hirn „joggen"…

Aber zurück zu den Übungen zu *Brainjogging* (ohne Bindestrich) nach Siegfried LEHRL. Wenn Sie mitmachen wollen, finden Sie inzwischen über 100 Bücher hierzu. Des weiteren gibt es jede Menge anderer Denksport- und Rätsel-Bücher, so daß dem Brain-Jogging oder dem Brainjogging nichts im Wege steht außer Ihrer eigenen Trägheit. Nein – **Sie** doch nicht …?

* Suffix = Nachsilbe.

Anhang I
Altes im Anhang

Analog & digital im doppelten Gehirn

Was passiert, wenn wir ein Wort **begreifen**? Angenommen, Sie hören/lesen *skull*. Sprechen Sie Englisch, dann verstehen Sie, weil Ihr Herr Links das Wort analysiert und an Herrn Rechts „sendet", der jetzt sofort **im Archiv sucht** und prüft, ob Sie zu diesem Begriff bereits ein **Bild** besitzen*. Wenn ja, dann „sendet" er Ihnen dieses, und Sie haben begriffen:

Würde ich Ihnen jedoch einen arabischen Schriftzug (s. nächste Seite) zeigen, dann haben Sie zu dieser digitalen Info höchstwahrscheinlich nichts in Ihrem Archiv, das der Mitarbeiter im rechten Hirn verwaltet.

---

* Die zentrale Metapher des **alten** *Stroh im Kopf?* war die Zweiteilung linkes, rechtes (DENK-)Hirn (mit je einem Mitarbeiter). Inzwischen ist die Forschung weiter, aber als DENKMODELL kann diese Metapher uns immer noch helfen.

Nun beginnt unser Spezialist (rechts), uns verzweifelt *Fragezeichen* zu senden, die wir bei **einem** Begriff als vages Unlustgefühl wahrnehmen. Enthält eine Botschaft aber mehrere solcher unverständlichen Wörter, dann beißt uns der Frust schon sehr deutlich! Übrigens sind solche „schwierigen" Begriffe häufig Wörter (bzw. Vor- oder Nachsilben) aus dem Lateinischen oder Griechischen. Nun ist das Deutsche die einzige Sprache, die ich kenne, die ein „einfaches" Niveau für jedermann hat (*Empfänger, Reiz*) und ein „höheres" Niveau für Gebildete (*Rezipient, Stimulus*). In allen romanischen Sprachen und im Englischen gibt es nur einen Begriff; so kann man bei uns leicht einem Fach-Spanier aufsitzen, selbst wenn man schon Fach-Chinese ist. Zum Beispiel:

> **Die relative Effizienz kumulierter Kommunikationssubstrate basiert auf der funktionalen Relation zwischen der absoluten Kapazität des Rezipienten und dem quantitativen Thesaurus offerierter Informationen.***

Was hat der „komische" Satz tatsächlich ausgedrückt? Antwort: Er enthält zwei Gesetzmäßigkeiten erfolgreicher Gesprächskunst, über die nachzudenken sich auf alle Fälle lohnt. Nehmen wir zunächst den *Rezipienten* (das Wort *Empfänger* hätte man sofort verstanden) und stellen ihn uns als Huhn vor. Lassen Sie die beiden Assistenten im Kopf im Team arbeiten, indem Sie Mr. Rechts aktivieren: Er stellt sich (für uns

* Diese Art von halbhirnigem Digital-Geschwafel finden wir bevorzugt bei Autoren, deren Ziel es **nicht** ist, ihre Leser zu *informieren*, mitnichten! Sie wollen *publizieren*. Und darin liegt ein gewaltiger Unterschied.

als Gehirn-Besitzer) das Huhn vor! Nun sehen wir uns die *kumulierten Kommunikations-Substrate* an. Sie bedeuten *angesammelte (= kumulierte) Botschaften (= Kommunikations-Substrate)* für **diesen** Empfänger. Diese Mitteilungen soll Ihr Mr. Rechts nun als Körnchen **vor** (Ihr geistiges Auge hin-)**stellen**. Nun „sagt" uns der Satz zwei Dinge, nämlich was passiert, wenn viel oder wenig Informationen (Botschaften) vorhanden sind.

Je mehr Körnchen vorhanden sind, desto mehr wird das Huhn fressen. Mit anderen Worten: **Heute findet das normale „Huhn" viel mehr Infos als früher (Radio, TV, Zeitschriften, Magazine, Zeitungen). Also sind wir informierter, weil mehr „Körnchen" vorhanden sind.**

Je weniger Körnchen es gibt, desto größer ist die Wahrscheinlichkeit für jedes der wenigen Körnchen, daß es gefressen wird.

Die Botschaft *(Je mehr Körnchen ...)* verführt viele Menschen, die andere überzeugen wollen, ihren „Opfern" zu viele Argumente aufzuzählen, aber das ist ungünstig. Denn dieser Satz beschreibt die allgemeine Lage: Wir sind voll von dem, was uns umgibt, dies gilt auch für Informationen *(Körnchen)*, stellt aber keine gehirn-gerechte Verhandlungs-Strategie dar. *Für die Praxis*:

Sagen Sie Ihrer Partnerin (dem Kunden) nicht neun Vorteile Ihrer Idee (Ihres Produkts), nennen Sie statt dessen nur drei, die sie (ihn) wirklich interessieren. Damit haben Sie eine hohe Wahrscheinlichkeit, daß Ihr/e Gesprächspartner/in diese drei Gründe auch „frißt"! Oder:

Vielleicht gaben Sie Ihren Mitarbeiter/innen früher gleich zwölf neue Informationen auf einmal, in Zukunft unterteilen Sie die Besprechung lieber in mehrere Blocks (getrennt durch Mini-Pausen) und bieten in jedem Zeitabschnitt nur **einige wenige** „Körnchen“ an, wenn Sie wollen, daß man Ihre Infos auch „fressen“ (= merken und später beachten!) wird.

Der Satz (S. 270) ist für viele Menschen aufgrund der Fremdwörter „schwierig“. Aber es sind beileibe nicht immer lateinische und griechische Wörter! Denn:

> **Wann immer man einen Begriff nicht versteht, weil unser rechtes Hirn hierzu noch keine Vorstellung besitzt, wird dieser Begriff für uns schwierig, auch wenn er für andere Menschen ganz einfach ist. So begreifen unzählige Kunden bestimmte branchen- und firmenspezifische Begriffe oder Abkürzungen nicht, weil sie hierzu noch keine Vorstellung im rechten Hirn haben.**

Experiment

Sie finden auf der nächsten Seite einen Satz im Kasten. Lernen Sie ihn bitte (jetzt gleich!) auswendig, aber stellen Sie dabei fest:

Wieviel Zeit haben Sie benötigt?

Antwort: ____________ Minuten.

Wie oft mußten Sie den Satz wiederholen?

Antwort: __________ mal.

Notieren Sie bitte die exakte Startzeit: Es ist jetzt

 ____________________Uhr.

Drehen Sie das Buch auf den Kopf, und lernen Sie den Satz bitte jetzt auswendig! Aufgabe: Jetzt gleich, bitte!

> **Ein Zweibein sitzt auf einem Dreibein und ißt ein Einbein. Da kommt ein Vierbein und nimmt dem Zweibein das Einbein weg. Da nimmt das Zweibein das Dreibein und schlägt das Vierbein.**

Nun gibt es zwei Möglichkeiten:

[] A: **Ich hatte Probleme. Ich mußte den Satz mehr als dreimal wiederholen**, oder:

[] B: **Ich habe den Satz sehr schnell gelernt. Dabei mußte ich ihn nur ein- bis zweimal durchlesen.**

Bitte lesen Sie nachfolgend denjenigen Abschnitt, der sich auf Ihre gerade gemachte Erfahrung bezieht.

A ***Ich hatte Probleme. Ich mußte den Satz mehr als dreimal wiederholen.*** Wenn Sie in diese Kategorie fallen, haben Sie es schön brav so gemacht wie in der Schule: Sie lasen die einzelnen Wörter, also die digitalen Symbole, und Sie haben krampfhaft versucht, diese in Ihre linke Hirnhälfte einzuspeichern. Diese Art der sturen Paukerei aber macht den Spezialisten rechts „arbeitslos", während der linke „überlastet" ist und sich dagegen wehrt! Also kämpft Widerstand 1 gegen Widerstand 2. Wenn Sie hingegen *beide* Hirnhälften im Team einsetzen, dann wird Lernen (im alten Sinne) unnötig. *Bitte lesen Sie noch den B-Text!*

B ***Ich habe den Satz sehr schnell gelernt. Dabei mußte ich ihn nur ein- bis zweimal durchlesen.*** Wenn Sie in diese Kategorie fallen, dann haben Sie sich selbst ein Bild gemacht; d.h., Sie haben den rechten Spezialisten mit einbezogen. Z.B. haben Sie einen Menschen (Zweibein) gesehen, der auf einem Schemel (Dreibein) sitzt und ein Einbein ißt (an einem Hühnerbein nagt). Dann kommt ein Vierbein (Hund) … usw. Diese Bilderfolge können Sie (wie einen Zeichentrickfilm) auch in einem halben Jahr wieder rekonstruieren; d.h., Lernen (im alten Sinne des Wortes) ist unnötig! Sie können's ja schon! Wieder sehen wir: Ohne Vorstellung geht es nicht! Apropos *Vorstellung*: Nehmen Sie das Wort bitte wörtlich: Man ***stellt*** etwas ***vor*** das geistige Auge, um es zu betrachten.

Man stellt etwas *vor* das geistige Auge, um es zu betrachten.

Optimal wäre es, wenn Sie, ehe Sie weiterlesen, noch ein wenig mit dem Zweibein-Satz experimentieren würden. Vielleicht können Sie jetzt gleich einige Leute anrufen (falls Sie allein und ohne Gesprächspartner sind). Sagen Sie allen „Versuchskaninchen" den Zweibein-Satz auf und bitten Sie die Personen, ihn auswendig zu lernen! Aber verraten Sie absolut nichts von dem Bild! Wenn Sie diesen Versuch durchführen, werden Sie die Ergebnisse (wie Tausende von Seminarteilnehmern) mit Sicherheit bestätigt bekommen:

A – ***Die meisten Menschen sind Gehirn-Muffel:*** Sie sind (zunächst) unfähig, die rechte Hirnhälfte aktiv mit einzubeziehen! Also muß man ihnen den Satz fünf-, sechs- oder gar siebenmal vorsagen, bis sie ihn „mit Hängen und Würgen" nachsprechen können. Wenn man sie drei Wochen später wieder anruft und sie bittet, den Satz zu wiederholen, werden sie sauer!

B – ***Die wenigen Menschen, die ihr Gehirn erfolgreich einsetzen,*** machen sich sofort und automatisch ein Bild. Sie haben keine Lernprobleme, und sie können den Satz auch Wochen später wieder rekonstruieren!

Im folgenden Abschnitt werden wir uns die Arbeitsweise der beiden Hirn-Hemisphären etwas näher ansehen. Dabei gilt: Wenn wir *links* sagen, könnten wir *dominant (= herrschend)* sagen. Die *rechte* Hirnhälfte wird in der Gehirn-Forschung oft *sub-dominant* genannt. Falls Sie also später in der Literatur noch mehr über das Gehirn lesen wollen, werden Sie auch auf diese beiden Begriffe stoßen.

Rational *und* kreativ!

LINKS: digital, Detail und Analyse!*

Diese Informationen werden gedacht (in Worten), gesprochen, geschrieben, gelesen, gerechnet, berechnet, analysiert. Linkshirnig ist die Analyse, die Logik, die Ratio, der „kalte“ (nüchterne) Verstand; ferner lineares, detailliertes, sequentielles Vorgehen (= ein Schritt nach dem anderen). Wir erkennen den Bezug zu den Haupt-Tätigkeiten in der Schule:

- **Rechnen** (= Arithmetik, innovative und kreative Mathematik ist eher RECHTS-hirnig)
- **Lesen**
- **Schreiben**
- **Analyse** von Textaufgaben (Rechnen)
- **Analyse** von Texten (Inhalt und Form)
- **Analyse** von Sätzen (Grammatik)
- **Stures Auswendiglernen** (Pauken) isolierter Einzel-Informationen (Vokabeln, Fachwörter, Daten, Fakten, Formeln)

RECHTS: analog, Überblick und Synthese!

Die wichtigsten Stichworte: Überblick/Synthese (Gegenteil der Analyse). Synthetisches Denken setzt detaillierte Informationen zusammen und verschafft uns ein ganzheitliches Problembewußtsein (das an (Hoch-)Schulen noch immer kaum gefördert wird!). Formen und Strukturen bedeutet Wieder-Erkennen von Personen oder Dingen.

---

* Mit freundlicher Genehmigung des Verlages (mi) meinem Artikel *Gehirn und Gedächtnis* („Enzyklopädie für Naturwissenschaft und Technik“, 1983) entnommen.

Unsere Fähigkeit des **Vergleichens** läßt uns Leute sogar dann erkennen, wenn wir sie lange nicht gesehen haben (auch wenn sie sich stark verändert haben).

Es folgt ein vereinfachter Überblick:

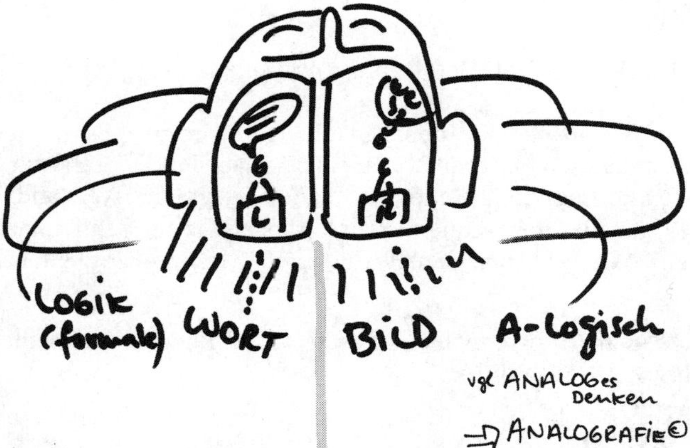

exakte Details	**+ Intuition,**
	+ Innovation &
	+ Imaginations-Kraft
Natur-Wissenschaften,	**+ „weiche" (Geistes-)Wissenschaften,**
Analyse	**+ Synthese**
Schritt-für-Schritt	**+ holistisch, non-linear, parallel**
wörtliche Bedeutung	**+ Abstrakt, Metaphern, Analogien**
Rechnen, Lesen, Schreiben	**+ Mathematik, Kunst, Musik, Tanz ...**
linear/ZEIT	**+ RAUM/räumlich, 3D**

Anhang II Merkblätter

Es folgen einige Merkblätter, welche entweder einen Gedankengang aus dem Haupttext vertiefen oder zusätzliche Information für besonders wißbegierige Leser anbieten.

1 MERKBLATT NR. 1 SOZIO-BIOLOGIE

Wie Sie wissen, besteht seit langen Jahren der Streit, ob wir mehr durch die Umwelt (Milieu) oder eher durch unsere Gene (unsere angeborenen Anlagen) geprägt werden. Die Verfechter der Milieu-Theorie (Skinnerianer) sagen, alles Verhalten sei anerzogen, der Mensch habe fast keine biologischen Programme. Andere Wissenschaftler (in den 40er Jahren des letzten Jahrhunderts Szondi, Jahrzehnte später z.B. Richard Dawkins u.a.) behaupten mehr oder weniger, alles Verhalten sei angeboren! Die Gene, sagen sie, bestimmten bis hin zur Partner- und Berufswahl *alles*, was wir tun und lassen. Diese Gen-These wurde in den 70er Jahren von einem neuen Zweig der Wissenschaft, der **Sozio-Biologie**, aufgegriffen.

Inzwischen gilt es als erwiesen, daß viele unserer Anlagen **angeboren** sind. Aber wir wissen inzwischen auch einiges mehr über die Umwelteinflüsse. Maturana und Varela bezeichnen die gegenseitige Wechselwirkung zwischen Angeborenem und Umwelt (in: *Der Baum der Erkenntnis*) als *strukturale Koppelung*, also können wir aus heutiger Sicht klarstellen, daß erst Umwelteinflüsse das Potential zur Ausgestaltung bringen. Ein Mensch mit seinem angeborenen Sprach-*Potential* wird in einer Umwelt von Stummen erwiesenermaßen nicht sprechen lernen!

Aber die Koppelung vermittelt auch zwischen Genen und Kultur. So muß ein männliches Kind von Kopfjägern bestimmte soziale Programme erlernen: *Töte deinen ersten Feind vor dem 13. Lebensjahr, schrumpfe seinen Kopf und hänge ihn dir an den Gürtel, damit wir dich in unsere Gemeinschaft als Mann aufnehmen!* Das Kind in einer judäisch-christlich geprägten Umgebung hingegen lernt: *Du darfst nicht töten: (Außer, die Regierung steckt dich in eine Uniform ...)* Das Kind eines australischen Aborigine mag im *Spurenlesen* Spitze sein, ein balinesisches Kind mag Nuancen des *traditionellen Tempeltanzes* nachahmen, die wir kaum wahrnehmen können, usw.

Wie Sie sehen, spricht doch einiges dafür, daß die Umwelt uns maßgeblich (mit-)prägt, oder? Und doch spricht *auch* einiges dafür, daß unsere Gene unser Denken und Handeln weit mehr mitbestimmen, als man glauben könnte. So hat SZONDI z.B. schon vor Jahrzehnten behauptet, rezessive Gene würden einander suchen: Gene, die vom „Aussterben" bedroht sind, sorgen dafür, daß der Mensch, zu dem sie gehören, einen Partner sucht, der das gleiche rezessive Gen hat (z.B. für Epilepsie), so daß dieses Paar dann ein Kind bekommt, bei dem die beiden rezessiven Gene sich wieder durchsetzen können. Wer hierüber mehr wissen will, sollte SZONDI selbst lesen (s. Literatur-Verzeichnis).

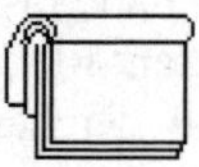

2 MERKBLATT NR. 2 Etwas LERNPSYCHOLOGIE

Die Lernpsychologie unterscheidet zwischen drei Arten des Lernens:

1. **Klassische Konditionierung** (PAWLOW)
2. **Operante Konditionierung** (SKINNER)
3. **Lernen durch Einsicht** (nach KÖHLER und BÜHLER).

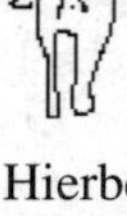

1. KLASSISCHE KONDITIONIERUNG

Hierbei handelt es sich um eine Art von Lernen, wie sie der russische Forscher PAWLOW demonstrierte, als er sein inzwischen weltweit bekanntes Experiment machte: Sie wissen, daß Eßbares uns das Wasser im Munde zusammenlaufen läßt. Tatsache ist, daß außer dem Speichel auch andere „Säfte“ (z.B. der Bauchspeicheldrüse) abgesondert werden. Dies hat PAWLOW an Hunden getestet. Immer wenn er dem Hund Fleisch gab, ließ er eine Glocke ertönen. Somit verband dieser den Reiz *Fleisch* mit *Glocke,* und bald sonderte der Hund auch dann Speichel (u.a. Sekrete) ab, wenn nur die Glocke ertönte. Man spricht hier vom **bedingten Reiz** (Glocke), der eine **bedingte Reaktion** (Absonderung von Sekreten) hervorruft. Im Gegensatz zur **unbedingten Reaktion**, die nicht bedingt (also **ohne Lernprozeß**) erfolgen muß, z.B., wenn ich mit einer Lampe in Ihr Auge leuchte und die Pupille sich zusammenzieht. Dies ist eine **unbedingte (biologisch vorprogrammierte) Reaktion**.

Viele Lernprozesse bei Säuglingen und Kleinkindern entsprechen der klassischen Konditionierung. Zum Beispiel: Jedesmal wenn das Kind Hunger hat und schreit, kommt die Mutter und stillt den Hunger. Bald löst der Anblick der Mutter alleine bereits **Wohlgefühl** aus, als **bedingte Reaktion**! Ähnlich, aber negativ, kann eine klassische Konditionierung in der Schule aussehen: Immer wenn das Kind beim Rechnen einen Fehler macht, wird es geschimpft oder vor den anderen lächerlich gemacht. Bald löst alles, was mit Rechnen zu tun hat, als **bedingte Reaktion** die **Frustrationsgefühle, Ängste, niedriges Selbstwertgefühl usw.** aus!

2. OPERANTE KONDITIONIERUNG

Der Verhaltensforscher SKINNER war einer der glühendsten Verfechter der These, daß alles Verhalten nur durch Umwelteinflüsse gelernt wird. Berühmt wurde er durch sein Ratten-Experiment, in dem die Ratte zwischen zwei Hebeln wählen muß, um Futter zu erhalten. Da das Tier hier (im Gegensatz zur klassischen Konditionierung) etwas *tun* muß (lateinisch: *operare*), nennt man diese Art des Lernens *operante Konditionierung*. Sie entspricht der *Versuch- und Irrtum-Methode* und setzt bereits eine gewisse Intelligenz voraus, aber auch primitive Organismen ohne Gehirn können durch Paarung zweier Reize (z.B. Lichtblitz plus elektrischer Schlag) konditioniert werden.*

* Überhaupt sollte man vorsichtig sein, primitiven Organismen jede Intelligenz abzusprechen, seit man festgestellt hat, daß sogar Elementar-Teilchen „Entscheidungen“ zu treffen scheinen, indem sie ihren Spin (= ihre Drehung) ändern, wenn der Spin ihres „Zwillings“ geändert wurde …

Die Situation des operanten Konditionierungs-Versuchs kann am besten durch den alten Labor-Treppenwitz verdeutlicht werden, in dem die Ratte einer neu hinzugekommenen erklärt:

> *Wir haben den Mann im weißen Kittel ausgezeichnet dressiert: Jedesmal, wenn wir den linken Hebel drücken, muß er uns Futter geben.*

Sicher ist Ihnen klar, daß ein Großteil dessen, was Sie je gelernt haben (insbesondere Handlungen wie Rad- und Autofahren) auf dieser Lernweise beruht. Aber es gibt noch einen dritten Ansatz, nämlich …

3. LERNEN DURCH EINSICHT

KÖHLER wies in einer Reihe von klassischen Versuchen mit Affen nach, daß diese sehr wohl zu „Einsicht" imstande seien, d.h. zu einer logisch korrekten Schlußfolgerung. In einem Experiment lag außerhalb des Käfigs eine Banane, und innerhalb lagen zwei Stäbe, von denen jeder zu kurz war, um die Banane zu angeln. Aber man konnte sie zusammenstecken, was ein älterer Affe, der die fruchtlosen „Angel-Versuche" der anderen beobachtet hatte, plötzlich „kapierte". Wie ein Lichtblitz war das Wissen da. Er sprang auf, schob die anderen weg, steckte die Stäbe zusammen und holte sich die Frucht. Dieses plötzliche *Aha!* nannte Kurt BÜHLER das *Aha-Erlebnis*.

Dies ist die vornehmste Art zu lernen. Jedes *Aha!* ist ein Begreifen mit beiden Hirnhälften, also gehirn-gerecht! So kann man einem kleinen Kind hundertmal sagen, es solle nicht auf die Straße laufen. Erst wenn es den Zusammenhang das erste Mal wirklich *begriffen* hat, besteht die Chance, daß es das geforderte Verhalten lernen kann! Lernen durch Einsicht ist der schnellste Weg; er ist genauso effizient wie der Königsweg ins Gedächtnis, nämlich das automatische Lernen von Informationen, die das Überleben absichern oder die interessant sind. Aber: Lernen durch Einsicht schafft *Wissen*, nicht Können! Falls eine neue Einsicht auch *Verhalten* verändern soll, dürfen wir nicht damit rechnen, daß das Wissen allein bereits das neue Tun garantiert! Dies gilt für eine plötzliche neue Einsicht genauso wie für eine langsam

gewachsene. Millionen Menschen rauchen weiter, wiewohl sie inzwischen die Einsicht gewonnen haben, daß Rauchen schädlich ist! Dasselbe gilt für Sicherheitsgurte im Auto und tausend andere Situationen.

PS zur überarbeiteten **36. Auflage:**

Immer wieder höre ich in den Seminar-Pausen die Frage: *Warum funktioniert die Schule so schlecht?* Einige Teil-Antworten:

1. **Kinder dürfen** in der Regel (noch immer) **nicht lernen, neue Infos an Fäden im eigenen Wissens-Netz zu BIND-en**, weil eigene Assoziationen nichts wert zu sein scheinen. Weiteres Indiz: Man darf seine Ideen selten mit Mitschülern austauschen und vergleichen (quatsche nicht!).
2. **So lernen Kinder nicht, auf eigene Stärken im Inneren zu vertrauen**. Wichtig scheint nur, was die Lehrer sagen.
3. **Dadurch lernen Kinder nicht, wie man lernt,** bzw. sie **vergessen** leider vollkommen, was sie **bis zum Schuleintritt** instinktiv wußten, nämlich wie natürlich und schön es ist, sein Wissen(s-Netz) stetig zu vergrößern. Welche brillante Vorbereitung für lebenslanges Lernen … (Ha!)

Klas Mellander (vgl. Literaturverzeichnis) stellt ebenfalls fest:

> *Erstaunlicherweise ereignen sich gigantische Mengen an „Lernen" spontan, ohne daß wir es bewußt registrieren, ziemlich mühelos … Heißt das, daß wir ohne Lehrer leichter lernen? Kurioserweise scheint genau das der Fall zu sein …*

Nun zeigt er auf, wie anders Leute vorgehen, wenn man ihnen die Aufgabe gibt, etwas zu lehren: Hotelpersonal sollte Seminar-Teilnehmer im Gebrauch einer Mausefalle instruieren. Der Unterricht war durch die Bank furchtbar. Als Mellander dann fragte, ob sie das zu Hause ihren Familienmitgliedern ebenso zeigen würden, verneinten alle. Gefragt warum, sagten sie: Hier sollten sie ja unterrichten.

Vergleichen Sie das auch mit dem Ansatz von Dr. Reichen (*Probleme mit dem Lesen*, S. 89 ff.): Seine Erstkläßler bringen sich das Schreiben selbst bei (null Frontal-Unterricht!), indem sie Projekte „bearbeiten", bei denen **Schreiben beiläufig** nötig ist. Im zweiten Jahr können sie bereits ziemlich gut lesen, **obwohl ihnen das niemand „beigebracht" hat!** Ebenso wie sie bereits tausend andere Dinge autonom gelernt hatten, ehe sie in die Schule kamen (vgl. auch mein Buch: *Stichwort Schule: Trotz Schule lernen?*). Das sollte nachdenklich machen, oder?

3 MERKBLATT NR. 3 Die REICHEN-Methode zum Lesen lernen (zu S. 96 ff.)

4 MERKBLATT NR. 4
Mentalität: West und Ost

Der Engländer (und spätere Wahl-Amerikaner) Alan W. WATTS gilt als einer der besten Kenner der Philosophie des Zen-Buddhismus. In seinem Buch *The Way of Zen** sagt er in etwa:

> *Der westliche Mensch gleicht in seiner Suche, das Universum zu erkennen und zu begreifen, einem Wissenschaftler, der in einem gigantischen Dom (der das Universum darstellt) mit einer Taschenlampe einzelne Details untersucht und so, über Hunderte von Generationen hinweg, sich ein Bild zu machen versucht. Sein fernöstlicher Kollege hingegen macht oben, an der Decke des Doms, eine Lampe an. Zwar sieht er keine klaren Details, aber er bekommt eine Ahnung von der Gesamt-Struktur!*

Und WATTS fügt hinzu: Wir brauchen **beide** Arten von Forschen und Vorgehen; nicht nur die eine oder die andere. Keine ist „besser“, beide ergänzen sich wie Yin und Yang!

5 MERKBLATT NR. 5
Sprache als Instrument des Denkens**

Je klarer die Bilder, die Sie (bald) vor Ihrem geistigen Auge sehen (werden), desto interessanter wird es, einmal bewußt über unsere Sprache nachzudenken. Lassen Sie mich versuchen, Ihnen etwas „Appetit“ zu machen:

---

* Meines Wissens noch nicht ins Deutsche übersetzt.

** Vgl. auch mein Taschenbuch: *Kommunikation für Könner schnell trainiert* mit vielen Übungen.

1. Ich habe mich ganz klar ausgedrückt!!

Wiewohl wir in der Regel davon ausgehen, wir hätten „alles“ gesagt (also 100 % einer Information gesendet), ist dies natürlich nicht möglich. Der Satz „Mein Büromobil hat hinten einen zweiten Handy-Anschluß für die Fax-Karte meines Portablen“ setzt voraus, daß Sie wissen, was ein *Büromobil*, ein *Handy*, eine *Fax-Karte* ein *Portabler* ist.

Bei abstrakten Begriffen ist die Gefahr, daß Sie eine andere Vorstellung mit *Demokratie, Gerechtigkeit* etc. verbinden, noch größer. Aber selbst wenn es sich um eine höchst einfache Situation handelt, kann es sein, daß wir nur 10 bis 20 % der Botschaft senden (und begreifen werden, *wenn* dem anderen die Situation vertraut ist), wie das folgende Beispiel zeigt.

So sitzen Sie z.B. zu fünft in einem Restaurant und warten bei angenehmer Unterhaltung auf das Essen. Der Ober kommt. **„Schwein?“** Einer von Ihnen sagt prompt: **„Das bin ich.“** (Ist er das wirklich?) Der Ober: „Wiener Schnitzel?“, und Sie sagen: „Das hatte ich.“ Natürlich hatten Sie es noch nicht; Sie sollen es ja gerade bekommen! Gemeint war natürlich: „Das hatte ich bestellt“, nicht wahr?

Bitte denken Sie nicht, ich sei jetzt albern oder besonders kleinlich. Denn das Schlüsselwort war, daß der Gesprächspartner mit der Situation (wie im Restaurant) ***vertraut*** ist.

Wenn Sie jedoch **firmeninterne Kürzel** verwenden (von Fachausdrücken Ihrer Branche oder Ihres Spezialgebietes ganz abgesehen), für die das Opfer Ihrer Botschaften (noch) keine Fäden im Netz hat – glauben Sie wirklich, das sei **gehirn-gerecht?**

2. Was bedeutet ein Wort eigentlich?

Nehmen Sie das Wort „Vor-Stellung“ „wörtlich“; es ist relativ harmlos. Interessanter ist die „Enttäuschung“: Wenn „Ent-Bindung“ bedeutet: „die Bindung hört auf“, dann bedeutet analog dazu „Ent-Täuschung“, daß die *Täuschung aufhört*.

Wenn wir uns bewußt den Wörtern zuwenden, die wir verwenden, und versuchen, die „Bilder“ zu sehen, die viele Wörter quasi eingebaut haben, dann erreichen wir damit zweierlei:

a) Wir üben uns im Bilder-Machen (sowieso Teil unseres Trainings), und
b) wir lernen, uns – auch mit Worten allein – gehirn-gerecht/er auszudrücken.

Dies ist besonders für Menschen wichtig, die viel *telefonieren*. Da kann man ja, bis jeder Bild-Telefon oder Fax hat, leider keine Bilder zeichnen/zeigen.

3. Inwieweit beeinflußt die Grammatik das Denken?

B. L. WHORF (s. Literaturverzeichnis) weist darauf hin, daß alle indo-europäischen Sprachen ein *Subjekt* und ein *Prädikat* fordern. Daraus ergibt sich, daß wir den Satz „Der Baum spendet Schatten" als „korrekt" (richtig) empfinden, wiewohl er die Wirklichkeit überhaupt nicht beschreibt! Wir machen den Baum zum **Täter**, der er gar nicht ist. Ein Japaner könnte einfach sagen: „Des Baumes Schatten", und der Satz wäre komplett.

Des weiteren haben indo-europäische Sprachen eine starke Neigung, die Welt um uns herum nicht zu beschreiben, sondern zu ver-*Ding*-lichen. So sagen wir z.B. *Faust, Blitz, Puls, Welle* (als Hauptwörter), als ob sie Dinge wären. Dabei übersehen wir natürlich völlig, daß wir hier einen pulsierend-dynamischen Aspekt „festgeschrieben" haben. Vielleicht ist das der Grund für die materialistische Grundeinstellung im Westen sowie für die Tatsache, daß wir unsere Umwelt als „tote Sache" empfinden; ganz im Gegensatz zu Völkern (die wir ausrotten, so schnell es geht), die die *Natur* als lebenden, pulsierenden, atmenden **Prozeß** betrachten. Darüber könnte man schon einmal nachdenken …

4. Gibt es alles, wofür wir Worte haben?

W. SCHNEIDER (s. Literaturverzeichnis) weist darauf hin, daß unsere Sprache die Wirklichkeit nicht so sehr **beschreibt**, als sie vielmehr in kleine Stücke zerhackt, die wir dann gerne mit der Realität verwechseln. So führt er als Beispiel an: „Glauben Sie, daß die Natur **Unkraut** und **Ungeziefer** geschaffen hat?" Wenn wir einen Schritt weitergehen, könnten wir uns auch fragen, ob so etwas wie „Gerechtigkeit" überhaupt „vorgesehen" war? Wenn wir nämlich begreifen, daß dies ein **von Menschen geschaffenes Ideal** ist, dann sind wir vielleicht nicht mehr so enttäuscht (s. oben), wenn eine Situation uns mal nicht „gerecht" vorkommt. Dies könnte zu größerem Gleich**mut** (nicht mit Gleichgültigkeit zu verwechseln!) führen, der uns auch Negatives gelassener (und mit weniger Streß) erleben „machen" könnte ...

Wenn Sie mehr über Sprache wissen wollen: Zwei Bücher, die hervorragend geeignet sind:

a) Wolf SCHNEIDER: *Wörter machen Leute*, und: b) Benjamin Lee WHORF: *Sprache, Denken, Wirklichkeit.* Beide im Literaturverzeichnis.

6 MERKBLATT NR. 6*
Ein wenig Gehirn-Forschung**

Hintergrund-Info

Einerseits hat die Gehirnforschung ... unerhörte Ergebnisse gebracht: Langsam fangen wir an zu verstehen, in welche einzelnen „Organe" das Gehirn unterteilt werden muß (Neuroanatomie), wie Zellen kommunizieren (Neurophysiologie), welche Prozesse innerhalb von Zellen ablaufen (Neurochemie). Andererseits meint ... der geniale Gehirnforscher ECCLES***, es werde sicher noch Hunderte von Jahren dauern, bis das Gehirn sich weitgehend selber verstehen könne! Interessanterweise wächst das Nicht-Wissen schneller als das Wissen: Je mehr man herausfindet, desto mehr begreift man, was man alles noch nicht erfassen kann. Deswegen werden neue Wissenszweige geschaffen, die langfristig Klarheit bringen sollen: z.B. molekulare Neurobiologie, Neurogenetik, Neuropharmakologie, Neurokommunikation und Neuromathematik. Wenn aber eine Wissenschaft sich immer mehr in Einzeldisziplinen aufteilt, dann suchen immer mehr hochspezialisierte Fachleute nach Antworten zu Fragen, die sich der „Normalmensch" überhaupt nicht stellt. Da jedoch die Funktionsweise des Gehirns jeden Gehirn-Benut-

---

* Alle zitierten Werke werden in Fußnoten angegeben, damit diese Arbeiten nicht im großen Lit.-Verz. (Ende Anhang) „verschwinden".

** Dieses Merkblatt enthält Auszüge aus meinem Artikel *Gehirn und Gedächtnis*, in der *Enzyklopädie Naturwissenschaft und Technik,* mi, Landsberg, 1983, S. 151–154.

*** ECCLES, J.C.: *The understanding of the brain,* New York, 1973 (dt.: *Das Gehirn des Menschen*), erw. Ausg., München, 1975.

zer angeht, sollte er nicht damit zufrieden sein, daß Elfenbeinturm-Bewohner sich unter Ausschluß der Öffentlichkeit damit befassen! Die folgende Arbeit wird einige Aspekte der großartigen Detektivarbeit des letzten Jahrhunderts aufzeigen …

Wenn wir „Gedächtnis" sagen, meinen wir den Mechanismus oder Prozeß, mittels dessen Informationen, die einmal wahrgenommen wurden, „festgehalten" werden, so daß man sie später wieder abrufen kann. Wiewohl es nicht Ziel dieser Arbeit sein kann, philosophische Grundfragen anzuschneiden, sollte man jedoch bedenken, daß erst Gedächtnis uns zu „Menschen" macht; daß also bessere Gedächtnistechniken große Auswirkungen auf unsere Intelligenz, Kreativität und unser Mensch-Sein schlechthin haben müssen. Falls man nämlich Ihr Gedächtnis in einen anderen Menschen transportieren könnte, *wo* wären *Sie* dann? Oder, wie ROSE es ausdrückt: „Gäbe es ein Individuum … welches exakt … meine Erfahrungen und Erinnerungen besäße, dann wäre es ich selbst … (denn:) Gedächtnis-Inhalte ergeben die … wichtigsten Charakteristika eines Individuums."*

Spurensuche im Gehirn

Wenn die Justiz einen Täter sucht, so will sie ihn daran hindern, ähnliche Taten in Zukunft zu wiederholen. Sollten die Wissenschaftler hingegen die „Täter" finden, die „Gedächtnis machen", so könnte man ihnen helfen, in Zukunft noch effizienter zu arbeiten. Erste Schritte sieht man in der Spurensicherung, wobei der Gehirnforscher von physiologischen Spuren ausgeht, welche die „Täter" hinterlassen.

Das Engramm

1904 prägte der Zoologe SEMON** das Wort „Engramm" (= das Eingegrabene), weil er davon ausging, jeder Gedächtnis-Inhalt müsse eine physiologische Spur im Gehirn „eingraben". Später versuchte LASHLEY***, diese Engramme empirisch nachzuweisen. Er trainierte

---

* ROSE, S.: *The conscious brain,* 1981, S. 231.
** Zitiert von LAUSCH, E: *Manipulation: Der Griff nach dem Gehirn* (Methoden, Resultate, Konsequenzen der Gehirnforschung), Reinbek b.Hamburg, 1980.
*** LASHLEY, K.S.: *In Search of the Engramm* in: *Symp. soc. exp. biol.,* 1950, 4 (454–82).

Tiere, d.h., er schuf neue Gedächtnis-Inhalte bei ihnen. Nach erfolgreichem Training begann er, deren Kortex (Großhirnrinde) systematisch abzutragen. Seiner Erwartung nach mußte sich jedes Engramm in einem ganz bestimmten Stück Zellgewebe befinden. Durch Wegnahme eben dieses Zellgewebes hätte man dann auch das Engramm, und somit die Erinnerung, weggenommen. Tatsache aber war, daß keines der Versuchstiere seine Erinnerungen verlor, selbst wenn bis zu 50 % des Kortex abgetragen wurden! Zwar schien die Erinnerung nun schwacher und diffuser zu sein, aber sie blieb erhalten. Dies sprach gegen LASHLEYS Hypothese eines spezifischen Gedächtnisses und veranlaßte ihn, 1950 seinen berühmten, halb scherzhaften Satz zu prägen: „Man könnte ... den Schluß ziehen, daß Lernen überhaupt unmöglich ist!" Während also LASHLEY seine eigene Theorie widerlegte, bewies (ungefähr zur gleichen Zeit) ein anderer Forscher sie! PENFIELD* stellte bei Gehirnoperationen (an wachen Patienten) fest: Wenn man mit einer Elektrode bestimmte Stellen des Hirngewebes (im Kortex) stimulierte, dann ergab sich eine spezifische Erinnerung, z.B. an ein Lied, einen Geruch, ein Gespräch, eine Party-Situation etc. Stimulierte man dieselbe Stelle wieder, so tauchte wieder dieselbe Erinnerung auf! Jahrelang verursachte das LASHLEY-PENFIELD-Paradoxon große Schwierigkeiten. Schien es doch zwei entgegengesetzte Aussagen gleichzeitig zu bestätigen: 1. Gedächtnis ist unspezifisch (LASHLEY), und 2. Gedächtnis ist spezifisch (PENFIELD). Wir werden später noch einmal auf das Paradoxon zurückkommen.

Nun stellte ECCLES** die These auf, Gedächtnis bestünde aus elektrischen Schwingungskreisen. Dieser Denkansatz wurde zwar durch einige Versuche so gut wie nachgewiesen, später aber durch GLEES*** vernichtet: Er unterkühlte nämlich die Gehirne von trainierten Affen bis zu 45 Minuten lang (auf 18–19 °C), so daß jede elektrische Tätigkeit im Gehirn zum Erliegen kam. Trotzdem hatten die Affen anschließend ihr Wissen nicht verloren. Auch hier ein Paradoxon: Wird nun Gedächtnis durch elektrische Schwingungen „gemacht" oder nicht?

---

* PENFIELD, W.: *Memory Mechanisms* in: *Ama arch. neurol. Psychiatr.*, 1952, 67 (178–98).
** Zitiert von LAUSCH, op. cit.
*** Zitiert von LAUSCH, op. cit.

Ein anderer Denkansatz stammt aus der Neurobiochemie. Schon 1952 hatten Untersuchungen gezeigt*, daß die Gehirne von Kaninchen, welche in den ersten zehn Lebenswochen sehen durften, wesentlich mehr RNS (**R**ibo**n**uklein**s**äure) aufwiesen als die Gehirne von Kaninchen, die im Dunkeln gehalten wurden. Da Gesehenes ja später wiedererkannt wird, schien zwischen Gedächtnis und vermehrter RNS ein unmittelbarer Zusammenhang zu bestehen. Diese These wurde erhärtet, als HYDEN** Anfang der 60er Jahre folgendes Experiment machte: Er lehrte Ratten, ein (im 45-Grad-Winkel ansteigendes) Seil hinaufzulaufen, um Futter zu erhalten. Vergleiche mit Kontrolltieren, die nicht seiltanzen konnten, ergaben eine beträchtliche Vermehrung der RNS in den Gehirnen der trainierten Tiere! Etwa gleichzeitig (1962) begann MCCONNELL*** seine berühmt-berüchtigten Versuche mit Sandwürmern (Planaria): Eine Gruppe wurde trainiert, auf einen Lichtblitz zu reagieren, indem sie sich zusammenzogen. Die „wissenden" Würmer wurden dann „geschlachtet" und an Artgenossen verfüttert, die alsbald dieses Wissen besaßen. Also hatten letztere sich das Wissen durch Kannibalismus einverleibt? Die Versuche wurden nicht wegen der Schlagzeilen in der Laienpresse (Schüler werden ihre Lehrer bald essen!) berüchtigt, sondern weil andere Forscher sie *zunächst* nicht wiederholen konnten! (Inzwischen hat man festgestellt, daß auch andere Forscher zu denselben Ergebnissen kamen, wenn die Versuchsanordnung wirklich genau der von MCCONNELL entsprach.) Inzwischen ist die biochemische Forschung des Gedächtnisses beträchtlich weiter gekommen: MCCONNELL stellte nämlich bald fest, daß ein Extrahieren der RNS möglich war. Bald wurde nur noch die RNS (per Injektion) verabreicht – mit denselben phantastischen Ergebnissen! Es sah also ganz so aus, als sei die RNS der „Täter". Als Beweis könnten z.B. die Experimente von JACOBSEN**** gelten, der durch RNS-Übertragung Wissen (Gedächtnis-Inhalte) sogar von Hamstern auf Ratten übertrug! Wenn dies bei Säugetieren funktionierte, sollte es dann beim Menschen grundsätzlich anders sein?

---

* Zitiert von LAUSCH, op. cit.

** HYDEN, H.: *Activation of Nuclear RNA an Glia in Learning in:* KIMBLE (Hrsg.): *Anatomy of memory*, Palo Alto, Calif, 1965.

*** Zitiert von ROSE, op. cit.

**** Zitiert von LAUSCH, op. cit.

Nun versuchen Wissenschaftler oft, durch einen Gegen-Versuch Sicherheit zu erlangen. Man wußte, daß Eiweißbildung für diese Prozesse unerläßlich war, und man wußte, daß das Antibiotikum Puromycin Eiweißbildung verhinderte. Also testete AGRANOFF*, ob Lernen durch das Spritzen von Puromycin *verhindert* werden könnte. Die Ergebnisse waren eine direkte Bestätigung: Puromycin *vor* oder *unmittelbar nach* dem Training hatte keine Wirkung auf das momentane Lernen (Kurz-Zeit-Gedächtnis), verhinderte jedoch die Bildung von Erinnerung (**L**ang-**Z**eit-**G**edächtnis)! Puromycin *eine Stunde nach* erfolgtem Training tat der Erinnerung (im LZG) keinen Abbruch. Also wußte man, daß man auf dem richtigen Wege war. Daher leuchtet auch ein, was UNGAR et al.** gelingen konnte: Er trainierte Ratten, entgegen ihrer natürlichen Vorliebe, Dunkelheit zu meiden. (Durch Elektroschocks im Dunkeln wurden die Tiere veranlaßt, sich ins Helle zu retten.) Diese Dunkelangst transferierte er (per Injektion) auf untrainierte Ratten! Dabei stellte er fest, daß die Dunkelangst nicht in der RNS „saß“, sondern in einem Peptid, einem Eiweißstoff. (Wenn mehr als 100 Aminosäuren in der Kette zusammenhängen, spricht man von Eiweiß, bei weniger von Peptiden.) Dieses Peptid bestand nur aus 15 Aminosäuren! UNGAR nannte es Skotophobin (Dunkelangst-Macher). Später war sein Kollege PARR sogar in der Lage, Skotophobin synthetisch herzustellen, was in der Laienpresse zu Schlagzeilen (durch Pillen Lernen?) führte! Aber soweit sind wir noch lange nicht! 1983 begann man, ein zweites Peptid zu suchen, indem man Goldfische trainierte, grünes Licht zu mögen (während sie normalerweise rotes Licht vorziehen). LAUSCH*** schlägt vor, dieses Peptid Chlorophilin zu nennen. Wir sehen also, daß die Neurobiochemie zunächst die RNS, später aber Peptide für die „Täter“ hielt. Heute herrscht die Meinung vor, daß erst RNS vorhanden sein müsse, welche dann die Peptide herstellt. Alle bisherigen Erläuterungen bezogen sich auf die Spurensuche nach einem „Täter“ bzw. dem Engramm im Gehirn.

---

* AGRANOFF, B.W.: *Agents that block Memory* in: *Quarton, Melnechuck & Schmitt* (Hrsg.): *The neuro sciences,* New York 1967 (Seite 756–764).

** UNGAR, G. & IRWIN, L.N.: *Transfer of Acquired Information by Brain Extracts* in: *Nature,* 1967, 214 (Seite 453–461).

*** LAUSCH, E., op. cit.

Erinnert sich das Seepferdchen?

Erste Engrammsuche fand im Kortex statt, das heißt in der Rinde des neuesten Gehirnteils, des Großhirns. Tierversuche in der Biochemie arbeiteten jedoch auch mit Tieren, die keinen (Würmer) oder nur einen kleinen Kortex (Kaninchen) besitzen. Also kann Gedächtnis nicht nur mit der Großhirnrinde verbunden sein. Unterhalb des Kortex befindet sich das **L**imbische **S**ystem, welches den Thalamus wie ein Reifen umschließt. Das größte „Organ“ innerhalb dieses L.S. ist das „Seepferdchen“ (der Hippocampus). Inzwischen weiß man, daß dieser mit der Fähigkeit, Informationen ins Lang-Zeit-Gedächtnis (LZG) zu transferieren, unmittelbar zu tun hat. Erste Hinweise ergaben sich bei Patienten, denen man den Hippocampus entfernt hatte: Sie waren unfähig, irgendeine neue Information in ihr LZG zu transportieren. Aber ihr Kurz-Zeit-Gedächtnis (KZG) war intakt, sonst hätten sie Fragen, die man ihnen stellte, vergessen, ehe sie diese beantworten konnten (Korsakoff-Syndrom)! Einer dieser Patienten erfuhr täglich „aufs neue“, daß sein Onkel gestorben war, ein anderer befand sich schon seit 15 Jahren in der Klinik, meinte aber täglich, gerade erst angekommen zu sein!

Neuerdings erhärtet sich der Verdacht, daß der Hippocampus auch mit Zeit und Raum zu tun hat: Wenn Sie den Satzteil „– als Hans Liese schlug“ mit dem Satzteil „– als Liese Hans schlug“ vergleichen, so werden Sie feststellen, daß die Reihenfolge (also die Anordnung entlang einer zeitlichen Koordinate) von großer Wichtigkeit für das Verständnis ist. Oder wenn Sie, statt bei der ersten Straße LINKS und der zweiten Straße RECHTS abzubiegen, bei der ersten Straße RECHTS und bei der zweiten Straße LINKS gehen – dann erreichen Sie nicht denselben Ort! Aber für unsere Fragestellung nach dem Gedächtnis ist hauptsächlich die Frage wichtig, ob es ohne Hippocampus eine Langzeit-Speicherung geben kann!

Wenn wir diese verschiedenen Denk-Ansätze betrachten, dann wird uns klar, daß die Gehirn-Forscher immer nur einzelne Teile eines gigantischen Puzzles finden. Manche dieser Teile scheinen sich direkt zu widersprechen:

A: Gedächtnis ist unspezifisch (LASHLEY) versus
B: Gedächtnis ist sehr wohl spezifisch (PENFIELD)!

A: Gedächtnis besteht aus elektrischen Aktivitäten (ECCLES) versus
B: Es kann nicht aus elektrischen Schwingungen bestehen (GLEES).
A: Gedächtnis beim Menschen ist im Kortex lokalisiert (wo PENFIELD einzelne Gedächtnis-Inhalte per Elektrode „fand") versus
B: Gedächtnis könnte im Hippocampus „aufbewahrt" werden, denn ohne Hippocampus ist kein LZG möglich.

Wer sich einmal mit den Ergebnissen der „neuen" Physik befaßt hat – dort hat sich der Paradigmen-Wechsel (nach KUHN*) nämlich bereits ... vollzogen –, kennt ähnliche Paradoxa. (Ist der Elektronenpartikel nun eine Welle oder ein Materie-Teilchen?) Noch sucht die Physik nach einer vereinheitlichten Feld-Theorie, aber nicht nur die Physik!

Interessante Aspekte auf dem Gebiet der Gedächtnis-Forschung bietet der nächste Denkansatz:

Das Gedächtnis – ein Hologramm?

Verschiedene Autoren haben darauf hingewiesen, daß der Mensch seine Gehirn-Analogien immer aus dem derzeit letzten Stand der Technik schöpft. Als das Telefon erfunden war, schien das Gehirn einer immensen Telefon-Zentrale zu gleichen. Als der Computer erfunden war, kamen die Computer-Vergleiche. Wiewohl das Prinzip der Holografie schon Ende der 40er Jahre von GABOR erfunden wurde, begann dieses Prinzip erst durch den Laser praktikabel zu werden, so daß die Hologramm-Analogie einige Jahrzehnte auf sich warten ließ. Wenn wir nämlich eine Fotografie mit einer holografischen Abbildung vergleichen, so stellen wir gewisse Unterschiede fest: *Erstens* ist das Foto eine zweidimensionale (flache) Abbildung, während das Hologramm dreidimensional (plastisch) ist. Des weiteren kann man um ein Hologramm herumgehen (wie um das Original), um es von allen Seiten zu betrachten! *Zweitens* enthält jeder Teil einer fotografischen Platte jeweils nur einen Teil des Bildes. Zerbricht man die Platte in der Mitte, so enthält jede Hälfte hinterher nur das halbe Bild. Im Gegensatz dazu enthält jeder Teil der holografischen Platte das gesamte Bild. Zerbricht man die Platte mehrmals, so enthält jeder Teil der Platte trotzdem jeweils das ganze

---

* KUHN, T.: *The Structure of Scientific revolutions*, Chicago, 1970 (*dt.: Die Struktur wissenschaftlicher Revolutionen*, Frankfurt, 1978).

Bild. (Werden die Plattenstückchen ziemlich klein, dann wirkt die Abbildung etwas undeutlicher; ist aber noch ganz zu sehen). *Drittens:* Die Fotoplatte enthält eine Ab-*Bild*-ung, wenn auch im Negativ (helle Stellen auf dem Foto sind auf der Platte dunkel). Die holografische Platte hingegen enthält gar kein Ab-*Bild*! Auf ihr befinden sich sog. Interferenz-Muster. Diese erinnern an die Wellenlinien, wie man sie auf dem Wasser sieht, wenn man mehrere Steinchen gleichzeitig in den See wirft. *Viertens:* Auf der holografischen Platte kann man Hunderte, ja Tausende von Hologrammen speichern, während die Fotoplatte immer nur *ein* Bild enthalten kann!

Wollen wir uns diese Unterschiede, auf das Gedächtnis bezogen, noch einmal ansehen. Wir beginnen mit dem letzten Punkt:

Zum vierten Punkt: Dieses kleine menschliche Gehirn kann mehr Informationen speichern als der größte Computer!

Zum dritten Punkt: Auch das Gehirn scheint keine Ab-*Bild*-ungen zu beinhalten: Ihr Gehirn trägt keine Bilder von kleinen Menschen herum, keine Gebäude, keine Gemälde etc., an die Sie sich jedoch exakt erinnern können!

Zum zweiten Punkt: Jetzt können wir das LASHLEY-PENFIELD-Paradoxon auflösen: Wenn Informationen gleichzeitig in allen Teilen der (beteiligten) Gehirn-Areale gespeichert werden, dann konnte das Abtragen einzelner Kortex-Stellen bei LASHLEYS Tieren keinen Erinnerungs-Verlust herbeiführen. Andererseits ist dieselbe Information an zig Stellen im Gehirn tatsächlich „vorhanden" (in einer Art von Interferenz-Muster?), so daß PENFIELD einzelne Erinnerungs-Inhalte (auch mehrmals hintereinander) „finden" konnte!

Zum ersten Punkt: Natürlich sind unsere Erinnerungen „plastisch", sonst hätten wir ja das Gefühl, in einer zweidimensionalen Welt zu leben. Auf der anderen Seite befindet sich der weitaus größte Teil unserer „Realität" in unserem Gedächtnis, z.B. die „Realität" eines beständigen „Ich", eines „Selbst". Ohne Gedächtnis wären wir uns vielleicht nur ständig wachsender Eindrücke, von innen wie außen, bewußt. (Meinten die alten Hindus das, als sie sagten, alles sei Illusion?)

Wir sehen also, daß die Analogie mit dem Hologramm bereits viele widersprüchliche Versuchs-Ergebnisse vereinbaren kann!

Der Frust-Lust-Faktor

Was (hier) noch nicht zur Sprache kam, ist ein anderes Paradoxon: Ist Lernen nun eine lustbetonte oder aber eine frustrierende Tätigkeit? Ich habe (in diesem Buch wie auch) an anderer Stelle* bereits dargelegt, daß Lernen zunächst ein reiner Überlebensmechanismus ist und daher mit Lust verbunden sein muß! Aber man kann es sich m.E. heutzutage nicht leisten, ein Gehirn-Muffel zu sein! Denn zum einen zwingt uns die fortschreitende Technik im Berufsleben, ständig weiterzulernen: Ein Fachmann, der 1905 sein Diplom bekam, war ca. 30 Jahre lang Fachmann; einer, der heute sein Diplom bekommt, ist schon nach ca. 5 Jahren hoffnungslos out-of-date, wenn er nicht ständig weiterlernt! Zum anderen wird die zunehmende Arbeitszeitverkürzung immer mehr Menschen mehr Freizeit geben, so daß jeder einzelne die Möglichkeit *hätte,* sich auf allen möglichen Gebieten weiterzubilden, wenn er Lernen (wieder) mit Lust verbinden könnte.

7 MERKBLATT NR. 7
Lösungen zu den Denk-Sport-Übungen

Nr. 1: Das Armband (zu S. 264 f.)

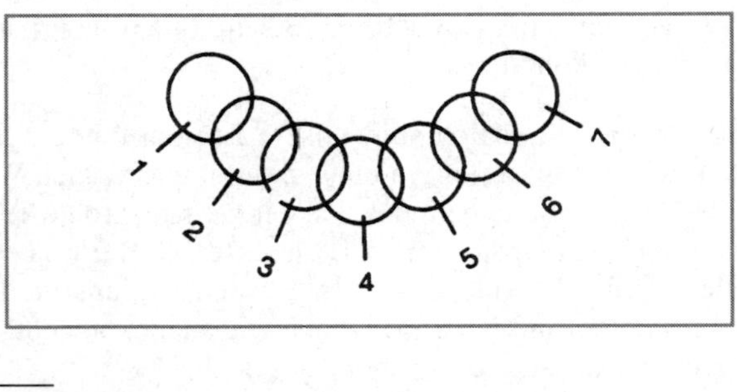

* *Freude durch Streß,* 13. Aufl., mvg-verlag, Landsberg 1999.

Angenommen, heute ist Montag. Nennen wir die Ringe 1, 2, 3, 4, 5, 6 und 7. Sie zerschneiden den Ring Nr. 3. Die Verteilung ist wie folgt:

Montag	**Nr. 3** an Vermieter; bleiben Ihnen Nr. 1 + 2, 4 + 5 + 6 + 7
Dienstag	**Nr. 1 + 2** an Vermieter; Nr. 3 zurück an Sie
Mittwoch	**Nr. 3** an Vermieter; bleiben Nr. 4 + 5 + 6 + 7
Donnerstag	**Nr. 4, 5, 6 + 7** an Vermieter; Nr. 1 + 2 + 3 zurück an Sie
Freitag	**Nr. 3** an Vermieter; bleiben Nr. 1 + 2
Samstag	**Nr. 1 + 2** an Vermieter; Nr. 3 zurück an Sie
Sonntag	**Nr. 3** an Vermieter; Sie haben keinen
Montag	**Sie zahlen und bekommen alle sieben Ringe zurück.**

Nr. 2: Der Nußkuchen (zu S. 265)

Erster Schritt: quer! Ergibt 2 Stück. Zweiter Schnitt: Durch die Mitte. Ergibt 4 Stück. Jetzt eine Hälfte auf die andere legen und noch einmal halbieren. Ergibt 2 x 4 = 8 Stück!

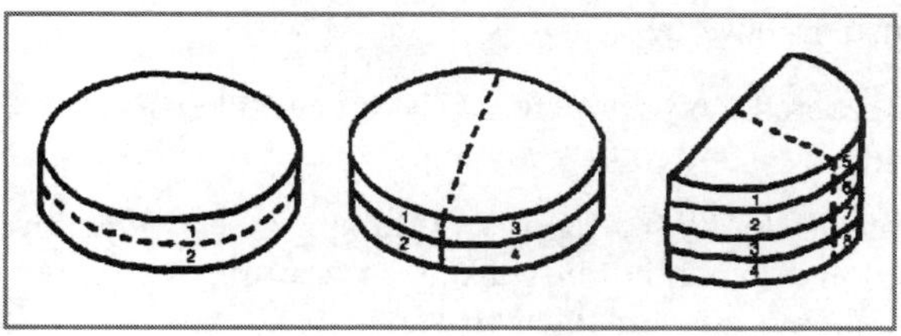

Nr. 3: Die Billardkugeln (zu S. 265)

Falls Sie hier nachsehen wollen, werden Sie enttäuscht! Wenn Sie es nicht schaffen sollten, die Kugeln vor Ihrem geistigen Auge zu sehen, dann zeichnen Sie jede Anweisung!

PS: Die meisten Menschen haben nur sehr vage Vor-Stellungen, aber die reichen! Eine Vor-Stellung ist nicht so klar wie ein Foto oder ein Fernsehfilm! Trotzdem reicht das vage Bild unserem Gehirn vollkommen, wenn wir lernen, diesem „blassen Abbild" zu vertrauen! Ähnliche Übungen können Sie allein machen, z.B. vor dem Einschlafen! Nehmen Sie Blumen, Vögel, Autos – was immer Sie interessant finden –, und schieben Sie erst 3 bis 5, später auch 7 Objekte vor Ihrem geistigen Auge hin und her …

Nr. 4: Das kaputte Treppenhaus (zu S. 266)

Wenn Sie sich die Situation wiederum vor-stellen, dann wird Ihnen klar, worum es geht! Alle Leute, die hinauffahren und zu verschiedenen Stockwerken wollen, müssen auch wieder hinunter! Wenn Sie also die Knöpfe im Lift vor Ihrem geistigen Auge sehen, dann sehen Sie auch, daß alle, die hinunter wollen, E (für Erdgeschoß) drücken werden!

Nr. 5: Ein Sprachrätsel (nach HOCHKEPPEL) (zu S. 266 ff.)

Erschließen wir den zweizeiligen eborischen Text Schritt für Schritt! In der ersten Zeile fällt in den zwei längsten Wörtern der Stamm *wawras,* „gebären", auf. Das erste Wort können wir mit Hilfe des zweiten Zettels (mit den verschiedenen Suffixen oder Morphemen) konstruktiv zerlegen, ebenso das zweite:

wawras (gebären), *nu* (Partizip), *ke* (Vergangenheit), *mbo* (Passiv), *ro* (Vokativ-Anrede), = geboren werden seiender, o du = **du Geborener**

wawras (gebären), *nu* (Partizip), *ke* (Vergangenheit), *tla* (Reverenz-Partikel), geboren habende (ehrwürdige, verehrungsvoll angesprochene oder erwähnte) = **ehrwürdige Mutter**

Wir wissen ferner vom ersten Zettel, daß *fri* „ich" und *grito* „dein" heißt. Kehren wir diese Bildungen um, dann dürfte *frito* „mein" heißen:

frito wawrasnukemboro = du mein Geborener, du mein Sohn.

Nun bleibt für die erste Zeile noch das Wort *höpaske* übrig: *höpu,* so wissen wir, heißt „Wort". Da die Endung *as* offensichtlich verbalen Charakter hat, dürfte *höpas* soviel heißen wie „reden, sprechen".

höpas (sprechen), *ke* (Vergangenheit) **= redete, sprach.**

Die erste Zeile unseres kleinen eborischen Verses lautet also:

Du mein Sohn, sprach die ehrwürdige Mutter.

Spätestens zu diesem Zeitpunkt ist es den Assistenten von Dr. Niegenug (und wohl auch Ihnen) klar, daß der Verstorbene eine stilisierte eborische Übersetzung des Struwwelpeterverses: *Konrad! sprach die Frau Mama, ich geh aus und du bleibst da!* unternommen hatte. (Ende Zitat)

8 MERKBLATT NR. 8 Vorbereitung einer Rede

(nach Natalie H. Rogers)

Dieses hervorragende Buch* von Natalie H. Rogers bietet dem **Rhetorik-Neuling,** der vielleicht noch nie eine Rede gehalten hat, absolut *alles,* was er braucht**:

- Vom **Abbau der Angst** und des **Lampenfiebers**
- über die **Vorbereitungen*****
- bis zur **Präsentation** selbst.

Aber **auch dem Profi** kann dieses Buch eine Menge sagen, selbst wenn er die ersten Kapitel überschlagen möchte. Der Originaltitel lautet: *Talk-Power* (also *Rede-Macht*); erst im Untertitel heißt es: *How to Speak Without Fear (Wie redet man – ohne Angst).* Leider hat der deutsche Verlag den Aspekt der Angst im Titel **überbewertet,** was viele Profis davon abhalten wird, es zu lesen.

Deshalb möchte ich Ihnen als Entscheidungs- und Orientierungs-Hilfe das **Grund-Konzept der *Talk-Power-Formel*** kurz vorstellen:

---

* *Frei reden ohne Angst und Lampenfieber* (s. Literaturverzeichnis, Anhang) TB Ullstein 1996.

** Vgl. auch meine beiden Rhetorik-Titel. 1. Kassetten-Kurs: *Rhetorik-Training* (ein didaktisches Hörspiel) und 2. Buch: *Rhetorik-Reden für jeden Anlaß.*

*** Vgl. *T – Rhetorik & Prüfungen* (meine Vorbereitung: das Steine im Fluß©-Konzept), S. 206ff.

1. **Einführende Worte:** Die Autorin stellt nicht nur fest, daß als Aufhänger ein Witz oder eine Anekdote geeignet ist, sie bietet auch einige Beispiele!
2. **Der Themensatz:** *Die Absicht des sogenannten Themensatzes ist es, Sie (...) und Ihre Zuhörer ganz allgemein in die Richtung zu lenken, in die Ihre Rede weist.* Dieser Satz fungiert für die Zuhörer sozusagen als *Wegweiser,* er könnte jedoch auch als *Titel* der Rede gesehen werden!
3. **Der Thesensatz:** Nun folgt, im Unterschied zum Themensatz, der Thesensatz. Er enthält die *zentrale Idee* des Referats. Hier sagt Natalie ROGERS:

   > *Ihr Thesensatz ist der wichtigste Satz Ihrer Rede. Er bezeichnet den Gedanken, den Ihre Zuhörer hören und deutlich erinnern sollen. Er umfaßt Ihr Hauptanliegen, die zentrale Aussage Ihres Vortrages.*

- Er gibt den Zuhörern eine **roten Faden** in die Hand.
- Wenn Sie den Zuhörern sagen, **worauf Sie hinauswollen,** werden diese Sie bei Ihrem Vorhaben **unterstützen.**
- Die Zuhörer entwickeln ein **Gefühl von Sicherheit,** wenn sie eine feste und klare Vorstellung davon haben, was Sie ihnen sagen wollen und was Sie von ihnen **erwarten.** (Jemandem, der seine Absichten frühzeitig offenlegt, ist man eher geneigt zu vertrauen.)
- Der Thesensatz wirkt als **Bezugsrahmen** für **alle** weiteren Aussagen, die Sie machen. Dadurch ergibt sich nur wenig Gelegenheit für Mißverständnisse.

Wenn Sie diese letzte Aussage mit dem **Wissens-Netz** (→ vgl. *Gedächtnis wie ein Netz?,* S. 43 ff.) in Bezug setzen, dann ist klar: Durch den Thesensatz lösen Sie **erste eigene Assoziationen** in Ihren Hörern aus, die sich in **deren** Wissens-Netz befinden. Damit wissen sie die **nachfolgenden** Ideen besser **einzuordnen.** Oder vergleichen Sie es mit dem Kategorien-Denken (*Kategorien-Denken*©, S. 54 ff. und *T – Kategorien-Torten*© *zeichnen*, S. 162 ff.). Der Thesensatz definiert nämlich die Haupt-Kategorie/n!

Ich meine, daß das Buch von Natalie H. ROGERS bei der Vorbereitung einer Rede sehr hilfreich ist, insbesondere weil zu viele Redner nie gelernt haben, wie man die Hörer zum Hauptteil der Rede *hinführt!* Wo denn auch, unsere Schulen vermitteln solche Fertigkeiten nur selten – im Gegensatz zu angelsächsischen Schulen mit ihren Debattier-Clubs. Übrigens sind Sieger von Debattier-Debatten bei der Arbeits-Suche später außerordentlich bevorzugt, dies gilt mehr als gute Noten im Zeugnis … Deshalb finde ich *gerade die Kapitel zu den drei Einführungs-Abschnitten* in diesem Buch sehr hilfreich. Auch, und zwar in ganz besonderem Maße, für Leute, die sich für Rhetorik-Profis halten!

Der Rest des Buches bietet Gedanken zu: Hintergrund, Argumentationsteil, Höhepunkt und Schluß der Rede.

9 MERKBLATT NR. 9
Drei Wege führen in Ihr Gedächtnis

Den **ersten** Weg hat die Natur erfunden. Damit „schreibt“ sie uns wichtige Informationen ins Gedächtnis, damit wir überleben können! Dieser Weg ist sehr einfach, da der Gehirn-Besitzer selbst keine Anstrengung unternehmen muß, denn das Gehirn lernt ohne bewußtes Zutun. Dieser Weg ist (wen wundert's?) höchst effizient! Den **zweiten** Weg hat die Schule erfunden. Er ist unnötig schwierig und frustriert Millionen von Menschen tagtäglich!* Und der **dritte** Weg, das ist natürlich das gehirngerechte Vorgehen!

Weg Nr. 1: Natürliches Lernen

Was lernt das Gehirn ohne das bewußte Zutun des Gehirn-Besitzers? Überlegen Sie einmal: Wie oft setzen Sie sich wohl mit dem nackten Hintern in Brennesseln? Aha, nur einmal? Eben!! Also lautet die Antwort zunächst: Vollautomatisches Lernen „passiert“ mit allen Informationen, die mit dem nackten Überleben zusammenhängen. (Daher der nackte Hintern.)

---

* Einige Gedanken zur Lernpsychologie finden Sie im Anhang (*Merkblatt Nr. 2,* S. 278).

Ebenso leicht lernt unser Gehirn sofort alles, was uns hilft, Schmerz und Unlust (in Zukunft) zu vermeiden. *Also können wir aus unseren Fehlern lernen, weil auch dies ein Überlebensmechanismus ist.* Fazit: Solche Informationen rutschen vollautomatisch (durch die Hintertür) ins Gedächtnis, vorbei am wachen Bewußtsein des Gehirn-Besitzers, damit er sie nicht aus Versehen zensieren und vergessen könnte! Ursprünglich hatte die Natur diesen Königsweg erfunden, damit das *biologische* Bedürfnis des Überlebens gesichert ist.

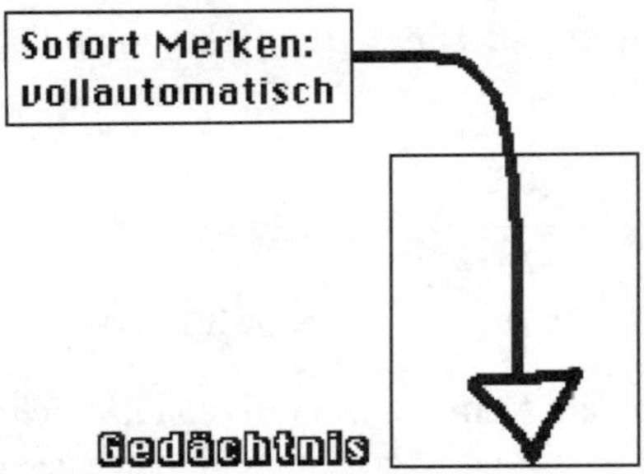

Aber wir lernen nicht nur lebensnotwendige Informationen leicht. Es kann auch alles, was uns *brennend* interessiert, diesen Königsweg ins Gedächtnis gehen. (Daher die *Brenn*-Nessel in unserem Beispiel!) Oder denken Sie an Leute, die über ihr schlechtes Gedächtnis klagen, jedoch über ihr Hobby (Briefmarken, Münzen, Pflanzen, Flugzeuge, Sport) so viel wissen, daß sie Experten sind. Ein Seminarteilnehmer, der anfangs lautstark über sein schlechtes Gedächtnis geklagt hatte, wußte z.B. *sämtliche* Namen aller Quarterbacks beim amerikanischen Football von 1950 bis zum Zeitpunkt des Seminars, 1979 (bei der US-Army)!

Interesse hilft aber nicht nur beim Lernen, es *bestimmt* überhaupt, was wir wahrnehmen können: Als ich 1977 begann, mich für Wohnmobile zu interessieren, waren die deutschen Autobahnen von heute auf morgen mit Wohnmobilen übersät! Sie kennen den Effekt (nach dem Motto: Da muß irgendwo ein Nest sein) sicher auch. Er beginnt schon bei einzelnen Wörtern, die man neulich erstmals gelernt hat. Es ist, als hätten Rundfunk und Presse sich verschworen, diesen Begriff ab jetzt laufend zu verwenden. Tatsache ist, daß er Ihnen jetzt **bewußt** auffällt. Womit Sie sehen, daß **Ihr Interesse Ihre Wahrnehmung steuert**. Dies können Sie testen: Achten Sie ab jetzt darauf, wann von *Terroristen* und wann von *Freiheitskämpfern* die Rede ist! Selbst wenn Sie sich gar nicht darum bemühen, werden Sie nicht umhin können, diese Ausdrücke bewußt wahrzunehmen, wenn sie auftauchen. Wetten, daß?!

Es dürfte klar sein, daß das bewußte Wahrnehmen ein späteres Lernen sehr erleichtern wird. Umgekehrt werden langweilige Infos eben kaum wahrgenommen, wodurch ihre Einspeicherung ins Gedächtnis sehr erschwert wird. Anders ansgedrückt: Wenn Schule und Ausbildung den Kindern* mehr Informationen anböten, die für die Schüler von brennendem Interesse wären, dann wäre Lernen leicht und würde Spaß machen. Also: *Entweder* eine Info hat für Sie Überlebenswert bzw. interessiert Sie brennend, dann geht sie automatisch und ohne Ihr bewußtes Zutun in Ihr Gedächtnis ein; *oder* aber *Sie* müssen diese Info *selbst aktiv* lernen.

Weg Nr. 2: Schul-Lernen

Da zahlreiche Lehrer, Ausbilder, Trainer sowie viele Autoren von Schulbüchern und Artikeln nicht in der Lage zu sein scheinen, ihre sogenannte trockene Theorie so interessant zu machen, daß man sie leicht lernt, hat man uns immer eingeredet, *Wiederholung* (wörtlich: etwas wieder und wieder herholen) sei die einzige Methode, dieses Etwas ins Gedächtnis einzuspeichern. Das ist natürlich Unsinn, wie wir bereits gesehen haben!

Nehmen wir als Beispiel das Vokabel-Pauken. Diese Technik ist die strategisch unklügste Vorgehensweise, wenn man eine Sprache lernen will! (Auf Neudeutsch: es ist *kontra-produktiv*.) Deshalb ist diese sture Paukerei auch so „schwer", so unlust-auslösend, so frustrierend und so un-effektiv! Die einzige Garantie, die es gibt, ist die, daß man das Wort (fast) garantiert *nicht* „findet", wenn man es später tatsächlich einmal braucht. Ob in einer Prüfung oder bei dem Versuch, die Fremdsprache lesend oder sprechend anzuwenden!

Warum ist dieses Vorgehen nicht effizient? Weil es der Arbeitsweise des Gehirns zuwiderläuft. Denken Sie mit: Sie sollen lernen, daß *Tisch* auf Englisch *table* heißt. Von brennendem Interesse war's wohl nicht, also

* Ähnliches gilt natürlich auch für unsere Hochschulen sowie für die firmeninterne bzw. -externe Erwachsenenbildung, wobei auch sog. Kunden-Seminare z.T. entsetzlich halbhirnig angelegt sind!

konnte die Info gar nicht bei der Brennessel landen. Aber wahrgenommen haben Sie sie. Also muß sie irgendwo gelandet sein, aber wo?

Antwort: Im Kurz-Zeit-Gedächtnis. Dort landen auch die Ziffern einer Telefon-Nummer kurzfristig, während Sie wählen! Diese Abteilung im Gehirn stellen wir uns jetzt bitte als ein „Büro" vor, neben dem eigentlichen Gedächtnis. Dort gibt es einen riesengroßen Eingangskorb, in welchen jetzt ein Zettel flattert:

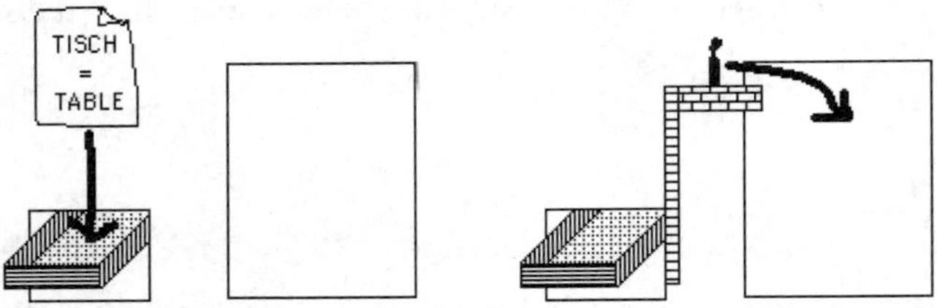

So, wie kommt eine Info nun vom Kurz-Zeit- ins Lang-Zeit-Gedächtnis? Wieder gibt es einen „Mitarbeiter" im Gehirn, einen Assistenten. Dessen Aufgabe ist, Infos aus dem Korb weiterzuleiten. Hierzu muß er eine Leiter hochsteigen und eine Brücke überqueren, um von dort aus die Info mittels eines Computer-Terminals einzugeben.

Übrigens sind Leiter und Brücke Symbole: Die *Leiter* stellt eine Analogie zu der Tatsache dar, daß das Gehirn jetzt von den *elektrischen Schwingungskreisen* (des Kurz-Zeit-Gedächtnisses, wie ECCLES sie postulierte) eine Stufe „höher" auf *biochemische Prozesse* umschalten muß. Die *Brücke* hingegen symbolisiert die (erst teilweise begriffene) Funktion des Hippocampus, ohne welchen Lang-Zeit-Gedächtnis nicht möglich ist. Allerdings hat die Sache noch einen Haken: Sie erinnern sich, daß Sie (als Gehirn-Besitzer und Chef dieses Assistenten) ja bisher nur *einen* Zettel (*Tisch = table*) in den Eingangskorb gelegt hatten.

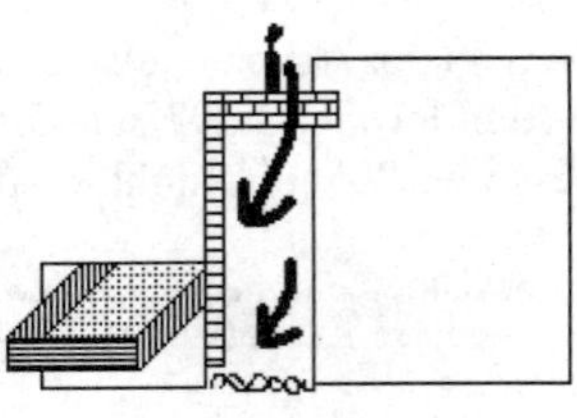

Wenn Ihr Mitarbeiter oben auf der Brücke steht und feststellt, daß er eine Information nur *einmal* besitzt, dann läßt er diesen Zettel sofort fallen! Stellen Sie sich unter der Brücke Wasser vor: Diese Informationen fallen jetzt ins Wasser, statt im Gedächtnis zu landen.

Warum tut der Assistent das? Ist das ein „fauler Hund“, oder könnte es einen guten Grund für sein Verhalten geben? Nun, den gibt es in der Tat. Er denkt nämlich:

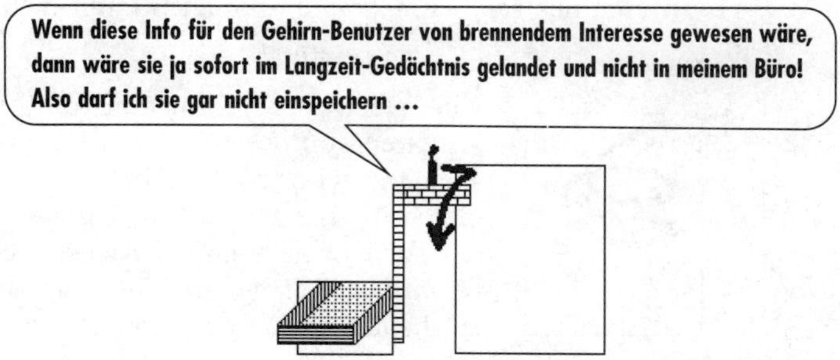

Deshalb hat man in der Schule behauptet, alle Informationen, die man sich merken will, müssen wiederholt werden! Also murmeln (und/oder schreiben) wir jetzt fünf- oder sechsmal:

Tisch = table,
Tisch = table,
Tisch = table,
Tisch = table,
Tisch = table,
Tisch = table
usw.

D.h., daß der Assistent jetzt *mehrere* Zettel mit *derselben* Information vorfindet. *Diese Tatsache* wirkt wie ein Befehl des Gehirn-Besitzers.

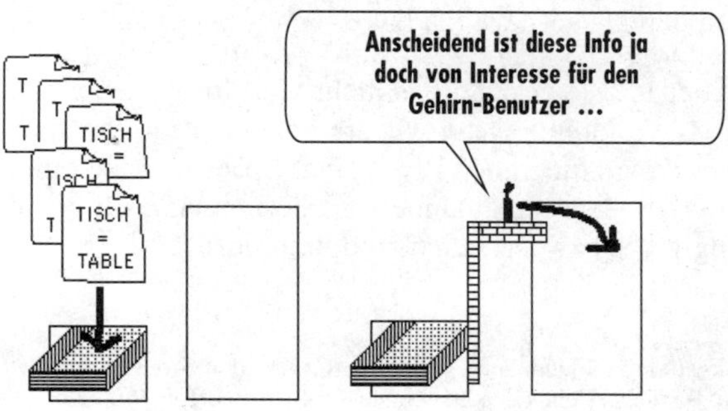

Aber jetzt kommt der Hammer: **Wenn** diese Information jetzt **sofort** richtig im Lang-Zeit-Gedächtnis (neben der Brennessel) landen **würde**, **dann** könnten wir absolut ***alles*** mit einigen wenigen Wiederholungen lernen. Wir wissen aber aus schmerzlicher Erfahrung: Stimmt nicht! Warum nicht?

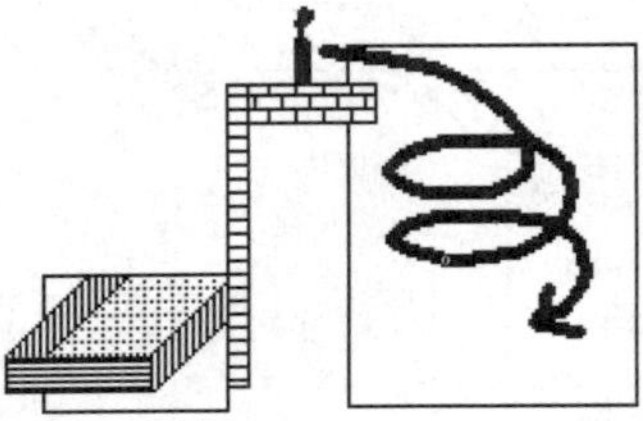

Nun, wenn eine Information vom Assistenten von der Brücke aus eingespeichert wird, dann „fällt" sie nicht gleich ins Lang-Zeit-Gedächtnis hinein, sondern sie kommt zunächst in eine *Warteschleife* wie ein Flugzeug, das auf Landegenehmigung wartet:

Jetzt können nur viele weitere Wiederholungen seitens des Gehirn-Besitzers diese Informationen in der „Warteschleife halten"; und genau hier liegt das Problem des typischen normalen Büffelns, das wir aus der Schule kennen: Denn es ist nichts schlimmer, als diese Information jetzt zwanzig- bis dreißigmal stur wiederholen zu müssen! Das ist langweilig und stößt begreiflicherweise auf den ausgeprägten *Widerstand** des Gehirn-Besitzers. Er wehrt sich. Er gibt vorzeitig auf!

Wenn er dies tut, dann „stürzt" die Information „ab" (wie ein Flugzeug!); das heißt, sie verschwindet. Allerdings *nicht spurlos*. Die „Warteschleife" ist eine *Spur*, welche hinterlassen wird. Deshalb kann man sogar Jahre später weiterlernen, und daher fällt es relativ leicht, sogenanntes verschüttetes Wissen später *noch einmal* zu lernen! Denn „noch einmal" bedeutet genaugenommen, daß man an der Stelle „weiterlernt", an der man damals aufgegeben hatte.

Aber im Hier und Jetzt nützt das nicht viel. Im Augenblick scheint die Information „verloren", *wenn* wir die nötige Anzahl an sturen Wiederholungen *nicht* vorzunehmen bereit sind! Spätestens jetzt muß klar sein, warum so viele Menschen glauben, Lernen sei langweilig, anstrengend, nicht erfolgreich (bzw. sie seien zu dumm dazu)!

* Vgl. Denk-Modell: Widerstände (Reptilien-Gehirn und Streß-Hormone) machen uns zum hoRmo© sapiens. Siehe dazu auch mein Taschenbuch *Der Birkenbihl-Power-Tag.*

Bisher sprachen wir vom Vokabel-Lernen, aber …

> **Dasselbe gilt für alle Arten von Lernen, wenn dieselbe Grundregel gilt: Es werden einzelne isolierte Informations-Einheiten ohne Zusammenhang eingespeichert wie beim Pauken isolierter Vokabeln, Fachausdrücke, Fremdwörter, Namen, Daten, Jahreszahlen usw.**

Hat jetzt gerade eine Glocke in Ihrem Kopf geklingelt? Ich hoffe es. Denn es müßte Ihnen spätestens jetzt klar geworden sein, daß unser Assistent (im obigen Denk-Modell) niemand anders ist als Herr Links. Er ist für einzelne Details zuständig, erinnern Sie sich? Während der Mitarbeiter im rechten Gehirn ganzheitlich denkt, für den Überblick sorgt, Details in unser Gesamtwissen integriert, Assoziationen zu Bekanntem herstellt usw.

Nun ist der größte Teil des „offiziellen" Lernens/Lehrens in Schule und Ausbildung aber halbhirnig; deshalb wehren sich die „offiziellen" (Hoch-)Schullehrer ja so gegen Autoren, welche es schaffen, schwierige Themen *populär-wissenschaftlich* (sprich: *gehirn-gerecht*!) aufzubereiten! Mein Gott, da könnte ja jeder begreifen, daß nicht die Materie selbst schwierig ist, sondern daß diejenigen, die sie *vermitteln* sollten (man nehme das Wort bitte wörtlich), sie so „trocken" vermitteln. Wo kämen wir denn da hin, wenn jeder Interessierte sich in (fast) jedes beliebige Thema einfach einlesen könnte wie in den USA?!! Deshalb konnte Wolfgang SCHMIDBAUER einmal so schön bissig bemerken, „… *daß in Deutschland Informationen in der Fachpresse eher versteckt als veröffentlicht werden!*"

Nein, nein; da behaupten wir lieber, die Amerikaner seien ohne Kultur, denn es gehört nicht zu *unserem* Kultur-Verständnis, Wissen einfach und verständlich zu vermitteln. Und damit hat es sich dann. Oder hätte es sich gehabt, wenn nicht immer mehr Autoren zeigen würden, daß es auch bei uns möglich ist, Informationen gehirn-gerecht aufzubereiten!?

Und damit sind wir schon mitten im Thema: Der dritte Weg ins Gehirn ist nämlich einfach:

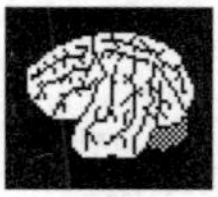

Weg Nr. 3: Gehirn-gerechtes Lernen

Wenn der Assistent (oben) der Herr Links war, der sich verzweifelt bemühte, eine isolierte Info einzuspeichern, **und wenn** gehirn-gerechtes Vorgehen bedeutet, daß wir beide Mitarbeiter im Kopf einsetzen müssen, **dann** leuchtet sicher ein, daß wir uns in unserem **Denk-Modell** für digitale und analoge Infos **je** ein eigenes Kurz-Zeit-Gedächtnis vorstellen müssen! So ein Denk-Modell kann die tägliche Praxis erfahrungsgemäß sehr erleichtern! Und genau darum geht es uns ja, nicht wahr?

Also fügen wir jetzt zusammen: Die beiden Mitarbeiter LINKS & RECHTS sind es, die jeweils auf der „Leiter" stehen und Infos eingeben sollen. Nur wenn die beiden im Team arbeiten, dann funktioniert es gut (**und wir lernen leicht!!!**), denn: Wird eine Info **simultan** auf beiden Seiten gleichzeitig eingegeben, kann **keiner** der beiden Assistenten sie ins Wasser fallen lassen.

Wenn eine Info **links** (z.B. ein **Wort**) mit einer **Info rechts** (z.B. einem **Bild** zu diesem Wort) ***gleichzeitig*** ankommt, dann landen **beide** zusammen **sofort in der Landeschleife!** Wenn wir mein **neueres Denk-Modell vom Wissens-Netz** zugrunde legen, dann können wir sagen: Die neue Info ist nun einge-BUND-en (ver-BUND-en, verknüpft etc.) und im Netz „gelandet"! Dadurch brauchen wir **null Wiederholungen**, *um in die Landeschleife zu kommen*. Aber selbst danach wird es leichter: **Statt 20 bis 40 (dumme) Wiederholungen brauchen wir nur *einige wenige intelligente*!** Oft sausen die Infos sogar durch und **landen sofort!**

Dazu müssen wir erstens **das Bilder-Machen beherrschen** und zweitens diese **Techniken souverän einsetzen**. Übung macht den Meister, so auch hier.

Deshalb sprach man früher von der *Gedächtnis-**Kunst***, jeder **Künstler** aber benötigt ein **Repertoire**. Ich stelle mir vor, daß das REPERTOIRE ja nicht im Vakuum schweben kann; es braucht also eine Stütze und die heißt ***Training.***

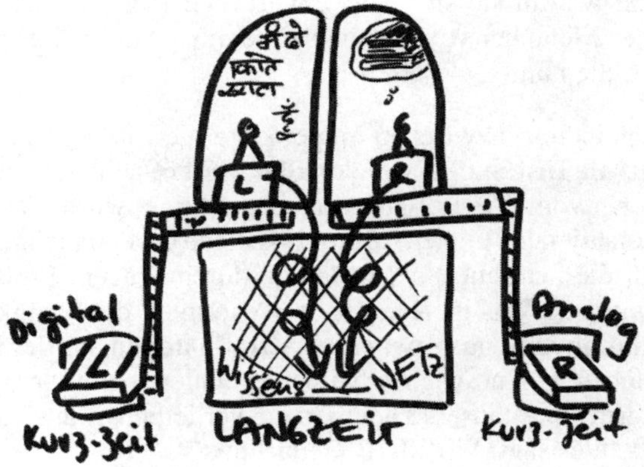

Man kann **alle Tätigkeiten** durch Training verbessern, und da *Gedächtnis* eine **Tätigkeit** ist, worauf auch der Begriff der *Gedächtnis-Leistung* uns hinweist. (→ vgl. [RE-]KONSTRUKTION S. 51), gilt dies auch hier!

Des weiteren gilt: Mehrmals wenige Minuten täglich (teilweise auch „nebenbei" (→ vgl. *T – Inneres Archiv©*, S. 132 ff.) sind besser als ab und zu viele Stunden am Stück!

Alles klar?

PS zur überarbeiteten 36. Auflage:
Aus heutiger Sicht möchte ich anfügen, daß meine **Metapher vom Wissens-Netz** inzwischen **weit wichtiger** geworden ist als meine frühere Metapher von Mr. Links/Rechts. Diese hatte ich aufgrund der ersten Forschungsergebnisse „gebastelt" (im Sinne des gehirn-gerecht-Machens von Infos. Damals war ich begeistert, weil die Metapher endlich eine Antwort auf die Frage gab, warum die Memo-Techniken des Altertums funktionierten und ich diese Antwort brauchte, um auf „typische Linkshirnler" zu reagieren, die trotz jahrelangen Studiums noch nie etwas von Memo-Techniken erfahren hatten und es absolut nicht begrei-

fen konnten, warum sie sich nun „alberne“ Bilder „machen“ sollten. Nun, seit der Metapher von den beiden kleinen Mitarbeiter im Gehirn leuchtete es allen ein!

Des weiteren ist mir inzwischen immer klarer geworden, daß **Gedächtnis** die **zentrale Instanz** ist, von der **alles andere** abhängt, weshalb die neue Metapher vom Wissens-Netz immer wichtiger wurde. Was sind intelligente Reaktionen (Fragen, Ideen, Lösungen), wenn nicht eigene Assoziationen, die „auftauchen“, wenn sie durch Fragen, Probleme etc. ausgelöst wurden? Was ist Kreativität, wenn nicht die Fähigkeit, **mehrere Assoziationen in ganz neuen Ver-BIND-ungen** aus dem Wissens-Netz zu „ziehen“!? Und wie Alzheimer-Patienten uns zeigen: Verlieren wir den Zugriff (bzw. unsere Fäden), dann verlieren wir auch uns selbst. Wie SCHACTER es sagt: Wir SIND Gedächtnis!*

10 MERKBLATT NR. 10
DVDs nutzen (zu S. 219 ff.)

Grundidee: Einen Film in mehreren Versionen abwechselnd ansehen, bis Sie ihn in der/den anderen Sprache/n ausgezeichnet verstehen können. Viele meiner Teilnehmer kommen mit dieser Technik sehr gut klar. Manche haben den Versuch gemacht, wiewohl ihre Kenntnisse noch nicht ganz so weit fortgeschritten waren, und stießen dabei auf Probleme.

> **Nun kann man auch mit mittleren Kenntnissen mit der Video-Technik arbeiten, wenn man folgende zwei „Tricks“ anwendet:**

Trick 1: Szenen suchen

Wenn Ihnen der ganze Film zunächst noch allzu „spanisch vorkommt“, gehen Sie wie folgt vor:

---

* SCHACTER, D.: *Wir sind Gedächtnis,* vgl. Literaturverzeichnis.

1. Sehen Sie sich zuerst die deutsche Version an und notieren Sie den Zählerstand bei **Szenen, die Sie (inhaltlich) besonders interessieren.** Zum Beispiel habe ich damals in der italienischen Version von *Laurence von Arabien* die Wüstenszene, in der einige Männer im Zelt des Scheichs eine interessante Diskussion von ca. 5 Minuten führen, zum Startpunkt gemacht.
2. Erarbeiten Sie sich dann diese Szene/n, indem Sie sie mehrmals auf Deutsch sehen und wiederholt in die zielsprachige Version „hineinhorchen", dann zurück zur deutschen Version usw., bis Sie diese Szene(n) wirklich gut verstehen.
3. Kopieren Sie jetzt die Szene/n auf Audio-Kassette, um sie immer wieder zu hören (z.B. bei Haus- und Gartenarbeiten, im Badezimmer, unterwegs etc.).
4. Sehen Sie bei Gelegenheit den deutschen Film noch einmal ganz an, um mit den anderen, bisher nicht „bearbeiteten" Szenen inhaltlich voll vertraut zu werden. Bei längeren Szenen mit spannungsgeladenem Schweigen oder Kampfgeschrei können Sie ja schnell vorspulen.
5. Beginnen Sie jetzt erstmals, den Gesamtfilm in der Zielsprache zu sehen. Nun stoßen Sie immer wieder auf Szenen, die Sie aufgrund Ihrer „Vorarbeiten" bereits ganz verstehen, wobei Sie in den für Sie noch **neuen** Szenen aufgrund des Sinnzusammenhanges ebenfalls jetzt bereits erstaunlich viel begreifen werden. Das macht Mut und schafft schöne Erfolgserlebnisse!

Trick 2: Mit dialogarmen Filmen beginnen

Normalerweise betone ich ja immer, daß Filme mit ausgedehnten spannungsgeladenen Kampf- oder langen Schweigeszenen zum Sprachenlernen schlecht geeignet sind, aber wenn Ihre Kenntnisse noch nicht allzuweit fortgeschritten sind, dann können solche Filme **am Anfang** durchaus sinnvoll sein.

„Erarbeiten" Sie wie unter Trick 1 beschrieben die (wenigen) Dialogszenen, um anschließend den gesamten Film zu „genießen". Auch hier können Sie einen (Audio-)Soundtrack der **Sprechszenen** anlegen, um die Kassetten möglichst **oft** zu hören.

11 MERKBLATT NR. 11
Vergriffene Bücher suchen: Drei Wege führen zum Erfolg

1. **Anzeige:** Ihr Buchhändler gibt für Sie eine Such-Anzeige auf. Das kostet eine geringe Gebühr, die sich jedoch lohnt. Wir finden seit Jahren ca. 60 % der gesuchten Bücher; oft haben wir sogar mehrere Angebote, so daß man gleich zwei oder drei Exemplare (für Freunde und Familie) erwerben kann. Bei sehr teuren Büchern kann es sein, daß man sie preisreduziert findet …
2. **Internet:**
   a) **Es gibt Tausende von Produkt- und Tausch-Börsen.** Auch könnte es sein, daß Sie einen Interessenkreis finden, in dem Sie das gesuchte Produkt (oder Buch) zumindest leihweise erhalten können (vgl. auch 3. Punkt). Wenn Sie selbst noch nicht surfen, in jedem Internet-Café hilft man Ihnen weiter. Vielleicht kennen Sie ja auch einen jungen Menschen in der Nachbarschaft, der das für Sie managen möchte …?
   b) **Es gibt Books on Demand** (= *Bücher auf Verlangen*). Hier werden **vergriffene Bücher in kleinen Auflagen** elektronisch innerhalb von wenigen Minuten (!!) **nachgedruckt** und Stunden später an den Handel ausgeliefert. Auch diesbezüglich sollten Sie Ihren **Buchhändler** befragen, denn es muß jemand, der die Rechte besitzt, das Buch bei Books on Demand „unterbringen“, damit der Handel es dann dort bestellen kann. Ist dies der Fall, dann taucht es im Verzeichnis lieferbarer Titel auf, ganz einfach! Mehr Informationen zum Thema Reprints finden Sie auch unter **www.birkenbihl-insider.de.**
3. **Bibliotheken (Leih-Büchereien):** Tja, daran denken viele Menschen nie, aber es gibt sie! Und es gibt sogenannte Fernabfragen, die Ihr freundlicher Bibliothekar gerne für Sie durchführt. Dann erhalten Sie das Buch per Post aus einer anderen Stadt, wenn nötig. Und nun gilt die gesetzliche Regelung, daß man vergriffene Bücher fotokopieren darf, ohne ein Copyright zu verletzen. Übrigens bieten heute manche Bibliotheken von vornherein eine Fotokopie (zum Selbstkostenpreis) an.

Mehr Birkenbihl lesen/hören/sehen/

Wollen Sie mehr über Vera F. Birkenbihl erfahren?
Unter **www.birkenbihl-insider.de*** (ab Herbst 2000)
finden Sie interessante Informationen (inkl. Seminar-Kalender).

Oder möchten Sie die Autorin einmal hören/erleben?

Birkenbihl live

Zwar sind die meisten Veranstaltungen der Autorin firmenintern bzw. Vorträge auf großen Kongressen, aber einmal im Jahr, im Juni, veranstalten wir (= mvg-verlag) den inzwischen schon „klassisch" gewordenen Birkenbihl-Tag zum Thema **Selbst-Management.** Wenn Sie dabei sein wollen: Mit einer Postkarte (oder einem Fax) erhalten Sie nähere Informationen:

mvg-verlag
im verlag moderne industrie AG & Co. KG
Seminarleitung
86895 Landsberg am Lech
Telefon: 08191/125-464
Telefax: 08191/125-404

* Es gibt eine weitere Web-Seite für Leser/innen des Birkenbihl Coaching-Briefes:
www.birkenbihlbrief.de

Anhang III
Literaturverzeichnis

1. **Agranoff, B. W.:** „Agents that block Memory", in: QUARTON, MELNECHUCK & SCHMITT (Hrsg.): *The neuro sciences.* New York 1967 (Seite 756 - 764)
2. **Assmann, A./Harth, D. (Hrsg.):** *Mnemosyne – Formen und Funktionen der kulturellen Erinnerung.* Fischer, 2. Auflage, Frankfurt 1993 (S. 185ff)
3. **Baddeley, A.:** *Your Memory. A User's Guide.* Prion, London 1996
4. **Baddeley, A.:** *So denkt der Mensch.* Droemer, München 1986
5. **Baddeley, A.:** *Die Psychologie des Gedächtnisses.* Klett-Cotta, Stuttgart 1979
6. **Baker, S. S.:** *Your Key to Creative Thinking.* Bantam, 2. Auflage, New York 1968
7. **Bateson, G.:** *Ökologie des Geistes.* Suhrkamp, Frankfurt a. Main 1981
8. **Berchem, F.:** *Noch mehr Gehirn Jogging.* Mosaik, München 1994
9. **Berger, L./Pieper, W.:** *BRAIN TECH – Das Buch.* O.A., Löhrbach 1989
10. **Bert, C.B., Ph. D.:** *Molecules of Emotion.* Touchstone Book, New York 1997
11. **Biddulph, S.:** *Männer auf der Suche.* Beust, 4. Auflage, München 1999
12. **Biddulph, S.:** *Das Geheimnis glücklicher Kinder.* Beust, 12. Auflage, München 1999
13. **Biddulph, S.:** *Weitere Geheimnisse glücklicher Kinder.* Beust, München 1998
14. **Biddulph, S.:** *Jungen! Wie sie glücklich heranwachsen.* Beust, München 1998
15. **Birkenbihl, V. F.:** *Das Birkenbihl ALPHA-Buch.* mvg, 2. Auflage, Landsberg 2000
16. **Birkenbihl, V. F.:** *Der Birkenbihl Power-Tag.* mvg, 4. Auflage, Landsberg 2000
17. **Birkenbihl, V. F.:** *Freude durch Streß.* mvg, 13. Auflage, Landsberg 1999
18. **Birkenbihl, V. F.:** *Signale des Körpers.* mvg, 14. Auflage, Landsberg 1999
19. **Birkenbihl, V. F.:** *Erfolgstraining.* mvg, 11. Auflage, Landsberg 1999
20. **Birkenbihl, V. F.:** *Sprachenlernen leichtgemacht!* mvg, 21. Auflage, Landsberg 1999
21. **Birkenbihl, V. F.:** *Stichwort: Schule.* mvg, 14. Auflage, Landsberg 1999
22. **Birkenbihl, V. F.:** *Kommunikationstraining.* mvg, 22. Auflage, Landsberg 2000
23. **Birkenbihl, V.F.:** *Sprache als Instrument des Denkens.* (vergriffen)
24. **Birkenbihl, V. F.:** „Gegen das Tempo-Limit beim Lesen", in: *Management Wissen,* März 1984
25. **Birkenbihl, V. F.:** „Gehirn und Gedächtnis", in: *Enzyklopädie Naturwissenschaft und Technik,* Jahresband 1983, Landsberg 1983
26. **Birkenbihl, V. F.:** „What's in a Name You Can't Remember?", in: *Phil. Lit.* Nr. 2, St. Louis/USA 1969
27. **Birkenbihl, V. F.:** „Brainstorming for One", in: *Phil. Lit.* Nr. 2, St. Louis/USA 1969
28. **Blakemore, C.:** *Mechanics of the Mind.* Cambridge 1977
29. **Blakeslee, T. R.:** *Das rechte Gehirn.* O.A., Freiburg 1982
30. **Bloom, H.:** *Global Brain.* DVA, Stuttgart 1999
31. **Blum, D.:** *Sex on the Brain.* Viking, Penguin Putnam Inc., New York 1997
32. **Bochow, P./Wagner, H.:** *Suggestopädie (Superlearning).* Gabal, Speyer 1986

33. **Borger, R./Seaborne, A. E. M.:** *The Psychology Of Learning.* Penguin Books, New York 1982
34. **Buzan, T.:** *Kopf Training*. Goldmann, München 1988
35. **Buzan, T.:** *Nichts vergessen!* Goldmann, München 1995
36. **Carroll, L.:** *Alice hinter den Spiegeln.* Insel, Frankfurt 1974
37. **Csikszentmihalyi, M.:** *Flow: Das Geheimnis des Glücks.* Klett-Cotta, Frankfurt 1999
38. **Damasio, A. R.:** *Descartes' Irrtum. Fühlen.* List Verlag, München/Nürnberg 1994
39. **Davis, R.:** *Legasthenie als Talentsignal.* Hugendubel, Kreuzlingen 1998 (auch als Hörbuch erhältlich. Hier fehlen nur die Tests, für die man zu zweit sein muß. Aber alles andere können Menschen, die weniger gut oder gern lesen, in aller Ruhe hören!)
40. **Dennett, D. C.:** *Philosophie des menschlichen Bewußtseins.* Hoffmann und Campe, Hamburg 1994
41. **DePorter, B./Hernacki, M.:** *Quantum Learning. Unleash The Genius Within You.* Piatkus, London 1995
42. **Doman, G.:** *Wie kleine Kinder lesen lernen.* Hyperion, Freiburg 1968
43. **Calvin, W. H./Ojemann, G. A.:** *Einsicht ins Gehirn.* Hanser Verlag, München 1995
44. **Campbell, H. J.:** *Der Irrtum mit der Seele.* O.A. München 1973
45. **Capra, F.:** *Wendezeit.* Scherz, Bern 1983
46. **Capra, F.:** *Das neue Denken.* Scherz, Bern 1987
47. **Capra, F.:** *Das Tao der Physik.* Scherz, Bern 1984
48. **Delgado, J. M. R.:** *Gehirnschrittmacher.* O.A. Frankfurt 1971
49. **Dilts, R. B.:** *Einstein. Geniale Denkstrukturen & Neurolinguistisches Programmieren.* Junfermann Verlag, Paderborn 1992
50. **Dürckheim, K.:** *Im Zeichen der großen Erfahrung.* mvg, Landsberg 1993
51. **Ebbinghaus, H.:** *Über das Gedächtnis.* Buchgesellschaft, Darmstadt 1992
52. **Eccles, J. C.:** *Das Gehirn des Menschen.* Piper, 6. Auflage, München 1990
53. **Eccles, J. C.:** *The Human Mystery: The Gifford Lectures.* Springer, Heidelberg 1979
54. **Edelman, G. M.:** *Göttliche Luft, vernichtendes Feuer.* Piper, München 1995
55. **Edelman, G. M.:** *Unser Gehirn – ein dynamisches System.* Piper, München 1993
56. **Edwards, B.:** *Garantiert zeichnen lernen.* Rowohlt, Reinbek 1982
57. **Fair, Ch. M.:** *Das fehlprogrammierte Gehirn.* O.A., München 1971
58. **Ferguson, M.:** *Die sanfte Verschwörung.* O.A., 3. Auflage, Basel 1983
59. **Ferguson, M.:** *Geist und Evolution.* Goldmann, München 1986
60. **Gallwey, T.:** *Tennis und Psyche: das innere Spiel.* O.A., 2. Auflage, München 1982
61. **Gardner, H.:** *So genial wie Einstein.* Klett-Cotta, Stuttgart 1996
62. **Gardner, H.:** *Abschied vom IQ.* Klett-Cotta, Stuttgart 1991
63. **Gardner, M.:** *Logik unterm Galgen.* O.A., 2. Auflage, Braunschweig 1980
64. **Gazzaniga, M.:** „The Split Brain in Main", in: Held (Hrsg.): *Perception, Mechanisms and Models.* San Francisco 1972
65. **Geneen, H., mit Moscow, A.:** *Manager müssen managen.* mi, Landsberg 1988
66. **Gerken, G.:** *Der neue Manager.* O.A., Freiburg 1986
67. **Gleick, J.:** *Richard Feynman.* Droemer, München 1993
68. **Gruneberg, M./Morris, P.:** *Theore-tical Aspects of Memory.* Routledge, 2. Auflage, London/New York 1994
69. **Gruneberg, M./Morris, P.:** *Aspects of Memory.* Routledge, 2. Auflage, London 1992
70. **Hochkeppel, W.:** *Denken als Spiel.* dtv, Stuttgart 1977
71. **Hofstadter, D. R.:** *Gödel, Escher, Bach.* Klett-Cotta, Stuttgart 1986
72. **Holler, J.:** *Das neue Gehirn.* Junfermann, Paderborn 1996

73. **Holt, J.:** *How Children Fail.* O.A., New York 1967
74. **Holt, J.:** *The Underachieving School.* O.A., New York 1969
75. **Hooper, J./Teresi, D.:** *Das Drei-Pfund-Universum.* O.A., Düsseldorf 1986
76. **Hüholdt, J.:** *Wunderland des Lernens.* vfd, 10., neu-bearbeitete Auflage, Bochum 1995
77. **Huhn, G.:** *Kreativität und Schule.* VWB, Berlin 1990
78. **Hutchison, M.:** *Mega-Brain.* O.A., Basel 1989
79. **Hunt, M.:** *Das Universum in uns.* O.A., München 1984
80. **Huxley, A.:** *Schöne neue Welt.* Fischer, Frankfurt 1997
81. **Hyden, H.:** „Activation of Nuclear RNA and Glia in Learning", in: Kimble (Hrsg.): *Anatomy of Memory,* Palo Alto, Calif., 1965
82. **James, J.:** *Thinking in the Future Tense.* Touchstone Book, New York 1996
83. **Jaynes, J.:** *The Origin of Consciousness in the Breakdown of the Bicameral Mind.* O.A., Boston 1976
84. **Jaynes, J.:** *Der Ursprung des Bewußtseins durch den Zusammenbruch der bikameralen Psyche.* Rowohlt, Reinbek 1988)
85. **Kahl, R.:** *Vom Lob des Fehlers.* (Video)
86. **Katz, L. C., Maning, R.:** *Neurobics – fit im Kopf.* Mosaik, München 2000
87. **Koestler, A.:** *Der Mensch – Irrläufer der Evolution.* Goldmann, 2. Auflage, München 1981
88. **Kuhn, B.:** *Gedächtniskunst im Unterricht.* Iudicium, München 1993
89. **Kuhn, B.:** *Mnemo-Technik und Schriftzeichenerwerb.* Groos, Heidelberg 1996
90. **Kuhn, T.:** *The Structure of Scientific revolutions.* Chicago 1970 (dt.: *Die Struktur wissenschaftlicher Revolutionen,* O.A., Frankfurt 1978)
91. **Lashley, K. S.:** „In Search of the Engramm", in: *Symp. soc. exp. biol.,* 1950, 4
92. **Leary, T.:** *Neuropolitik.* O.A., Basel 1981
93. **Lehrl, S./Weickmann, E.:** *Übung macht den Gedächtnismeister.* VLESS Verlag, Ebersberg 1997
94. **Lehrl, S./Fischer B.:** *Gehirn-Jogging.* VLESS, Ebersberg 1994
95. **Leonard, G.:** *Der längere Atem.* Integral, 5. Auflage, Wessobrunn 1994 (Auch als Kassetten-Set erhältlich)
96. **Levy, J.:** „Psychobiological Implications of Bilateral Asymmetry", in: Dimond/Beakmont (Hrsg.): *Hemisphere Function in the human Brain.* New York 1974
97. **Lozanov, G.:** *Suggestology and Outlines of Suggestopedy.* O.A., New York 1977
98. **Luria, A. R.:** *The Working Brain.* O.A., London 1973
99. **Lutz, R.:** *Die sanfte Wende – Aufbruch ins ökologische Zeitalter.* O.A., München 1984
100. **MacLean, P.:** „The Limbic System (Visceral Brain) in Relation to Central Gray and the Reticulum of the Brain Stem", in: *Psychosom. Med.,* 17 (1955), S. 355 – 366
101. **MacLean, P.:** „The Triune Brain, Emotion, and Scientific Bias", in: Schmitt (Hrsg.): *The Neurosciences Second Study Program,* New York 1970
102. **Marfeld, A. F.:** *Kybernetik des Gehirns.* Rowohlt, Reinbek 1973
103. **Maturana/Varela:** *Der Baum der Erkenntnis.* Goldmann, München 1996
104. **McEvoy, J. P./Zarate, O.:** *Quantum Theory.* Icon Books, Cambridge 1999
105. **Meister Vitale, B.:** *Lernen kann phantastisch sein.* Gabal, 6. Auflage, Speyer 1993
106. **Mellander, K.:** *The Power of Learning.* Irwin, New York 1993
107. **Metzig, W./Schuster, M.:** *Lernen zu lernen.* Springer, 3.Auflage, Berlin 1996
108. **Miller, A.:** *Am Anfang war Erziehung.* O.A. Frankfurt 1981
109. **Montessori, M.:** *Kinder sind anders.* dtv, München 1999
110. **Naisbitt, J.:** *Megatrends.* O.A. München 1985

111. **Nørretranders, T.:** *Spüre die Welt.* Rowohlt, Reinbek 1997
112. **Ornstein, R.:** *Die Psychologie des Bewußtseins.* Suhrkamp, Frankfurt 1976
113. **Ornstein, R./Thompson R. F.:** *Unser Gehirn.* Rowohlt, Reinbek 1986
114. **Ostrander S./Schroeder, L.:** *Leichter lernen ohne Streß.* O.A., München 1980
115. **Penfield, W.:** *The Mystery of the Mind.* O.A., Princeton 1975
116. **Penfield, W.:** „Memory Mechanismus", in: *Ama arch. neurol. Psychiatr.,* 1952
117. **Penrose, R.:** *Schatten des Geistes.* Spektrum Verlag, Heidelberg/Berlin 1995
118. **Peters, T. J./Watermann R. H. M. jun.:** *Auf der Suche nach Spitzenleistungen.* mi, 3. Auflage, Landsberg 1983 (Es gibt auch eine Kassette in der Reihe mi-Audiothek)
119. **Pinker, S.:** *Der Sprachinstinkt.* Kindler, München 1996
120. **Pöppel, E.:** *Grenzen des Bewußtseins.* Insel Verlag, Frankfurt 1997
121. **Popper, K. R./Eccles, J. C.:** *Das Ich und sein Gehirn.* Piper, München 2000
122. **Postman, N.:** *Keine Götter mehr.* Berlin Verlag, 2. Auflage, Berlin 1995
123. **Poundstone, W.:** *Im Labyrinth des Denkens.* Rowohlt, Reinbek 1995
124. **Reichen, J.:** *Hannah hat Kino im Kopf.* Otto Heinevetter, Hamburg 2000
125. **Restak, R. M.:** *The Brain – The Last Frontier.* O.A. New York 1979
126. **Restak, R. M.:** *Geheimnisse des menschlichen Gehirns.* mi, Landsberg 1985
127. **Rico:** *Von der Seele schreiben.* Junfermann, Paderborn 1999
128. **Rieger, S.:** *Speichern/Merken – Die künstliche Intelligenzen des Barock.* Wilhelm Fink Verlag, München 1997
129. **Rogers, N.:** *Frei reden ohne Angst und Lampenfieber.* Universitas, München 1985
130. **Rohracher, H.:** *Die Arbeitsweise des Gehirns und die psychischen Vorgänge.* Barth, 4. Auflage, 1967
131. **Rose, C./Nicholl, M. J.:** *Der totale Lernerfolg.* mvg, Landsberg 1998
132. **Rosenberg, M.B.:** *Nonviolent Communication.* Puddle Dancer Press, Del Mar/CA 1999
133. **Roth, G.:** *Schnittstelle Gehirn – Interface Brain.* Benteli Verlag, Bern 1996
134. **Russel, B.:** *Das ABC der Relativitätstheorie.* Rowohlt, Reinbek 1972
135. **Russel, P.:** *Buch: Die erwachende Erde.* Heyne, München 1984 (Videofilm dazu: *Informationen bei Lichtblick,* Theodor-Heuss-Ring 26, 5000 Köln 1, Telefon 0221/12029)
136. **Sattler, J.B.:** *Der umgeschulte Linkshänder.* Auer, Donauwörth 1996
137. **Schacter, D.:** *Wir sind Gedächtnis.* Rowohlt, Reinbek 1996
138. **Schacter, D.:** *Wir sind Erinnerung. Gedächtnis und Persönlichkeit.* Rowohlt, Reinbek 1999
139. **Schirm, R. W./Schoemen, J./Wagner, H.:** *Führungserfolg durch Selbsterkenntnis.* Gabal 5. Auflage, Speyer 1987
140. **Schneider, W.:** *Wörter machen Leute.* Rowohlt, Reinbek 1986
141. **Schneider, W.:** *Deutsch für Profis.* Rowohlt, Reinbek 1986
142. **Segal, L.:** *Das 18. Kamel oder Die Welt als Erfindung.* Piper, München 1988
143. **Simon, F.B.:** *Die Kunst, nicht zu lernen.* Carl-Auer-Systeme, Heidelberg 1997
144. **Shriver, K.A.:** *Dynamics in Document Design – Creating Text for readers.* Wiley, New York 1995
145. **Smitz, R.:** *Alles mit der linken Hand.* Rowohlt, Reinbek 1995
146. **Spence, J.D.:** *The Memory Palace Of Matteo Ricci.* Penguin Books, New York 1984
147. **Sperber, H.G.:** *Mnemo-Technik im Fremdsprachenerwerb.* Indicium, München 1989
148. **Sperry, R.W.:** „Hemisphere Disconnection and Unity in Conscious Awareness", in: *American Psychologist 23,* 1968

149. **Sperry, R. W./Gazzaniga, M. S./Bogen, J.E.:** „Interhemisphere Relationship, the Neocortical Commissures, Syndromes of Hemisphere Disconnection", in: Inken et al. (Hrsg.): *Handbook of Clinical Neurology.* O.A., Amsterdam 1969
150. **Spitzer, M.:** *Der Geist im Netz.* Spektrum Verlag, Heidelberg 1996
151. **Suid, M.:** *Demonic Memonics.* Aid-Books, Torrance/ California 1981
152. **Taylor, G. R.:** *Die Geburt des Geistes.* O.A., Frankfurt 1979
153. **Toffler, A.:** *Zukunftsschock.* O.A., München 1973
154. **Toffler, A.:** *Die Zukunftschance.* O.A., München 1980
155. **Ungar, G./Irwin, L. N.:** „Transfer of Acquired Information by Brain Extracts", in: *Nature*, 1967, 214 (Seite 453–461)
156. **Urban, D.:** *Gestaltung von Piktogrammen.* Bruckmann, München 1995
157. **Wagner, H.:** *Persönliche Arbeitstechniken.* Gabal, 2. Auflage, Speyer 1987
158. **Wagner, H.:** *Struktogramm-Analyse.* Gabal, 2. Auflage, Speyer 1986
159. **Watson, L.:** *Der unbewußte Mensch.* mi, Landsberg 1989
160. **Watts, A. W.:** *Im Einklang mit der Natur – Der Mensch in der natürlichen Welt und die Liebe von Mann und Frau.* O.A., München 1981
161. **Watts, A. W.:** *Dies ist es, und andere Essays über Zen und spirituelle Erfahrung.* Sehert, 2. Auflage, Basel 1981
162. **Watts, A. W.:** *Psychotherapie und östliche Befreiungswege.* Kösel, München 1980
163. **Watts, A. W.:** *Die sanfte Befreiung.* O.A., München 1968
164. **Watts, A. W.:** *The Way of Zen.* O.A. 1957
165. **Watts, A. W.:** *Psychotherapy East and West.* O.A. 1962
166. **Watzlawick, P./Beavin, J. H./Jackson, D.:** *Menschliche Kommunikation.* Hans Huber, 6. Auflage, Stuttgart 1982
167. **Watzlawick, P./Beavin, J. H./Jackson, D.:** *Lösungen.* Hans Huber, Bern 1979
168. **Wenger, W./Poe, R.:** *Der Einstein-Faktor.* VAK, Freiburg im Breisgau 1996
169. **Wilber, K.:** *Eine kurze Geschichte des Kosmos.* Fischer, Frankfurt 1997
170. **Whorf, B.:** *Sprache, Denken, Wirklichkeit.* Rowohlt, Reinbek 1984
171. **Woolridge, D.:** *The Machinery of the Brain.* O.A., New York 1963
172. **Wujec, T.:** *Salto Mentale. Fitneß für den Kopf.* Ariston, Kreuzlingen 1998
173. **Wurzer, J.:** *Realität und virtuelle Welten - Philosophie für eine High-Tech-Gesellschaft.* Verlag Die Blaue Eule, Essen 1997
174. **Zohar, D./Marshall, I.:** *Quantum Society – Mind, Physics, and a new social vision.* O.A.

Der Klassiker *Stroh im Kopf?* ist zudem in folgenden Sprachen erschienen:

Sprache	*Titel*	*Verlag*
Slowakisch	Piliny v hlavě?	Nakladatelstvi Svitani
Kroatisch	Uključite svoy Mozak	Naklade Slap d.o.o.
Polnisch	Siano w Glowie?	Dom Wydawniczo
Rumänisch	Tare de cap??	Gemma press

Anhang IV
Stichwortverzeichnis

Aborigines 50
Affen 128, 280, 288
Agranoff, B.W. 290
Aha-Erlebnis/se 90, 280
Alphabet 139, 147
– -Listen 113, 133, 139, 142
Alzheimer-Patienten 25, 192, 295
Ameisenbär 113
Analografie/n© 10 f., 26 ff., 31, 35 f., 38
Arbeiten, gehirn-gerecht 104, 189
Asimov, Isaac 10
Assoziation 20, 22 f., 28, 32 f., 37, 45, 50, 101, 108, 112 ff., 126, 135 f., 138 f., 141, 143, 171 ff., 180 f., 210, 295, 299
– Experiment 43
Attraktor/en 47, 51, 69
Ausbildung 24, 56, 60, 302
Autobahn/en 75, 191, 301
Autogenes Training 87, 108
Automechaniker 112 f.

Barker, Joel 130, 177, 179
Bartlett 33
BASIC-Befehle 119
Basis-Wissen 17, 131
Bewegungen 95, 235, 243
Bewußt-Machen 63
Bewußtsein 22, 76, 161, 244
Bibel 47, 62
Bild-/er 28 ff., 45, 48, 77 f., 83, 91, 114, 119, 147, 154, 166, 183, 188, 232, 245, 283 f., 293
– Machen 114, 176, 232, 264, 285, 307
Birkenbihl, Michael 9
Blakemore, Susan 77
Buch-Wissen 47, 74, 77, 82, 130, 234, 254
Bus 78, 245
Bühler, Kurt 280

Carroll, Lewis 192
Chor-Methode 228 f.
Columbo 248
Computer 27, 44, 119, 148, 292 f.
– sprache 119 f.
corpus callosum 105 f.
Csikszentmihalyi, Mihaly 39, 87

***D**allas* 246
Daten-Autobahn/en 41, 191 f., 194
Davis, Ron 89
Dawkins, Richard 189
De-Kodierung 222
Denk-
– Ansätze 288 f., 291
– Bild 28, 43, 78, 132
– Instrument 197
– Kategorie 54, 63, 127 f., 162
– Modell 10, 17, 44, 50, 122, 129, 131, 269, 307
– Prozeß 20, 35, 58, 60, 143, 162, 176, 261
– Sport 109, 264
– Technik 26 ff.
– Tempo 261
– Vorgänge 171
Denken 27, 36, 38, 190, 285
Denver 246
Detail 48, 82, 101, 121, 127 f., 192
Doman, Glenn 99
Dr. Niegenug 267 f., 297
Dreibein 273
DS-9 *(Deep Space 9)* 128

Ebbinghaus, Hermann 74
Eccles, J.C. 286 ff., 292, 303
Edwards, Betty 145, 148
Einbein 273
Einkaufszettel 77
Einspeicherung 23, 115
Einstieg, gehirn-gerecht 209
Eisenhauer, W. 190
Elektriker 143
Engramm 44, 287, 290
Ent-Täuschung 284
Entspannungstechnik 231
Ent-WICK-lung/FALT-ung 26, 35, 169, 186 f.
Erfahrungen 21 f.
Erfolg(s) 23, 34
– Erlebnisse 181
– Gefühle 15
– Hemmung 87
– KaWa© 34
Erinnerung 44, 290, 293
Eselsbrücke/n 23, 51, 82, 104 ff., 114, 117, 119, 127, 183, 234
– Spiel 109 f.

– Training 104 ff.
EULENSPIEGEL, Till 236

Faden 28, 47, 49 f., 51 f., 66, 71, 77 f., 82, 97, 104, 111, 117, 119, 127 f., 139, 141, 169, 172, 254, 281
Fehler 23, 98, 203, 212
FELDBUSCH, Verona 56
FEYNMAN, Richard 123 f., 131
Filter 55, 57
Firma 176 f., 182
Fisch 29, 55 f.
Fliegen-Fischen 195
FLOW© 39 ff., 87 f.
Fluß 87 f., 207, 213
Form/en 29, 91, 94
FORMulierung 205
Fremdsprache/n 93, 98, 198, 219, 224

GABOR 292
GALLWEY, Tim 86
Gedanken 21 f., 27 f., 35, 50, 59, 169, 173 f., 234
Gedächtnis 17, 24 f., 63, 72, 75, 132, 136, 253, 287 f., 292 ff.
– Forschung 14, 43, 292
– Leistung/en 20, 23, 44, 51, 55, 115, 308
Geheimschrift 90 ff., 97, 100
– lesen 92, 100
– schreiben 90
Gehirn 44 f., 59, 66 f., 75, 119, 193 f., 217, 237 f., 245, 274, 286, 293 f., 300
– Benutzer 56, 117, 191, 236, 286, 304
– Besitzer 56, 117, 191, 300, 304 f.
– Forschung 14, 16, 44, 184, 232, 274, 286 ff.
– gerecht 13 f., 24, 26, 44, 52, 56, 115 ff., 119 f., 127, 176, 183, 190, 201, 206, 208 ff., 236, 284, 306
– Jogging© (Ge-Jo) 190
– Muffel 24, 105, 274, 294
– Training 148, 189, 192
– Zellen 55, 190
Ge-Jo s. Gehirn-Jogging
Gen-Therapie 91, 277
Genetik 47, 91
Gesetz(es) 129, 246
– Kategorie 127
Gespräch 63, 171, 173 f.
Gipfelerfahrung 39 f
Gipsbein 240
GLEES 288, 292
Glühbirne 184
GOETHE, J. W. von 68, 247
Grammatik 107, 11, 285

Handlung/en 29, 79, 115, 122, 125, 161, 235, 237, 239, 246
HARTLEY, Robert 86
Häkeln 14, 51, 121, 127
HEISENBERG 111
HERAUS-Forderung 195
Herr Links 150, 154, 156 f., 198, 269, 306 f.
Herr Rechts 150, 269
Hilfsfaden 23, 31, 51 f., 82, 104 ff., 111 ff., 117 ff., 127 f., 175, 183, 234
Hippocampus 291, 303
Hirnhälften 148 150, 198 f., 232, 274
HOCHKEPPEL, W. 297
HOFSTADTER, D. R. 148
Hologramm/en 292 ff.
Hören 101, 225 f., 229
Humor 62, 215
HUXLEY, Aldous 244
HYDEN, H. 289

Ideen 27, 142 f., 169 ff., 193
– suche-Telefonate 173
Imitation 77, 82, 246
Imitations-Lernen 77
In-Duktion 71
Info/Information 13, 23 f., 29, 31, 45 ff., 50 ff., 55 ff., 71, 76, 81, 111, 114 ff., 120, 127, 148, 166, 183, 190, 197 ff., 208, 232, 244, 254, 271, 281, 293, 300 ff.
– tainment 12 f., 83, 116, 209
– Zeitalter 177 f., 253
Inneres Archiv© 10, 132 ff., 216
Insel 10, 31
Intelligenz 24, 44, 49, 60, 63, 132, 136, 139, 142 f.

Jagd 167
Jonglieren 161
Journal 21
Jura 126 ff.

KaGa© 11, 26 ff., 30, 35, 38 ff.
KAHL, Reinhard 89, 99
Karawane 22 f.
Kassette 199 f., 203
Kategorie/n 54 ff., 59 ff., 63 f., 120, 126 f., 134, 141, 162
– Denken© 54 ff., 60 ff., 114
– -Torte© 10, 62, 162 ff., 166, 168
KATZ, L. C. 190, 194 f.
KaWa© 26 ff., 31 ff., 37 f., 175, 177 f., 182, 186
– Tips, sechs kleine 37 f.
Kinder 89, 99, 281
Kleingruppen-Training 109 f.
Knochen 123
Kommunikation 44, 166, 168
Komplexität 44
Konstruktion 23 f., 104, 109, 114 f., 121, 126 f., 166
Korsika 51
Kortex 288, 291, 293
Können 65, 69, 72, 77, 280
Körnchen 271 f.
kreativ 27, 275
– schummeln 140

Kreative Analografie© 31
Kreativität 24, 60, 132, 136, 139, 143, 295
– Technik: 114, 169 ff.
Kreuzworträtsel 31, 37, 50, 109, 114, 139, 170, 181
KUHN, T. 292
Kunden 58, 82, 176

Lamron 148 ff.
Langsamkeit 239
LASHLEY, K.S. 44, 287 f., 291
LAUSCH, E. 290
Lebens-Themen 166, 168
Lehrkräfte 60, 89, 95
LEHRL, Siegfried 190, 268
LEONARD, George 73 f.
Lern-Gebiet/e 126, 129
Lern-Geschwindigkeit 261
Lern-Inhalt/e 176 f., 262
Lern-Phasen 122, 128
Lern-Plateaus 63
Lern-Probleme 95, 274
Lern-Situation 123
Lern-Tempo 261
Lern-Training 124
Lernen 44, 52, 74 f., 117, 197, 290, 294, 301, 306
Lernkurve/n 74 ff., 79, 81 f., 141
Lernprozesse 66 f., 83, 86, 152, 236
Lernpsychologie 278
Lese-Übung 93, 96, 100
Lesen 28, 48, 66, 89 f., 91 ff., 95, 97 f., 228
Lesen durch Schreiben 96 f.
Lippenbekenntnisse 66 f.
LOZANOV, G. 231 f.
Lücke/n 38, 45, 138 f., 230

Magnet/en 47, 51, 78
MARSHALL, Ian 193
MASLOW 39
Matratze 59
Matrix 133 f., 141 f.
MATURANA/VARELA 91, 277
McCONNEL 289
Medizin 127
MELLANDER, Klas 123, 125, 130, 281
Memo-Bild 29, 175 f.
Memo-Liste/n 175 ff., 178, 182 ff., 186 ff., 294
Memo-Wörter 180, 183, 188
mental 236, 238
Mental-Training 237, 239
Merk-Hilfen 32
Merk-Wörter 186
MONTESSORI, Maria 99
Motorhaube 113
MOZART W. A. 135
Multi-Media 77, 150
Murmeln 216 f.
Musik 161, 201, 232
Muttersprache 223 ff., 229, 233

Nachrichten 52, 249
Namen 110, 121, 175
Namens-Eselsbrücke 107
Namens-KaWa© 32, 37
Napoleon 51, 261
Nebel 69, 207
Nervenbahnen 41 f., 58, 82, 84, 96, 121 f., 142, 194 f., 207, 234 f., 240
Netz 35 f., 47, 49 ff., 111, 117, 141, 143
Neuron/en 44, 55, 190, 235 f., 238
Neurophysiologie 44, 286
NØRRETRANDERS, Tor 76

Ober 284
OSTRANDER/SCHROEDER 86 f.

Paradigmen 127, 177 ff.
Paradox 85 ff., 294
Parallel-Lernen 196 ff., 262
PARR 290
Pauken 23, 58, 107, 183
PAUS-ieren 252
PAWLOW 278
PENFIELD, W. 288, 291
PERT, Candace 44
Plateau 74 f., 77
POSTMAN, Neil 249
POTENZ-ial 85, 186 f.
Prozeß 29, 98, 142, 176, 234
Prüfung 125, 197
Pseudo-Erinnerungen 75
Pseudo-Trance 243 f.

Qualität 23, 177 ff.
Qualle 139 f.
Quanten-Physik 12, 134
Quer-Assoziationen 143
Quincy 248

Radio 48, 63, 108, 197, 201
Ratten-Experiment 279, 289 f.
RE-KONSTRUKTION 23 f., 51, 104, 115, 166
Reaktion(en) 47, 142 f., 214, 279, 295
Reden freie 218
REICHEN, Jürgen 96 ff., 281
Reifephase 65, 91
Reim 107 f., 279
Reiz-Flut 55
Reklamations-Situation 179
REM 119 f.
Repertoire 56, 133, 187 f., 307
Restaurant 284
RHEINGOLD, Howard 81
Rhetorik-Neuling 298
– Training 214 f.
ROGERS, Natalie H. 298 f.
ROSE, S. 287
RUBIN, Manning 191

Sage-Technik 171
SCHACTER, D. 295
Schattenboxen 239
Schattensprechen© 229
Schlüssel 139
– Begriff/e 34, 63, 187
– Wort 32, 143
SCHMIDBAUER, W. 306
SCHNEIDER, Wolf 197, 285
Schreiben 27, 77, 90 ff., 95 ff., 228, 230

Schule 24, 52, 56 ff.
SCHULZ, I. H. 108
Seepferdchen 291
Seh-Duktion 72
Sehen 154, 160
Selbst 293
– Befragung 171
– Bewußtsein 60, 226
– Erkenntnis 166
– Gespräche 216
– Hypnose 108
– Verantwortung 116
– Wertgefühl 15, 50, 128
SEMON 287
SENECA 118
SIEGEL, Bernie 15, 193
Simulation/en 80 f., 83
Sinne(s) 194 f.
– organ 76
– rezeptoren 243
SKINNER 279
Slogan 143
Spiel 133
– Figuren 180
– Regeln 172 f.
Sprach-Potential 277
Sprache/n 59, 71, 150, 195, 197 f., 285
– als Denkinstrument 283 ff.
– indo-europäische 285
– Lernen 91 ff.
– Kassetten 233
Sprech-Denken 214 f., 217
Sprechen 215, 228
Stadt-Land-Fluß 133 ff., 141
Stadt-Tier-Quantenphysik 134
Star Trek 128
Steine-im-(Rede-)Fluß© 206 ff., 213, 215
Stichwort/e 43, 136, 173, 180, 208
Synapsen 238

Taschenlampe 50, 136, 170
Tätigkeit/en 115, 194
Telefon 43, 172, 185, 292
Tier/e 127, 134
– Alphabet 136 ff., 140, 143
Timer 136, 171, 218
The Next Generation 128
Training(s) 23, 48, 52, 65, 85, 115, 133, 140, 234, 307
Trampelpfad 84
Transfer-Möglichkeiten 126
TV 18, 28, 47, 49, 52, 63, 108, 110, 196 f., 199, 201, 243, 246
– Gewohnheiten 57, 241 ff.

UNGAR, G. 290
Unsinn-Silben 74, 76
Unterbewußtsein 77 f., 138, 171, 199
Überlebensmechanismus 294, 300, 302

VAN GOGH-Liste 140
Verbindung/en 36, 44, 51, 141 f., 179, 188
Verhalten 24, 65 f., 68, 82, 234, 280
Video-Kassetten 48, 253, 309
Virtuelle Realität (V.R.) 69, 125, 130
Vokabel/n 219 f, 232
– Lernen 232, 306
– Pauken 58, 93, 302
Vor-Bilder 83, 86, 88, 228
Vorgehen, gehirn-gerecht 11 f., 15, 52, 56, 58, 109, 183
Vorlage/n 28, 145, 147, 198
Vorstellung 88, 175, 130, 148, 175, 208, 284
Voyager-Team 128

Wach-Bewußtsein 32, 75 f., 245, 261
Wachstum 57, 141
wahrgenommen, bewußt 23, 58
Wahrnehmung 47 ff., 50, 58, 76, 101, 194, 301
Walking 259
WATTS, Alan W. 283
wegsehen, gezielt 244
Werbe-Kampagne 63
Werkzeug/e 36, 57, 203
WHORF, B.L. 285
Wieder-Erkennen 95, 275
Wiederholung/en 58, 91, 100 ff., 103, 302, 305, 307
Wiener Schnitzel 116, 284
WIESEL, Torsten 191
WILBER, Ken 10
Wirklichkeit 50, 88, 149, 285
Wissen(s) 32, 35 f., 47, 65, 67 ff., 77ff., 80 f., 107, 122 f., 125, 127, 129, 139 ff., 144, 148, 280
– Alphabet/e© 111, 114, 133 f., 136 ff., 140 ff., 216
– Fäden 23, 51 f.
– Kassette 48, 253, 255 ff.,
– Kategorie/n 54, 57 ff., 134, 166
– Kurve/n 72, 77 ff., 81
– Matrix 141
– Netz© 22, 28, 31, 35, 43 f., 46 ff., 50 ff., 57 f., 62, 71, 77, 80, 97, 104 f., 108 ff., 114 ff., 121, 127, 132 f., 136, 139 ff., 144, 169 ff., 183, 234, 253 f., 256 f., 281, 294 f., 299
WITTGENSTEIN, Ludwig 224
Wort 28 f., 31 f., 43, 67, 82, 114, 119, 175, 183, 222, 225, 284

Zeichenpapier 145 f.
Zeichnen 27 f., 146, 148, 160, 165
Zeit 82, 146, 218, 238
Zeitlupe 69, 239
Zeitraffer-Technik 260 ff.
Zen 14, 102, 236, 283
Zielsprache 223, 225 f., 228, 309
ZOHAR, Danah 193
Zuhören 102, 225, 227
Zukunftstauglichkeit 19, 132, 141, 177